일·복지·민주주의를 위한
참여소득

Participation Income for the Work,
Welfare and Democracy

Copyright ⓒ 2022 by Lee, Sang Jun

All rights reserved
Printed in Republic of Korea
First Edition

 The Whole Mind Publishing

(301) 3rd Floor, Gangnamdaero_30_gil 40, Seocho-gu, Seoul
http://wholemindpublishing.modoo.at

ISBN: 979-11-978304-9-5

일·복지·민주주의를 위한

참여소득

이상준 저

능력주의와 인공지능·기후·사회·경제 위기의 시대,
따듯한 치유적 공동체를 위한 세계 최초의 참여소득 제안

온마음

목차

프롤로그   8

1부. 적극적 노동시장 정책의 종언   29

1. 적극적 노동시장 정책의 태동   30
1995년—스펙전쟁의 서막이 열리다   30
대학 설립 준칙주의와 지방자치 시대   36
고삐 풀린 대학 팽창과 국회의원   39

2. 적극적 노동시장 정책과 인적자본투자   42
슐츠, 푸코, 그리고 베커의 인적자본   42
지식기반사회와 국가인적자원 개발   47
자기계발과 능력개발 전성시대   53
평생교육과 인적자본축적   60

3. 적극적 노동시장 정책으로서의 일자리 정책   63
사회투자론과 개인 책임   63
생산적 복지와 사회투자론   66
'물고기 잡는 법', '도전 의식이 부족해!'   70
일자리 예산은 늘어나는데 내 일자리는 없다   73
'눈높이를 낮추면 비로소 보이는 것들'   78
인턴, 직업 경험, 또 하나의 스펙   79

4. 적극적 노동시장 정책으로서의 훈련   85
비정규 교육과정과 인적자본축적   85
의도하지 않은 '훈련복지' 인프라 구축   87
직업훈련 정책의 다섯 가지 미신   90

5. 적극적 노동시장 정책의 종언과 대안   **114**

일상에서의 공정성 요구   114

불평등과 저출산 문제, 지속가능한 공공일자리 확충으로   117

훈련—관료를 위한, 관료에 의한, 관료만의 정책   121

평생교육, 배우기에서 알아가기로 전환   129

2부. 사람의 가치를 높여주는 또 하나의 능력—캐퍼빌러티   135

1. 메리토크라시, 컴피턴스 그리고 캐퍼빌러티   **136**

자격기반 능력주의와 성과기여기반 능력주의   136

능력중심 사회와 사이코패스   145

캐퍼빌러티의 탄생과 의미   151

2. 캐퍼빌러티의 철학적 배경   **155**

복지와 캐퍼빌러티   155

자유, 선택, 기회의 확장과 기본재화   162

가치 있는 삶과 생활수준   168

빵(기본재화) 말고 사탕(캐퍼빌러티)은 안 될까요?   173

삶의 질과 평등   180

3. 캐퍼빌러티, 펑셔닝, 행위 자유 그리고 헌신   **188**

캐퍼빌러티와 펑셔닝   188

센과 누스바움의 캐퍼빌러티에 대한 관점 차이   192

인적자본과 캐퍼빌러티   196

권리와 캐퍼빌러티   199

자유의 확장을 위한 전환요인 극복   201

동감과 헌신 그리고 열정페이   205

나서야 할 상황이 많아진 시대에서의 행위 자유   211

4. 캐퍼빌러티의 한계와 진화 — 217
캐퍼빌러티와 인간개발지수 — 217
지속가능한 삶의 질과 사회적 자본 — 219
캐퍼빌러티의 한계, 윤리에서 정치로의 진화 — 223

3부. 일·복지·민주주의 실현을 위한 참여소득 — 229

1. 참여소득 배경과 정의 — 230
참여소득의 탄생 배경 — 230
참여소득의 전통적 정의 — 235
참여소득의 한계와 비판들 — 236

2. 왜 참여소득인가? — 240
기본소득의 한계 1: 실질적 자유와 도덕적 딜레마 — 240
기본소득의 한계 2: 관료들의 저항 — 242
기본소득의 한계 3: 기존 사회정책과의 공존 문제 — 243
기본소득의 한계 4: 다원주의와 지방분권 요구의 분출 — 244
인공지능과 과잉 노동공급 시대 — 247
고용기반 사회에서 일 기반 사회로의 전환 — 258

3. 참여소득의 의미와 철학 — 262
잉여인간과 쓸모없는 계급의 출현 — 262
개인의 외로움과 정치적인 것들 — 270
'아무나'의 정치 그리고 '을의 정치' — 274
전환요인 극복을 위한 생활정치 — 276
멈추고 만나 얘기하자—행복경제 — 278
캐퍼빌러티 확장과 인정투쟁 수단으로서의 참여소득 — 283

4. 참여소득과 유사한 정책들 — 288

"재능기부는 가라"—자원봉사와 시민수당 — 288

사회서비스와 참여소득 — 293

사회채권과 지방재정 그리고 참여소득 — 298

일자리 보장제와 참여소득 — 304

대한민국은 이미 참여소득 강국 — 311

5. 참여소득의 새로운 정의 및 운영원리 — 315

확장된 참여소득의 정의 — 315

지역 다양성과 거버넌스 — 318

지방분권 촉매제로서의 참여소득 — 321

지방에 생활밀착형 정책 재량권을! — 325

참여소득 운영을 위한 행정 원칙: 지원과 평가 — 329

참여소득, 도덕적 올바름을 경계 — 332

단 하나의 정책으로 모든 것을 해결할 수 없다. — 336

지자체 현장에서 겪을 어려움들 — 339

에필로그—멈추어 만나 얘기하자 — 344

주석 — 355

찾아보기 — 384

프롤로그

물고기도 없는데…'물고기 잡는 법'이라?

　1995년 당시 나는 금융재정분야 석사학위를 준비하고 있었다. 당시 나와 함께 공부하던 경제학과 대학원생 그룹의 절반은 금융 및 무역전공자였고 1/4은 정치경제학 또는 경제사 전공자들이었다. 극과 극의 두 집단이 만난 곳은 국제금융 수업이었다. 당시 수업을 진행하던 교수님이 김영삼 정부가 낭만적으로 OECD 가입을 준비하고 있지만 우리나라 경제 여건상 OECD에 가입하게 되면 1994년 멕시코가 OECD에 가입한 뒤 겪었던 자본시장 개방, 페소화 하락, 증시 하락과 같은 현상을 똑같이 겪게 될 수 있다고 말한 것이 가장 기억에 남는다.

　1996년 12월 20일 한국은 29번째로 OECD에 가입하였고 교수님의 지적보다 17일 빠른, 1년이 채 안 된 1997년 12월 3일 한국은 IMF 구제금융 지배하에 놓이게 되었다. 구제금융 체제의 기운은 1997년 초부터 나타나기 시작하였다. 주식은 폭락하기 시작하였고 환율은 스멀스멀 높아져 갔으며 금융권 경영상태는 불안해져갔다. 나의 전공이 재정금융 분야라 금융권에만 맞춘 나의 취업 전략은 쓸모 없게 되었다.

　내가 원서를 넣었던 금융기관은 하나씩 도산하거나 합병되었다. 한두 군데가 아니었다. 멀쩡히 면접을 보고 온 지 이틀 만에 없어지는 회사도 경험하였다. 심지어 구직활동을 하던 나의 동료들은 다른 사람 취업을 위해서라도 취업 원서 제출을 자제해달라고까지 내게 부탁하였을 정도였다. 한 마디로 살아있는 구직의 '마이너스' 손이었다. 오늘날처럼 회사가 사람을 안 뽑는 것이 문제가 아니라 회사가 망하여 구직활동 자체가 불가능한 시절이었다. 그래서인지 청년층의 실직 또는 미취업 시 일을 할 기회의 부여를 주요 사회보장 정책으로 설정하는 적극적 노동시장 정책(ALMP:active labor market policy) 연구자인 나는 그 누구보다 오늘날 청년들이 고용시장에서 겪는 어려움에 대해 깊이 공감하고 있다.

어느 시대나 청년의 취업은 어려웠다. 구한말에도 그랬고 한국전쟁 이후에도 그랬고 유신 시대에도 어려웠다. 자신이 구직활동을 하던 시대가 가장 어려운 시기다. 나 또한 그렇게 생각했고 이러한 믿음은 결코 변하지 않고 있다. 회사가 없어지는데 어떻게 구직활동을 할 수 있단 말인가? 결국 취업을 포기하였다. 대신 나는 도서관에 똬리를 틀었고 틈틈이 아르바이트 활동을 하였다.

그렇게 시작한 공부는 생소한 미시 계량 분야로 산업연관분석, 인력수급, 패널 연구방법이었으며 이는 자연스럽게 노동경제학 분야에 한 걸음씩 다가가는 계기가 되었다. 이를 계기로 최종적으로 미시 계량 실증 연구로 박사학위까지 받게 되었다. 이 당시 경험은 나로 하여금 지금의 직장 취업에 성공하는 데 도움을 주었는데 들어온 지 한 달 만에 금융수업 교수님의 말씀처럼 IMF 구제금융 선언을 목격하게 되었다. 그때 당시 솔직한 기분은 베트남전쟁 종료 후 베트남을 탈출하는 보트피플 탑승자가 된 심정이었다.

1998년 초부터 제일 먼저 한 일은 당시 팀장이던 분과 실업자 규모를 예측하는 작업이었는데, 내가 각종 자료와 집계된 통계 자료를 건네주면 팀장은 대략 통계 경향만 보고 정말 주먹구구식으로 예측하여 언론에 실업자 규모 전망치를 발표하였다. 언론사 기자는 예측한 근거가 무엇이냐고 당시 팀장한테 집요하게 물어보았지만 정확한 근거가 없던 팀장은 진땀을 빼며 얼버무린 대답을 하고는 얼른 통화를 마무리하였다. 옆에서 엉터리라고 수근거리던 나는 그로부터 1년 후 충격적인 경험을 하는데 그것은 바로 그 예측이 정확히 맞아떨어지는 사태를 목격한 것이다.

두 번째 일은 김대중 정부의 생산적 복지 개념하에서 이루어지는 실업자 직업훈련 대책이었다. 이때까지 실업자 훈련을 한 번도 경험하지 못한—실업자 훈련에 대한 개념조차도 없었던—노동부는 고군분투하며 사업을 진행하고 있었다. 훈련생 규모가 2000년 초반 30만 명 가까이 되었는데 당시 훈련정책의 기본 방향은 재취업이 표면적인 목표이었지만 통계에 실업자로 잡히지 않게 오래도록 비경제활동인구로 남게 만들고자 하는 숨은 목적이 우선되었다. 대표적으로 엑셀 활용 훈련과정 같은 경우 1,000시간이 훌쩍 넘게 구성되었다. 당시 가장 유행하던 인터넷 관련 훈련과정은 2,500시간 가까이 구성되기도 하였다. 하루 8시간씩—오전에 이론, 오후에 실습—으로 구성하여 1년 가까이 진행시킨 과정을 본적이 있다. 우리나라의 적극적 노동시장 정책은 이렇게 시작되었다.

훈련을 진행할 기관도 많지 않아 학원, 대학 가리지 않고 훈련생을 수용하였다. 2000년 초반부터 훈련정책에 대한 성과분석과 훈련기관 평가가 도입되어 훈련기관의 성과에 따른 지원방향을 모색하기 시작하였다. 이러한 시대를 나의 무의식에 반영한 때문인지 나는 박사과정에 진학하면서 사회정책 평가에 관심을 가지기 시작하였다. 운이 좋은 덕분에 당시 학교에 막 부임하신 정책 평가 전공 교수님을 만나 평가 방법론과 정책 평가를 공부하였고 좋은 성과도 내게 되었다.

이 당시 나에게 많은 영감을 준 학자들이 바로 2021년도 스웨덴 국립은행장상—일명 노벨경제학상—을 받은 미국의 데이비드 카드(David Cards), 조슈아 앵그리스트(Joshua Angrist), 휘도 임번스(Guido Imbens)였다. 특히 앵그리스트는 나에게 사회정책 실증 분석에 많은 시사점을 던져 주었다. 이 교수는 자신의 책상 위의 컴퓨터 화면에 사회정책이라는 종속변수를 설명하는 변수가 독립적인 요인이 아닌 어떤 요인에 의해 종속되는 문제를 해결하기 위해 사용하는 변수인

"도구변수(Instrument variable)를 잡아라"(Seize the IV)를 띄운 것을 나 또한 똑같이 흉내 내기도 하였다. 그러나 25년 가까이 훈련정책, 교육, 노동시장 정책, 일자리 정책 평가 등을 해오면서 서서히 느끼게 된 것은 결코 사회정책 평가를 통해 우리들의 삶을 개선시키기 어렵다는 사실이었다. 사람과 정책 전반에 대한 고민보다는 그저 숫자의 정확성에만 집착하게 만들었다. 외국에서 진행하는 각종 사회정책 평가도 방법론 쪽으로는 상당한 진전을 이루었지만 방법론이 정책 대상의 삶을 바꾸거나 좋아지게 하는 경우는 없었다. 정책 평가가 그 정책을 지속시킬만한 효과성을 가졌다고 보기 어려운 결과만을 보여주었다. 평가와 무관하게 정책은 지속되었다. 정책이 점점 정치가 되어간다는 생각이 들기시작했다.

2017년 미국 인디애나 주립대학에서 방문학자 생활을 하던 무렵 공무원 신분으로 유학 온 한 가족과 친하게 지낸 적이 있다. 그러던 어느 날 그 공무원은 사회정책평가 방법론 수업 시간에 미국에서 지난 수십 년간 진행한 각종 사회정책 프로그램들이 긍정적인 영향을 미치지 못했다는 사실을 알게 되었다. 그는 내가 이 분야를 전공한 사실을 알고 있던 터라 긍정적 영향도 없는 사회정책 프로그램에 왜 국가가 돈을 써야 하는지 질문을 던졌다. 그때 나는 무성의하게 답하였다. 미국만 그런 게 아니라 우리도 그렇고 대부분의 나라가 정책프로그램의 효과보다 거시재정안정화 때문에 그러한 정책을 고집하는 것이라고 답해주었다.

데이비드 카드 교수와 같은 분야를 연구하는 학자들이 미국 훈련프로그램인 JTPA(Job Training Partnership Act)의 정책을 평가한 논문들을 살펴보면 대체로 '미미하게나마 장기적으로 임금에 유리한 영향력을 가지고 있다' 정도의 효과를 보여주는 것 외에 딱히 정책적 영향력을 찾아보기 어렵다. 우리나라에서 적극적 노동시장 정책이 효과가 있다고 주장하는 일부 논문도 정책의 효과라기보다는 어떤 훈련직종에 참여하였느냐에 따라 효과성에서 상당한 차이가 있다는 정도의 결과를 보여준다. 젊은 층을 주요 대상으로 하는 IT, 보건, 자동차 정비교육훈련직종은 저임금 일자리일지언정 취업 가능성이 높은 편이지만 그 외에 경기 변동에 민감한 훈련직종은 훈련을 성실하게 받았더라도 취업 가능성은 현저히 떨어진다. 거시적 소득지표나 고용지표와 비교하면 적극적 노동시장 정책의 영향력은 참담하다. 소득격차는 갈수록 늘어나고 있으며 고용률은 변화가 없고, 청년층 비경제활동인구는 늘어나는 추세이다. 이러한 결과가 소위 '제3의 길' 사회투자론에 기반한 적극적 노동시장 정책이 꿈꾸던 결과는 아닐 것이다. 그렇다면 오늘날 도대체 적극적 노동시장 정책은 누구를 위한 정책인가라는 의심이 들 수밖에 없다.

나는 적극적 노동시장 정책의 실제 목표가 프로그램의 효과보다는 국가 예산의 경직성과 재정안정화 문제를 해결하기 위해 복지와 일자리의 문제를 개인의 책임으로 떠넘기는 통치적 프로그램이라고 판단하고 있다. 이러한 관점은 빈곤과 소득 불평등을 개인이 '노오력'을 해서 경쟁에 이기면 충분히 해결할 수 있는 문제로 규정한다. 이를 위해 국가는 개인의 능력을 개발할 프로그램을 제공하는 것이 주요 역할이라는 인식이 깔려있다. 프로그램의 효과성은 정책의 문제가 아닌 차고 넘치는 저임금 일자리를 마땅치 않게 여겨 거부한 훈련 참여자의 선택의 문제라고 본다.

그러나 오늘날 적극적 노동시장 정책을 펼치는 정부는 물고기 잡는 법의 중요성만을 외치고 있지 강과 바다에 물고기가 얼마나 살고 있는지는 들여다보질 않는다. 강과 바다에 사는 일부 치어들로는 그날 저녁을 만족스럽게 먹기는 어려울 것이다. 현재 우리나라를 비롯한 전 세계적으로 진행되는 적극적 노동시장 정책에서 물고기 잡는 법은 사회정책에 과잉대표되어 있다는 것이 이 책의 기본적 시각이다.

인적자본투자를 바탕으로 하는 적극적 노동시장 정책이 그동안 개인의 교육과 인적자본축적에 지대한 기여를 해왔음을 이 책에서 결코 부인하지 않는다. 적극적 노동시장 정책을 대표하는 훈련이 일부 사람들의 삶에 긍정적 영향을 준 사실을 일축하려는 것도 아니다. 이 책에서 제기하는 문제의식은 '취업'이라는 한정된 지표만으로 정책의 의미를 확보하려는 관점에 대한 반론과 대안이 필요하다는 것이다. 사람을 노동과 고용이라는 의미만으로 바라보는 것과는 다른 관점을 제공하고자 함이다. 지표가 바뀌면 요구하는 정책과 역량도 변하기 마련이다.

적극적 노동시장 정책은 고용보험 자격취득만이 전부가 아니라 개인의 자유, 기회, 선택을 기본으로 하되 공동체를 위한 헌신, 동감, 관계, 삶의 질 향상, 특히 사람의 가치(human value)를 높이기 위한 정책으로 전환되어야만 할 것이다. 이를 위해 적극적 노동시장 정책은 근래 들어 사회적으로 심각해지고 있는 사회적 관계의 단절로 인한 상호 교류의 부족과 외로움이라는 문제 해결을 위해 생활밀착형 프로그램으로 확장되어야만 한다. 이것이 바로 새롭게 설정할 적극적 노동시장 정책의 지표가 되어야 할 것이다. 적극적 노동시장 정책을 폐지하기보다는 정책의 목적 함수를 바꾸어야 할 때가 도래한 것이다.

팬데믹, 고용위기에서 중앙정부는 없었다

본서의 제1부는 경제성장과 취업이라는 두 가지 양적 성과 측정 담론으로만 사람을 바라보는 인적자본이론과 적극적 노동시장 정책이 사람의 가치를 향상시키거나 삶의 만족감을 높이는 데 실패하였음을 보여주고자 한다. 이미 적극적 노동시장 정책은 관료들을 위한 정책으로 전락하였으며 정치인의 면피용, 생색내기용 정책으로 그 정체성을 이어가고 있다. 재정안정화 정책을 고정 상수로 놓을 경우 적극적 노동시장 정책 외에 관료들이 내놓을 수 있는 정책은 없다. 또한 중앙정부 중심의 적극적 노동시장 정책은 국토가 작다는 이유만으로 지역주민의 다양성과 생활밀착형 요구를 외면하고 있는 바, 이 책에서는 이러한 태도를 변화시킬 필요성과 그 방향성을 모색하고자 하였다.

제1부는 적극적 노동시장 정책이 태동 과정에서 인적자본투자와 인적자원개발

이 IMF 구제금융 상황 극복을 위해 지식기반사회와 어떻게 연동하여 사용되었으며 당시 인적자원개발, 인적자본투자가 국가와 기업 성장에 어떠한 의미로 이용되어 왔는지 살펴본다. 이를 위해서는 1995년 5·31 교육개혁 당시 처음 등장한 평생교육과 대학시장 개방 시점으로 거슬러 올라가야 한다. 글로벌화에 발맞춘 시장경제 정책과 맞물리면서 IMF 구제금융 당시와 유럽에서의 '제3의 길' 논의가 우리나라의 생산적 복지와 어떻게 연동되어 적극적 노동시장 정책이 탄생하였는지 살펴보아야 하기 때문이다. 전 세계가 지식기반사회로 이동하면서 기업 내 능력개발과 국민의 인적자본축적 방안으로 적극적 노동시장 정책이 활용되어 온 배경과 의의를 살펴보아야 적극적 노동시장 정책의 이면까지 파악할 수 있다. 복지 정책의 일환으로 탄생한 적극적 노동시장 정책이 정작 사람의 가치를 높이기보다는 사람을 여전히 경제 발전의 수단으로만 인식하고 있으며 노동소득과 자산소득의 확연한 격차와 일자리 문제를 해결하지 못함에 따라 그 정책적 유용성에 더 이상 의의를 부여하기 어려운 지경에 이르렀음을 보여줄 것이다.

제1부는 2000년대 전 세계를 휩쓴 지식기반사회와 능력 중심 시대에 펼쳐진 적극적 노동시장 정책들에 대해 유형별로 그 의미와 공과, 그리고 한계를 들여다보는 내용으로 구성하였다. 특히 일자리와 훈련, 그리고 교육 관점에서 사람을 어떻게 다루어 왔는지를 파고들었다. 이렇게 구성한 이유는 적극적 노동시장 정책이 직접일자리, 훈련, 고용장려금, 고용서비스, 창업지원으로 구성되어 있지만 현실에서는 직접일자리와 훈련 두 가지로 나누어지기 때문이다.

김대중 정부 당시 창업은 미국의 '닷컴' 열풍 덕택에 산업 활성화 정책이라는 개념에서 접근하였지만 노무현 정부 이후부터 창업은 산업정책이라기보다 일자리 정책으로 굳어졌기에 직접일자리 개념에 더 가깝다. 고용장려금은 일자리 유지를 위한 정책으로 직접일자리를 만드는 것이라기보다는 간접적 방식의 일자리 창출 지원정책이라 볼 수 있다.

고용서비스는 훈련과 밀접한 연관이 되었다고 보기는 어렵지만 훈련 정책이 강화될수록 불가분의 관계로 엮여 있다. 훈련과 무관한 일자리 정보 제공과 지역산업 간 연계는 지자체와 민간 직업정보 제공 업체들의 유입으로 큰 의미를 지니기 어렵기 때문이다. 따라서 오늘날 고용서비스는 훈련과정 이수자의 취업알선과 훈련과정 정보 제공 등을 주요 정책으로 한다고 말하여도 틀린 판단은 아니다.

제1부 1장에서는 1995년을 적극적 노동시장 정책의 태동 및 신자유주의 원년으로 규정하고 이 당시 이루어졌던 대학준칙주의, 지방자치제, 그리고 OECD 가입이 이후 우리의 삶에 어떠한 영향을 끼쳤는지 살펴본다. 2장은 적극적 노동시장 정책과 인적자본투자와의 관계를 분석한다. 인적자본투자와 자기계발이 지식기반사회와 어떻게 연계되어 우리 삶의 지배 이데올로기로 작동하였는지 살펴본다. 3장은 적극적 노동시장 정책에서 가장 큰 비중을 차지하는 일자리 정책은 청년층을 중심으로 정부 당국이 어떠한 관점을 가지고 펼쳐 왔는지 분석하였다. 특히 일자리 문제를 개인의 책임으로 전환시키기 위해 국가가 지속적으로 어떠한 이념과 철학을 설파하였는지 본다.

4장은 적극적 노동시장 정책의 두 번째 비중을 차지하는 훈련이 가지는 의미를 분석하였다. 과도한 훈련정책 드라이브는 정규교육과정 영역을 침범하여 발전하였으나 이러한 강력한 드라이브는 역설적으로 향후 '훈련복지'를 위한 초석이 되었음을 보여준다. 또한 그동안 훈련정책이 사실은 미신에 가까운 일을 하고자 한 것이며 적극적 노동시장 정책이 가장 각광 받는 곳은 국민의 실제 삶의 현장이 아닌 바로 해당 부처 관료들의 책상 위라는 점을 보여준다. 관료들은 늘 훈련프로그램의 문제를 새로운 프로그램으로 해결하려 해왔으며 산업수요의 실체가 무엇인지에 대한 개념없이 상투적이고 무의식적으로 사용하는 '산업수요에 부응하는 인력양성' 정책이 얼마나 실체없는 구호인지를 밝히고자 한다. 또한 '4차 산업혁명'과 인공지능(AI) 분위기에 편승하여 마치 전문인력을 단기 훈련을 통해 양성 가능하다는 잘못된 믿음을 전파하는 행위는 오로지 정부 당국이 국가의 미래를 위해 뭔가 한다는 알리바이만을 생성할 뿐이며 이러한 행태는 중세 시대 연금술사의 재림이라 할 수 있다. 재직자 훈련은 기업의 생산공정방식 선택의 문제를 도외시한 채 마치 '기업이 노동자 훈련을 통한 기업 역량을 강화시키지 못한다'는 잘못된 전제를 설정하고 있음을 보여준다.

제1부 마지막 장인 5장에서는 「적극적 노동시장 정책의 종언과 대안」에서는 지난 25년간 적극적 노동시장 정책의 한계를 극복하기 위해 지속가능한 공공분야 일자리 확대와 평생교육의 중요성을 주장한다.

앞으로 우리가 맞이할 사회에서 일자리는 여전히 중요하지만 과거와는 다른 근로조건, 인권, 노동법, 성과 분배, 자신의 정체성 인정 등 다원주의에 기반한 요구가 분출될 것으로 보인다. 특히 성정체성, 인종, 종교, 정치적 신념, 세계관 등으로 규정할 수 있는 개인의 정체성이 공격당할 때 이를 지켜줄 수 있는 안전에 대한 사회적 요구가 높아질 수밖에 없음을 의미한다. 여기에 적극적 노동시장 정책이 부응하기는 어렵고 사실상 불가능하기에 그 대안을 이 책에서는 잠재역량으로 불리는 캐퍼빌러티(capability)에서 찾고자 한다. 취업만을 위한 개인역량 강화가 아니라 개인의 자유와 기회, 선택을 확장시켜주는 역량 확대로서 캐퍼빌러티라는 개념을 소개하며 제3부의 참여소득 활성화를 위해 캐퍼빌러티 확산에 장애가 되는 전환요인 극복을 주요 의제로 설정한다.

사람의 가치를 높이는 또 다른 능력주의, 캐퍼빌러티

대학원에 다닐 때였다. 한 학기가 끝나고 동료 일부와 한 학기 수업과 그동안 읽은 책, 논문에 대해 서로 아는 체하느라고 밤늦게까지 저녁 술자리를 가진 적이 있다. 자리를 마친 시점은 이미 지하철과 버스가 끊겨 버린 시각이었다. 술값을 서로 나누어 내고 자리를 파한 후 각자의 집으로 돌아갔다. 당연히 택시비는 있겠거니 했는데 아뿔싸 계산을 잘못하여 돈이 모자랐다. 이를 어쩌며 뚜벅뚜벅 집까지 세 시간 넘게 걸어갈 상황이 발생하였다. 여름이 막 시작된 시점이라 그리 춥거나 덥지 않았다.

　새벽 한 시가 넘은 시점의 광화문과 종로 거리도 좋아 보여 처음에 걸어가는 것이 어렵지 않았으나 광화문을 지나면서부터는 슬슬 힘들어지기 시작하였다. 못 먹는 술을 먹은 술기운도 있지만 정작 중요한 것은 택시비가 없기 때문에 걸어야만 하는 상황이 나를 더욱 힘들게 하였다. 어렵사리 집에 도착한 나는 다음날 다리가 뻐근함에 상당한 피로감을 겪어야만 했다. 그로부터 1년 뒤 집 근처에 사는 여자 후배와 저녁을 먹고 나란히 광화문을 향해 걷다보니 어느새 집까지 와버렸다. 주머니에 돈도 충분했으나 걸어서 집에까지 온 것이다. 그러나 이때는 하나도 힘들지 않았다. 난 언제든지 택시나 버스를 탈 돈이 있었기 때문에 걸어서 집에 가는 것은 순전히 나의 선택과 의지에 의한 것이었다.

　그로부터 25년이 지나 그 당시 내가 경험한 두 가지 상황이 캐퍼빌러티와 어떠한 행위의 결과라 할 수 있는 펑셔닝(functioning)을 의미함을 깨달았다. 집까지 걸어간 이후 내 몸에 나타난 두 개의 상태는 나의 행동이 성취한 결과인 펑셔닝이다. 두 가지 상황 모두 신체적 결과는 동일하지만 왜 걸었는가 하는 동기는 다르다. 돈이 없어 어쩔 수 없이 걸어간 것과 돈이 있지만 적극적으로 선택하여 걷게 된 것은 천지 차이이다. 누군가가 내가 걸어서 집에 갔다는 상황만을 고려할 때는 나의 선택 동기와 배경이라는 정보를 무시한 판단을 하게 된다. 왜 걸어서 집에 갔는가라는 사실까지 알아야 한다. 돈이 없다는 이유로 자신의 의지와 무관하게 걸어 집에 갈 수밖에 없게 되었다면 이는 나의 시간을 허비하고 빼앗긴 박탈감으로 이어지게 만든다. 즉, 나의 자유를 확대시킬 잠재역량, 캐퍼빌러티가 부족한 상황이 된다. 먹을 수 있는 기회라는 캐퍼빌러티가 있음에도 불구하고 굶었다면 우리는 이를 다이어트라고 부르지만 먹을 기회가 없어 굶었다면 이는 기근을 겪고 있는 것이다.

　제2부는 바로 캐퍼빌러티가 가지고 있는 의의와 의미를 설명하고자 한다. 제3부의 참여소득의 정의와 운영원칙을 정립하기 위해 캐퍼빌러티의 몇 가지 주요 개념을 활용할 필요가 있기 때문이다. 캐퍼빌러티는 실제적 자유의 확대

라는 관점에서 기본소득과 유사성을 공유하고 있으며, 호혜성과 공동체를 위한 이타적인 동감과 헌신을 통한 참여라는 관점에서 참여소득이 추구하고자 하는 방향과 맥락을 같이하기 때문이다. 그러나 중요한 것은 기본소득에서 의미하는 실질적 자유(real freedom)는 기본소득이라는 도구에 의해 완성되는 것으로 보는 반면에 캐퍼빌러티는 윤리적 관점에서 제기된 개인의 실제적 자유(actual freedom)의 실현을 위한 도구는 정부 정책 지원 외에 딱히 없다는 사실이다. 그렇다면 캐퍼빌러티의 실제적 자유가 실현되기 위한 상시적인 매개변수 또는 정책도구가 필요한데 그것이 바로 참여소득이 될 것임을 이 책에서 주장할 것이다.

이것은 아마르티아 센(Amartya Sen)이 구체화하지 못한 분배라는 정의(justice)를 구현하는 과정이며 이때 분배는 소득 외에도 시간, 관계, 공론장에 나서기, 안전, 자유 등을 가리킨다. 참여소득을 캐퍼빌러티라는 개념을 통해 재해석·재규정하는 것이 이 책의 기본 목적이다.

기존의 주류 경제학에서 채택한 공리주의 관점의 효용이나 만족, 그리고 롤스의 기본재화 접근으로는 개인의 자유와 선택의 기회를 보장하지 못하며, 특히 개인의 다양성을 충족시키기 어렵기에 이에 대한 대안으로 캐퍼빌러티의 중요성을 제시한다. 캐퍼빌러티 확장을 위해 개인의 행동과 동기가 중요함을 소개하면서 이러한 동기와 헌신이 개인의 자유의 확대를 가로막고 있는 전환요인들을 극복하는 데에 매우 필요한 참여 동기임을 강조한다. 헌신과 동감은 민간 부문이 아닌 공공부문 활성화를 위해 매우 중요한 요소이며 참여소득에 대한 비판을 해소하기 위하여 전환요인 극복과 공공부문 활성화를 연계하는 매개요인으로 상정한다. 그러나 캐퍼빌러티는 과거 60-80년대 절대빈곤 시대를 겪은 오늘날에는 상당한 수정과 진화를 요구받고 있다.

전 세계적인 경제성장으로 절대빈곤과 교육불평등은 상당히 해소되었기 때문에 앞으로는 상대적 빈곤의 축소, 인적자본 활용의 평등성, 돌봄의 필요성, 개인의 존엄성과 자존감 유지, 노동 및 근로조건 개선, 차별 시정, 산업재해로부터의 안전 확보 등으로 진화해 나갈 필요가 있다. 이것이 새로운 분배의 정의(justice)가 되어야 할 것이다. 그리고 이를 실행하기 위한 공공부문의 참여를 참여소득의 정의(definition)로 재규정하자는 것이 이 글의 핵심 논지이다.

이러한 배경에는 현재의 인적자본축적과 적극적 노동시장 정책, 일자리를 바라보는 관점이 전환되어야 한다는 요구가 절실하기 때문이다. 사람을 경제성장의 도구로 바라볼 것이 아니라 목적으로 바라보아야 하며 개인의 안전과 자유 확대 및 선택 기회의 보장이 이루어진다면 저임금 일자리라도 개인의 자유와 존엄성 확보에 일조할 수 있을 것이다. 저임금 일자리는 가급적 합리적 임금수준으로 올리는 것이 바람직하지만 그것이 어렵다면 국가가 노동 및 사회적 전제 조건으로 개인의 안전과 자유, 존엄성, 자존감을 보장함으로써 노동자 개인이 자유롭게 일자리를 선택할 수 있도록 지원할 필요가 있다는 의미이다.

산업재해 사회, 재난, 환경, 음식으로 부터의 안전, 직장 내 갑질이나 과잉 업무, 개인의 자존감을 침해하는 혐오 발언, 개인의 정체성을 인정하지 않는 무시 등으로부터의 자유는 저임금 일자리일지언정 개인의 캐퍼빌러티 향상에 일조할 수 있다. 왜냐하면 현재 시점에서 현금성 복지지원이 저임금 일자리에서 발생하는 소득수준을 넘을 수는 없기 때문이다. 따라서 저임금 일자리의 기준은 총액의 개념이 아닌 시간당 임금이 되어야 하며 총액 임금이 낮다고 마냥 비난하는 것은 적절하지 않다. 중요한 것은 일의 환경과 내용이다.

제2부 1장에서는 우리사회의 공정 담론으로 거론되고 있는 능력주의인 '메리토크라시(meritocracy)', 그리고 또 다른 능력주의로 불리는 '컴피턴스(competence)'의 차이점을 자세히 살펴본다. 우리 사회의 주요 담론으로 사용되는 능력주의는 '메리토크라시'이지만 이는 좋은 직장, 계급, 자질을 나누기 위한 장치일 뿐 실제 모든 사람에게 작동하는 능력주의는 컴피턴스임을 제시한다. 전자는 '우리'라는 정실주의와 연공서열에 기대어 작동하고 있지만 후자는 계급을 불문하고, 도덕과 비도덕적 분야를 불문하고 어디에든 존재한다. 메리토크라시는 무엇인가

를 할 수 있다는 자격, 자질(merit)의 문제인 반면에 컴피턴스는 철저히 결과와 성과의 문제이다. 메리토크라시는 컴피턴스의 성과와 결과에 일정 부분 또는 상당한 정도의 영향을 끼칠 수는 있지만 메리토크라시가 항상 좋은 성과와 결과를 보장해주지는 않는다.

메리토크라시는 노력으로 달성 가능하고 평가받지만 컴피턴스는 기여로 평가받는다. 거의 모든 분야에서 조직과 사회 내의 반목과 갈등은 메리토크라시와 컴피턴스 중 어디에 우선순위를 둘 것인가의 싸움이다. 우리가 주변에서 능력 있는 사람을 뽑는다는 의미는 꼭 시험성적순으로만 선발한다는 의미는 아니다. 메리토크라시와 컴피턴스가 혼합된 복합적 능력자를 채용한다는 의미이다. 그러나 지금까지 능력주의 논의는 이 둘을 혼용하여 사용하여 왔다. 이렇게 해서는 오늘날 우리 사회의 능력주의를 정확히 파악하기 힘들다. 공정의 문제만 해도 그렇다.

메리토크라시는 공정만을 중요히 여기지만 컴피턴스는 공정과 함께 불평등의 문제도 야기한다. 능력주의 관련 개념들을 혼용하여 사용할 경우 정확한 진단과 대안이 나오기 힘든 이유이다. 그러나 이 두 가지 개념 모두 유토피아가 아닌 디스토피아의 세계로 빠져들게 만드는 공통점을 가지고 있다. 따라서 개인의 자유와 이타적 행위를 통해 유토피아적 공동체에 기여하는 새로운 능력주의 개념이 필요한데 그것이 바로 캐퍼빌러티가 될 것이다. 그렇다고 캐퍼빌러티를 교육과 훈련을 통한 취업역량 강화로만 이해하는 것은 캐퍼빌러티에 대한 엄청난 오독이다. 캐퍼빌러티는 소득, 음식, 건강, 보건, 영양, 인권, 헌신, 안전, 취업 등 인간이 좋은 삶, 즉 삶의 질을 강화하기 위해 필요한 모든 것을 의미하는 개념이다.

제2장에서는 캐퍼빌러티의 철학적 주요 배경을 공리주의와 비교하여 논의한다. 사람에게 삶의 의미와 가치 있는 삶을 살기 위해 필요한 역량 또는 능력은 무엇이며 이를 무엇으로 규정할 수 있고 무엇을 의미하는지를 살펴본다.

3장에서는 캐퍼빌러티와 펑셔닝, 행위 자유(agency freedom)와 헌신(com

mitment) 등의 의미와 해석을 시도하고 센과 다른 관점을 가진 마사 C. 누스바움(Martha C. Nussbaum)의 캐퍼빌러티 개념과의 차이점을 살펴본다.

이 둘의 차이를 간략히 말하면 센은 캐퍼빌러티가 무엇인지를 사전에 결정하기보다는 우리들의 삶에 어떠한 캐퍼빌러티가 필요한지 민주적으로 결정하자는 입장인 반면에 누스바움은 거의 헌법적 위상으로 캐퍼빌러티 리스트를 규정하자는 입장이다. 3장에서는 개인의 자유 확대를 가로막는 전환요인들(conversion factors)을—소득, 질병, 성격과 같은 개인적 특징요인들, 법과 제도와 같은 사회적 요인들, 자연환경과 같은 환경적 요인들로 구성된—극복하고 자유와 평등, 공정, 안전을 획득·확보하기 위해 필요한 캐퍼빌러티의 강화에 참여소득(participation income)이 중요한 장치로 작동할 수 있음을 보여준다. 왜냐하면 전환요인은 바로 헌신과 타인에 대한 동감을 바탕으로 한 행위 자유에 의해 실현될 수 있는데 행위 자유에 기반한 전환요인 극복과정이 바로 참여소득이기 때문이다.

한편 오늘날 중진국 이상은 과거의 절대적 빈곤과 결핍에서 벗어났고 평등으로서의 기본 캐퍼빌러티인 교육, 보건, 환경 문제는 경제성장을 통해 상당한 개선이 이루어졌다는 점에서 후기 캐퍼빌러티(post-capability)로의 새로운 진화가 필요하다. 이를 위해 전환요인의 극복은 차별 방지, 돌봄, 인권, 교육훈련, 사회적 기여활동, 산업재해 예방 등과 같이 개인의 자유와 인권을 침해하는 요인을 극복하는 차원에서 다루어져야 한다. 그리고 이 과정에서 정치적 함의를 가진 분배의 정의를 위해 참여소득의 역할이 필요하다.

호주 원주민, 기본소득 그리고 참여소득

2008년 무렵 호주 시드니에 사는 동생 집에 머무른 적이 있다. 호주에서 직장을 다니는 동생 덕에 시드니에서 좀 떨어진 내륙으로 들어갈 기회가 있었다. 동네 공원으로 기억되는 곳을 산책하던 중 어떤 사람이 비틀거리며 나에게 다가와 담배한 개피 좀 달라는 부탁을 해왔다. 당시 담배를 피우고 있던 나는 그 사람의 얼굴을 보고 깜짝 놀랐다. 호주 원주민을 처음 본 탓도 있었지만, 눈도 풀려 있고 자신의 몸도 가누지 못하는 원주민의 모습에 신체적 위협을 약간 느꼈기 때문이다.

담배를 주지 말라는 동생의 권고대로 그 자리를 피하였다. 동생은 호주 원주민들이 각종 보조금을 정부로부터 받고 살아가지만 호주 사회의 구성원으로서는 배제되어 취업이나 정치 등에 참여할 길이 막혀있다 보니 체육이나 예술에 재능이 없는 사람들 대부분은 약에 취해 있거나 도박으로 하루하루를 살아간다고 말해주었다. 이때 처음 호주 원주민의 현실을 알게 되었다.

교육에 대한 참여까지 막지는 않지만 개인의 인적자본을 축적하고 활용할 기회가 결핍되어 있고 참여 공간도 없어 학업 중단자도 백인들보다 두 배 이상 많다. 이러한 일이 벌어지게 된 사유는 호주에 들어온 영국인들이 수만 년 전부터 살아온 호주 원주민(aborigine)에 대한 배제뿐만 아니라 '바람직하지 못한 인종', '소멸할 인종'으로 억압해왔기 때문이다. '쓸모없는 인간'으로 호주라는 땅에서 지워진 인간 존재로 취급해온 것이다. 이들은 조르조 아감벤(Giorgio Agamben)이 말한 예외상태의 인간인 '호모 사케르'이다.

호주 국회 상원에서 편찬한 한 자료를 보면 18세기 수용소에서 강제 노역을 시킬 때조차 이주자들은 원주민을 번호로 호명하였다. 살해는 가능하되 희생물로 바칠 수 없는 생명으로 취급하며 법적·정치적 질서로부터 배제한 것이다. 원주민에 대한 이러한 관리는 원주민과 비원주민 간의 격차를 크게 벌려놓았다. 이에 호주 정부와 NGO 성격의 원주민 화해위원회(Reconciliation Australia)는 그간의 호주 원주민에 대한 박해와 피해를 복원하고자 노력을 기울이고 있으나 상당한 애로를 겪고 있는 것으로 알려져 있다.

호주 원주민의 생활 실태를 목격하면서 나는 개인의 존엄성, 사회공동체의 구성원으로서의 인정, 그리고 수혜자의 능동적 참여가 동반하지 않는다면 개인에게 어떠한 형태의 보조금이 주어지든 아무런 의미를 가지지 못함을 인식하는 계기가 되었다. 이러한 측면이 바로 내가 기본소득보다 참여소득에 큰 의미를 두는 이유이다. 기본소득이 가지는 시대정신은 분명히 의미가 있다. 기본소득이 추구하고자 하는 공동체 기여나 사회적 참여도 참여소득이 추구하는 방향과 별반 다르지 않음도 인정한다. 그러나 기본소득이 지향하는 사회적 기여와 참여는 개인의 낙관적 의지 외에 다른 동기를 기대하기 어렵다. 또한 기본소득과 관련한 도덕적 딜레마도 난관으로 작용한다. 이러한 딜레마는 개인의 삶이 타인에 의해 종속될 수 있음을 거부하고자 하는 자연스러운 마음에서 비롯된다. 기본소득이란 이름이 청년층에게 더 거부감이 큰 이유이다. 그들에게는 자신들의 능력을 펼칠 공간과 기회, 자유가 보다 더 소중하기 때문이다. 반면에 노인과 가사노동자들에 대한 기본소득의 도덕적 딜레마는 적은 편이다. 이러한 점에서 참여소득은 아직 논의가 활발하지는 않지만 사회적 기여라는 측면과 호혜성 측면에서 기본소득보다 도덕적 우위에 있음은 분명해 보인다.

참여소득을 논의할 때 참여라는 용어에 대단한 의미와 구체적 상황을 부여할 이유는 없다. 개인의 발전과 개인이 속한 사회와 집단에 좋음(good, 선(善))을 주는 활동이면 족하다. 참여소득이라고 해서 꼭 일자리만을 의미하지는 않는다. 개인의 자유를 확대하고 다양한 선택 기회를 부여하며 나 혼자가 아닌 공동체 사회 안에서 더불어 살 수 있다면 이를 위한 활동과 결과가 곧 참여소득이 될 수 있다. 부분 기본소득으로 정의되는 주부 가사노동자, 기본소득, 자녀 돌봄, 고령자 돌봄, 교육훈련 참여도 참여소득으로 정의하는 이유이다.

적극적 노동시장 정책은 개인을 스스로 자신의 프로젝트 책임자가 되도록 만들어 실패에 대한 책임도 오롯이 개인이 지도록 만들어 버렸다. 이러한 각자도생의 풍조는 개인이 설사 성공한다 하더라도 외로움을 가져오고 실패 시에는 타인의 도움과 배려를 요청하는 일마저 창피하게 만들어 버렸다. 참여소득은 바로 이러한 창피함 또는 수치심을 극복하도록 도와줄 수 있으며 공공의 장에서 서로가 위로하고 배려하여 더 나은 삶을 향유할 수 있는 기회를 제공한다.

제3부에서 본격적으로 소개하는 참여소득 개념은 세계적으로 활발한 논의가 이루어지지도, 체계가 잡혀있지도 않은 분야이다. 그러나 필자가 볼 때 실업부조 같은 현금성 지원정책인 소극적 노동시장 정책을 거치지 않은 채 진행해 온 적극적 노동시장 정책은 유럽에 비해 참여소득으로 전환할 프로그램과 인프라를 많이 가지고 있다고 보여진다. 예를 들면 아동보육, 교육훈련지원, 지자체의 평생교육, 노인돌봄은 선진국 반열에 상당히 올라가 있는 분야이다. 따라서 개인의 생활밀착형 프로그램에 대한 예산 편성권과 정책 결정권을 지자체에 일부 이양만 해준다면 비록 '고용보험 가입 유무'라는 취업률 성과지표에 포함되지는 못하더라도 지금보다 국민의 삶의 질은 더욱 향상될 것이라 믿어 의심치 않는다.

참여소득의 성공 여부는 중앙정부가 일자리와 생활밀착형 정책 결정권을 지자체에 얼마만큼 양보하는가에 달려 있다 해도 과언은 아니다. 이미 고용노동부와 행정안전부의 일자리 지원 정책은 거시 일자리 지표만을 위한 정책일 뿐 국민들의 삶의 질과 생활에는 직접적인 기여를 하지 못한지 오래되었다.

제3부의 1장에서는 참여소득의 배경으로 고용과 일의 의미가 개인의 삶에 어떠한 의미를 가지고 있는지에 대한 내용이다. 일이 개인의 삶과 존엄성을 위하기보다는 산업혁명 당시 처럼 기계 부속품이 되어가고 있는 현실과 개인이 일을 바라보는 관점도 변화하고 있음을 보여준다. 심지어 번아웃, 저임금 일자리 등의 이유로 미국 내 커뮤니티 사이트인 레딧(reddit)에서는 노동거부(anti-work) 운동 논의가 활발히 이루어지고 있다. 제1장에서는 앤서니 B. 앳킨슨(Anthony B. Atkinson)이 제시한 참여소득의 탄생 배경과 의의, 그리고 개념을 정의하고 참여소득에 대한 비판과 한계점을 논의한다.

2장에서는 오늘날 왜 참여소득이 필요한지를 기본소득의 한계와 미래 노동시장의 변화 관점에서 다룬다. 기본소득의 문제점을 기본소득에 대한 전통적 비판인 소득재분배의 효율성, 호혜성, 재원 마련 등의 문제가 아닌 기존 정책과의 공존, 관료들의 저항, 그리고 실질적 자유의 실현 가능성과 도덕적 딜레마 차원에서 다룬다. 또한 인공지능의 발전으로 인해 일자리와 고용은 오늘날보다 악화 될 것으로 판단하고 있으며 과거와 같이 일에서 삶의 의미를 찾을 가능성이 매우 낮아질 사회를 준비해야 할 필요성을 언급한다. 이를 위해 짧게나마 일과 고용의 의미를 경제사적 흐름에서 살펴볼 필요가 있다. 그래야 고용(employment)이라고 하는 기존 관점으로부터 일(work)이라고 하는 미래지향적 관점으로 전환해야 할 필요성을 이해할 수 있기 때문이다.

3장에서는 참여소득의 의미와 철학을 분석하기 위해 일자리 부족 현상과 더불어 인공지능 및 로봇이 개인의 일자리를 대체하는 경우 발생할 '쓸모없는 인간'의 출현과 이로 인해 무너지는 개인의 존엄성 그리고 고립과 외로움이라는 문제를 극복하기 위한 생활정치의 필요성을 제시한다. 자동화와 알고리즘에 의해 일자리에서 쫓겨난 사람들이 존엄성과 품위를 갖추며 살아가기 위해서는 어떠한 형태로든 참여를 통한 정치활동, 즉 생활정치는 매우 중요해질 것이라 보기 때문이다. 이것이 중요한 이유는 우리가 당연하게 여긴 1인 1 투표제와 같은 정치참여 원칙도 우리 스스로가 지키지 못하면 언제든지 깨질 수 있기 때문이다.

지금으로부터 100년 전 영국의 헌법학자 앨버트 벤 다이시(Albert Venn Dicey)는 노령연금과 같은 극빈 수당을 받는 사람들이 하원의원 선거에 참여하는 것이 영국 전체에 어떠한 의미가 있는지 의문이라고 말한 것을 비추어 볼 때 최소한 오늘날과 동일한 수준의 정치참여가 미래에 보장될지 장담하기 어려울 수 있다. 100년이 지난 2019년 이탈리아의 반체제 정당 오성운동의 창립자인 베페 그릴로(Beppe Grillo)는 노인의 투표권을 회수해야 한다고 주장하여 이탈리아 사회를 발칵 뒤집어 놓기도 하였다. 우리나라에서 일부 커뮤니티 사이트에서 65세 이상 투표권 제한 등의 논의가 일어나기도 한다.

생활정치는 2부에서 언급한 전환요인 극복을 위한 활동들을 포함한다. 사람과의 관계에 기반한 행복경제학, '멈추고 만나 얘기하는 일'이 가능한 공간에서의 활동, 그리고 참여를 통한 상호인정 투쟁방안이 여기에 속한다.

독일 철학자 악셀 호네트(Axel Honneth)의 주장에 따르면 상호인정투쟁은 상실된 자기 존중의 회복과정이며 이를 실현할 공동체와의 연대가 필요하다. 케빈 올센(Kevin Olsen)이나 임벤스 루벤스(Imbens Robeyns) 같은 학자들은 캐퍼빌러티로 재분배 및 인정 문제를 해결할 수 있다고 본다. 그러나 이들은 소득재분배를 위한 소득 조달 방법에 대한 언급은 하지않고 있다. 캐퍼빌러티가 재분배 문제를 해결할 수 있다고 보는 관점은 그들이 비판하던 인적자본투자에 기반한 적극적 노동시장 정책의 관점으로 환원시켜 버릴 수 있다.

이 책에서는 캐퍼빌러티를 확장하고 공동체 연대를 강화하면서 재분배 문제와 인정 문제를 해결할 유일한 해결책이 바로 참여소득임을 주장한다. 참여소득은 이들의 주장을 실현하기 위한 하나의 수단으로서 작동할 수 있음을 제시한다.

4장에서는 참여소득과 유사한 정책들인 시민봉사, 사회서비스, 일자리 보장제 등이 참여소득과 어떠한 점에서 유사하고 또 어떠한 차이가 있는지 살펴본다. 여기서는 종교나 신념에 기반한 봉사가 아닌 시민의 생활밀착형 봉사, 개인의 자유를 확대하고 캐퍼빌러티를 확장하는 데 기여하는 봉사의 경우 시민수당 또는 참여소득이라는 명칭으로 전환할 것을 제안한다. 한편 사회서비스를 참여소득으로 전환하기 위해서는 지금과는 다른 공공성 획득이 우선 전제되어야 할 이유를 설명한다. 그리고 일자리 보장제가 우리나라에서 실현 가능한 문제인지 검토해 보고 참여소득과의 차별성에 대한 깊이 있는 논의를 진행한다. 현재 수행 중인 적극적 노동시장 정책 프로그램 중 참여소득으로 전환이 가능한 것은 어떠한 것들이 있는지도 살펴본다.

마지막 5장은 참여소득의 운영원칙과 방안에 대해 알아본다. 여기서는 참여소득이 무엇인지에 대해 세세하게 규정하지 않는다. 또한 프로그램 유형별로 참여소득을 정의하는 방식에 대해서는 반대하고 있다. 참여소득을 사회적 기여 유형별로 논의할 경우에는 어떠한 유형이 진정한 사회적 기여이냐 아니냐로 사회적 갈등을 유발할 뿐만 아니라 오늘날 사회에 참여소득이 어떠한 위치에 서야 하는지에 대한 본질을 망각할 수 있기 때문이다. 또한 5장에서는 기존 참여소득에 대한 비판을 해결할 확장된 참여소득 정의를 국내외를 통틀어 처음으로 제시하고 이 방향성에 맞는 몇 가지 원칙을 제시한다. 먼저 참여소득이라 함은 "소득 불평등이라는 배제로부터의 해방과 지역 내 다수 주민의 자유 확대를 방해하는 요인을 극복하기 위한 행위 과정으로서 이를 통해 개인 간 상호교감하고 인정받으며 소속되어 있음을 확인받고자 하는 행동"으로 규정한다. 이를 축약하면 참여소득은 사회적 배제와 소득 불평등에서의 해방이라는 이중적 의미를 가진다.

참여소득은 공간을 동반해야 하며 대화와 동감, 헌신을 바탕으로 하는 공동체를 위한 활동이다. 이를 실현하기 위해서는 지방분권화와 일부 정책결정 권한에 대한 지방 이양의 필요성, 그리고 통반장까지 참여하는 거버넌스 구축을 통해 자신들에게 필요하고 자신들의 가치를 높여줄 수 있는 것들을 자신들이 직접 찾아가는 민주주의 방식의 중요성을 제시한다. 또한 여기서 가장 중요하게 강조하는 점은 참여소득 프로그램을 결정함에 있어 옳음보다는 좋음을 더 우선시해야 한다는 것이다. 옳음의 문제는 정치적 편향성에 기인한 갈등을 불러일으킬 수 있기 때문이다. 다만 좋음을 극대화시키는 옳음까지 거부하지는 않는다.

이 책에서는 참여소득의 구체적인 형태를 제시하지는 않고 다만 원칙과 운영원리만 제시한다. 이는 참여소득이 어떤 형태여야 한다고 단정짓기보다는 지역주민들이 필요한 것을 자발적이고 민주적으로 결정하도록 남겨두는 것이 다양한 개인의 자유 확대를 위한 최선의 길이라 여기기 때문이다.

제1부
적극적 노동시장 정책의
종언

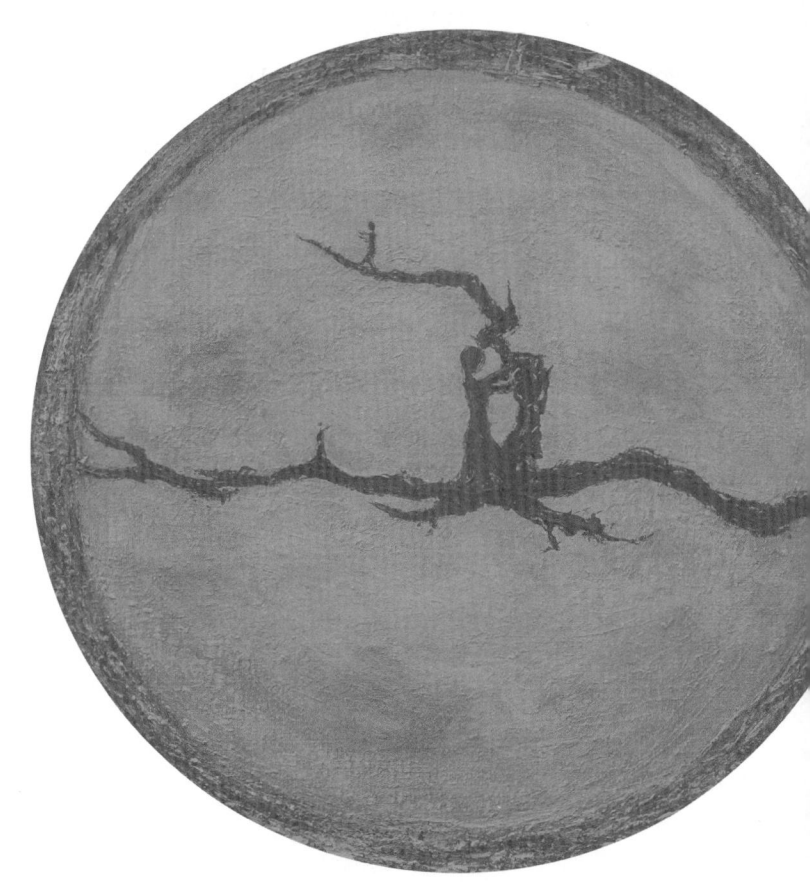

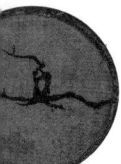
1. 적극적 노동시장 정책의 태동

1995년—스펙 전쟁의 서막이 열리다

　1992년 연말 32년간의 군부독재를 끝내고 대통령에 당선된 김영삼은 정부의 명칭을 문민정부라 부르고 1993년부터 자신의 임기를 시작하였다. 문민정부는 과거 전두환 정권의 버팀목이던 군부 내 사조직인 '하나회'를 무너뜨림과 동시에 금융 부문에서 금융거래 실명화라는 획기적인 정책을 내놓았다. 또한 전국교직원 노동조합의 실체를 인정함과 동시에 지방자치제를 실시하였고 공직자의 재산등록 및 취업제한을 통해 부정을 방지하고 공정성을 확보하기 위한 공직자윤리법을 제정하는 등 상당히 진일보한 정책 드라이브를 걸었다.

　문민정부의 정책에 대한 평가는 각자의 정치적 이념과 신념에 따라 호불호가 있겠지만 해방 이후 지금까지 시대적 흐름 속에 볼 때 당시 정책의 큰 맥락은 시장민영화와 자율화, 경쟁, 그리고 능력주의(competence)라는 신자유주의의 본격적인 이념 도입과 이를 위한 사회적 정책의 이식화가 시작되었다는 점이다. 김영삼 정부 집권 3년 차인 1995년은 우리나라의 경제와 사회구조 전체를 흔들어 놓은 역사

> 1995년은 시장민영화, 자율화, 경쟁.. 그리고 능력주의라는 신자유주의 정책의 원년

적인 해이며 1989년 워싱턴 컨센서스가 나온 이래 대한민국이 본격적인 신자유주의로의 첫 발을 내딛는 해이기도 하다. 당시 신자유주의 열풍은 '글로벌화'(globalization), '글로벌 표준화'(global standard) 등으로 나타났는데 우리나라는 이를 '세계화(Segyehwa)'라는 명칭으로 정리하여 정책 기조로 삼았다. 당시 '글로벌화'와 무엇이 다르냐는 이야기들이 있었지만 과거 군부독재의 전근대성에서 벗어나고 새로운 문화와 체제를 만들려는 국민적 어젠더가 공감되고 있는 상황에서 이러한 논의는 크게 문제되지 않고 넘어갔다.

1995년의 두 번째 중요한 변화는 「5·31 교육개혁」(이하 5·31개혁)이 실시이다. 신자유주의 사조와 세계화라는 통치 이념 속에서 생성된 교육개혁이었다. 문민정부의 5·31개혁은 1994년 2월5일 발족한 교육개혁위원회 주도하에 진행되었고 이들의 작업을 토대로 「세계화·정보화 사회를 주도하는 신교육체제 수립을 위한 교육개혁방안」이라는 대통령 보고서를 통하여 문민정부의 교육개혁 기조의 방향과 목표 그리고 구체적인 방안을 제시하였다.[1] 교육개혁을 명실상부하게 신자유주의적 철학과 목표에 맞게 설정한 것이다.

교육개혁 비전은 '열린 교육 사회', '평생학습 사회'의 건설을 명확히 표방하였고, 구체적으로는 교육재정의 GNP대비 5% 수준 확보,[2] 학습자의 다양한 개성을 존중하는 초중등교육, 인성 및 창의성을 함양하는 교육과정, 대학입학정원 자율화, 준칙주의에 의거한 대학설립, 대학평가에 따른 차등적 행·재정지원 등을 목표로 하였다. 정규교육과정 내 대학 경쟁력과 평생교육(학습) 체제 마련으로 전국민의 인적자본축적을 위한 법과 제도가 처음 마련된 시기이다. 1997년 자격기본법, 1999년 평생교육법 제정 등이 통과되어 정규교육과 국가 자격 이외에도 비정규 교육과정과 민간자격 취득을 통해 자신의 인적자본축적이 가능하도록 발판을 마련하였다.

세 번째가 지방자치 시대의 도래이다. 정치권의 합의하에 1961년 박정희 군사정권에 의해 사라진 지방자치제도가 그로부터 34년 후인 1995년 6월 27일

선거 실시로 시작되었다. 지방자치단체 제도가 실시는 되었으나 지방자치 시대에 걸맞는 제도, 법, 정치, 조세 등은 전혀 반영 및 변화되지 않은 채 과거와 동일한 제반 상황에서 지방자치는 실시되었다. 지방의 재원 충당, 지방재정자립 방안, 세목 개발, 생활밀착형 정책인 지방의 미시정책, 도시개발 등 당시 법상에서 지방이 할 수 있는 일은 하나도 없었다.[3] 더욱 불행한 것은 이러한 현상이 25년도 더 지난 지금까지도 크게 달라지지 않았다는 점이다. 그나마 치안과 교육 일부가 지방으로 이전되고 시민들의 참여나 지역 거버넌스 등에서 일부 진전이 있었다고는 하나 재정자립 문제가 해결되지 않는 한 지방자치가 정착되기까지는 요원하다. 1995년에 일어난 세 가지 정책이 서로 결합하면서 한국사회는 폭발적인 인적자본축적과 경쟁 속에 스펙 쌓기 전쟁의 참화 속으로 빨려 들어가기 시작하였다.

5·31 개혁은 여러 가지 면에서 긍정적인 측면이 많은 개혁으로 볼 수 있다. 그러나 우리 사회에 가장 만연되어 있고 전 국민의 관심을 가장 많이 받았던 대학 관련 개혁은 지금도 곱씹어 볼 만한 측면이 많다. 특히 대학 설립의 요건을 최소한의 기준 충족을 전제로 하는 준칙주의가 그렇다. 문민정부 당시 정책기획수석을 역임하고 5·31 교육개혁을 주도한 인물로 평가 받는 박세일은 대학개혁의 기본 철학으로 1) 민간 자율과 경쟁 원칙, 2) 국가 개입과 지원 원칙을 제시하였다. 대학의 질을 높이기 위해서는 이 둘의 조화가 잘 이루어져야 함도 강조하였다. 전자의 경우를 시장주의로, 후자는 공동체주의로 명명하였다.[4]

우선 시장주의를 위해서는 첫째, 대학에 선택의 자유를 주되 정부의 시시콜콜한 간섭을 배제해야 한다고 주장하였다. 둘째로는 유인체계를 바로 세워 질 낮은 학교는 스스로 수준과 질을 높일 수 있게 만들어야 하며, 셋째로는 경쟁체제를 도입하여 적게 노력하는 사람에게는 적은 이익이 돌아갈 수 있도록 해야 함을 주장하였다. 공동체주의를 위해서는 민간의 자율에만 맡겨둘 경우 역사, 철학 같은 인문학에 투자하지 않는 과소 투자가 이루어지기 때문에 이에 대한 정부 개입의 필요성도 주장하였다.

당시 5·31 개혁 방식에 이의를 제기하는 사람들의 논리를 보면 학벌과 학연 중심의 사회구조가 변화되지 않은 상태에서 정원 자율화와 학사 자율화는 오히려 고학력 풍조를 조장하고 대학교육의 질적 저하와 고학력 산업예비군만을 양산할 것이라고 주장하였다.[5] 고등교육에서의 경쟁 촉진이 대학 간의 서열과 격차를 더욱 심화시켜 학생들의 입시경쟁 고통을 더 악화시킨다는 비판이 일어났다.

이에 5.31개혁 옹호 연구자들은 과거의 대학 간 경쟁이 우수 학생을 유치하는 데만 집중하여 왔기 때문에 대학 경쟁촉진 정책을 통해 보다 높은 수준의 교육과 연구를 위한 경쟁이 촉발된다면 대학 서열이 오히려 파괴될 수 있다고 주장하였다.[6] 또한 대학 간 경쟁을 통해 학생 수가 감소되는 것은 폐교의 가능성과 동전의 양면과 같은 관계이며, 지방대와 사립대학, 전문대학 간 경쟁촉진을 정부가 회피하는 것은 오히려 대학이 경쟁 열위를 극복하기 더 어렵게 만드는 함정에 빠지게 만든다고 주장하였다.

그러나 결과론적으로 보았을 때 당시 이들의 논리는 시장주의에 대한 상당히 낭만적인 생각을 가진것으로 밖에 볼 수 없다. 이는 지금 논쟁 중인 정치적 올바름(political correctness)의 또 다른 형태라 할 수 있다. 신자유주의적 경제관이 지배적인 세계관으로 굳어지고 이를 위해 정치적으로 교육을 시장화시켰지만 결국 이들이 추구하고자 한 올바름의 목적은 하나도 달성하지 못하였다. 대학의 양적 팽창만 가져오고 끝나버린 정책이 되고 말았기 때문이다.

> 이들의 논리는 시장주의에 대해 상당히 낭만적인 생각을 가진 것으로 밖에 볼 수 없다. 이는 지금 논쟁 중인 정치적 올바름의 또 다른 형태라 할 수 있다.

사적 영역 내에서의 자율과 경쟁이라는 것이 상호 발전에 상당히 영향을 주는 것은 사실이지만 이러한 경쟁도 서로 비슷한 체급 또는 유사한 능력을 가진 사람이나 학교에서나 가능하다. 그러나 우리 사회에 이미 대학 서열화가 상당히 굳어져 있고, 서울과 지방 간 사립대 교육예산이나 교수 수급 등에서 격차가 심각히 나타나는 상황에서는 경쟁과 자율, 국가지원만으로 양질의 교육을 얻어내고자 한 목적을 달성하지 못한 채 실패한 정책으로 끝맺을 수밖에 없는 운명이었다.

심지어 이명박 정부 당시 교육부 장관을 역임하고 김영삼 정부에서는 사회복지 수석인 박세일과 함께 교육개혁을 주도하였다고 평가받는 이주호는 상당한 세월이 흐른 뒤 한 시민단체가 주관하는 토론회에서 "교육부를 해체하고 대학을 절반으로 줄여야 한다"고 주장함으로써 자신이 주도했던 대학교육 정책이 실패했음을 인정하였다.[7] 서울의 중위권 대학 일부와 지방의 국립대 일부를 제외하고는 학교 간 서열화가 명확한 나라에서 처음부터 민간 자율과 경쟁의 도입은 애초에 무리한 정책이었다. 당시 5·31 교육개혁에 대한 비판 내용은 오늘날 전부 현실화되었다.

5·31 개혁의 주요 핵심은 대학 정원 자율화를 바탕으로 하는 대학 설립 진입장벽을 허물어 간접적으로 경쟁을 촉진시키고, 대학평가와 재정지원을 연결하여 대학 간 경쟁을 직접적으로 유도하는 것이었다.[8] 대학 설립 준칙주의는 과거 '대학 설립 예고제'에서 제시한 대학 설립 기준과 절차를 대폭 완화하였다.[9]

준칙주의를 선택하게 된 철학적 기저는 모든 사람이 대학을 들어가게 하되 학교에서 학생들을 잘 가르치도록 지원하고 그렇지 못한 학교는 경쟁에서 밀려 수요자에 의해 도태된다는 신자유주의 이념 그리고 대학에 들어가기를 원하는 국민들에게 공부하지 말라고 할 수 없는 정부 입장이 함께 담겨있다고 보아야 할 것이다.

한편 25년간 준칙주의가 낳은 성과는 대학 수의 폭발적인 증가와 함께 한때 대학진학률 80%라는 세계 1위의 기록이다. 전문대학의 4년제 대학으로의 승격과 전문대학의 존립을 위해 전문계 고등학생들에게 대학 진학 특례조항을 부여한 것은 질 낮은 사립대학을 양산하는데 일조하였다. 규제 완화를 통한 급격한 대학 확장 정책은 교육여건 악화를 동반하였으며 대학교육에서 학생 부담 및 학부모 부담을 늘리는 요인으로 작용하였다.[10] 그러나 이러한 부작용들은 교육시장에서 나타난 문제에 불과할 뿐 노동시장에 파급된 문제는 실로 엄청나다. 보통은 대학생 수가 늘어남에 따라 발생하는 학력과 직무가 불일치하는 하향취업과 전공 불일치 문제를 꼽지만 사실 그다지 중요한 문제는 아니다.

전공과 직무간 불일치가 문제가 되면 융합교육과 융합기술은 의미가 없게 되기 때문이다. 공학 전공자가 경영학과 융합하는 일을 할 수도 있으며 교육전공자가 꼭 교사가 되는 것도 아니다. 하향 취업도 자신의 인적자본 투자수익을 낮추게 되므로 개인 당사자 입장에서 불만족스러울 수 있지만 자신의 진로와 적성을 통해 찾아간 직업이라면 큰 문제로 볼 수는 없다.

정작 중요한 문제는 대졸자 수의 증가로 질 좋은 일자리를 두고 벌이는 경쟁 과열이다. 우선 대학생 수가 많다 보니 학력이 개인의 능력을 알리는 신호로 작용하지 못해 결국은 졸업장 외에 자격증 같은 다른 공신력 있는 증서를 받으려는 이른바 '스펙 전쟁'을 야기하였다. 둘째, 전문대와 4년제 대학 간 교육과정의 수준 차이와 차별성을 꾀하지 못함에 따라 노동시장 내에서 학력차별과 갈등을 불가피하게 만들어냈다. 예를 들면 과거 전문대에서 주로 운영되던 임상병리, 응급구조 분야는 약간

> 대학졸업자 수 증가는 학력이 개인의 능력을 알리는 신호로 작용하지 못하게 만들어 졸업장 외에 자격증 같은 다른 공신력 있는 증서를 받으려는 이른바 스펙 전쟁을 야기하였다.

의 명칭을 바꾸어 4년제 대학에서도 개설이 가능하였으며 교육과정 또한 거의 유사하고 전문대와 4년제 대학 졸업자 간 능력 차이도 없어 학력 간 차별성을 상실하게 만들었다. 2015년도에 '국가표준능력(NCS)'제도가 나온 배경이 된다.

이러한 문제는 비단 5·31 개혁 준칙주의에서만 발생한 것은 아니다. 과거 전두환정권시절 7.31 대학개혁인 졸업정원제 정책도 이와 유사한 문제를 일으켰다. 박세일은 예전 그의 연구에서 대학교육의 팽창으로 인한 고학력자의 양산은 고등교육 질이 저하 되는 문제와 더불어 교육과 노동시장과의 연계성 부족문제가 더욱 심화될 것을 걱정하였다. 아울러 고학력 증가에 따른 학력 인플레로

노동시장 고졸 일자리에 대졸자가 몰려드는 현상이 나타날 것으로 예견하였다.

경쟁과 자율을 원칙으로 하는 준칙주의 이지만 이것도 결국 박세일 스스로 언급한 고등교육 팽창의 부작용을 피해갈 수는 없었다. 경쟁을 도입하게 되면 망할 학교는 망하고 수요자가 최종적으로 선택한 학교는 살아남을 것이고 이러한 경쟁을 통해 학교 교육의 질은 높아질 것을 기대하였으나[11] 현실은 당초 예상했던 것처럼 대학 간 경쟁을 통해 학교가 문을 닫은 적은 없다.

2010년 이후 교육부의 학교 평가로 인한 재정 압박과 학생 인구수 감소로 인한 자체 폐교가 대부분이다. 일부 폐교는 대학 간 경쟁을 통해 나타난 현상이라기보다는 지역발전을 위한 지방의 '대학생 모시기'를 통한 학교 몸집 키우기 전략과 동일한 재단 간 합병에 따른 것이었다.

대학 설립 준칙주의와 지방자치 시대

학계에서는 대학 팽창과 높은 대학 진학률을 전적으로 준칙주의에서 비롯된 현상으로 보고 있다. 필자도 이 부분에 전적으로 동의한다. 하지만 우리가 한 가지 간과한 사실은 같은 해에 실시된 지방자치 제도이다. 따라서 당시 대학 팽창을 준칙주의 제도 변경 하나만으로 설명하기보다는 1995년에 실시한 지방자치제와 함께 작용하며 이루어졌다고 분석하는 것이 정확하다. 결론적으로 준칙주의에 지역경제 활성화라는 지역발전 욕망이 상승작용을 일으키면서 대학 팽창을 가속화시킨 것이다.

> 당시 대학 팽창을 준칙주의 제도 변경 하나만으로 설명하기보다는 준칙주의에 지역경제 활성화라는 지역발전 욕망이 상승작용을 일으키면서 대학 팽창을 가속화시킨 것이다.

1995년에 열린 지방자치 시대는 광역시와 시군의회를 해당 주민이 직접 선출한다는 것 외에 과거와 달라진 것은 없었다. 교육 지방 자치권을 부여한 것도 아니고, 치안권도 지방에 주지 않았다. 그렇다고 지역별로 균형있게 기업과 산업이 존재하지 않은 상황에서 지역 경제 활성화도 기대할 수 없었다. 무엇보다 지방자치가 되려면 지방이 자체적으로 운영할 수 있는 재정이 확보되어야 하는데 재정 수입, 특히 조세에 있어서 국세와 지방세 구성에 변화가 없었기에 지방재정 자립은 꿈도 꿀 수 없었다. 이러한 조세체계는 1984년 지방세 개정 당시와도 거의 동일하였으며 큰 틀에서는 1961년 말 박정희 군사정권이 단행한 세제개혁 당시와 크게 다른 것도 없었다.

1995년 당시 지방자치 시대 개막은 지방에 그 어떠한 재정자립을 할 수 있는 권한과 기능을 주지 않은 상태에서 이루어졌다. 지방자치 시대에 지방자치단체장과 국회의원들은 과거보다 지역경제 살리기와 재정 확충에 더욱 매진할 수밖에 없게 되었다. 재정이 허약한 자치단체가 민선시대 이전과 마찬가지로 중앙정부에 의지할 수밖에 없는 상황에서 대학 설립 자유화는 대형 호재였던 셈이다. 그러면 왜 대학 설립이 지역경제를 살리는 호재였을까? 이를 확인하기 위해서는 1990년대 중반으로 돌아가 봐야 한다.

지방자치 시대를 맞이하여 재정자립을 위한 노력과 함께 새롭게 지역의 화두로 떠오른 것은 지역경제 활성화였다. 특히 부산이나 인천, 대구, 광주 같은 광역시보다 농촌을 근간으로 하는 도 단위 지자체의 경우는 고용창출과 지역경제 활성화가 지방자치의 성공을 결정짓는 요인으로 작용할 수밖에 없었다. 이를 위해 지방정부는 기업유치, 각종 축제와 타지역 사람을 끌어 오기 위한 관광 상품 개발에 힘을 쏟게 된다.

1994년 삼성그룹의 자동차 시장 진입은 국가적 논란거리였다. 삼성의 자동차 시장 진입은 총수인 이건희의 자동차에 대한 개인적 차원의 애정 때문이었다는 것이 거의 정설인 듯하다. 당시 세간에서는 세계적으로 포화 상태에 도달한 자동차 산업에서 신규 자동차 기업의 경쟁력은 크지 않을 것이라는 시각이 대세였다. 그럼에도 삼성은 이를 경쟁사의 시기심으로 간단히 무시하며 자동차 산업에 뛰어들었다가 IMF 금융위기 이후 5조원의 손실을 남기고 프랑스 르노에 경영권을 넘기고 말았다.[12] 이 사건은 지역주민이나 자치단체장들의 인식에 상당한 영향을 끼쳤다고 볼 수 있다. 제조업 유치도 중요하지만 초기 자본이 많이 들어가고 소비자의 수요도 불확실한 제조업 유치는 지방에 안정적인 일자리와 소득을 가져다주지 못할 수도 있다는 신호로 작용한 것이다.

다른 방안이 필요해졌다. 지속적이고 안정적인 산업이 필요해진 것이다. 그것이 바로 교육산업이었다. 지자체 입장에서 대학은 1) 교육산업 내 진입이 수월하며, 2) 고용 창출과 지역주민의 대학 진학 기대수요를 확보해주고, 3) 대학을 지역경제 활성화를 위한 연구 기술의 기지로 만들 수 있는 장점을 가지며, 4) 지역 내 주민들에게 평생교육과 평생학습을 통해 인적자본을 축적할 기회를 부여할 수 있는 장점도 가진다. 그러나 무엇보다 지역사회의 고용 창출과 인구수를 늘리는 데에는 대학 유치를 통해 학생 수를 늘리는 것만한 산업이 없었다.

지역에 제대로 된 대학 하나 설립하면 지역경제 활성화에 많은 도움을 줄 수 있다는 것이다. 그 이유는 첫째 양적 승수효과이며 다른 하나는 지식 및 기술 산출 효과와 관련된다. 대학은 그 자체로 교수, 교직원, 학생들로 구성된 대규모 인구 집단의 고용과 생산을 유발한다.[13] 예를 들면 대학을 설립하거나 기존 대학의 정원을 확대한다면 여기에는 교수와 학생, 교직원이 추가로 필요하게 되며 학생의 주거를 담당할 자췻집 및 하숙집 운영을 통한 임대수입을 얻을 수 있으며 하다못해 담배 판매를 통한 간접적인 지방세 확보 등을 이루어 낼 수 있는 장점이 있다.

연구중심 대학은 중앙정부 및 지방정부로부터 연구자금을 끌어오며, 이 자금은 지역 내의 혁신적인 중소기업과의 연계 강화를 이끌어 낼 수 있다. 만일 연구 결과가 성공적이면 지역 산업과 연결하여 새로운 상품을 제조 및 판매할 수 있으며 어떤 경우에는 첨단기술 관련 창업도 촉진할 수 있다. 이러한 과정을 통해서 대학은 지역경제 구조를 전통산업에서 미래형 신산업으로 전환시키는 결정적인 역할을 할 수 있다. 특히 대학 설립이 준칙주의로 변화된 1995년 이후로 교육산업은 토지와 최소한의 건물만 있어도 설립할 수 있었으며 대다수 국민이 대학 진학을 열망하는 사회적 분위기 속에서 대학 수요가 존재하였기 때문에 다른 제조업 유치와 달리 지방에서도 큰 힘을 기울이지 않아도 되는 장점이 있었다.[14] 그러면 오늘날 입학자원이 감소된 상황에서 지역경제를 위한 교육산업은 어떻게 진행되고 있을까? 바로 성인 학습자를 위한 평생교육이 새로운 교육산업으로 부상하고 있다.

고삐 풀린 대학 팽창과 국회의원

박정희 정권 당시인 70년대에는 중고교 무시험제로 인해 초등교육을 넘어 중고등학교 교육에 대한 폭발적인 욕구가 나타나기 시작하자 정부는 교육재정을 확보하는 대신에 학교설립을 민간에 떠맡김으로써 사립중고등학교가 우후죽순처럼 생겨나기 시작하였다.[15] 사학재단으로부터 학교교육에 대한 지속적인 투자는 불가능해도 땅만 가지고 있으면 학교 설립이 가능하였다 해도 과언은 아니다. 박정희식 교육투자 방식은 교육 사학의 비대를 가져오고 사학비리로 이어지자 신군부를 장악한 전두환 정권은 국민의 환심을 사기 위해 사학의 권한을 무력화시키는 법안을 만들어 버렸다.[16]

그러나 1990년대에 들어와서는 사학에 자율성을 다시 부여하기 시작하면서 여기에 1995년 5월 대학 정원 및 대학 설립 자율화 정책이 더해졌고 마침 같은 해 7월에는 지방자치가 실시되었다. 사학으로서는 또 한 번 예전보다 더 도약할 수 있는 발판이 마련되어 박정희 시대처럼 아빠 총장, 엄마 이사장, 아들 처장이 가능해졌다. 그러나 이들에게도 한 가지 고민거리가 있는데 그것은 대학설립과 확장에 필요한 재정문제였다. 이 문제는 중앙정부를 견제할 수 있는 국회의원들에게까지 매우 중요한 지방의 민원 사항이자 숙원사업으로까지 확대되었다.

아래의 표는 대학 설립 준칙주의 및 정원 자율화가 이루어지기 전인 13대 국회의원 선거(1992년도)와 준칙주의가 실시된 이

> 90년대 사학의 자율성 부여는 박정희 시대처럼 아빠총장, 엄마이사장 아들처장을 가능하게 만들었다.

후인 1996년의 14대 국회의원 선거에 입후보한 사람들 중 대학 관련 공약을 내건 후보자들의 수의 추이를 비교한 것이다. 여기서 말하는 대학 관련 공약의 예로는 전문대 및 4년제 종합대 유치, 대학원 및 사범대·교육대 유치, 전문대의 종합대 승격, 지방대학 지원 및 시설 보강, 특성화 등을 의미한다. 먼저 전체 입후보자 중 대학 관련 공약을 내건 입후보자의 비율을 보면 13대 국회의원 선거에서 서울은 0.4%, 경기·인천은 14.1%, 강원은 20.0%, 충청도는 13.6%, 전라도는 11.1%, 경상도는 9.9%로 나타났다. 총후보자 수 대비 대학 관련 공약을 내건 후보자 비율은 전체적으로 9.5%였다. 그러나 14대로 넘어오면 서울은 5.5%, 경기·인천은 33.7%, 강원은 27.5%, 충청도는 22.5%, 전라도는 24.0%, 경상도는 16.1%로 나타나고 있다. 이러한 수치는 서울·강원을 제외하고는 대략 13대보다 두 배 이상 넘은 수치이다.

> 공약을 내건 입후보자의 비율을 보면 서울·강원을 제외하고는 대략 13대보다 두 배 이상 넘은 수치이다.

<표 1-1> 역대 국회의원 선거별 대학 관련 공약자 수와 당선자 중 대학 관련 공약자 수

	13대 국회의원 선거						
	서울	경기·인천	강원	충청도	전라도	경상도	계
총 후보자 수(A)	251	163	60	125	162	282	1,043
결측치 수	9	10	-	-	1	-	20
대학 관련 공약자 수(B)	1	23	12	17	18	28	99
B/A*100(%)	0.4	14.1	20.0	13.6	11.1	9.9	9.5
당선자수(C)	42	35	14	27	40	66	224
대학 관련 공약자 수(D)	0	6	2	6	3	11	28
D/C*100	0.0	17.1	14.3	22.2	7.5	16.7	12.5

주: 전라도는 광주, 제주 포함, 경상도는 부산, 대구 포함

	14대 국회의원 선거						
	서울	경기·인천	강원	충청도	전라도	경상도	계
총 후보자 수(A)	201	172	69	138	167	304	1051
결측치 수	8	8	2	2	3	9	32
대학 관련 공약자 수(B)	11	58	19	31	40	49	208
B/A*100(%)	5.5	33.7	27.5	22.5	24.0	16.1	19.8
당선자수(C)	44	38	14	25	42	71	234
대학 관련 공약자 수(D)	2	14	6	10	8	16	56
D/C*100	4.5	36.8	42.9	40.0	19.0	22.5	23.9

주: 이 표는 필자가 중앙선거관리위원회 홈페이지(http://elecinfo.nec.go.kr/neweps/1/1/majorData.do)의 입후보자 공약 자료(벽보, 공보, 소형)중 공보 자료를 참고 하여 작성한 것임에 따라 주관적 판단이 들어있음. 결측치는 입후보자 공약 자료(벽보, 공보, 소형)중 벽보만 있거나 자료가 모두 없는 경우나 조사자료(선거홍보물-공보)가 누락된 수치임.

14대 총후보자 수 대비 대학 관련 공약을 내건 후보자 비율은 전체적으로 19.8%로 이 또한 13대에 비해 두 배 이상 높은 수치이다. 그럼 공약이 가지는 파괴력을 보기 위해 당선자 중 교육 관련 공약을 내건 사람의 비율을 살펴보자. 13대는 서울이 0%, 경기·인천은 17.1%, 강원은 14.3%, 충청도는 22.2%, 전라도는 7.5%, 경상도는 16.7%, 전체평균 19.8%이며, 14대는 각각 4.5%, 36.8%, 42.9%, 40.0%, 19.0%, 22.5%, 전체 평균 23.9%로서 이는 13대에 비해 두 배 가량 높은 수치임을 확인할 수 있다.

2. 적극적 노동시장 정책과 인적자본투자

슐츠, 푸코, 그리고 베커의 인적자본

전통적 고전경제학의 하나인 리카르도주의는 기술과 생산력에서 인간의 천부적인 능력을 본성 정도로만 치부하였다. 그러나 미국의 경제학자 슐츠(T. W. Schultz)는 인간도 토지처럼 투자에 의해 기능적인 속성을 변경시킬 수 있다고 보았다. 그는 노동 문제를 양적 노동시간으로만 보는 것에서 탈피해서 질적 요소도 고려하는 경제적 분석의 필요성을 제기하였다.[1] 애덤 스미스나 칼 맑스마저도 노동시간은 분석하였지만 노동 과정 자체, 즉 노동을 통해 기술과 숙련이 어떻게 형성되는지는 분석하지 못했다. 이를 신고전경제학이 인적자본투자라는 개념으로 노동의 양이 아닌 기술 수준, 숙련 같은 노동의 질 형성과정을 화두로 처음 끄집어낸 것이다.

전통적인 경제성장 모델인 솔로우 모형(Solow model)에서는 물적자본 축적만이 경제성장을 위해 필요한 것으로 보고 모든 국가의 기술 자체는 동일한 것으로 인지하지만 인적자본에서는 기술 형성을 위한 교

> 신고전경제학이 인적자본투자라는 개념으로 노동의 양이 아닌 기술 수준, 숙련 같은 노동의 질 형성과정을 화두로 처음 끄집어 내었다.

육과 훈련의 투자에 따라 다를 수 있음을 주장한다. 이러한 논리를 바탕으로 경제성장 모형에 일대 혁신을 가져온 것이 내생적 성장이론 모형(endogenous growth theory model) 중 하나인 로머(P. Romer)의 인적자본 성장이론이다. 이 이론은 경제성장 분석 시 기술을 경제 주체의 활동과 무관한 시간의 함수로 보는 외생적인 관점이 아니라 경제 주체의 이윤극대화 과정의 하나인 교육과 투자에 의한 내생적 함수로 바라보는 것이 핵심이다. 한 국가의 지식 축적이야말로 경제성장의 주요인이라는 것이다. 인적자본 및 지식을 축적한 국가는 기술을 내생적으로 진일보시킴으로써 경제성장을 유지하며 후진국과 기술격차를 벌린다는 것이다.

한편 슐츠는 인적자본투자 개념을 이용하여 노동을 통해 얻은 소득은 개인 자신의 생애과정 투자에 대한 수익이라는 자본개념으로 전환시켰다. 개인의 인적자본 투자로 인해 기술이 시간의 변화에 의해 어떻게 증가하고 향상되어 경제 생산력에 영향을 미치는지를 파악할 수 있게 된 것이다.[2] 슐츠의 인적자본 범위에는 교육, 직업훈련, 건강 등에 대한 투자뿐만 아니라 숙련, 개인의 외양, 사회적 지위까지도 포함한다. 인적자본축적은 두 가지 방식으로 이루어지는데 하나는 유전적 요인, 다른 하나는 양육, 보육, 교육 같은 투자에 의해 이루어진다고 보고 있다. 선천적 유전요인이 아닌 인적자본축적을 위해서는 투자가 필요하며 이때 투자는 선택 기회와 선호 구조의 함수로 해석할 수 있다. 교육, 결혼, 건강, 숙련형성, 자녀 출산에 대한 욕망 등이 전부 개인의 경제적 계산에 따른 합리적 선택에 의해 결정된다는 것이다. 이러한 경제적 가치-어떤 것이 더 좋다고 생각하고 선호하는가와 같은-에 따른 개인의 결정은 이득도 손실도 개인의 책임이 된다. 심지어 손실에 따른 자살도 잘못된 인적자본투자 결정에 대한 책임으로 해석할 수 있다.

푸코가 언급한 대로 인적자본투자는 "살게 만들거나 죽게 내버려 두기"식 생명정치(bio-politics)의 분류인 셈이다.[3] 이는 인간의 행동을 수치로만 해석하거나 공리주의를 편의적인 판단 문제로 축소시켜 버리는 결과를 가져오게 만들었다. 인적자본투자 이론은 사람을 목적이 아닌 수단으로 보게 만들고 기계와 동일한 생산요소로 등치시켜 버렸다. 이로 인해 사람은 기술적 대상으로서만 취급하게 되었고 각종 교육과 훈련의 목적은 기술적 대상으로서 인간의 숙련 향상이 전부가 되었다.

생명정치에 대한 개념은 1960년대에 나타나는데 당시에는 주로 동물생물학, 유전학, 정신약리학, 다원주의(Darwinism)를 표방하는 사회생물학에서 다루어 왔다.[4] 일부 생명정치학자들은 인간존재와 생활방식을 보다 현실적으로 평가하는 것을 목적으로 하며 경제학의 명제인 시장 경쟁, 이기주의, 효율성 등을 동원한다. 대표적인 학자는 『이기적 유전자』로 유명한 리처드 도킨스(Clinton Richard Dawkins)과 『사회생물학』의 저자 에드워드 윌슨(Edward Osborne Wilson)이다. 인간의 진화 과정을 생존을 위한 경쟁으로 바라보는 사회생물학 관점에 경제적 논리를 적용하였다는 점에서 개인의 경쟁을 근간으로 하는 인적자본 또한 생명정치의 일환으로 보는 것이 타당하다. 통상 사람들은 인적자본 투자를 자신의 교육과 훈련에 대한 투자쯤으로만 생각하는 경향이 있다. 그러나 인적자본 투자행위는 교육·훈련뿐만 아니라 결혼, 출산, 죽음, 보건, 의료에 대한 개인의 합리적 선택행위를 의미한다. 자신의 생명 유지와 삶의 만족 그리고 효용을 극대화하고자 하는 일종의 생명정치이다.

개인과 조직, 사회의 관계를 생명정치 개념으로 정립한 사람은 미셸 푸코(Michel Paul Foucault)이다. 그는 생물학적 결정요인으로 규정하는 전통적 생명정치에서 벗어나 근대의 고유 권력관계로 사람 간의 관계를 규정하였다.[5] 푸코의 생명정치 대상은 인간과 인구이며, 생명정치는 인간의

> 푸코는 생명관리의 통치기술인 권력은 사회적 차별과 계층화의 요인으로 효력을 발휘하였으며 인력의 축적을 자본의 축적에 맞추어 생체에 대한 통제권력 행사가 가능하게 되었다고 진단하였다.

삶에 대한 관리라 할 수 있는 출생률, 사망률, 건강 수준, 수명, 그리고 이것들을 변화시키는 개입과 통제를 의미한다.[6] 푸코는 생명관리의 통치기술인 권력은 사회적 차별과 계층화의 요인으로 효력을 발휘하였으며 인력의 축적을 자본의 축적에 맞추어 생산력 확대 및 이윤의 차별적 배분과 결부시킴으로써 생체에 대한 통제권력 행사가 가능하게 되었다고 진단하였다.[7]

푸코에게서 생명정치는 통치의 수단이며 생명권력은 주권자(또는 통치자) 또는 군주가 생명의 권리, 잘 살게 해주는 권리가 아니라 죽음의 권리, 죽게 만들 수 있는 권리이다. 징수의 수단, 갈취의 메커니즘, 부의 일부를 전유할 권리, 피지배자로부터 생산물, 재산, 용역, 노동, 피를 강제로 빼앗을 권한으로 표현된다.[8] 이 개념이 중요한 이유는 푸코의 저작 『말과 사물』에서 노동은 추상적인 존재물로 생명과 마찬가지로 고려되었기 때문이다. 생계 수단이 결핍된 일부 소수의 사람들은 죽게 되고, 생계 수단 획득이 어려워짐에 따라 죽음의 공포는 비례해서 늘어나며, 이에 노동의 강도는 더욱 심해져 보다 생산적인 생산력 획득을 위해 모든 방법을 구사하게 만들기 때문이다.[9]

그러나 이러한 생명 권력의 기술(technologies)은 주권자에게 있는 것이 아니라 규범화되어 전 주민들에게 내면화되어 실행

> 노동의 신성화, 직업 및 노동 윤리, 문화와 규범, 법과 제도를 통해 알게 모르게 우리의 생명과 행위를 통제한다.

된다는 것이 푸코의 주장이다.[10] 가족, 군대, 학교, 결혼, 출산, 인종, 건강관리 등이 한 주권자에 의해 강제되는 것이 아니라 노동의 신성화, 직업 및 노동 윤리, 문화와 규범, 법과 제도를 통해 알게 모르게 우리의 생명과 행위를 통제하는 것이다.

이러한 관점에서 노동과 실업, 저출산, 고령화 문제에 접근해보자. 노동은 자신의 생명을 지속할 수 있게 하고 연장시키는 장치이므로 이 장치가 나의 신체에서 떨어져 나갈 때 우리는 죽음을 맞이하게 된다. 이때 해고는 의도하지 않은 살인이 될 수 있다. 저출산으로 인한 인구 감소는 주권자의 권력유지에 가장 큰

방해요인이다. 주권자는 자신의 지속적인 권력을 유지하기 위해서라도 인구를 관리해야 하지만 개인의 삶의 지속성을 담보해야 하는 노동 문제를 해결하지 않으면 국민은 저항할 수밖에 없다. 이것이 바로 저출산의 원인인 셈이다. '~하지 않는 게 나을 것 같아요', '결혼하더라도 애를 낳지 않는 게 나을 것 같아'라는 식의 사고, 무위, 부작위, 최소한의 것만 행하는 형태를 띤 것이 바로 수동적 저항의 한 형태인 셈이다.[11]

사망은 국가가 질병, 건강관리로 통제할 수 있고 산아제한도 강력한 인센티브로 관리가 가능하지만 출생을 위한 관리는 국가가 대신하기 어렵다. 물론 과거 루마니아의 독재자였던 차우세스쿠는 국민이 '아이를 가질지 말지'를 결정할 자유를 박탈하는 과격하고 야만적인 인구증가 정책을 펼칠 수 있었지만 이를 오늘날 시행하기는 불가능하다.

게리 베커(Gary Becker)는 인적자본투자의 선택을 오롯이 개인의 이기적 관점이 아닌 이타적 관점에서 바라보았다. 일부에서는 이러한 사고를 심리적 이기주의에 근거한 변형된 이기주의라고 보는 시각도 있지만 그는 앞에서 본 인적자본의 두 가지 축적 방식 중 하나인 유전자나 증여·상속에 의한 비인적자본 투자와 인적자본 투자, 여성의 결혼과 가정 내 노동분담, 자녀의 수요, 동질혼 등 개인의 생명유지와 관련된 부분을 연구하였다. 특히 그가 저술한 『가족경제학(A Treatise in the Family)』에서는 비록 가족으로 한정하긴 하였으나 이기주의라는 관점이 시장거래의 경제적 행동을 밝히는데 크게 과장되어 있으며 이타주의가 경제생활에서 훨씬 더 중요함을 지적하고 있다.[12]

우리나라 여성의 노동시장 참여와 결혼, 출산, 자녀 양육 투자 등에 있어 청년층이 결혼과 출산을 포기하는 현상을 개인의 삶의 효용을 극대화하는 이기적 행위로만 볼 수 없음을 의미한다. 청년층의 결혼과 출산의 지연, 무위, 부작위가 배우자와 자녀라는 미래의 상대방 인적자본 확충에 기여하지 못하고 생명유지에도 악영향을 끼칠지도 모른다는 불안 때문이라면 비혼과 출산 포기는 미래의 배우자와 자녀인 상대방에 대한 이타적 행위로 볼 수도 있다. 자녀에 대한 부모의 이타적 헌신은 자녀가 행복하게 살 수 있는 안정적인 유전자를 다음 세대에 전수할 수 있는 환경을 만들기 위함이지 자녀를 불행하게 만들기 위한 것은 아닐 것이기 때문이다.

개인의 합리적 인적자본 투자행위를 위해서는 첫째, 평생고용의 보장이 전제되어야 한다. 개인의 투자에 맞는 직장 그리고 응분의 대가인 소득이 보장될 때 인적자본 투자가 합리적이며 지속적으로 이루어질 수 있기 때문이다. 만일 개인의 인적자본 투자행위와 활용, 그리고 그 결과가 일대일로 연결되지 않는다면 이는 공정성의 문제, 불평등에 대한 시시비비 논의가 생길 수밖에 없다.

둘째, 인적자본 투자는 성별을 가리지 않고 투자됨에 따라 여성의 노동시장 참가를 자유롭게 하지 못하게 만드는 진입장벽은 없어져야 한다. 과거 남성 가부장 중심의 노동공급 방식은 해체되어야 마땅하며 동일한 인적자본 투자에 대해서는 동일 임금이 적용되어야 한다.

셋째, 노동시장에서 차별이 없어야 한다. 성별과 마찬가지로 인적자본투자는 인종, 종교, 지역, 성적 취향과 무관하게 개인의 선택과 판단에 의해 이루어지는 행위다. 이들이 자신의 투자에 맞는 일과 소득을 얻어가는 일에 타인이 개입하거나 장벽을 만드는 것은 단순히 혐오나 차별이라는 언어적, 상징적 폭력보다는 개인의 인적자본투자 수익을 무력화시키는 범죄행위와 같다.

지식기반사회와 국가인적자원 개발

1970년대에 피터 드러커가 지식노동자라는 개념을 처음 소개한 이후 1990년대 중반에 이르러 세계는 지식기반사회(knowledge-based society)라는 담론을 양산하기 시작하였다. 우리나라에서는 민간경제연구소 중심으로 지식기반사회가 무엇인지, 한국 사회에서 어떠한 함의를 가지는지 주로 외국자료 번역을 통해 소개되기 시작하였다. 본격적으로 지식기반사회에 관한 담론이 쏟아지고 유행처럼 번진 시기는 2002년 노무현 정부부터이다.

인적자본투자 이론을 근간으로 하는 지식기반사회 담론이 손쉽게 우리 삶에 스며든 이유는 첫째, 물적자원 하나 없이 오로지 국민의 힘만으로 경제성장을 이룩 하였다는 신화 프레임 때문으로 보인다. 국민의 인적자원으로 경제를 발전시켰다는 신화가 전 국민의 머릿속에 각인되어 있는

> 인적자본투자 이론을 근간으로 하는 지식기반사회 담론이 손쉽게 우리 삶에 스며든 이유는 물적자원 하나 없이 오로지 국민의 힘만으로 경제성장을 이룩하였다는 신화 프레임과 우리사회에 만연한 군사조직문화 때문으로 보인다.

상황에서 지식기반사회 담론은 과거 우리의 경제성장 방식이 옳았다는 믿음과 확신을 가지게 함과 동시에 미래 경제성장을 위해서도 더할 나위 없는 슬로건이었다.

이에 정부는 지식기반사회 담론에 기반한 연구개발 투자와 사람의 역량을 개발하는 방안을 고민하였으며 지식기반사회, 지식기반경제는 크게 저항 없이 우리 곁에 자리 잡게 되었다. 한국에서 지식기반 사회는 과거에도 그랬고 앞으로도 그래야만 하는 국가 경제성장과 홍망성쇠의 이정표가 되었다.

둘째, 우리 사회에 만연한 군사조직문화[13]가 기업의 조직운영, 통솔력, 경영전략 등과 만나 끊임없는 자기계발과 자신의 능력과 한계를 뛰어넘을 것을 강조함으로써 지식기반사회를 앞당긴 것으로 보인다. 사업장의 공장조직은 과거 비스마르크 시대에서부터 시작되었다. 비스마르크는 '노동전사'라는 개념을 군대에서 차용하여 보병대는 노동자로, 지휘관은 관리자로 개념을 바꾸어 보병 중대로 운영하도록 만들었다.[14] 노동자층이 연령대, 성별 같은 다양한 구성 특징으로 이루어져 있기 때문에 노동 훈련과정이 군대 훈련과 동일하게 이루어질 수 있으며 공장을 완벽히 통제할 수 있기 때문이다.[15]

특히 우리나라는 남북 간 대치라는 지정학적 상황과 30여 년간의 군부독재, 징집제 등의 영향으로 학교와 기업, 정부 조직 등 모든 분야에 군대문화가 일상적

으로 통용되었다. 이는 인간이 가장 피해야 하는 전쟁이라는 특수 상황에서 극강의 효율성과 성과를 내기 위해 만들어진 조직운용 기법들이 가장 평범하고 일상적인 사회생활까지 침투했음을 의미한다. 그리하여 직장 내에서 상명하복, 서열문화, 통제적인 규율과 언어 등이 기업 및 국가 내 통치성(governmentality)-개인 주체들의 행동과 사고를 통솔하고자 하는 권력이나 규범, 제도, 정책 등을 의미하는-전략의 일환으로 작동하는 지식기반사회 수립에 강력한 영향을 끼치게 된 것이다. 회사는 월급을 더 받는 군대의 연속일 뿐이었다.[16)]

우리나라에서 '98년 IMF 금융위기는 지식기반사회를 촉진하고 활성화시켜야 하는 국가적 명운으로까지 그 위세를 떨치게 만들었다. 정부가 21C 지식사회에서 국가 경쟁력을 확보하기 위한 방안으로 설정한 신지식인 운동에 개그맨 출신 영화제작자 심형래 씨가 1999년 제1호로 선정되었다. 같은 해 심 감독이 발표한 《용가리》는 지금은 민망한 수준이나 당시에는 앞서간 특수효과로 세간의 관심을 끌기도 하였다. 필자가 현재까지 몸담고 있는 연구원은 당시 교육인적자원부와 같이 국가인적자원 개발이라는 목표하에 유치원부터 대학, 대학원, 기업, 지역인적자원 개발까지 기본계획을 마련하고 조사·분석·평가 사업의 컨트롤타워 역할을 하였다.

2002년에 처음 완성된 교육인적자원부의 국가인적자원개발 기본계획에는 국가주도의 지식 개발, 기업인적자원 개발 등이 들어있긴 하였으나 주로 유치원부터 성년에 이르기까지 평생학습과 대학 지원방안, 그리고 여성 및 취약계층을 위한 인적자원개발에 무게가 더 실려 있었다.[17)] 이 당시 지식기반사회는 제조업 블루칼라를 위한 것이라기보다는 IT산업처럼 손과 발보다는

> 2002년에 처음 완성된 우리정부의 국가인적자원개발 기본계획에는 국가 주도의 지식개발, 기업인적 자원개발 등이 들어있긴 하였으나 주로 유치원부터 성년에 이르기까지 평생학습과 대학 지원방안, 그리고 여성 및 취약계층을 위한 인적자원개발에 무게가 더 실려 있었다.

머리와 창의력에 바탕을 둔 디지털 산업사회로의 이행을 의미하였다.

90년대 당시는 전후 동구 공산권 붕괴로 이념적 우위를 가진 미국이 개발도상국의 발전 모델을 미국식 시장경제 체제로 운영할 것을 권고하는 워싱턴 컨센서스가 맹위를 떨치는 가운데 전 세계적 인적자원을 기반으로 한 외주와 공장의 해외이전이 시작되던 시기였다. 미국을 중심으로 특허와 원천기술 같은 핵심적인 지식기반은 자국에, 비핵심적인 공장은 인건비가 싼 외국에 두는 이른바 '오프쇼어링'이 지식기반 경영의 핵심 의제로서 한치도 흔들리지 않고 진행되었기 때문이다. 지식기반의 경영은 기업의 외주(outsourcing)활성화, 수평적 조직 구조, 멀티플레이 숙련구조 등을 강조하는 것을 특징으로 한다. 특히 멀티플레이 숙련은 2002년 월드컵 당시 히딩크 감독이 필드의 선수는 멀티플레이가 가능해야 한다는 말에 국가인적자원 개발과 기업인적자원 관리 차원에서 정당성을 부여 받게 되었다.

그러나 다른 한편에서는 인적자본과 지식기반사회 담론을 국가의 통치성의 일환으로 보는 시각도 존재하였다. 우리나라에서 지식기반사회의 통치성에 대한 문제를 최초로 제기한 사람은 서동진 교수이다. 그는 자신의 저서 『자유의 의지 자기계발의 의지』에서 지식기반사회는 디지털 경제, 네트워크 경제, 세계화 시대의 경제, 무한경쟁, 정보화 경제 등의 담론 들이 통합되면서 나타난 개념으로 정의하였다.[18] 그는 지식기반사회에서 노동주체의 정체성은 노동주체의 개발과 향상, 성공을 위해 노동주체 스스로 자신을 통제하고 관리하는, 즉 노동주체가 자기를 지배할 수 있도록 하는 자기 통치 담론이 함께 출현한다고 말한다.[19]

통치는 사실 서양적 개념이다. 통치는 곧 권력 행사를 의미한다. 반면에 동양적 사고는 각자가 자신의 역할을 가장 잘 수행할 수 있도록 협치와 조화를 보장하는 것으로

> 만족감과 성취감이 통치성의 작동원리 중 하나인 평가를 성과와 연동시킨 결과로 얻어진다면 자기계발이 통치성의 범위 안에서 들어있다고 보아야한다.

통치를 규정한다.[20] 통치는 피통치자들을 굽어보면서 개인의 자유에 일정한 한계를 부여하지만 협치는 개인의 자유에서 출발해 자유를 스스로 프로그래밍하는 과정으로 본다.

서양에서 통치는 사람을 일종의 기술적 대상으로 취급하는 비인간화 개념으로 사용한다. 그렇기에 지식기반사회에서 경제성장을 위한 수단으로 사람과 기술, 물적자본을 하나의 생산요소로 보고 어떻게 효율적으로 관리하여 최대의 수익을 창출하는가만을 고민하는 인적자본의 관점은 이를 통치성으로 보기에 충분한 원인을 제공하고 있는 셈이다. 어떤 사회학자들은 자기계발을 신자유주의 통치성의 원리로 규정하여 자기계발의 자유는 있으나 이것은 어디까지나 국가의 통치 범위 안에 있다[21]고 보는 반면에 어떤 그룹은 자기계발의 실천에서 얻는 소소한 만족이 있어 통치의 형태로 가두어두는 것은 바람직하지 않다[22]고 보기도 한다.

이러한 두 가지 관점의 차이는 서로 다른 차원에서 자기계발과 능력(자기)개발을 바라보는 데서 발생한 것이다. 전자는 자기계발과 능력(자기) 개발 수행에 있어서 개인의 순수한 자유의지가 아닌 암묵적 강요에 기반한 자발적 자기계발은 통치성의 범주 안에 있다고 보는 반면에 후자는 시작이야 어떻든 실천에서 소소한 만족감과 성취감이 있다면 꼭 그걸 통치성으로 보아야 하느냐는 관점이다. 그러나 만족감과 성취감이 바로 통치성의 작동원리 중 하나인 평가를 기업성과와 연동시킨 결과임을 직시한다면 자기계발 통치성의 범위 안에서 이루어지는 것으로 보는 것이 맞다.

자기계발과 능력(자기)개발이 통치성 범위에서 벗어나기 위해서는 자신이 속 한 집단에서 암묵적 강요와 분위기에 이끌려 참여하기보다는 자신이 하고 싶고(want to

> 푸코가 인정하듯이 인적자본이론은 애덤 스미스와 칼 맑스도 밝혀내지 못한 노동을 노동과정과 노동시간에만 가두어 두지 않고 경제 분석 대상 전반으로 확장시킨 인식론적 변동으로 보아야 한다.

do) 되고 싶은(want to be) 것을 할 수 있는 자유의 확대에 기반할 때 가능할 것이다. 평가지표 설정을 개인이 규정할 수 있을 때 통치성에서 자유로워질 수 있다는 것이다. 만일 자아정체성, 자아실현 동기까지 폭넓게 통치로 규정한다면 우리가 이 사회체제 속에 살고 있는 한 통치가 아닌 것은 없을 것이다. 물론 자아정체성이 자기 스스로를 통제하는 과정이라면 이야기는 달라지겠지만 개인이 사회에서나 조직에서 타인으로부터 인정받고자 하는 행위까지를 통치성으로 보기는 어렵다.

푸코가 1979년 3월 14일 콜레주드 프랑스 강의에서 인정하듯이 인적자본이론은 애덤 스미스와 칼 맑스도 밝혀내지 못한 노동을 노동과정과 노동시간에만 가두어 두지 않고 경제 분석 대상 전반으로 확장시킨 인식론적 변동으로 보아야 한다.[23] 인적자본은 과거 교육의 사각지대에 있던 여성이나 인종적 차별을 받는 사람들, 취약계층에게 교육 참여라는 형식적 기회의 평등권을 부여하는 계기가 된 것도 사실이다. 이를 통해 자신을 발견하고 자아를 찾는 일련의 과정은 그간 구태와 관습으로 묶여 있던 많은 차별을 시정하는 촉진제가 되었다. 따라서 국가 주도의 통치성 관점으로만 지식기반사회에서 인적자본투자의 의미를 찾는 것은 인적자본이론이 가지는 함의를 협소하게 보는 것이다.

그럼에도 불구하고 인적자본을 여전히 통치성의 일환으로 보는 이유는 인적자본투자를 수익률과 효율성으로만 바라보는 일부 주류 경제학의 관점 때문이다. 기업경영에서 인적자본을 과학적 관리(또는 목표관리경영)라는 명분하에 수익률 극대화와 다원주의적 경쟁 관점에서 다루고 있기 때문이다. 통치성을 볼 수 있는 또 다른 것은 인적자본투자를 기본으로 하는 평생학습, 평생직업능력이라는 담론에서 찾을 수 있다. 정확히는 '평생'이라는 두 글자에서 노동주체성의 자기통치가 포함되어 있다.

평생이라는 용어에는 고용불안정, 자기노력, 자기책임을 함의하고 있다. 미래의 불안과 공포를 함축한 프레임인 셈이다. 고용에 대한 불안, 적자생존의 게임,

국가가 책임지지 않는 것에 대한 공포가 모두 포함되어 있다. 이러한 공포는 위험 감수와 함께 개인이 꾸준히 극복하고 정복해야 할 대상이 된다. 조성된 위험을 감수하고 이를 물리칠 능력을 개인 스스로 보여주어야 하고 자신의 정체성을 지켜야 하는 것이 오늘날 포스트모던 사회이다. 자아정체성 형성을 위해 삶을 바꾸어야 하는 순간을 기든스의 말을 빌려 말하자면 그것은 '운명적 순간'이다. 이 운명적 순간을 자신에게 유리하게 바꾸어 주는 것이 바로 재숙련화 과정인 자기계발과 능력개발이다. 운명적 순간의 재구축을 위해 카운슬링이나 각종 테라피와 마주치게 되며 이러한 결정은 새로운 능력을 획득하는 결과를 낳을 수 있다고 기든스는 말한다.[24]

개인만 이러한 운명적 순간을 맞이하는 것은 아니다. 기업도 마찬가지이다. 프랑스의 법학자 알랭 쉬피오는 경제적 효율성 관점에서 가장 적합한 방식을 골라내기 위해 하이에크식으로 다윈의 자연선택 방식을 채택하게 되면 그 결과를 파악하는데 너무 오랜 시간이 걸리고 확실성도 담보하기 어렵게 만드는 오류를 범할 수 있다고 보았다. 이러한 오류를 극복하기 위해 사회적 다윈주의자들은 기업이 '벤치마킹' 기법이나 'ISO 9000' 같은 품질경영시스템을 도입하게 되었다고 주장한다.[25]

2000년대 초반 노무현 정부부터 약 10년 동안 한국사회에서는 각종 평가와 인증이 유행하였다. 각종 평가지표가 생성되었고 인증을 위한 베스트 프랙티스(Best Preactice), 각종 국제 표준화기구 인증(International Organization for Standardization, ISO), 균형성과표(Balanced Score Card, BSC)와 같은 각종 성과관리 이론과 실행이 범람하게 된 배경이다.[26]

자기계발과 능력개발 전성시대

자기계발이라 할 때 한자로는 '啓發'로 쓰고, 개발이라 할 때는 '開發'을 쓴다. 이때 계발에는 자신을 발전시킬 필요성을 단박에 알려주고 계몽시키는 과정이며 개발은 자신의 발전 필요성을 인지한 후 학습하여 자신을 발전시키는 동태적 과정으로 규정할 수 있다. 계발은 스스로 어떠한 계기로 깨우쳐서 자신의 개발(development) 원인을 제공하는 것이고 개발은 이 원인의 결과인 셈이다.[27] 계발은 자조(自助:self-help)의 개념이 더 강하다. 누군가는 전혀 생각하고 있지 않은 데 갑자기 해야 할 것 같고, 남들 다하는데 나만 뒤처지고 있다고 믿게 만드는 새로운 사회에 필요한 덕목이다.

자기계발과 능력(또는 역량)개발의 중요성을 정확히 실천하고 있는 곳은 사적 영역인 기업이다.[28] 기업의 인적자원관리라는 신자유주의적 경영기법은 자기계발이라는 담론을 양산하며 생존에 대한 책임을 개인에게 떠넘겨 버렸다. 이러한 경영기법은 그다지 새로운 것은 아니다. 이미 프로테스탄트 윤리와 칼뱅주의에서 천국을 가기 위해서는 자신이 몸담고 있는 직업에서 노력하고 성실하게 돈을 벌어야 하는 자기계발의 필요성을 설파하였다. 바로 이러한 자기계발의 지향점은 노동주체의 자유가 아닌 생존을 추구하는 것에 맞추어져 있는 셈이다.[29]

제3의 길, 적극적 노동시장 정책, 생산적 복지의 공통점은 복지 재정을 인적자본의 축적에 사용한다는 것이다. 개인의 자기계발과 능력개발을 통해 인적자본을 축적하여 노동시장에서 경쟁력을 가지면 실업 상태에 빠질 수 없다고 본다. 실업은 정책의 문제가 아닌 개인 능력의 문제이며 고용(employment)을 통한 복지가 진정한 복지라는 것이다. 일을 통한 복지정책이 실현되려면 과거 집체주의나 가족 중심에서 개인 중심으로 전환되어야 한다. 이는 울리히 벡(Ulrich Beck) 주장처럼 글로벌 경제위기로 인해 발생한 위험사회에서 노동시장, 교육, 이동성, 경쟁에 기인하는 개인화 과정이 필요해짐을 의미한다.[30]

과거 60년대 개발성장 시대에는 장남 하나만을 위한 교육에 모든 가족이 동원되었고 출세한 장남은 그의 부모와 동생들을 부양해야만 하는 철저한 가족주의(일명 가족 간 낙수효과)에 기반하였다. 국가 경제도 이와 유사해 똘똘한 기업 하나만 밀어줘 국가 경제성장에 기여하면 나머지 중소기업과 국민들은 잘 살 수 있을 것으로 낙관하던 시대였다. 장남을 제외한 나머지 구성원의 인적자본축적은 희생되었다. 복지도 가구주에게만 몰아주면 되던 시절이었다. 국가 경제도 동일하게 중소기업의 인적자본축적을 희생시켰다. 이것이 장남 자본주의의 실체이다.

> 인적자본축적이 복지정책의 우선순위가 되는 상황에서 전통적인 가구 중심, 집단적 계급사회 관계는 큰 의미를 가지지 못한다.

그러나 인적자본축적이 복지정책의 우선순위가 되는 상황에서 전통적인 가구 중심, 집단적 계급사회 관계는 큰 의미를 가지지 못한다. 개인은 노동시장에서 자신의 경쟁력을 갖추고 실업이란 위험에 빠져들지 않기 위해서는 끊임없는 자기계발과 능력개발이 필요하였다. 여성의 교육 참여는 사회투자 관점에서 당연히 높여야 하는 1순위 정책이 되었다. 가족 간 장남 간의 경쟁이 개인 간 경쟁이 되었고 가족구성원 간의 경쟁으로 이어졌다. 아버지의 취업은 아들의 실업으로 상쇄되었다. 이와 같은 개인 간 경쟁은 국가가 고용과 복지의 책임을 벗어나기 위해 개인에게 선택과 책임이라는 자유를 주는 근거가 되었다.

개인화 과정은 여성인권, 장애인, 인종, 지역, 종교를 포함한 다원주의적 요구수준을 과거와 비교할 수 없을 정도로 높여 놓았다. 그리고 그 정당성에 대한 인식도 차츰 넓혀가는 계기를 만들었다. 자신의 인적자원 가치를 축적할 공정한 교육기회의 부여와 자신의 인적자원을 활용할 기회의 요구, 차별 철폐, 개인의 권리와 인권의 중요성, 그리고 공정성 요구는 인적자본과 적극적 노동시장 정책이 의도하지 않은 파급효과라 할 수 있다.

한편 실직의 위험, 해직 시 중산층에서 하층민으로 전락할 위험, 대입경쟁에서 낙오될 위험은 하나의 사회적 공포가 되었다. 나와 내 자녀들이 남들에게 뒤처지거나 넘어지거나 탈락되면 인생 끝장이라는 공포, 노후가 불안정하고 위험할 것 같다는 공포이다. 국가적 공포도 있다. 첫 번째는 경제성장을 하지 못하면 큰일 난다는 공포가 있다. 두 번째는 흥선대원군의 쇄국 정치에 대한 트라우마 때문인지 개혁개방을 하지 않으면 큰 일 난다는 공포이다. 세 번째는 4차 산업혁명과 같은 기술 경쟁에 뒤처지는 것에 대한 공포이다. 이러한 공포 해소를 위해 정부가 지난 25년간 일관적으로 제시한 답은 평생직업능력 개발 또는 평생교육, 평생학습을 해야 한다는 능력주의 공포마케팅이었다.

> 사회적 공포 해소를 위해 정부가 지난 25년간 일관적으로 제시한 답은 평생직업능력 개발 또는 평생교육, 평생학습을 해야 한다는 능력주의 공포마케팅이었다.

젊어서도 공부하고 직장에 들어가서도 공부하고 은퇴한 후에도 공부하라는 것이다. 능력 있으면 해직될 이유도 없으며 능력 없는 사람이 실업자가 된다는 것이다. 이때 자기계발, 능력개발이 답이 된다.

신자유주의에서 자기계발은 세 가지 방향으로 전개되어 왔다. 첫 번째는 자신을 관리하는 차원이다. 시간 관리를 통해 무엇이 더 소중하고 우선인지를 파악하여 가장 효율적으로 자신의 역량을 발전시키도록 한다. 새벽에 영어학원을 다니고, 아침에 동료들과 일과 관련하여 대화를 할 때 상대방의 마음을 잘 읽어내고 외부인과의 네트워크 형성에서 주도적으로 자신을 드러내며, 퇴근 후에는 건강과 체력관리를 하도록 만든다.

두 번째는 마음가짐 관리이다. 긍정적으로 생각하기, 힘들어도 불평하지 않기, 화가 나도 참고 상대방에게 끝까지 최선을 다하기 등의 형태로 나타난다. 승진에서 탈락해도, 임금을 적게 주어도 자신의 감정을 드러내서는 절대 안 된다.

세 번째는 자신과 자본을 동일시하는 이른바 주인의식의 형태로 나타나는 일과 보상의 분리이다.[31] 시중에 나오는 자기계발서의 형태가 이 세 가지 범주에서 크게 벗어나지 않는다 해도 과언은 아니다. 이러한 방식의 자기계발은 개인에게 니체가 말하는 위버멘쉬(Übermensch), 현실을 초월하는 초인의 지위까지 부여한 것이다. 자기계발은 인간이 온전히 감당하기 어려운 정도까지 요구한다. 매일매일 저녁은 고해성사의 시간과 죽음의 유언장을 써 놓는 듯한 비장함마저 감내해야 한다. 자기계발서 『성공하는 사람들의 7가지 습관』이라는 베스트셀러의 저자인 스티븐 코비(Stephen Richard Covey)는 정작 자신의 딸이 육아 문제로 자신의 업무에 집중하지 못하자 "스케줄에 얽매이지 말고 달력 따위는 잊어버려라. 너의 계획도 일체 사용하지 말고 오로지 자녀에만 신경쓰라"고 조언하였다. 프랭클린 다이어리로 우리들에게 유명한 미국 근대 사업가이자 정치가인 벤자민 프랭클린의 철저한 시간관리와 자기통제도 일반인이나 당시 노예, 여성들처럼 일상의 가사와 노동을 하는 사람들에게는 적용하기 불가능한 것이었다.[32]

한국에서 자기계발의 역사는 매우 길다. 가깝게는 근면, 자조, 협동을 주요 목표로 하는 새마을 운동이 있다. 특히 자조는 자기 스스로를 도와 자신을 발전 시키는 것을 의미하는 격언 '하늘은 스스로 돕는 자를 돕는다'라는 표현으로 소개되어 60-70년대 이후 우리 사회 전반을 지배하여 왔다. 이러한 자조론은 멀게는 1906년 '조양보'에 새무얼 스마일즈의 자조론(self-help)이 국내에 소개된 이래 근면, 성실, 노력을 사람이 지녀야 할 가장 중요한 덕목이며 역경은 최상의 조력자로 여기게 하였다. 이때 교육은 자립정신을 함양시키는 장치였다.[33]

영국의 사학자 에릭 홉스봄(Eric John Ernest Hobsbawm)은 그의 저서 『혁명의 시대(The age of revolution : 1789-1848)』에서 자조는 산업혁명 이후 도시의 빈곤화, 사회의 병리 확산과 관련 있는 유아 살해, 매춘, 자살, 정신 착란, 폭력에 대항하기 위해 전체적인 상황을 보려거나 집단적인 행동보다 빈곤과 굴종을 받아들이거나 잊어버리도록 하는 장치였다고 주장한다.[34]

새마을 운동의 기본 정신은 확고한 의지만 있으면 못 할 것도 없다는 '정신일도하사불성(精神一到何事不成)', 주의주의(主意主義, voluntarism: 의지가 지성보다 우위에 있다는 입장)와 함께 경제성장을 위해 민족주의와 발전주의를 표방하였다. 전근대적 인간에서 근대적 인간으로의 전환을 위해 자조는 매우 필요한 담론이었다. 왜냐하면 새마을 운동이 도시보다 농촌을 대상으로 삼음에 따라 농민과 농촌의 자원이 필요하였는데 이때 자조는 자기계발의 성격과 동일하

게 참여자의 자발성, 헌신성, 긍정적 열정을 가져올 수 있는 구호였기 때문이다.[35]

이 당시 새마을 운동이 국가주도적이고 집단적인, 어찌 보면 전체주의적 방식으로 몰아붙이다 보니 오늘날에는 개인의 자유와 권리를 인정하지 않는 방식으로 낙인찍혀 있다. 그러나 지역공동체 관점에서 새마을 운동을 바라볼 때 과거와는 질적으로 다른 지역사회 운동과 가치를 공존하고 발전주의, 맹목적 민족주의 대신 협치 방식과 공공성 강화 기조로 바꿀 수 있다면 기존의 새마을 운동이 쌓아놓은 인프라와 역량을 단절시키거나 폄하할 필요는 없어 보인다.

전통적인 우리나라 자조 정신의 자기계발은 1997년 금융위기를 겪기까지 거의 100년을 이어왔다. 그러나 90년대 이후 자기계발의 주요 내용은 성실·근면에서 긍적적 사고, 불평하지 않기, 내탓으로 돌리기로 전환되었다. 자기계발의 주 내용은 기업에서 필요한 내용이 대부분이다. 일부 사람들이 철강왕 앤드류 카네기(Andrew Carnegie)를 저자로 잘못 알고 있는 데일 카네기(Dale Carnagey)[36]의 『카네기 인간관계론』은 직장 내 「인정투쟁」 안내서로 주변 사람에게 듣기 싫은 소리 하지 말고 가급적 칭찬하고 상대방을 인정해주라는 내용을 가지고 전 세계인의 주목을 받은 자기계발서이다. 한국에서는 재직자 훈련과정에도 포함되어 있다. 긍정적 사고에는 일명 '해피 바이러스', '펀 경영' 등이 대표적이며, '성공하는 사람들의 7가지 습관'으로 대표되는 자기계발서는 사업의 실패와 취업의 실패는 노력 부족으로 인한 자기 탓으로 돌린다.

과거 미국 교회는 세속적인 복지 사업을 대신하였다. 정직, 근면, 절약을 통해 하나님의 영광을 위해 일해야 한다고 가르치는 칼뱅주의에서의 하나님은 개인의 성공을 지원하는 조력자이다.[37] 그러나 미국 교회는 일주일 한번 쉬는 날조차도 참여하는 교회에서 신자들이 열심히 한 주를 보내지 못해 지옥에 떨어지는 불안에 떨기보다는 즐겁고 신나며 위로를 받는 장소가 될 수 있도록 긍정적 사고로의 콘텐츠 변화를 요구받았다.[38] 한 마디로 교회가 힐링센터가 된 것이다.

자신이 할 수 없는 것을 늘 부정적으로 생각할 필요 없이 또 다른 일에 도전할 수 있는 긍정적 사고는 매우 중요하다. 그러나 이와 같은 관점은 당사자가 아닌 상급자, 제3자의 관점일 뿐이다. 고용주가 승진을 시켜주지 않아도 불평 한마디 없이 내 팔자인가 보다 하고 넘어가는 직원이 좋지 자꾸 따지고

> 해고가 자신의 다른 적성을 찾을 기회를 준 것이라고 신에게 감사드리는 노동자야말로 고용주, 상급자에게는 소중하고 고마운 사람이다.

불평하고 고소·고발하는 직원은 부담스럽기 때문이다. 해고가 자신의 다른 적성을 찾을 기회를 준 것이라고 신에게 감사드리는 노동자야말로 고용주, 상급자에게는 소중하고 고마운 사람이다.

긍정적 사고를 가진 노동자의 이러한 마음가짐은 당사자의 실패와 어려움이 구조적 문제에 기인함에도 불구하고 내용상 체념이지만 형식적으로는 긍정으로 보이게 하는 것일 뿐이다. 아마르티아 센(Amartya Sen)의 표현을 빌려 말하자면 "만성적 결핍은 개인을 자꾸 겸손하게(긍정적으로) 만들어 자신의 욕구를 줄이게 할 수 있다"는 것이다. 이는 칸트가 "구걸하는 가난한 남성은 자신의 사람됨을 지속적으로 평가절하하며, 그 자신의 품격을 떨어뜨린다"와 같은 의미의 말이다.

이를 반영하듯 미국의 사회비평가이자 저널리스트인 바바라 에런라이크(Barbara Ehrenreich)는 자신의 저서 『긍정의 배신(Bright-Sided)』에서 언급한 "긍정적인 생각이 현실적인 생각보다 나쁘다"고 말한 바 있다.

80년대 미국의 레이건 정부는 신자유주의 정책을 과감하게 밀어부쳤으며 1990년대 초 공공기관 민영화와 GM자동차 공장의 해외이전 등 기업의 정리해고에 따른 노동자의 불만 해소와 심리적 안정을 취할 동기가 필요하였다. 이때 없어진 치즈에 연연하지 말고 새로운 치즈를 찾는 것이 더 현명하고 행복해질 수 있다는 생각을 전파한 긍정의 자기계발서가 『누가 내 치즈를 옮겼을까?』이다.[39]

평생교육과 인적자본축적

> 평생교육이 비경제적 교육학적 정의를 따르기보다는 고용과 실업, 복지 문제를 개인적으로 해결하는 경제적 관점의 어젠다에 종속되었다

자기계발과 능력개발을 포괄하는 개념이 평생교육, 평생학습이다. 평생교육이 우리나라에 처음 소개된 것은 1973년 유네스코한국위원회가 진행한 「평생교육발전세미나」로 보고 있다.[40] 평생교육에 대한 개념 정의는 50년이 지난 지금까지도 분분하다. '교육이 인간발달과 사회발전에 공헌', '평생교육은 지식전달보다는 학습사회를 추구하는 이념', '자신의 소질을 발전시키는 교육', '사람이 태어나서 죽을 때까지 받는 모든 교육' 등 다양한 정의가 쏟아져 나오고 있다.

국가차원에서는 평생교육을 어떻게 바라보고 있을까? 공교롭게도 평생교육은 5·31 개혁의 일환으로 국가 차원에서 공식화되었으며 신자유주의의 능력주의와 인적자본투자 이론이 자리잡기 시작한 시점에 나타났다. 관련 법이 제정된 것도 신자유주의 금융경제와 노동시장 유연화가 본격적으로 시작된 1999년도이다. 이는 국가의 평생교육이 비경제적 교육학적 정의를 따르기보다는 지식기반경제 시대에 접어들고 신자유주의가 본격화되면서 고용과 실업, 복지의 문제를 개인적으로 해결하는 경제적 관점의 어젠다에 종속되었음을 의미한다. 개인화 과정은 약해지는 자신의 마음을 잡아줄 지속적인 결의가 필요하기 때문이다.

기존의 성인교육, 계속교육 등 유사한 개념의 정의가 있음에도 불구하고 평생(lifelong)이라는 용어는 '고용(employment)이 곧 복지'라는 철학을 공유한다. 평생직장이라는 용어가 사라지고 평생직업[41]이라는 언어의 반복적 노출은 노동시장 유연화의 정당성을 간접적으로 드러내기 위함이며 노동시장 유연화에 대비하여 개인은 자체적으로 교육과 훈련을 평생 받아 평생직업을 가져야 한다는 논리로 귀결된다. 학습과 교육은 개인의 생존 무기가 되는 것이며 학습의 개인화를 통한 노동시장 내 경쟁을 촉발하는 것을 중시하게 되었다.[42] 이는 교육이 지닌 사회 발전, 개인 내면의 발전, 비직업 분야에의 몰입, 공동체 활성화, 개인 간 네트워크 구

축, 신뢰 형성이라는 요소들과 무관한 경제 규범이 되게 만들었다.

평생교육과 유사한 성인교육의 국제적 컨센서스라 할 수 있는 1997년 유네스코 세계 성인교육 회의에서 결의된 「성인학습에 관한 함부르크 선언」에는 총 열 가지의 주요 성인교육 방향성을 제시하고 있다. 21세기 성인 교육은 대체로 적극적인 시민의 일반교양으로서의 교육뿐만 아니라, 사회적 불평등을 개선하고, 민주주의 증진, 정의와 성별 불평등 해소, 보건과 환경, 문화와 정보기술, 타인의 권리에 대한 교육, 국제적 협력과 공조, 마지막으로 일 세계의 변화와 성인교육을 위한 경제적 투자와 접근성 강화 등의 내용을 담고 있다.[43] 평생교육의 주요 수요자인 성인을 대상으로 하는 성인교육에서도 재취업을 위한 직업교육과 직업훈련은 극히 일부분이며 주로 개인의 평등, 정의, 협력, 참여, 민주주의에 대한 교육 필요성을 주장하고 있다.

1999년에 제정된 평생교육법을 보면 평생교육을 "학교의 정규 교육과정을 제외한 학력 보완 교육, 성인 문자해득 교육, 직업능력 향상 교육, 인문교양 교육, 문화예술 교육, 시민참여 교육 등을 포함하는 모든 형태의 조직적인 교육활동"으로 규정하고 있다. 한국교육개발원에서 매년 조사하는 「한국성인의 평생학습실태」의 2020년 조사를 보면 우리나라 25~79세 연령층의 형식·비형식 모두 포함한 평생교육 참여율은 40%이며 이중 1.4%만이 학위취득 형식교육에 참여하고 나머지는 비형식 평생교육에 참여하고 있다. 이들을 대상으로 한 비형식 교육 분야별 평생교육 참여율—복수 참여를 허용한—은 '성인 기초문자해득 교육'이 0.2%, '직업능력 향상'이 20.7%, '인문교양 교육'이 7.8%, '문화예술스포츠'가 14.2%, '시민참여'가 0.8%로 나타났다.[44] 교육부는 평생교육 정책을 주로 지방 사립대 주관의 성인학습자를 위한 대학 운영에 중점을 두고 있다. 대표적으로 2016년 선취업 후진학 활성화 정책은 대학이 학령기 학생과는 별도로 성인 평생학습자들이 언제 어디서나 대학교육을 받을 수 있도록 명품 평생교육 단과대학을 운영하도록 하였다. 대학 자율로 학내 평생교육체제 구축-학점인정과 수업방식

등-및 활성화를 통해 성인학습자를 위한 학과 및 교육과정 개편 등 대학의 체제를 전환할 수 있도록 지원하는 'LiFE 사업(대학평생교육체제 사업: lifelong education at universities for the future of education)'을 진행한 것이다. 그러나 이들 정책은 지방 사립대의 재정확보와 인력 충원을 위한 정책으로 보는 것이 더 합리적이다.

그렇다면 지방대 살리기 차원의 성인 평생학습자 규모는 어느 정도일까? 이를 정확히 알기는 쉽지 않지만 대략적으로 학부 기준으로 15-20만 명 정도로 추정[45]되며 15만 명 정도의 성인학위 취득 희망자를 대상으로 교육부가 평생교육정책의 모든 역량을 쏟아붓고 있다 해도 과언은 아니다.

지방 사립대의 경우 성인학습자를 대학입학 정원으로 확보하지 못한다면 평생교육은 결국 비정원 재직자 특별전형으로밖에 운영할 수가 없으며 교육부가 정원을 줄이는 대신 성인학습자를 정원으로 인정하여 참여시킬 경우 대학의 평생교육 참여를 방해하는 요소로 작용할 수 있다. 학사 학위에서 대학원까지 평생교육이 가능하도록 요구[46]하고 있다는 점에서 대학이 평생교육을 강조하는 이유를 찾을 수 있다. 공공성을 확보하지 않은 상태에서 전국민 인적자본축적을 위한 기회로서 평생교육이 대학의 생존과 재정지원 사업으로만 활용되는 상황이 안타까울 뿐이다.

3. 적극적 노동시장 정책으로서의 일자리 정책

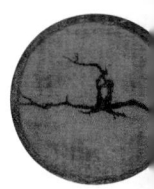

사회투자론과 개인 책임

　서구 유럽 사회에서 사회투자론 등장에는 1960년대부터 발생한 임금 압박에 대응하기 위한 복지정책이 부작용을 초래한 게 주요한 역할을 했다. 당시 유럽은 임금 압박에 대한 대응책으로 디플레이션 정책을 통해 과열된 경제를 진정시키고 민간부문의 소득과 소비를 줄이는 대신 사회복지 급여 증가와 퇴직금, 연금처럼 임금을 지연한 이연임금(deferred wage 또는 delayed payment)의 확대 등으로 공공예산이 날로 팽창해갔다. 인건비 압박은 기업으로 하여금 노동수요를 줄이게 만들었고 실업률을 치솟게 하였다. 한 마디로 60-70년대 서구사회의 복지체계는 임금억제를 위한 핵심정책으로 운영되었던 것이다.[1] 기업의 법인세와 개인소득세가 상당히 높아 기업으로 하여금 상품생산의 동기를 유발시키지 못하자 공급부족으로 인플레이션이 치솟았고 높아진 실업률이 더해져 스태그플레이션이 일어났다.

　공공예산 압박은 더 이상 국가와 기업이 감당하기에 벅찼다. 이에 영국의 대처 정부와 미국의 레이건 정부는 국가의 공공지출을 줄이는 극단적인 신자유주의적 정책을 펼쳤다. 소련을 비롯한 동유럽 사회주의 국가들의 몰락으로 신자유주의는 그 어느 때보다 체제 우월성을 입증한 듯 보였고 그 누구도 이러한 정책에 이의를 제기하기 힘든 상황이 되었다. 이에 영국의 기든스는 1990년대 중반에 '제3의 길'이라 불리는 정책 이론을 제시하였다.

> 사회투자론의 또 다른 핵심 의제는 고용과 실업문제 해결의 당사자는 국가가 아닌 오롯이 개인이라는 관점이다.

이 이론은 경제적 부양비를 수혜자에게 직접 제공하는 것이 아니라 인적자본 육성에 투자하는 것을 핵심 의제로 설정하였다.[2] 우리식 표현으로 말하면 물고기를 나누어 주는 것이 아니라 물고기 잡는 법을 가르치는 방식의 정책이다. 이를 위한 정책수단이 바로 사회투자전략(social investment strategy)이다. 국가가 직접 나서기보다는 기업가 정신을 고취시킴으로써 기업과 개인이 스스로 고용의 기회를 찾도록 국가가 지원하는 정책인 것이다. 사회투자론의 핵심은 개인의 복지를 위해 현금 지원보다 교육훈련과 같은 사회 인프라에 투자하여 개인의 경쟁력을 강화함으로써 일자리를 찾게 해주자는 것으로 요약할 수 있다.

사회투자론의 또 다른 핵심 의제는 고용과 실업문제 해결의 당사자는 국가가 아닌 오롯이 개인이라는 관점이다. 즉, 고용을 국가가 책임지는 것이 아니라 개인이 능력을 개발하고 인적자본을 축적하여 노동시장에서 고용의 기회를 스스로 재창출해야 한다는 것이다. 이를 위해 국가는 놀고 먹는 복지가 아닌 고용과 연계한 복지 프로그램으로 정책을 변경하고자 고용정보를 국민에게 잘 알릴 수 있는 정보 제공, 상담 제공, 취업 알선, 여성 노동 공급을 지원하는 각종 돌봄 지원, 능력개발을 위한 교육훈련 접근성 강화에 투자하였다. 실제로 김대중 정부와 노무현 정부 당시 현금 급여를 최소화하는 대신 인적자본의 형성과 관련이 있는 사회서비스 지출이 확대되기도 하였다.[3] 사회투자는 말 그대로 사회적 자본, 앞에서 언급한 고용서비스 관련 인프라, 교육훈련 지원 및 상담, 돌봄 지원 등 기존 복지국가에서 현금 지급과는 다른 비용을 지출하기 때문에 꼭 복지 재정을 축소한다고 보기는 어렵다. 그러나 정작 중요한 문제는 사회투자의 효과를 거시적 지표인 실업률이나 고용률, 빈곤 완화에 초점을 맞추는 것은 정치적 관점일 뿐 국민이 체감하는 효과와는 전혀 무관하다는 사실이다.

교육훈련을 통한 근로연계프로그램(workfare)은 완전고용에 있거나 납득할 만한 일자리가 늘어나지 않는 이상 일시적인 일자리일 뿐 국민의 삶의 질을 지속가능하게 향상시킬 수는 없다. 국가가 사회투자를 통해 국민에게 고용기회를 제공하는 동안 기업과 금융자본의 이윤은 상상하기 어려울 정도로 커지고 있어 국민에게 절망감을 안겨 줄 뿐이다. 사회투자와 적극적 노동시장 정책은 예산이 늘어나는데도 불구하고 불안과 우울증 환자는 왜 증가하는지, 자살률은 왜 여전히 세계 1위인지를 설명하지 못하고 있다. 적극적 노동시장 정책은 고용이라는 양적지표 신발에 사람의 발을 억지로 맞추는 정책이 되었다. 고용은 구성원의 다양성은 고사하고 삶의 질, 소득과 자산 불평등 문제를 해결하지 못하였다. 직업훈련 정책에는 고용 개념 외에 노동의 질, 노동 과정, 인간화에 대한 개념이 애초에 존재하지도 않았다. 오직 일자리 수에만 관심을 가졌다.

영국에서 사회투자론이 지식기반사회에서 전통적인 소득보장 프로그램만으로는 해결하기 어려운 인적자본축적 문제에 대응하기 위해 기존의 프로그램 혁신을 유도[4]한 점을 인정한다 하더라도 현시점에서 사회투자가 국민의 복지 체감에 긍정적으로 영향을 주었다고 볼 만한 증거는 없다. 오히려 부동산 가격 상승이 복지 만족을 대체하는 것으로 작용하고 있다는 것이 더 큰 설명력을 가진다 하겠다. 부동산 자산가격이 높을수록 (소득)재분배의 선호도는 낮았고 반대로 (자산의) 부채비율이 높을수록 재분배 선호가 높다는 점[5]을 보면 사람들은 자신의 부동산 자산 가격 상승에서 심리적 복지 안정감을 갖는다. 정반대로 부동산을 보유하지 못한 청년과 저소득층은 자신들의 삶에서 불안감은 더욱 커져만 갔다. 이러한 사례는 복지가 본질적으로 경제적 개념이 아닌 심리적 개념이라고 갈파한 기든스의 주장이 사실에 가까워 보이게 한다. 실제로 영국과 호주 등 신자유주의 국가에서는 임금완화(wage moderation)와 임금침체(wage staganation) 그리고 국민

복지의 대안으로 소비자 신용(consumenr credit)과 부동산 중심의 자산 인플레(asset inflation)를 확대하는 정책을 펼쳐왔다.[6] 이와 같이 소득보장을 위한 부동산 중심의 자산 인플레 정책은 다른 복지의 희생을 동반하기 마련이다. 즉, 연금, 보육지원, 기초생활보장, 실업급여와 같은 사회적 임금(social wage)을 공공지출 억제 및 재정 안정화라는 명분으로 억제하는 것이다.

> 고용가능성을 기본 축으로 하는 적극적 노동시장 정책은 안정적인 고용과 일정 정도의 충분한 소득 담보 없이는 애초에 지탱하기 어려운 정책이다.

결론적으로 사회투자론에 기반한 적극적 노동시장 정책은 안정적인 고용과 일정 정도의 충분한 소득 담보 없이는 애초에 지탱하기 어려운 정책이다. 적극적 노동시장 정책은 완전고용이 전제되고 실업이 산업구조나 경기변동 같은 구조적 원인에 영향을 받지 않는 경제 상황에서나 가능한 것이지 오늘날과 같이 자산 인플레로 인해 불로소득이 근로소득을 앞서가고 산업구조의 변화가 빠르고 불안정한 시대에서는 개인의 삶의 질 향상에 크게 기여하기는 어려워 보인다.

생산적 복지와 사회투자론

한국에서 적극적 노동시장 정책(Active Labor Market Policy)의 태동은 97년 금융위기로 인해 정부가 한 번도 겪어본 적 없는 대량실업이 그 시기를 좀 앞당긴 측면이 있다. 적극적 노동시장 정책에는 일자리 창출, 민간부문의 채용임금 보조금, 훈련프로그램, 취업알선지원, 공공고용서비스 등이 있다. 한마디로 소극적 노동시장 정책(Passive Labor Market Policy)을 대표하는 실업 부조를 제외한 대부분의 정책을 의미한다. 특히 적극적 노동시장 정책에서 훈련, 고용서비스, 취업알선지원은 한 몸처럼 작동하기 때문에 거의 하나의 정책으로 보아도 무방하다.

이 당시 우리나라는 유럽 선진국들처럼 소극적 노동시장 정책이라 할 수 있는 실업부조나 실업수당 개념도 없던 시절이며 지금도 여전히 부족하지만 복지예산도 그다지 많지 않았다. 기존 복지는 사회보험을 이용한 가구주 중심 복지정책이었으며 지속적인 노동과 노동력 재생산을 통한 경제성장을 위해 최소한의 산업재해 지원 및 의료 보호에만 초점을 맞추었다. 실업 극복을 위한 생활보호 등은 지역사회와 가족 단위에서 해결할 문제로 간주한 것이다.[7] 독일의 조합주의 방식이나 영국의 베버리지식 복지사회는 성장 위주의 경제구조에서 큰 의미를 가지지 못한 것이다. 일이 늘 있었고 소득이 있었기에 일이 없을 때 필요한 복지의 의미가 정부 당국과 국민의 마음에 담겨있지 않던 시기였다.

때마침 영국과 미국에서는 '제3의 길'로 대표되는 정책이 나와 실업보조 수혜자들을 대상으로 하는 기존 복지제도를 노동을 통한 자립을 유도하고 복지 수혜자의 근로의무를 확대하는 정책으로 전환시켜 버렸다. 미국은 레이건-부시-클린턴으로 이어지는 일자리 정책과 복지지원 정책을 국가 책임에서 개인 책임으로 전환하는 프로젝트가 완성된 시점이었다. 앞서 언급한 것처럼 독일의 울리히 벡은 산업사회에서의 생활방식이 계급·계층의 문제에서 개인의 문제로 전환되고 있음을 지적하였으며 영국의 기든스는 과거 엄청난 재정 투입을 동반하는 베버리지 복지정책보다는 인적자본에 투자하여 과거와 같은 소극적 복지국가가 아닌 적극적 복지사회 건설을 위한 사회투자국가 건설[8]을 주장하던 시절이다.

우리 정부도 이러한 세계적 추세를 반영하여 '생산적 복지'라는 개념을 앞세워 적극적 노동시장 정책을 통해 실업 위기를 극복하려고 하였다. 1997년 금융위기를 겪고 있던 우리나라 정부는 같은 해인 5월 영국 총리로 취임한 노동당 블레어 총리가 제3의 길을 지지함에 따라 '생산적 복지' 개념을 실행할 시대적 정당성을 갖게 되었다.

이러한 배경에는 첫째, 소극적 노동시장 정책의 핵심인 실업부조 도입 시 자칫 '복지병(福祉病)'이 확산될 수 있어 실업부조 사업은 득보다 실이 많다고 판단한 정부의 관점이 있었다. 둘째, 실업자에게 몇 푼의 보조금을 주는 것보다는 재취업을 할 수 있게 도움을 주는 것이 설사 취업을 하지 못하더라도 언젠가 국가에 도움이 될 것이라 판단하였기 때문이다.[9] 결국 국민이 배워서 인적자본이 쌓이면 언제 어디서든 국가에 도움이 될 것이라고 정책 당국자들이 생각한 것이다. 실업은 원칙상 노동수요 확대가 이루어지면 해결될 문제지만 당시 우리나라의 노동수요를 담당하고 있는 기업들의 도산이 이어진 상태에서 노동수요만을 기대하고 있을 수만은 없는 상황이었다.

이때부터 학계와 고용·실업 관련 전문가들 사이에서 사회안전망 구축의 하나로 적극적 노동시장 정책, 그 중에서도 특히 직업훈련을 선택하였다. 이로써 대한민국 국민들은 건국 이래 한 번도 국가와 사회의 보살핌을 제대로 받아보지 못한 채 복지의 책임을 개인이 오롯이 감당하기 시작하였다. 국가적 차원에서 소극적 복지정책을 제대로 시행해 보지도 못한 채 과거 서구 유럽에서 겪었던 복지로 인한 재정지출 문제와 복지에 의지하는 복지병을 내세워 적극적 노동시장 정책으로 곧장 직행한 것은 마치 가난과 영양실조에 걸린 사람한테 고기는 각종 질병을 유발할 수 있으니 채식 위주 식단을 차리는 게 좋다고 처방을 내린 것과 마찬가지였다.

유럽과 미국식 근로연계형 복지정책으로의 급격한 전환이 다소 부담스러웠는지 김대중 정부는 생산적 복지정책이라는 명칭으로 제3의 길과 차별화를 선언하였다. 제3의 길은 복지재정 투입에도 불구하고 복지 의존층 규모가 감소되지 않는 원인을 국가의 과잉 개입에 의한 비효율성에 있다고 규정한다. 반면에 생산적 복지는 국가 복지의 규모 확대를 전제로 하면서 동시에 시장질서와 기능을 최대한 담보한다고 정의한다. 그러나 기본 철학은 복지의 완성은 일에 의해 가능하다고 보는 제3의 길과 동일한 관점을 공유한다. 이를

> 복지병을 내세워 적극적 노동시장 정책으로 곧장 직행한 것은 마치 가난과 영양실조에 걸린 사람한테 고기는 각종 질병을 유발할 수 있으니 채식 위주 식단을 차리는 게 좋다고 처방을 내린 것과 마찬가지였다.

위해 국가에 의한 재분배, 자활을 위한 사회투자, 삶의 질 향상을 위한 투자 확대를 기본 방향으로 설정하였다. 세 가지 정책 실현을 위해 김대중 정부는 국민의 기초생활보장, 일을 통한 복지, 삶의 질 향상 기반 마련 정책이란 틀을 만들었다.[10]

국민 기초생활 보장에는 복지서비스 확충 등이, 일을 통한 복지에는 일자리 창출 외에 근로복지 확대가, 삶의 질 향상에는 오늘날 생활 사회인프라로 볼 수 있는 문화, 레저, 의료건강 등이 포함되어 있다. 결과적으로 25년이 지난 현재 시점에서 생산적 복지 정책을 평가해 보면 일을 통한 복지 관련 사회투자는 활발하였던 반면에 국민의 기초생활 보장은 과거와 별반 달라진 것이 없다는 사실이다. 삶의 질 향상에서 건강보험 통합 정책을 제외하고 뚜렷하게 우리의 삶의 질을 향상시킨 정책을 찾는 것은 어려운 일이 되었다. 그러나 생산적 복지 정책에서 여전히 유효한 것은 생산적 복지가 '인권과 시민권으로서의 복지', '사회적 연대로서의 복지'라는 개념하에 이루어졌다는 사실이다. 생산적 복지 개념이 복지가 국가의 선의와 배려가 아닌 국민 누구나가 누려야 할 기본권이며 국가의 의무임을 명시하고 있다는 것이다. 사회적 연대라는 개념도 복지가 중앙정부만의 의무가 아닌 지역 공동체와의 연대, 지역에 적합한 정책의 발굴, 이를 위한 참여복지체제라는 관점을 포함하고 있다. 이른바 제3의 길이 표방한 지방분권화와 거버넌스의 복지정책을 이념으로 설정하고 있다는 것이다.

제3의 길에 기반한 사회투자는 지금처럼 중앙정부의 중앙집권적 정책이 아니라 지방과 이웃에게 권력을 이양하는 분권화와 지역 공동체 활성화, 그리고 시민운동이 병행하는 것을 전제로 하고 있음[11]에도 김대중 정부는 이러한 원칙은 나중을 기약하며 생산적 복지 정책을 진행하였다.

우리나라에서 제3의 길에 기반한 사회투자 정책은 제3의 길 원칙 중 하나인 권력의 지방 이양과 직접민주주의, 시민사회에 대한 정책은 빠진 채 반쪽짜리 정책으로 시작한 것이다. 이를 약간 만회하고자 노무현 정부 당시 지역거버넌스 개념을 가지고 교육인적자원부가 인적자원 정책을 총괄지원하였으나 생각만큼 잘 진행되지 못하였다. 최근에는 고용노동부가 지역거버넌스를 통한 인적자원 정책을 지원하고 있으나 지방분권화와 자치권을 부여

> 우리나라는 지난 25년간 일을 통한 복지에만 초점을 둠에 따라 국민의 복지 권리와 국가의 의무에 대한 고민은 부족하였다.

하지 않음으로 인해 지역사회에 의해 자발적으로 수행되지 않는 상태에서 진행되다 보니 협치(거버넌스)가 전혀 힘을 발휘하지 못하고 있는 실정이다.

이러한 정책 기조는 오늘날에도 유지되고 있다. 지난 25년간 우리나라 사회투자와 적극적 노동시장 정책은 일을 통한 복지에만 초점을 맞추어왔지 국민의 복지 권리와 국가의 의무에 대한 고민은 부족하였다. 일을 통한 복지는 여전히 상대적 빈곤과 양극화를 따라잡지 못하였으며 시간 빈곤, 관계 빈곤, 소통 빈곤이라는 삼중의 빈곤을 양산하여 삶의 질 향상과는 정반대의 길로 안내하였다. 노무현 정부가 정부기관이나 공기업의 지방 이전을 통한 지방의 균형발전을 도모하였지만 인구 이동 외에—이 또한 아직 효과를 발휘한다는 직접적 증거는 나타나고 있지 않지만—지방분권화에 기반한 조세, 정책 발굴, 연대, 시민 참여와 같은 정책은 요원한 것이 현실이다. 이에 복지를 포함한 앞으로의 사회정책은 이를 구체적으로 실현할 의제와 정책발굴이 필요하다. '제4의 길'이 필요한 시점이다.

'물고기 잡는 법', '도전 의식이 부족해!'

우리는 신자유주의 원년인 1995년 이후 불과 2년 만에 금융위기로 국가 파산을 경험하였다. 경제관료들이 한국의 경제체질도 제대로 점검하지 않은 채 글로벌 스탠더드, 세계화 정책을 성급하게 밀어붙인 결과였다.[12] 변화하는 세계 경제에 대한 충분한 이해와 역량 축적도 되어 있지 않은 상황에서 신자유주의 이념을 급격히 도입한 것이다. 그럼에도 김대중 정부는 김영삼 정부의 철학을 그대로 이어받아 신자유주의적인 적극적 노동시장 정책을 계속 유지하였다. 김대중 정부 정책

도 '물고기 나누어 주기'와 같은 현금성 복지보다 일자리가 최고의 복지라는 개념을 가진 '물고기 잡는 법'을 가르쳐 주는 복지정책들로 채우기 시작한 것이다.

현시점에서 평가해 볼 때 김대중 정부의 생산적 복지가 신자유주의적이고 보수적인 정책이라는 것은 정확한 지적이다. 일을 통해 시장경제에 참여하고, 국가에 의한 재분배로서의 국민의 기초생활 보장과 자활을 위한 사회적 투자는 그 당시 미국과 영국에서 유행하던 정책과 그다지 차별적이지 않아 보인다. 이러한 정책은 사회적 합의를 거친 것이 아니라 당시 IMF 구제금융이라는 경제위기에 대처한 성격이 더 크다.[13]

오늘날 우리 기억 속에 가장 많이 남아 있는 생산적 복지는 개인의 능력개발을 위한 직업훈련과 평생교육을 통해 취업을 용이하게 하여 소득 기회를 제공함으로써 자활을 돕는 것이다.[14] 김대중 정부 이래로 모든 정부는 '물고기 잡는 법', '도전의식 강화', '퍼주기 복지 지양', '개인보다 기업 지원', '양적 성과'라는 다섯 가지 관점의 적극적 노동시장 정책을 펼쳐왔다. 이 다섯 가지의 공통점은 노동공급 차원의 지원과 개인의 책임을 강조한다는 것이다.[15] 이 다섯 가지 관점 중에 가장 상징적인 것이 '물고기 잡는 법'이다. 그렇다면 과연 강물에 물고기는 있기는 한 걸까? 교육훈련을 받으면 실업을 극복하고 소득의 기회가 높아져 애초 정책 기조인 중산층 붕괴 문제의 극복을 실현할 수 있는가 하는 물음이다.

'물고기 잡는 법'의 이념화는 현금성 복지를 줄이고 국가의 경상지출성 예산 절약을 통한 국가재정 균형화를 도모하고 한 명이라도 더 생산 현장에 투입시켜 경제성장을 도모하는 삼중의 효과를 얻고자 함이다. 물고기를 나눠 주는 행위는 수혜자가 게을러 일을 하지 않거나 노력하지 않아 경쟁력을 갖추지 않은 채 누군가에게 의존하는 인간이라는 오명을 쓰게 만든다. 그러나 정작 중요한 문제는 오늘날 산업은 자본과 기술에 의해 낚시꾼이나 어부를

> 오늘날 산업은 자본과 기술에 의해 낚시꾼이나 어부를 필요로 하지 않으며 이미 강과 바다에 물고기 씨가 마른 상황

필요로 하지 않으며 이미 강과 바다에 물고기 씨가 마른 상황에서 미래의 존속 가능성이 불투명한 직업을 위해 교육훈련을 받은 후 지속적인 생계가 가능할 거라 보는 것은 현실을 크게 왜곡하는 관점이다.[16]

<표 1-2> 우리나라 적극적 노동시장 정책의 주요 특징

전략	물고기 잡는 법	도전의식 강화	퍼주기 복지지양	개인보다 기업	양적 성과
관련 정책	· 훈련, 인력양성 · 사회투자	· 해외취업 (K-MOVE 등) · 공리주의적인 일자리 정책	· 근로복지 연계 프로그램 강화 · 거시경제적 소비 확대 실패	· 개인 지원보다 기업 지원 · 고용보조금, 인턴 · 창업	· 일자리 질보다 양 우선 · 고용보험 실적 위주
현황 및 문제점	· 훈련기관으로 예산 유입 · 회전문 취업률	· 노느니 한 푼이라도 벌어야 · 어렵게 들어간 직장 왜 그만두나 · 청년층 자존감 회복 · 직장 내 군대식 문화 지양 (갑질문화)	· 중소기업과 대기업 간 임금 격차 증가 · 개인소득 보전 실패 · 소득 양극화	· 개인의 일자리 정책을 기업 지원 정책으로 둔갑 시킴 · 창업은 청년층이 가장 기피하는 정책	· 단기, 저임금, 저숙련 일자리 회전문 취업 · 삶의 질 향상과 지역 내 협력 및 특성을 반영하지 못함 · 지역일자리 창출에 기여 하지 못함

마지막으로 양적 성과관리는 실적 위주의 정책 프로그램을 운영할 수 있다는 장점과 대외용으로 정책 홍보 및 수행에 가장 효율적인 방식이다. 그러나 취업률이라는 양적 성과에 초점을 맞추는 정책은 일이라는 것이 사람의 삶에 미치는 다양한 효과와 효능을 무시하고 오히려 주변 사람과의 관계를 단절시키는 요인으로 작용하였다. 이는 일자리의 질에 대한 고민과 정책적 초점을 놓치게 만들었다. 제3의 길을 이끌었던 영국 노동당의 13년간 집권이 끝난 2010년 경 영국은 유럽에서 가장 불평등한 국가가 되었으며[17], 미국의 상위 1%의 소득 점유율은 레이건 행정부가 들어서기 전인 1980년 8%에서 부시 정부 마지막 해인 2008년에는 무려 18%로 OECD 국가 중 가장 높았으며 그 다음이 영국, 캐나다 순으로 나타나고 있는 데서 알 수 있다.[18]

일자리 예산은 늘어나는데 내 일자리는 없다

우리나라 일자리 정책을 한눈에 볼 수 있는 자료는 적극적 노동시장 정책의 대표적인 예산인 재정지원 일자리 사업예산이다. 이 예산은 해마다 증가하여 2010년 8조9천억에서 2021년에는 약 31조로 세 배 이상으로 늘어났다. 2010년부터 2018년까지 합산한 총 일자리 사업 예산은 약 120조 가까이 집행되었다. 언론들 보도에 따르면 이 금액은 저출산 및 고령화 대책을 위해 2006년부터 2017년까지 지출한 126조보다도 더 많은 수치이다.[19]

<표 1-3> 연도별 재정지원 일자리사업 예산현황

	2010	2015	2019	2020	2021
직접일자리	27,270	24,663	37,713	28,587	31,599
직업훈련	11,518	17,851	19,610	22,434	22,648
고용장려금	8,818	25,961	57,883	64,950	84,106
고용서비스	2,495	6,102	9,867	11,994	17,330
창업지원	1,386	18,339	25,097	23,585	24,071
소계	51,487	92,916	150,170	151,550	179,754
실업소득 유지 및 지원	37,498	46,832	79,139	103,447	125,377
총계	88,986	144,674	229,308	254,997	305,131

출처: 고용노동부 홈페이지 각년도 재정지원일자리 사업예산 현황

재정지원 일자리 사업을 구체적으로 살펴보자. 해마다 조금씩 달라지긴 하지만 직접일자리에는 자활근로, 노인일자리 사업(소위 공공근로 또는 사회공헌사업), 산림재해 사업, 박물관 인력, 환경지킴이 등이 포함된다. 이러한 일자리는 지역사회 공공영역에서 사회적 기여가 가능한 일자리가 대부분이라는 사실에 주목해야 한다. 그러나 주로 노인들을 위한 직접일자리 정책은 한시적, 단기적 일자리로 특정 시점의 고용률과 실업률을 낮추는데 기여할 수는 있어도 상시적 고용문제 해결은 불가능하다는 점을 진보나 보수 구분 없이 모두가 비판하고 있다.[20]

이러한 비판은 일에 대한 협소한 관점에서 나온 불완전한 비판이다. 최고의

복지가 일―여기서는 취업을 의미하는 일― 이라는 명제에 동의하기는 어렵지만 고령자를 포함한 모든 지역주민이 일을 통해 멈추어, 만나서, 이야기를 나눔으로써 삶의 즐

> 폐지줍기, 마을 길 정리하기와 같은 공공근로가 결코 쓸모없거나 쓰레기 같은 일자리는 아니다.

거움과 오늘의 의미를 찾는 데 기여할 수는 있다. 문제는 어떠한 성격의 '일'이냐는 것이다. 자기 시간도 없이 주변 사람과 교류도 못하게 만드는 일인지 아니면 참여자의 자유를 억압하지 않는 일인지가 중요하다. 비록 얼마 되지 않은 소득이지만 명절에 내려올 손자 손녀를 위해 용돈을 마련함으로써 할아버지 할머니의 정체성을 찾는데 기여하는 것이 공공근로이다. 폐지줍기, 마을 길 정리하기와 같은 공공근로가 결코 쓸모없거나 쓰레기 같은 일자리는 아니다.

재정지원 일자리 창출의 핵심은 훈련과 창업, 고용장려금과 일자리 고용서비스 개선으로 요약할 수 있다. 이들 정책을 단순하게 보면 어떤 신규 일자리의 발굴을 통한 일자리 창출이 아니라 훈련시킨 훈련생을 대상으로 고용장려금을 받는 기업을 알선하거나 창업을 유도하는 것이 전부이다. 다만 문제인 정부 들어와서 이명박 정부와 박근혜 정부와 다른 점은 직업훈련 예산이 미세하게 줄어든 반면에 고용장려금이 대폭 증가하였는데 이는 청년수당과 중소기업 취업지원 시 임금격차를 해소하기 위한 장려금 지원 때문으로 보인다.

이러한 노력에도 불구하고 〈표 1-4〉는 2000년 이후부터 2018년까지 고용률을 비롯한 실업률, 취업률, 경제활동인구 등의 통계를 보여주고 있는데, 실업률과 고용률은 2000년도 이래 큰 차이를 보여주지 못하고 있으나 실업자 수는 2015년부터 다시 증가세로 돌아섰고, 특히 청년층 실업률은 훈련 정책을 포함한 고용장려금을 많이 사용하였음에도 불구하고 지속적으로 높아지고 있다. 2000년 이후의 일자리 정책이 전혀 먹혀들지 않았다는 것 말고는 다르게 해석할 여지가 없다.

각론으로 들어가 일자리 정책의 문제를 살펴보자. 창업 또한 소규모 창업이 기업화, 산업화로의 전환이 가능한 기업 생태계가 만들어져 있지 않는 한 산업으

로 확대되기보다는 생계형 창업으로 머무를 가능성이 매우 크다. 지금의 자영업자 포화상태는 자영업을 통해 사장님 소리 듣고 싶어 하는 개인의 문제도 아니며 은퇴자들이 퇴직할 시점에 핀란드처럼 전직 지원 훈련이 제대로 이루어지지 않아 퇴직 후

> 창업이 활성화된 나라로는 내수 산업 자체가 세계적 경제 규모를 가진 미국과 중국 정도이며, 창업 우수 국가로 알려진 이스라엘의 창업은 주로 자국보다 유럽, 미국시장을 겨냥한 것이다.

삶의 방향을 합리적으로 구상하지 못하였기 때문도 아니다. 지금까지 거시 정책 및 산업 정책으로 괜찮은 일자리를 창출하지 못한 국가에 책임이 있는 것이다. 창업이 활성화된 나라로는 내수 산업 자체가 세계적 경제 규모를 가진 미국과 중국 정도이며, 중소기업이 강하고 수출을 주도하는 나라인 독일과 일본의 경우 창업이 경제 성장과 산업혁신, 일자리 창출의 주요 정책으로 활용되고 있다고 보기는 어렵다. 중국의 경우는 전자상거래(인터넷 쇼핑) 중심의 내수 산업 확대에 기반한 창업 활성화가 이루어지고 있으며 독일의 창업은 양적으로는 감소하는 추세에 있으며 대졸자보다 직업교육 졸업자의 창업 비중이 47%로 가장 높아 한국처럼 생계형 창업보다는 기술 부문의 기회형 창업 비율이 높은 편이다.[21] 창업 우수 국가로 알려진 이스라엘의 창업은 주로 방위산업이라 말할 수 있다.[22] 실생활과 직접적이지 않은 이스라엘의 방위산업의 주요 시장은 미국을 포함한 유럽 서방세계와 미국과 이스라엘과의 밀접한 관계를 감안할 때 이스라엘 자체보다는 미국

<표 1-4> 연도별 고용주요 지표

항목	2000	2005	2010	2015	2017	2018	2020
15세 이상인구 (천명)	36,186	38,300	40,590	40,826	41,808	44,182	44,785
취업자 (천명)	21,156	22,856	23,829	24,411	25,153	26,822	26,904
실업자 (천명)	913	833	832	948	1,002	1,073	1,108
경제활동참가율 (%)	61.0	61.9	60.8	62.1	62.6	63.1	62.5
실업률 (%)	4.1	3.5	3.4	3.7	3.8	3.8	4.0
고용률 (%)	58.5	59.7	58.7	59.8	60.2	60.7	60.1
청년층 15-29실업률 (%)	8.1	8.0	7.5	9.1	9.8	9.5	9.0

자료: 통계청, KOSIS, 경제활동인구자료, 직업능력개발사업현황 자료 각 년도, 고용노동부.

군수시장을 포함한 국제시장으로 보는 것이 타당해 보인다. 실제로 구글, 인텔, 마이크로소프트 등 미국 실리콘밸리 수 백개 첨단 IT 기업들이 연구소를 이스라엘에 두고 있어 이스라엘 창업의 주요 주체와 시장은 미국인 셈이다.[23]

신자유주의자들은 국가가 정확하고 객관적인 정보를 제공하면 시장에서 보이지 않는 손에 의해 노동, 교육, 상품 등이 공정하고 합리적인 거래가 이루어질 것이라고 주장한다. 그들은 일자리의 문제는 일자리 수의 문제가 아니라 국민들이 정확한 정보를 알지 못하기 때문에 이를 잘 알려주면 고용 문제의 전부는 아니어도 어느 정도 해결할 수 있다는 믿음을 가지고 있다.

그러나 이는 현 경제와 산업구조하에서 양질의 일자리 창출은 불가능하다는 사실을 감추기 위한 방어용 정책 논리일 뿐이다. 이러한 논리는 과거 정보통신이 발달하지 않아 정보를 찾기 어려운 70-80년대에 통했던 논리이지 오늘날 정보가 넘쳐나고 기업별 임금 수준과 같은 은밀한 노동조건 정보를 주고받을 수 있는 각종 인터넷 사이트와 애플리케이션이 많이 개설된 상황에서 정보 때문에 취업을 못하는 일은 결코 벌어지지 않는다.

아무리 많은 일자리가 있다 하더라도 예전 정부부터 줄기차게 외쳐오던 '워라벨(일과 삶의 균형)'과 '저녁이 있는 삶'은 요원하며 참고 견디더라도 좋은 날이 올 것 같지 않아 보인다. 고용의 질을 담보하지 않은 일자리는 결국 노동시간 증가로 소득보전을 시도하고자 만들게 되며 국민의 삶의 질을 하락시킬 뿐이다. 윤홍식 교수의 지적처럼 현재 한국 사회의 불평등, 양극화, 사회적 배제 문제를 해결하기 위한 국가의 역할을 단순히 실업률을 낮추는 관점인 적극적 노동시장 정책만으로 접근할 수 없는 이유이다.[24] 육아휴직을 할 수 있는 기업도 대기업과 공공기업 정도이며 중소기업에 종사하는 노동자는 꿈도 꿀 수 없다. 여성의 경력단절을 방지하고자 하는 정책도 아동 돌봄 지원도 여성이

> 적극적 노동시장 정책이 확장될 수 있는 논리적 배경에는 우리나라를 포함한 각국 정부가 양질의 일자리를 창출할 수단을 가지고 있지 못한 측면이 있다.

재직하고 있는 사업장의 고용의 질을 담보하지 않는 한 언제든지 여성은 자신의 노동공급을 멈출 수 밖에 없을 것이다.

이러한 비판에도 불구하고 고용의 질 개선이나 양질의 일자리 정책보다 적극적 노동시장 정책이 확장될 수 있는 논리적 배경에는 세계 산업구조, 기술자동화, 글로벌 공급 상황에서 우리나라를 포함한 각국 정부가 양질의 일자리를 창출할 수단을 가지고 있지 못한 측면이 있다. 특히 우리나라는 적극적 노동시장 정책의 예산 비중이 OECD 국가 중 낮은 편에 속하기 때문에 예산을 유럽 수준으로 늘려야 한다는 정책기조도 한몫한다.

그러나 여기서 우리가 한 가지 알아야 할 것은 유럽으로 대표되는 적극적 노동시장 정책 국가들이 공통으로 시행하는 일자리 순환(job rotation) 및 일자리 공유(job sharing) 같은 항목이 유럽에서는 상당한 비중을 차지하고 있지만 우리나라에는 없다는 사실이다. 가장 명확한 차이는 중등 직업교육이 유럽은 국가 주도로 이루어지고 있어 적극적 노동시장 정책에 포함되지만 우리나라는 높은 사립학교 비율 때문에 적극적 노동시장 정책 예산에 포함되지 않는다.[25] 그러나 적극적 노동시장 정책의 주요 목표 집단인 취약계층만을 대상으로 할 경우 우리나라는 OECD 국가 중 7위에 해당되고 있어 결코 낮은 수치로 보기는 어렵다.[26]

청년층 실업 해소를 위한 적극적 노동시장 정책에서 빠지지 않는 논리와 근거가 바로 니트(NEET: Not in Employment, Education, Training), 즉 '교육도 훈련도 안 받고 일도 안 하는 청년' 문제이다. 청년층을 원하는 구인 사업장은 많은데 청년들이 일도 하지 않으려 하고 훈련도 받지 않아 국가의 고용률은 낮아지고 청년 실업률은 높아지고 있다는 논리이다. 이들에 대해 직업훈련을 강화하고 일자리를 얻게 해야 한다는 논리로 니트가 소비되고 있다. 다시 말해 청년 고용의 문제는 일자리가 없어서가 아니라 청년 개인이 노동시장에 참여하지 않아서 발생한 문제라는 것이다. 청년층 고용에 대한 프레임을 거시와 산업의 문제가 아닌 개인의 문제로 가두어 버리는 주장이다.

'눈높이를 낮추면 비로소 보이는 것들'

　이명박 정부 들어와서 직업교육과 일자리 정책에 커다란 분기점이 만들어졌다고 보아도 무방하다. 직업교육 정책은 마이스터 고등학교로 대표된다. 이 정책을 통해 이명박 정부는 대학을 가지 않더라도 좋은 직장에 취업할 수 있다는 것을 보여줌으로서 4년제 대학 진학을 위한 사교육을 감소시키고 대학진학률을 낮추고자 하였다.[27] 그 일환으로 고졸 채용 할당제, 대학수능 EBS 70% 연계 출제 등 입시 단순화 정책을 시도하였다. 실제로 당시 고졸 취업의 성과는 나쁘지 않았다. 그러나 문제는 이러한 성과가 그때뿐이었다는 것이다. 이명박 정부 일자리 정책은 "일자리는 기업이 만들어 낸다"[28] 라고 말하면서도 정작 일자리의 문제를 산업계 수요의 문제가 아닌 공급의 주체인 개인의 문제로 명확히 규정하였다는 데 그 특징이 있다. 고용을 총괄할 부처를 그 당시 지식경제부(오늘날 산업자원부)로 지정하지 않고 노동부를 고용노동부로 명칭을 바꾸면서 일자리의 문제를 국가의 문제가 아닌 개인의 숙련 부족과 눈높이, 노력 부족의 문제로 치환해버린 것이다.[29]

　이명박 정부의 일자리에 대한 관점을 보여주는 단적인 사례가 있다. 2007년 대선 당시 대통령 후보자인 이명박 한나라당 후보가 목원대 취업박람회장 현장에서 청년실업문제에 대한 언급 시 "여러분들이 조금 눈을 아래로 낮추고", "대한민국의 모든 기업에서 종신제는 없을 것이며", "지방대학생들이 수도권 학생들과 경쟁하기 위해서는 좀 더 노력이 필요"하다고 말한 것에서 알 수 있다.[30]

　2010년 제1차 국가고용전략회의 결과 발표문을 보면 고용전략에서 산업계와 국가 거시경제 차원의 일자리 창출 방안은 기업의 세제 지원과 정책자금 지원, 국내 복귀 기업 지원 같은 선언적 언급만 있을 뿐이며 일자리 문제는 일자리 정보 부족에 기인하기 때문에 고용 지원 서비스를 강화하고 개인의 노력에 부응하는 교육훈련 지원, 인턴제 도입, 지역 공동체의 방과 후 교사 일자리 등 단기 일자리 창출로 한정하고 있다.

또한 노동규제 철폐, 금융제재 철폐, 환경규제 철폐 등 각종 규제가 철폐되면 일자리와 소득이 늘어날 것으로 보는 이명박 정부의 관점은 미국의 일자리 창출 사례를 참고한 것으로 보인다. 미국의 경우 '80년대 이후 폭발적인 일자리 창출이 이루어진 것은 맞지만 일자리 대부분이 이른바 '잡직' 저임금 서비스 일자리로 대표된다. 이 일자리는 흑인마저 떠난 그 자리에 히스패닉 이민자로 채워놓은 일자리이다.[31] 대표적인 일자리가 맥도널드 잡(McDonald job), 줄여서 '맥잡(McJob)'이다. 이 일자리는 명함도 못 내밀고, 체면도 안 서고, 수지도 안 맞고, 장래성도 없는 서비스직이라는 의미로 사용되며 저임금, 저위신, 저미래의 상징이 된 일자리이다.[32] 그럼에도 미국의 불평등이 세계적으로 상위권에 속한다는 사실에서 각종 규제 철폐로 양질의 일자리와 소득 불평등을 해결하였다고 말하기는 어렵다.

박근혜 정부 들어와서 대한민국이 텅텅 빌 정도로 중동 진출을 주문한 것은 널리 알려진 사실이다. 일자리 문제를 국내가 아닌 국외로 돌려 청년 개인이 해외에서 온갖 어려움을 뚫고 스스로 일자리를 개척할 것을 주문한 것이다. 이러한 주문은 여야를 가리지 않는 소위 전형적인 '꼰대' 정책 입안자들의 주요 철학이었다. 중동의 어려움과 아프리카의 고단함을 조금이라도 고려할 때 한국사회가 얼마나 풍요롭고 기회의 땅인 줄 모른다는 기성세대의 비난과 질타가 녹아 있다. 개발도상국에 가서 한 달만 지내보면 대한민국이 얼마나 좋은 나라인지 금방 깨닫고 국민적 자부심[33]을 느끼게 될 텐데 '헬조선'이라고 한국사회를 비관적으로 보는 세태가 못마땅했던 것이다. 이러한 청년 고용 관점은 이전 정부와도 크게 다르지 않았으며 문재인 정부에서도 마찬가지였다.[34]

> 청년층 해외진출 독려는 일자리 문제를 국내가 아닌 국외로 돌려 청년 개인이 해외에서 온갖 어려움을 뚫고 스스로 일자리를 개척할 것을 주문한 것이다. 이는 여야를 가리지 않는 전형적인 '꼰대' 정책 입안자들의 주요 철학이었다.

인턴, 직업 경험, 또 하나의 스펙

2010년 전후 청년층 고용을 촉진하기

위한 정책 중 직업훈련을 제외하고 가장 대표적인 정책은 현장을 경험할 기회를 주는 인턴 정책과 창업지원, 노동시장 이행을 원활하게 해주는 각종 교육훈련 프로그램들이었다. 취업을 준비하는 청년들에게 정부가 시행하는 일자리 지원 정책 중 어떠한 것을 선호하는가에 대한 물음에 조사마다 약간의 차이는 있지만 가장 많은 답변을 한 것이 '직업경험' 관련 항목이었기 때문이기도 하다. 진로탐색 및 경력개발, 취업전문가 컨설팅 프로그램 등이 청년들이 선호하는 일자리 정책 상위권에 포진하고 있다.[35] 이들 정책 가운데 경력개발에서 가장 큰 비중을 차지하는 것이 인턴, 견습 또는 도제 같은 현장 체험형 프로그램이다.[36]

인턴제(internship)는 인력채용과 취업과정에서 사업주와 구직자가 직면하는 불확실성을 해소하기 위해 발달되었다. 기업은 인력채용 과정에서 구직자의 기술과 능력을 더 정확히 파악할 수 있으며, 부족한 인력을 미리 확보할 수 있는 장점이 있다. 반면 구직자 입장에서 인턴활동은 임금과 같은 근로조건뿐 아니라 자신의 능력과 적성에 맞는 직장인지, 그리고 경력개발이나 회사의 발전 전망 등에 대해 더 구체적으로 파악할 수 있는 기회가 된다.

인턴은 직장을 탐색하는 중요한 수단이자 직업세계에 대한 학습의 기회이며 동시에 직장 탐색의 중요한 경로이다. 그래서 인턴제도는 정부의 정책적 개입이 없이도 노동시장에서 자연스럽게 기업과 근로자가 노동력의 수요와 공급의 주체로서 작동하고 기능하는 제도라 할 수 있다. 교육정책 차원에서도 인턴제(또는 견습생 제도)는 '학교에서 노동시장으로의 이행'(school-to-work transition)을 지원하는 대표적인 사회정책 프로그램이다.[37]

인턴제를 '학교에서 노동시장으로의 이행' 프로그램의 일환으로 보고, 인턴십 또는 견습(apprenticeships) 프로그램에 참여한 고용주와 기업들이 인턴제를 활용하는 가장 큰 배경 요인은 기업규모이다.[38] 인턴십이 기본적으로 교육적 가치를 제공해야 하기 때문에 인턴 학생들에게 일정 정도 훈련을 시킬 수 있을 정도로 기업규모가 크고 능력이 되거나 또는 인적자원 개발을 중시하는 업체여야 함을 의미한다. 그러나 이론상으로는 고용주가 인턴을 채용한 후 신규 입직자의 인적자본을 축적하고 인적자원을 관리하는 일은 규모가 작은 기업도 가능은 하겠지만 제대로 실행될 가능성은 매우 희박하다. 인턴제도는 노동시장 메커니즘하에서 작동하는 제도이지만 공급자인 청년층은 학생 신분이며 직장 탐색과 체험의 성격이 강하다는 점에서 정식 노동계약이라기보다는 '학교에서 노동시장으로의 이행'이란 관점에서 실습교육생으로 보는 것이 더 적절하다.

이러한 인턴 정책이 학생들에게 현장 경험 프로그램으로서 제대로 작동하려면 첫째, 현장 경험에 맞는 프로그램, 프로젝트, 실무 경험 매뉴얼 등이 기업에 준비되어 있어야 한다. 둘째, 이들 노동 인력을 단순 교육생인지 아니면 정규직원으로 키울 인력인지를 명확히 규정해야 한다. 이 둘은 기업이 인턴사원을 채용하면 어떠한 일을 시킬 것이며 인턴사원의 능력에 대한 객관적인 평가를 통해 향후 채용할지 말지에 대한 기본적인 방안이 함께 마련되어 있어야 한다. 이러한 이유 때문에 최근 대기업에서는 인턴 기간 동안 평가에 기반하여 인턴사원을 채용하는 '채용조건형 인턴사원 제도'를 운영하고 있다.

한편 인턴을 단순히 직업 경험의 기회로 고용주가 인식하여 무급으로 진행하는 경우도 있다. 근무처에서의 일 경험이 유사한 분야의 채용에 유리한 경력이 되는 경우 무급으로 운영하는 것이다. 대신 기업은 이들의 훈련에 소요되는 훈련비를 부담하여야 하는데 대체로 직접적인 교육비용과 임금보다는 관리비용 등으로 부담하고 있다. 그렇지 않으면 일정 기간 동안만 유급 노동자로 인식하는 경우인데 이 경우 값싼 노동력 착취라는 비판을 감수해야 한다. 물론 전자도 약간의 비판을 받을 수 있다.

대표적인 것으로 2010년에서 2011년 사이 박원순 전 서울시장이 설립한 '희망제작소'가 인턴들을 무급으로 채용하면서

> 인턴제도는 직장 탐색과 체험의 성격이 강하다는 점에서 정식 노동계약이라기보다는 '학교에서 노동시장으로의 이행'이란 관점에서 실습교육생으로 보는 것이 더 적절하다.

이들에게 인턴의 역할 보다 과도한 업무를 시킴에도 미국처럼 임금을 주지 않은 사례가 있다. 그러나 희망제작소와 같이 비영리 사회단체 경험과 관련 분야에서의 경력 스펙을 쌓는 데 유리하고 사회적 활동에 행복과 보람을 주는 경우라면 자발적인 무급 인턴은 얼마든지 가능할 수도 있다. 문제는 아무런 교육과 사회적 가치를 제공하지 못하면서 인턴 참여자를 부려 먹는 것이 문제이다.

무급 인턴은 미국을 비롯한 서구사회에서는 보편적이다. 그러나 우리와 다른 것은 미국의 경우 인턴을 할 수 있는 곳은 다국적기업, 대기업이나 대형 공공기관들이 대부분이며 단순 일자리 인턴은 견습제(apprenticeship)라 하여 직업체험 교육용 프로그램으로 운영하고 있다. 문제는 인턴이 미국 사회에서 계급적 불평등을 심화시키는 계기로 이용되고 있다는 점이다. 리처드 리브스(Richard Reeves)는 미국에서의 '기회 사재기' 메커니즘의 세 가지로 1) 배타적인 토지용도 규제, 2) 동문 자녀 우대 같은 불공정한 대학 입학정책, 3) 알음알음 이루어지는 인턴자리 분배를 꼽고 있다.[39] 그는 골드만 삭스 신규 채용자 10명 중 9명은 자사 인턴 출신이었고 의원실, 국회, 백악관 등의 인턴은 기업인 연줄이나 정치적 동지들의 자녀들이 소위 '아빠[엄마] 찬스' 특혜를 통해 들어오며 무급으로 활동한다[40]고 말한다. 심지어 2014년 뉴욕시장이 된 빌 더블라지오(Bill de Blasio)는 "경제적, 사회적 불평등을 끝장내야 합니다."라고 취임식에서 일갈하였으나 그의 딸과 아들은 뉴욕 시 이해관계충돌 심사위원회에서 '특별면제'를 부여받아 인턴 채용에 합격하였다. 미국의 진보 인사들 사이에서도 이러한 '아빠 찬스'를 이용하여 자녀에게 특혜를 부여하는 행태가 비일비재하다. 기회와 평등 그리고 자유의 나라라는 미국의 불평등한 사회 구조에는 인턴 채용 관행도 한 자리 차지하고 있다는 것이다.

1990년 이전 한국에서는 기업에서 현장 실무 훈련을 받는 직무는 의대 인턴이 유일무이하였다. 그러던 인턴 프로그램이 일반직무까지 확대된 것은 IMF 이후라고 보아도 무방하다. 한국에서 인턴은 일자리 정책과 중소기업 및 영세기업의 고용보조금 정책의 일환으로 이용되기도 하였다. 지금은 폐지되었으나 2015년 전후로 5인 미만 사업장까지도 인턴을 채용하면 고용보조금을 지급하였다. 이러다 보니 청년층 인턴의 규모가 고용노동부가 주관하는 청년취업인턴제에만 5만 명이나 되어 일부 청년 정치 단체에서는 인턴을 공식 비정규직 고용형태로 규정하여 제대로 된 임금을 주어야 한다는 주장을 제기한 적도 있었다.

다수의 청년 구직자들이 현장 경험, 직업 경험을 원하는 것은 이러한 경험 프로그램이 학생 개인의 힘으로 찾거나 얻기는 어렵고 학교나 지자체, 정부의 지원을 통해서만 가능하기 때문이다. 그런데 한 가지 문제는 직업 경험 내용에 대해서 기업과 구직 희망자 간의 불일치가 나타난다는 것이다. 학생들은 해당 기업에서 이루어지고 있는 업무에 참여할 기회라고 생각하지만 막상 기업이 이들을 업무에 투입하는 일은 쉬운 결정이 아니다. 그러다 보니 복사, 회의록 작성, 회의 준비 등 허드렛일을 주로 배정함에 따라 '배울 게 없는 인턴 또는 현장 체험'이라는 푸념들이 나오고 있는 이유이다. 그럼에도 불구하고 현장형 직업 체험 프로그램이 중요한 이유는 대기업을 필두로 대졸 채용시장이 경험을 바탕으로 하는 수시 채용으로 전환되고 있기 때문이다. 수시 채용은 경력직을 더 선호할 수밖에 없다. 기업은 인건비와 훈련비, 복지 비용 등의 총합인 인력 비용을 줄이기 위해 '꽂으면 바로 플레이'(plug and play)가 가능한 채용전략을 선호한다.[41]

이와 같은 채용구조 변화에서 직업 경험은 곧 개인의 경쟁력이 될 수 있다. 직업 경험은 마치 대학 수시처럼 사회적 자본, 즉 네트워크 자산이 적은 사람일수록 불리할 수밖에 없다. 2021년 6월 말경 고용노동부 장관은 경총과 전경련 관계자를 만나 공채를 늘려달라고 요청하였다.[42] 고용 성과 압박을 받는 정부 기관이 손 내밀 곳이라고는 기업밖에 없는 현실에서 어쩔 수 없는 선택이었을지 모른다. 청년층이 공정한 대우를 받고자 시험 확대를 요구하는 것에

> 다수의 청년 구직자들이 현장 경험, 직업 경험을 원하는 것은 이러한 경험 프로그램이 학생 개인의 힘으로 찾거나 얻기는 어렵고 학교나 지자체, 정부의 지원을 통해서만 가능하기 때문이다.

대한 대응의 일환이었지만 명백히 시대의 흐름을 잘못 읽은 발걸음이었다.

장관은 지금 시대가 과거처럼 양질의 일자리를 확산시킬 방안이 마땅치 않은 상황이라는 점, 그리고 대기업이 수시채용으로 전환하고 있다는 점에서 향후 청년층 일자리 정책은 단기 교육훈련 프로그램이 아니라 청년층에게 일 경험의 기회를 확대하여 제공하는 것에 초점을 두었어야만 했다. 현재 채용문화로 자리잡은 블라인드도 중요하지만 대기업과 공공기관에게 청년의 공정한 일 경험 획득이 가능한 인턴 프로그램 확대와 프로그램 운영의 구체성, 그리고 사회적 기여와 참여를 통한 청년 자신의 역량 개발 정책이 미래에는 더욱 필요할 것이다. 그러하기에 향후 채용의 공정성 이슈는 미국처럼 인턴과 같은 현장형 체험 기회에서 다시 재점화할 수밖에 없을 것으로 보인다.

> 기업은 인건비와 훈련비, 복지 비용 등의 총합인 인력 비용을 줄이기 위해 '꽂으면 바로 플레이'가 가능한 채용전략을 선호한다.

4. 적극적 노동시장 정책으로서의 훈련

비정규 교육과정과 인적자본축적

 인적자본축적 정책의 일환으로서 직업훈련은 1962년부터 시작된 경제개발 5개년 계획과 동떨어져 생각할 수 없다. 요즘이야 직업훈련을 통해 4차 산업혁명에 대비한 전문기술 분야 인력양성 정책을 논의하지만 경제개발을 막 시작한 60년대 초는 경제성장을 위해 신속한 기능인력 양성이 절실하던 시기였다. 이 당시 비정규 교육과정인 직업훈련을 통한 기능인력의 인적자원 축적이 국가적으로 중요하였던 이유는 모든 실업계 정규교육 기관에 물적 토대를 지원할 자본이 없었기 때문이다. 교육은 최소 3년이라는 인력양성 기간이 소요되지만 직업훈련은 짧게는 6개월 미만, 길어야 1년을 넘지 않아도 인력양성이 가능하였고 중점 지역에 시설 장비를 비용 효율적으로 배치할 수 있는 장점이 있다.

 우리나라도 어느 개발도상국 나라들처럼 외국의 전문가를 초빙하여 직업훈련 정책을 수립하였다. 정부는 1965년 4~5월에 미국 노동성 인력개발 전문가인 애드가 맥보이(Edgar. C. McVoy)를 초빙하여 우리나라의 인력 상황에 대한 조사를 실시하였다. 조사 결과 당시 실업계 교육이 산업수요에 맞게 운영되고 있기는 하나 당시 늘어나는 인력수요를 감당하기 어렵기 때문에 직업훈련과 사업 내 도제 훈련을 실시할 것을 권유하였다.

본격적인 직업훈련 제도를 도입한 배경에는 부족한 기술공과 숙련기능공을 당시의 직업교육으로는 충분히 양성하기 어렵고, 기존의 견습공제도는 현존 기술 수준에 필요한 단순인력의 자체공급 수단

> 직업훈련은 운영상에 있어 직업교육보다 인력 수요에 따라 교과 내용이나 시설, 장소, 그리고 대상자의 수준과 교사의 자격에 구애받지 않고 수시로 운영할 수 있는 장점이 있다.

은 될지언정 미래의 숙련된 다기능공의 양성은 어렵다는 상황인식을 하였기 때문이다. 그러나 무엇보다 중요한 원인은 실업계 교육이 현장보다는 이론 교과목 위주로 되어 있어 졸업 후 바로 기능공으로 역할을 수행하기에는 한계가 있었기 때문이다. 반면에 직업훈련은 탄력적인 교과과정 운영이 가능하였다. 직업훈련은 정규교육 체제와는 달리 제도 운영상에 있어 인력 수요에 따라 교과 내용이나 시설, 장소, 그리고 대상자의 수준과 교사의 자격에 구애받지 않고 훈련 과정의 편성이 용이하고 수시로 운영할 수 있는 장점이 있다. 이러한 훈련정책 기조는 80년대 초까지 그대로 이어져 내려왔으나 80년대 중반부터 대내외 경제 환경변화와 기술변화 등으로 인해 단순 기능인력 양성에서 고급 기능인력 양성으로 직업훈련 체제를 전환하는 시동을 걸게 되었다. 한 가지 눈여겨볼 것은 이 당시는 오늘날 일상적으로 목격하는 실업자를 위한 훈련 정책이 없었다는 사실이다.

우리나라에서 실업자 훈련이 본격화된 것은 1998년부터다. IMF 대량실업 위기 당시 실업자를 위한 훈련 체계와 훈련 시장은 마련되어 있지 않았다. 정부도 대량 실업자를 위한 직업훈련 경험이 없는 상태였으며 다수의 실업자를 교육훈련시킬 기관도 많지 않아 학원을 비롯하여 대학 같은 학교교육 기관에서도 실시하는 등 한마디로 아수라장이었다. 마치 서독이 동독과 통일이 된 후 동독인의 인적자원 개발을 통한 취업률 제고를 위해 채택한 직업훈련정책과도 같았다. 어떠한 준비도 없이 들이닥친 통일 독일 상황에서 독일 직업훈련의 대부분을 떠맡았던 기업 내 실습자리의 공급 부족분을 대학에서 메꾼 것과 동일한 사태가 우리나라에서도

벌어진 것이다.[1]

한편 이 당시 실업자 훈련의 목적은 명목상 취업을 위한 것이었지만 실제로는 사회안전망과 사회적 고용 심리 안정화에 기여하고자 한 목적이 더 컸다. 이 목적은 과거 70년대 인력양성훈련 제도 시행 때 존재했던 훈련수당을 폐기하지 않고 실업자 훈련에 참여한 사람에게 지급함으로써 가능했다. 이러한 훈련수당 전통은 오늘날 국민취업 지원제도의 기반이 되었다.

적극적 노동시장 정책으로서 훈련정책을 논의할 때 우리가 1998년 이후의 시기를 주목해야 하는 것은 금융위기를 IT 산업으로 돌파하면서부터 우리나라 성장 동력을 제조업에서 지식기반산업으로 재편하였기 때문이다. 이에 정부는 지식기반사회에 부응하는 훈련체제가 필요하게 되었는데 이를 위해 직업능력개발을 실업자를 위한 복지정책이나 기능인력 양성 차원이 아니라 '능력개발 → 소득향상 → 지식격차에 따른 소득 불평등과 고용불안 해소 → 삶의 질 향상'이라는 생산적 복지를 구현하기 위한 사회투자 정책으로 바꾸기 시작하였다.[2]

이 의미는 직업훈련이 전통적인 기술기능 인력 양성에서 지식전문 분야의 인력양성까지 포괄·확대하는 정책으로 전환하였다는 뜻이다. 이때부터 직업훈련은 사회투자 철학을 가진 학자와 이데올로그들에게 개개인의 기술과 숙련을 향상시켜 언제든지 노동시장에 진입할 수 있는 능력과 역량을 가지게 만드는 요술봉으로 둔갑되었다. 직업훈련을 받을 기회는 평등의 분야에서 가장 중요해졌다.[3] 당신에게 물고기를 잡을 기회를 다른 사람과 평등하게 주었으니 그 이후 취업의 성공 여부는 당신에게 달려 있다는 것이다. 결과의 불평등에 대해 함구할 것을 전제로 요구하는 기회의 평등이었다.

의도하지 않은 '훈련복지' 인프라 구축

거의 모든 연령대에 공통적인 일자리 정책으로 자리잡고 있는 것이 훈련 정책이다. 현재 우리나라에서 이루어지고 있는 실업자 훈련은 고용노동부만 운영하고 있는 것도 아니다. 각 지자체와 중앙 부처별로도 진행하고 있다. 교육부, 여성가족부, 과학기술부, 그리고 각 지자체들 또한 참여하고 있다. 해마다 약간의 부침은 있지만 이처럼 행정 부처의 실업자 훈련 규모와 예산이 날로 늘어감에 따라 정부부문이 민간 부문의 훈련 시장을 잠식하는 현상이 나타나고 있다.

즉, 민간 직업훈련 시장은 소비자와 훈련기관 사이에서 가격을 매개로 거래가 발생하는게 아니라 공급 독점 시장인 정부와 완전경쟁 시장인 민간 훈련기관 간의 보조금 시장으로 바뀌었다. 전통적인 의미에서 가격을 매개로 하는 훈련시장은 존재하지 않으며 다만 훈련보조금 시장만 존재한다는 의미이다. 훈련보조금은 과거 컴퓨터 학원이나 기술자격 과정을 가르치던 학원들도 정부지원 직업훈련 사업에 참여하게 만들었고 학생이나 일반 수요자들은 실제 자기 돈 내고 훈련을 받는 경우는 거의 없어졌다 해도 틀린 말은 아니다. 설사 있다손 치더라도 일부 훈련 직종(미용, 요리 등)에서 전체 훈련비용 일부분만 자기부담을 하는 수준이다. 따라서 훈련기관은 전통적 의미의 훈련 공급자(provider)가 아니라 국가 훈련정책 전달을 위한 민간 중간조직(private agency)이며 실제 훈련공급자는 정부로 보는 것이 타당하다.

2013년 고용노동부 평가대상 훈련기관을 분석한 결과에 따르면 훈련 실시 인원이 연간 100명이 되지 않는 영세 훈련기관의 경우에는 매출액에서 정부지원 훈련 비중이 75.9%(고용노동부 지원은 71%)를 차지하고 있었다. 연간 1,000명의 훈련생 규모의 대형 훈련기관도 고용노동부가 지원하는 훈련 비율 50.4%를 포함하여 전체 매출액에서 정부 의존도가 62.2%를 차지하고 있는 것으로 분석되었다.[4]

2017년도에 고용부 국가기간전략산업직종' 훈련에 참여하는 훈련기관을 대상으로 조사한 결과에 따르더라도 전체 매출액에서 고용노동부 지원 훈련 수입이 평균 65.8%를

> 우리나라에서 가격을 매개로 하는 훈련시장은 존재하지 않으며 다만 훈련보조금 시장만 존재한다

차지하고 있어 정부지원에 의존하는 종속성이 점점 심화되고 있음을 알 수 있다.[5] 가히 직업훈련 과잉공급의 시대라 해도 그다지 어색하지 않다. 훈련이 일자리 창출을 하지 못하는 상황에서 훈련의 양적 규모 증가는 훈련기관 사업체의 확대와 정부예산이 훈련기관으로 이전 될 뿐 고용 증가와 비경제활동인구 감소에 어떠한 영향도 미치지 못하였다. 연간 수 조원에 달하는 훈련 예산이 국민의 일자리와 행복에 제대로 쓰이지 못하고 있다는 사실을 보여준다. 우스갯소리로 훈련의 양적 확대로 인한 일자리 창출은 훈련기관 종사자 수 증가로 가능해졌다는 얘기도 흘러나왔다.

그러나 이러한 현상을 반대로 뒤집어 생각해보면 평생교육과 직업훈련이 국가의 전폭적인 예산지원으로 진행됨에 따라 누구라도 언제든지 무료로 훈련을 받을 수 있는 '준공영화'가 이루어졌다고 볼 수 있다. 지난 25년간 훈련 정책의 가장 큰 성공은 국민이 원하는 평생교육과 훈련을 거의 무료로 받을 수 있는 기회가 많아졌다는 것이다. 이것이 적극적 노동시장 정책이 당초에 생각하지 못한 긍정적 효과라 할 수 있다.

교육 훈련에 대한 재정지원이 확대됨에 따라 많은 사람들이 평생교육이나 직업훈련 같은 적극적 노동시장 프로그램에 참여할 기회가 넓혀진 것은 좋은 일이지만 문제는 이 모든 것을 공공이 아닌 민간이 진행하고 있다는 점이다. 현재 우리나라 공공훈련기관은 폴리텍대학 외에는 없으며 평생교육도 지역 주민센터와 평생학습관 외에 대부분 사립대, 전문대, 지역 내 학원, 대형 유통 마켓, 언론기관 부설 센터 등 민간영역에 의해 이루어지고 있어 공공교육훈련기관 인프라 확충은 매우 중요하고도 시급한 일이 되었다. 안정적인 교육훈련 참여 기회는 공공성이 확보되지 않은 상태에서 예산지원만으로는 지속성 유지가 어렵기 때문이다. 국민에게 평생교육과 직업훈련에 지속적으로 참여할 기회를 제공하기 위해서는 공공기관 확충만이 해답이며 이것이 상식적으로 생각해도 국민이 교육훈련에 참여할 수 있는 평등한 기회를 제공하는 길이라 하겠다.

직업훈련 정책의 다섯 가지 미신

적극적 노동시장정책에서 상당한 비중을 차지하는 직업훈련은 몇 가지의 목적과 의도를 가지고 정책을 수행한다. 주로 개인의 취업 및 직무능력 향상을 목적으로 하지만 그 외에도 여러 가지 이유들이 있다. 이하에서는 고용문제 해결, 기업내 생산성 향상, 산업수요에 부응하는 인력양성, 미래 인력양성, 그리고 지역 고용위기 극복이라는 훈련목적이 오늘날 노동시장 환경과 불확실한 기술 변화 시대에 얼마나 괴리된 정책이며 미신에 가까운 목적과 불가능한 임무를 수행하고 있음을 살펴보자.

첫 번째 미신:
직업훈련 프로그램이 고용 문제를 해결할 것이라는 주장

'97년 금융위기 이후 지금까지 실업, 일자리, 고용 문제 해결을 위한 적극적 노동시장 정책의 큰 줄기로서 교육훈련 정책의 기본입장은 세 가지 갈래로 나눌 수 있다. 첫째는 뭐라도 배우면 어딘가에 좋을 거라는 입장, 둘째는 제대로 가르치고 배우면 취업은 해결될 거라는 입장, 셋째는 산업(인력) 수요에 부응하지 못하는 프로그램 때문에 취업에 실패하는 것이므로 산업수요에 적합한 프로그램만 가동되면 고용과 일자리가 해결될 것이라는 입장이 그것이다. 이러한 관점하에서 25년 넘게 교육훈련 정책을 시행하고 있음에도 불구하고 일자리 정책이 성과를 내지 못하는 이유는 바로 제대로 된 프로그램이 없었기 때문이라고 정책결정자들은 생각한다. 신규 입안된 정책 대부분은 새로운 프로그램 개발과 외국 프로그램 도입이었다. 이슈는 이슈로 덮어 버리듯 훈련 프로그램의 문제점을 새로운 훈련 프로그램으로 해결하려 한 것이다. 훈련의 역할과 노동시장의 변화는 고려하지 않은 채 훈련 프로그램만이 고용의 문제를 해결해줄 것이라는 믿음이 오늘날까지 만연하고 있다.

그간 도입된 국내외 교육훈련 프로그램 중 대표적인 것을 보면 청년보장제

(youth guarantee), 독일의 이행노동시장 이론, 아우스빌둥(Ausbildung), 프랑스의 '에콜42' 등이 있고 국내는 국가직무능력표준(이하 NCS: national competency standards), 계약학과, 취업사관학교, 명장 훈련, 스펙초월 훈련, 청년취업아카데미,

> 훈련의 역할과 노동시장의 변화는 고려하지 않은 채 훈련 프로그램만이 고용의 문제를 해결해줄 것이라는 믿음이 오늘날까지 만연하고 있다.

국가기간전략산업직종 훈련, 지역산업 맞춤형, 4차 산업혁명 선도인력, ICT·SW 인력양성 사업 등 무수히 많은 교육훈련 프로그램이 소개되고 실행되었다. 이들 프로그램이 당초 예상한 성과를 내지 못하자 처음부터 기업과 훈련을 연계하는 방식의 프로그램인 도제, 일학습병행, 기업연계형 장기현장실습(IPP: industry professional practice), 기술사관 등이 도입되었다. 이들 프로그램의 특징은 기존 일부 민간기업에서 자발적으로 하던 교육훈련에 대한 지원과 신규 참여기업 발굴로 구성되어 있다.

과거 90년대 말 지금의 특성화 고등학교인 실업계 고등학교의 현장실습 프로그램인 '2+1 체제'의 신 버전으로서 교육부와 고용노동부가 주관하여 전문대와 4년제 대학까지 현장과 학교교육을 연계하는 프로그램이다. 무엇보다 중요한 문제는 이들 정책의 일부는 정부가 지원하지 않아도 잘 돌아가던 분야에 정부예산을 지출함으로써 정부 재정에 손실을 입히는 사중손실(死重損失, deadweight loss) 성격을 지닌 정책이라는 것이다.

민간이 자발적으로 수행하던 신규 및 재직자 향상 훈련 프로그램을 정부가 별도의 지원금[6]을 줌으로써 민간 성과를 국가가 돈 주고 구매하는 형태가 되어 버렸으며 지원금액을 제외하고는 차별성도 찾아보기 어렵다. 이러한 경우 기업 또는 훈련기관 과의 협상 게임에서 비용 상승을 견인할 수밖에 없다. 그럼에도 사중손실 정책이 유지되는 이유는 정책 홍보성 이득, 관련 행정조직 유지이득이 사중손실 비용을 앞지르기 때문이다.

반면에 NCS 교육훈련 과정은 기업 채용 기준을 표준 직무 능력으로 한정하고 이 과정을 수료한 구직자들은 채용에 있어 동일한 기회를 부여하도록 하였다. NCS 교육훈련 과정은 개인의 역량과 기업이 요구하는 인재의 규범을 단일화시킨 획일주의적 발상으로 보아야 한다. NCS 정책은 극단적으로 학교 무용론까지 들고 나온다. 왜냐하면 NCS 교육과정은 정부가 이미 정해 놓은 교육과정을 학원이든, 전문대이든, 대학이든 아무 곳에서나 가르칠 수 있기 때문이다. 이처럼 교육과 채용, 능력주의의 문제를 단순하게 교육과정 하나로 풀려고 한 것은 교육을 기술만으로 바라본 기술관료 중심의 사고이며 교육의 다양성을 무시한 것이다.

> 교육과 채용, 능력주의의 문제를 단순하게 교육과정 하나로 풀려고 한 것은 교육을 기술만으로 바라본 기술관료 중심의 사고이며 교육의 다양성을 무시한 것이다.

직무 관련 교육과정은 과거부터 전통적으로 내려온 몇몇 기술을 제외하고는 기업마다 요구하는 것이 다르다. 기업의 채용도 개인의 능력과 역량은 표준 기술에서만 나오는 것은 아니며 비정형적이고 비인지적 요인, 심지어 다소 비합리적인 것들까지 포함한 다양한 역량을 보고 판단한다.

2015년 NCS 정책은 이미 포화상태인 훈련시장을 더욱 양적으로 확대시키는 계기가 되었으며 훈련시장에서 민간과 국가기관과의 협상에서 비용 상승을 견인하였다. 고용노동부의 통상 훈련비용은 2015년 이전에는 시간당 3,000원대였으나 질 좋은 NCS 교육훈련 과정을 운영한다는 명목으로 거의 두 배가 넘은 7,000원대로 상승시켜버렸다. 그럼에도 교육훈련 성과는 큰 차이가 없었으며 NCS 심사만 통과하면 누구나 훈련을 시행할 수 있는 '자유경쟁형' 훈련시장으로 진입장벽을 낮추는 바람에 훈련시장에 질 낮은 훈련기관이 범람하게 만들었다. 이러한 정부의 민간 훈련시장에 대한 과도한 개입으로 자생적인 민간 훈련시장을 고사시키는 일종의 훈련시장 구축(驅逐) 효과(crowding-out effect)를 야기하였다.

청년 고용을 위한 훈련프로그램이 성공적이었다면 오늘날 청년 고용 문제는 많이 줄어들었어야만 한다. 그러나 여전히 청년층 고용 문제는 해결되지 않고 있다. 그럼에도 불구하고 지난 25년간 계속해서 새로운 프로그램 개발에 유혹에 넘어가는 것은 정책 당국자들이 고용 정책을 수립했다는 심리적 안정에 기여하기 때문이라고 말할 수 있다. 정확히는 적극적 노동시장 정책을 기본 철학으로 하는 역대 정부에서 훈련과 공공일자리를 제외하고 제시할 정책적 수단이 마땅히 없기 때문이다. 훈련 과정 난이도를 높이고 훈련비용을 올려주면 좋은 결과가 있을 것이라는 믿음을 떨칠 수 없게 한다. 설사 정책 결과가 안 좋아도 정책의 문제가 아닌 개인이 노력하지 않은 것으로 전가할 수 있는 장점도 있다. 기업도 우리가 원하는 수준만 맞추어주면 채용은 언제든지 해줄 수 있다고 맞장구를 쳐준다. 언론은 전문인력이 수십 만 명 모자란다고 지원사격을 한다.

관료들이 단기에 손쉬운 정책을 결정하는 배경에는 고용 문제에 해당 부처는 뭘 준비하고 있냐고 질의하는 청와대를 비롯한 국회의원들이 있다. 이들의 질의에 신속히 대응하기 위해서라도 각 부처별 인력양성 프로그램 개발은 편리한 정책이 될 수밖에 없다. 이러다 보니 부처 간 중복 문제가 발생하고 심지어 부처 간 칸막이를 넘어 부처 내 국별, 과별 칸막이까지 세워지며 정책 대상과 무관한 프로그램도 만들어지고 있다. 예를 들면 고용노동부 '4차 산업혁명 선도인력양성 사업'과 과기정통부의 '혁신성장 청년인재 집중양성사업'은 거의 동일하여 참여 훈련기관은 간섭이 덜 한 과기정통부 사업으로 이동하거나 동일 과정내용으로 두 개의 사업에 동시에 참여하는 일도 벌어진다. 훈련 대상, 훈련 과정명, 관리 부처는 노동부, 여가부, 과기정통부 등 다양한데 훈련내용, 훈련기관, 훈련교사까지 다 동일하여 훈련정책의 차이점도 없다. 적극적 노동시장 정책으로서의 직업훈련은 국민보다는 관료들을 위한, 관료에 의한, 관료의 정책으로 변질되어 버린 형국이다.

교육훈련 정책의 과잉화는 중간 지원조직의 비대화를 견인한다. 대표적인 것이 민간 사업주 협회이다. 대한상의, 지역경총의 사업들 중 교육부와 고용노동부의 사업 수주 비중이 나날이 늘어가는 형국이다. 일부 사업주 협회는 주요 수입원이 설립목적 관련 사업보다 훈련사업인 경우도 있다. 심지어 훈련 사업권을 따내기 위해 사업주 협회를 급조하여 심사에 참여하기도 한다.

> 적극적 노동시장 정책으로서의 직업훈련은 국민보다는 관료들을 위한, 관료에 의한, 관료의 정책으로 변질되어 버린 형국이다.

대표적으로 고용부 산업별 인적자원 개발 위원회(industrial skills council, ISC) 협회가 그렇다. 이 협회는 회원사 기업에 대한 통제력은 거의 없으면서 사업주 협회처럼 포장되어 있다. 공식적인 통계 자료는 존재하지 않지만 필자가 관련 훈련사업 평가에 참여했던 경험을 통해 볼 때 사업주 협회가 자신들의 소속 기업체 인력양성을 위한 훈련을 하면 회원사로의 취업률이 높아야 하는데 실제로는 전체 평균보다 낮게 나타났다. 이러한 현상이 나타나는 이유는 회원에 등록된 기업이 구직자 채용을 훈련기관과의 약정과 협약을 통해 진행하는 것이 아니라 기업 자체적으로 공식적이고 공개적인 채용 절차를 가지고 진행하고 있기 때문이다. 따라서 훈련기관과 협약된 일자리는 구인이 어려운 기업이나 임시, 비정규, 단기 일자리가 대부분이다.

훈련의 양적인 확대를 위한 민간단체, 사업주 협회, 훈련기관 참여 활성화 정책은 민간 훈련시장 이해당사자를 정부가 불필요하게 키우는 형국이며 조만간 훈련기관이 자리매김할 경우 사회복지 서비스 중간 지원조직처럼 훈련 정책 개혁에 장애요인이 될 수 있다. 중간조직이 비대해지면 아무리 정책이 합리적이더라도 그들의 이해가 침해당할 때 해당 정책의 반대세력으로 변질될 수 있기 때문이다.

두 번째 미신:
산업수요에 부응하는 인력양성이 필요하다는 주장

인적자본축적과 기업의 인적자원관리와 관련하여 가장 많이 듣는 이야기가 산업수요에 부응하는 인력양성의 필요성이다. 고용주들은 고등학교부터 대학까지 산업수요에 부응하는 인력을 양성해주기만 하면 언제나 채용할 준비가 되어 있다고 말한다. 그러면 산업수요가 무엇이냐 라는 질문에 정확히 답변하는 기업 담당자는 거의 없다. 산업수요가 순수기술 수요인지, 양산기술 수요인지, 응용기술 수요인지, 기초기술 수요인지 정확히 무엇을 의미하는지 명확하지 않다. 통상 산업수요라 하면 개념 정의에 따라 달라질 수 있겠지만 개별 기술수요의 집합명사라 할 수 있다.

중소기업이 말하는 산업수요는 주로 양산수요로서 조립가공 분야이며 우리나라 경제성장을 견인한 기술은 응용기술이다. 21세기에 들어와서는 선행기술 및 순수기술 수요의 필요성을 인지하여 추진하고 있으며 이 분야는 고도의 전문성을 요하는 분야이기도 하다. 한편 산업수요는 무형의 숙련 기술 외에 기계, 장비, SW 프로그램 수요도 포함된다.

통상 산업수요를 말할 때 가장 많이 예를 드는 것이 전통적인 제조업 사례들이다. CNC밀링선반, 금형제조, 용접, IT 분야에서는 JAVA 언어, 사무서비스 분야에서는 회계 업무가 그러하다. 이들 직종은 업무와 직무의 내용이 명확하고 시간에 따라 장비의 변화는 있을지언정 내용이 크게 변하지 않는 것들이다. 그러나 이외에 2만 개 넘는 직종, 직무의 산업수요가 구체적으로 밝혀진 것은 없다. 동일한 직무, 예를 들면 건축설계, 반도체 기술도 회사마다 요구하는 내용도 다르다.

특히 반도체 분야는 공정장비에 따라 요구하는 숙련 수준과 장비, 시설이 달라 기업이 자체적으로 학교 교육에 뛰어들거나 별도의 채용자 교육훈련을 하지 않는 한 일반 정규교육에서 산업(기업) 수요에 부응하는 인적자본축적은 애초에 불가능한 일이다. 정부보조금을 받고 반도체 표면처리 훈련과정을 운영하던 한 직업훈련 기관이 고용노동부 실업자 훈련 프로그램에서 자진 철수한 것이 하나의 사례라 하겠다.

기술 불확실성이 만연한 요즘에 산업수요를 예측하여 교육한다는 것은 더더욱 어려운 일이다. 완성된 제품 생산 관련 기술을 배우다 보면 어느새 다른 기술이 등장한다. 첨단분야에서는 새로운 기술을 배울만하면 또 다른 기술이 요구되고 있어 마치 무지개처럼 쫓아만 가다 결국은 잡지 못하는 것이 산업수요이다. 우리나라와 같이 양산기술이 발전한 나라의 경우는 인공지능 로봇으로의 대체가 쉬워 미래에 추가적인 산업인력 양성도 그다지 필요해 보이지 않는다. 순수기술, 기초기술, 첨단기술 수요는 소수의 전문인력과 다양한 산업 및 전공의 융합으로 탄생하는 만큼 현재 대졸 미만 학력에서 딱히 미래 산업수요에 적합한 인력을 양성할 기회는 주어지지 않는다 해도 과언은 아니다.

그럼에도 기업에서 '산업수요에 부응'하는 인력에 대한 요구가 끊임없이 이어져오는 이유는 무엇일까? 이 이유를 알기 위해 필자가 기업 인력담당자에게 산업수요에 부응하는 인력이 구체적으로 어떤 인력이냐고 질문을 하면 앞서 언급하였듯이 명확한 답변을 내놓는 기업 관련자는 거의 없다. 그나마 가장 빈번한 대답은 "뭐 기술은 저희가 가르치면 되고요, 다만 끈기 있고 묵묵히 일하면서 다른 사람과 잘 어울리는 사람이면 됩니다."이다. 성실하고, 묵묵히 일하고, 상호 소통 가능한, 기술보다 감성과 직장 내 태도, 예절, 의리 등을 지닌 인력이 필요하다는 답변이 대부분이다. 이러한 대답을 듣게 되면 왜 초중급 기술인력을 양성해야 하는지 의문이 들 수밖에 없다. 중소기업 대다수는 기술은 자기들이 가르치면 되고 성격 좋고 말 잘 듣고 일이 단순하고 반복되지만 끈질기게 근속할 수 있는 윤리적 자세를 가진 인력을 요구하고 있는데 말이다.

고용주의 이러한 요구는 주로 사무직이나 기술직보다는 생산직 인력에서 나타나고 있다. 2018년 「중소기업실태조사」를 보면 제조업의 전체 이직률은 13.5%로 소기업이 13.1%, 중기업이 14.4%로 나타나는데 이를 직종별로 보면 사무관리직이 7.2%, 기술연구직은 8.1%, 판매마케팅은 9.2%이나

> 산업수요에 부응하는 인력이 구체적으로 어떤 인력이냐고 질문을 하면 성실하고, 묵묵히 일하고, 상호 소통 가능한, 기술보다 감성과 직장 내 태도, 예절, 의리 등을 지닌 인력이 필요하다는 답변이 대부분이다.

생산직은 17.3%이다. 생산직에서도 가장 높은 이직률을 자랑하는 직종은 '기타 기계장비'로 21.9%, 전자통신영상 직종이 21.8%로 이 둘 직종의 이직률은 사무관리직 7.2%에 비해 무려 세 배 이상 높은 이직률을 보여준다. 전자통신 제조업체의 생산직 중 품질관리 업무를 하는 한 청년 노동자는 하루 최소 8시간 동안 현미경을 들여다보며 제품의 품질관리를 한다.

모니터, 디스플레이 생산공장에서는 하루종일 디스플레이 화면을 품질관리 하는 근로자의 평균 근속 년수가 2년을 못 채우는 것이 현실이다. 심지어 이들 공장에는 불미스러운 폭력도 존재한다. 이러한 직무에서 온전하게 버틸 수 있는 사람은 많지 않다. 그래서 성실과 끈기가 필요한 것이다. 기업에서 직장 동료 간 또는 상사로부터 폭언·폭행 등을 당한 것에 대한 전국적인 조사가 이루어지지 않아 정확한 파악은 어렵다. 다만 2015년 민주노총에서 전국 공단을 대상으로 한 인권침해 조사를 보면 크고 작은 폭언·폭행을 당한 경험이 22.0%에 이르고 있다.[7]

이러한 근무 환경에서 청년들이 미래를 꿈꾸게 만든다는 것은 비현실적인 비전이다. 청년 대상의 산업수요는 기술이 아니라 위와 같은 환경에도 불구하고 장기근속이 가능한 태도를 갖춘 인력인 것이다. 노동소외를 묵묵히 견딜 수 있는 그런 심성이 필요하다. 잦은 야근을 직업의 소명으로 받아들일 수 있는 감성의 소유자가 특출난 기술을 가진 이들보다 더 필요하다. 이런 것이 산업수요의 실체이다. 왜냐하면 기업의 대다수를 차지하는 중소기업에서는 학력과 경력이 필요 없는 근로자를 원하고 있기 때문이다. 그럼에도 굳이 산업수요에 부응한 인력양성의 사례를 찾자면 서울의 한 사립대 이사장이 신입생들을 전공에 관계없이 회계 수업을 의무적으로 듣게 함으로써 산업수요에 부응하는 인력양성을 시도한 정도이다.[8]

산업수요에 부응한 인력양성은 이공계 분야 계약학과와 같은 맞춤식 교육으로 대학 내에서 일부 이루어지고 있으며 대부분 중앙부처 산하기관, 특히 산업자원부 산하 협회나 고용노동부의 민간 위탁 훈련에서 국가 예산을 가지고 인력양성 사업으로 이루어지고 있다. 그러나 지금까지 지속적으로 청년층 실업률과 비경제

활동인구가 증가하고 있다는 점을 고려할 때 산업수요에 부응하는 이들 인력양성 사업이 청년층 고용의 문제를 해결하고 있다는 증거는 없다.

중소기업의 경우 계약학과는 재직자에게는 학력 상승이란 인센티브를, 기업에는 재직자의 안정적인 중소기업 근속을, 학교에는 학생 충원으로 재정확보 이 세 가지 목적을 달성하는 데 이용되고 있다. 심지어 병역특례도 중소기업 인력난 해결을 위한 도구로 사용되기도 한다. 그러나 2020년부터 18개월로 군입대 기간이 축소된 반면에 병역특례는 34개월이라는 점, 병역특례 중소기업은 구인난에 빠져 있는 한계기업일 가능성이 높아 이마저도 중소기업 유인체계로 잘 작동된다고 보기도 어렵다.

결론적으로 열악한 중소기업의 '산업수요에 부응하는 인력', '부족인력'은 기술 좋고 능력 있는 구직자가 아닌 저임금을 감수할 수 있는 인력이다. 여기에는 외국인력 확대 요구도 포함되어 있다. 산업계가 요구하는 맞춤형 인재는 경비원의 이야기를 다룬 조정진의 에세이집 『임계장 이야기』에서 잘 알 수 있다. 여기에 보면 이러한 글이 나온다. "그들이 원하는 맞춤형 인재는 저임금에 군말 없이 일하는 인력인 것이다." 실제로 미국 루이지애나주에 카트리나 태풍으로 뉴올리언스 실업률이 80%에 달할 될 때조차도 고용주들은 맞춤형 인재가 없다고 구인난을 부르짖었다.[9]

그러면 구직자가 자신의 기술 수준과 기업이 원하는 기술수준 간 불일치로 취업을 하지 못한다는, 이른바 숙련차이(skill gap)로 인해 기업이 채용하지 못하는 인력이 과연 존재할까? 고용노동부가 1년에 두 번 조사하는 「직종별 사업체 노동력조사」를 보면 2021년 상반기 5인 이상 기업체 미충원 인력이 총 80,125명인데 이중 직능 1수준 이하가 18,446명으로 23%, 직능 수준 2_1이 29,186명으로 36.4% 총 59.4%, 2_2는 16,130명으로 20.1%까지 포함하면 79.5%이다.[10] 기업이 요구하는 수준이 딱히 난도 높은 수준을 요구하는 것이 아님을 알 수 있다. 이는 우리나라 기업의 80%가 전문대졸 이하 NCS L3 이하 수준만 원한다는 의미이다. 달리 말하면 산업수요가 정확히 이 정도 수준을 요구하는 있음에도 이를 두고 숙련 차이가 존재하여 인력양성 훈련이 필요하다고 말할 사람은 없을 것이다. 결국 직능 2_1 이하를 원하는 기업은 기술 수요보다는 개인의 인성을 포함한 감성 수요가 대부분인 것은 사실에서 진실로 굳어져 가고 있다.

다른 자료를 보자. 한국고용정보원의 구인·구직 관련 연구에 따르면 구인업체의 71%가 학력무관, 15.5%가 고졸로 총 87%가 고졸 이하의 구직자를 원하고 있는 것을 알 수 있다. 또한 신입과 경력에 대한 선호를 살펴보면 경력직 선호가 28.7%, 신입 경력 관계없음이 60.6%로 현장경험 등을 묻지도 않고 따지지도 않음을 알 수 있다.[11]

중소벤처기업부의 「중소기업실태조사」에 따르면 2019년 직종별 인력부족률에서는 부족인원 총 31,795명 중 사무관리직이 4,644(14.6%), 생산직이 23,881(75.1%), 영업직이 777명(2.4%)로 나타났다. 산업통상자원부의 「산업기술인력실태조사」에서는 2019년 부족인원 37,924명 중 고졸 부족인원은 43.8%인 16,598명, 전문대는 15.0%인 5,694명으로 이 둘을 합치면 58.8%에 달하고 있다. 「뿌리산업실태조사」에 따르면 스마트 공장 도입 확장 의향 질문에 매출액 1,000억 이상 기업 정도가 '매우 있거나' '있음' 응답비율이 56.9%로 절반을 상회하지만 그 외 기업들의 절반 이상은 도입의 필요성조차 느끼지 못하고 있다. 자동화보다 저임금 고용이 비용적인 측면에서 보다 더 유리하기 때문이다.

이렇게 학력과 경력 무관한 인력이 필요한 이유는 지난 수십 년간 세계는 자본재 투자를 확대하여 인건비를 줄이기 위해 노력해왔고 이로 인해 기업은 점점 자본재 투자 비용보다 적은 한도 내에서 저숙련노동력을 원하기 때문이다. 이러한 기업의 요구는 기업 내 훈련을 불필요하게 만들었고 해고 자유화 같은 노동유연성을 강력히 요구하게 되는 배경이 되었다. 기업이 인력양성을 위해 투자할 필요가 없어진 마당에 경기 변동과 무관하게 굳이 계속 노동자를 데리고 있을 이유가 없어졌기 때문이다. 단지 기업이 원하는 인력은 인성과 감성을 지닌 묵묵히 일하는 사람일 뿐이다.

> 학력과 경력 무관한 인력이 필요한 이유는 지난 수십 년간 세계는 자본재 투자를 확대하여 인건비를 줄이기 위해 노력해왔고 이로 인해 기업은 점점 자본재 투자 비용보다 적은 한도 내에서 저숙련 노동력을 원하기 때문이다.

지금까지 공식적인 통계에서 모두 인력수요가 생산직, 전문대 이하 수준 인력을 요구하고 있음을 가리키고 있는 상황에서 산업수요에 부응하는 인력양성의 필요성을 제기한다는 것은 딱히 채용할 의지가 별로 없다는 저의 외에 다른 이유는 없다 하겠다. 이러다 보니 미국의 경제학자 폴 크루그먼(Paul Krugman)은 '숙련차이'를 가지고 노동자들을 괴롭히는 고용주들의 변명을 이제 그만 멈추라고까지 주장한다.[12]

정부가 적합한 인력양성 필요성을 외치던 기업 요구대로 맞춤식 교육훈련을 실시하고 나면 기업에서는 지금은 경기가 좋지 않아 채용이 어려우니 다음에 다시 논의하자고 한 발 빼기 일쑤이다. 결국 산업수요 부응에 맞는 교육체제에 대한 요구는 채용을 하지 않으려는 기업의 레토릭이자 상투적인 표현일 뿐 그 이상도 그 이하도 아닌 것이다. 기업의 일상적인 교육에 대한 불만은 모든 학생이 박사가 되어도 여전히 이어질 것이며 산업수요에 맞지 않는 교육체제에 대한 불평은 없어지지 않을 것이다.

본질적으로 현재 국가가 떠맡고 있는 전문인력양성 교육 및 훈련은 채용을 볼모로 실제로 기업이 부담해야 할 인적자원 양성 비용을 국가로 이전시킨 전략 행위로 보는 것이 더 합리적이고 타당한 설명이다. 산업수요에 부응하는 인력을 양성하기 위해서는 기술 수요의 실체가 존재해야 하며 이 존재의 증명은 기술이 구현된 완성품이 존재한다는 전제가 불가피하다. 그러나 완성품은 꼭 기술수준이 높거나 최상의 기술로만 구성된다고 가능한 것도 아니다. 기술을 둘러싼 사회, 경제, 문화 환경 등 각 영역과 연계될 때 결정되는 것으로 보아야 한다. 완성품이 확정되기 전까지 산업수요, 기술 수요(첨단기술, 선도기술)는 그 자체로 존재할 수는 있을지언정 인력양성은 완성제품이 상품화로 실현되지 않으면 의미가 없다. 상품 생산이 이루어져야 노동력도 필요한 법이기 때문이다. 결론적으로 인력양성 교육훈련은 기술의 후행지수이기 때문에 선도적 미래지향적 인력양성을 위한 교육훈련은 논리적으로 존재할 수 없다. 존재한다고 보기 어려운 미래 산업수요에 부응하는 인력양성은 허구적인 논리인 셈이다. 다만 미래산업의 향방을 좌우할 고급기술 전문인력이나 아직 실현되지 않거나 상품화되기까지 시간이 필요한 기술에 대한 수요만이 여전히 존재할 뿐이다.

세 번째 미신:
미래 전문인력 양성이 직업훈련으로 가능하다는 주장

적극적 노동시장 정책으로서의 직업훈련은 구직자의 취업을 위한 역할에만 머무르지 않는다. 훈련은 기술인력 양성을 넘어 미래기술인력, 최근에는 4차 산업혁명 인력양성까지 담당하려 한다. 정부의 이러한 정책은 직업훈련정책을 연구하는 연구자로서 아연실색케 만든다. 만일 직업훈련에서 미래 인력양성이 가능하다면 미래의 항공우주인력도 가능하다는 것이고 훈련이 다룰 수 있는 범위는 그 한계를 가지지 않는다는 것임과 동시에 정규교육과정과 동등하게 경쟁하겠다는 것 외에 다른 이유를 찾기 어렵다. 아니면 이를 주관하는 정부 부처인 고용노동부가 교육부처럼 교육공급 기관이 되겠다는 것이거나 고용노동부 훈련정책을 유지시키기 위함 외에 다른 설명을 찾기 어렵다.

최근 'K-DIGITAL'이라는 이름으로 진행되는 4차 산업혁명 인력양성 배경에는 세가지가 있다. 첫째, IT 코딩으로 대변되는 이 분야가 학력 없이도 코딩 기술만 있으면 노동시장 진입과 창업이 가능하다는 생각이다. 둘째, 코딩 인력에 대한 기업

수요가 있다고 판단하기 때문이다. 마지막으로, 코딩 인력이 전공을 불문하고 가능하며 인문사회과학 학생들에 대한 수요가 있기 때문에 비록 대학 시절에 전공 때문에 코딩을 배우지 않았더라도 졸업 후에 이들을 위한 직업훈련 기회를 부여해야 한다는 관점이다. 이를 위해 정부는 2018년 이후부터 최근까지 직업훈련의 방향을 고숙련 신기술 분야에 한하여 석사 또는 NCS 6수준까지 상향조정하여 단기 고비용 과정으로 진행하고 있다.

앞의 첫 번째 이유는 종종 무학력 해커같은 인력이 IT 보안 관련 종사나 애플리케이션 제작에 참여하는 것에서 그 사례를 찾곤 한다. 특성화고 출신의 코딩 개발자가 명문대학 졸업자와 겨루어 채용에 성공했다는 미담 등이 대표적인 사례이다.[13] 여기에는 학벌의 불필요성에 대한 이념으로서 능력주의라는 스토리가 얹어진다. 물론 이러한 사례는 일어날 수 있다. 그렇다면 그 확률은 어느 정도일까? 과학기술통신부의 2019년 「SW융합실태조사」에 따르면 SW인력의 75.9%가 학사이며 10%가 전문학사, 고졸은 2.3%로 구성되어 있어 4차 산업혁명 관련 산업분야 인력양성 수요에 고졸과 전문대졸의 취업 비중이 매우 낮은 것을 알 수 있다. 고졸도 신규 고졸이라기보다는 상당한 경력을 가진 인력이라 할 수 있다. 한 언론에 따르면 기업의 코딩인력 수요는 경력 3년차 50.5%, 5년차 47.7%를 선호하는것 에서 알 수 있다.[14] 연간 경영·경제·통계·컴퓨터·기계·정보통신 분야의 대학·대학원 졸업자만으로도 노동공급은 포화 상태라 할 수 있으며 기업은 이들 중에서도 특히 경력자를 선호하는 것이다.

마지막으로 인문사회 계열에 대한 수요는 어느 정도일까? 실제 코딩 관련 기업에서는 스토리 구성이나 기획, 코딩작업을 위해 인문사회 계열 출신들을 채용하고는 있다. 일부에서는 스티브 잡스를 사례로 인문사회계 출신 기획자와 개발자를 발굴하고자 하지만 극히 찾기 어려운 사례이다. 그러나 정작 중요한 문제는 인문사회계 출신들이 이공계 출신들과 경쟁 시 경쟁력에서 우위를 점하기가 매우 어려운 것이 현실이다.

현재 진행되고 있는 미래기술인력 교육훈련 과정은 대학과 석사과정 중간 수준으로 구성되어 있으며 대상은 주로 인문·사회계 비전공자로서 이공계 전공자와 동일한 경쟁력을 갖기는 매우 어려워 모집도 되지 않고 실적도 낮은 편이다. 필자가 2015년 '청년취업아카데미 훈련과정'에서 인문계 미취업자 대상 IT 교육훈련 과정을 새롭게 구성하였으나 인문계 출신 교육생이 이공계 학생에 비해 관련 지식을 받아들이는 방식이나 접근에 많은 애로를 겪고 성과도 낮아 훈련과정 운영에 실패하여 2020년에 결국 폐지되었다. 반면에 전공자들의 훈련 프로그램 참여는 새로운 것을 배우기보다는 기존의 것을 반복하려는 목적에서 참여한다. 청년들의 훈련 참여 목적이 꼭 취업으로만 정의될 수 없음을 말한다. 이공계 학생들이 개발자로 취업을 하였다면 그들은 훈련보다 자신의 전공분야 능력으로 이룬 것으로 본다. 훈련은 그저 거들 뿐이다. 훈련이 학교와 기업 간 기술 미스매치로 인해 발생한 부족한 부분을 채울 수 있을 거란 낙관적 희망이 자제되어야 하는 이유이다.

그럼에도 불구하고 컴퓨터·정보·데이터 관련 프로그램 분야가 정부 정책에서 미래산업 중 유일하게 훈련정책 프로그램으로 부각되고 민간 훈련시장에서 환영받는 이유는 프로그램 개설을 위한 투자 비용 진입장벽이 낮기 때문이다. 우주, 반도체, 전기 같은 분야는 장비 시설, 교강사 섭외 등 프로그램 개설에 필요한 초기 투자 비용이 높지만 IT 코딩 관련 분야는 컴퓨터와 프로그램, 강사만 있으면 언제든지 적은 비용으로 이익 극대화가 가능하다.

무료 프로그램 사용과 강사와 컴퓨터만 있으면 훈련과정 운영은 충분하다. 데이터 분야에서 오라클 무료 버전, 오픈소스 프로그램 R, 파이썬(Python)을 사용함으로써 훈련비용 절약을 통한 수익창출은 얼마든지

> 컴퓨터·정보·데이터 관련 프로그램 분야가 정부 정책에서 미래산업 중 유일하게 훈련정책 프로그램으로 부각되고 민간 훈련시장에서 환영받는 이유는 프로그램 개설을 위한 투자 비용 진입장벽이 낮기 때문이다.

가능하다. 4차 산업혁명 분야(자율주행, 인공지능, 빅데이터 등)의 공통점은 코딩이다. 각 분야별 인력수요가 중복되어 이들 인력에 대한 과잉 수요를 일으켜 실제 기업수요보다 훨씬 많은 인력수요가 필요하다는 착시에 현혹될 수 있다. 미래 코딩인력 양성에 나쁜 소식은 최근 인공지능이 수행한 코딩 결과에 대한 특허권 분쟁 발생이다. 코딩 능력이 사람에게만 존재하는 것이 아니라는 것이다.

2021년 6월 4일은 한국에서 인공지능 특허권 논쟁의 서막을 알린 기념비적인 날이다. 6월 4일 특허청은 AI를 발명자로 표시한 특허 출원에서 미국의 AI(DABUS)가 발명자가 될 수 없다고 반려하였다. 그러나 남아공 특허청에서는 지난 7월 21일 세계 최초로 인공지능이 발명자로 기재된 특허를 인정했고, 이틀 뒤인 7월 30일 호주 법원은 법이 금지하지 않은 발명자 규정으로 특허청이 거절한 것은 잘못이라고 판결하였다.[15] AI의 능력은 개발자의 손아귀에서 벗어나고 있다.

4차 산업혁명을 선도하는 기술훈련의 대부분이 코딩인데 인공지능이 사람을 대체한다면 교육과 훈련의 미래는 어떻게 바꾸어야 할지 고민이 필요한 시점이다. 이러한 상황임에도 불구하고 여전히 1년 미만의 단기 교육을 통해 미래를 선도할 인력양성이 가능하다고 믿고 실행에 옮기는 일은 마치 중세 시대의 연금술사와 같은 행위일 뿐임을 알아야 할 것이다.

네 번째 미신:
재직자 훈련이 기업의 혁신과 기술 개발을 가져올 것이라는 주장

「근로자직업능력개발법」1조에서 "근로자 고용촉진, 고용안정 및 기업의 생산성 향상 도모와 능력중심사회구현"을 목적으로 명시하고 있다. 과연 근로자 직업능력개발이 기업의 생산성 증대 효과를 가져올 수 있을까?

정부의 기업 내 인적자원개발 지원정책은 대기업보다 중소기업에 초점이 맞추어져 있다. 대기업은 자체적으로 국가지원 없어도 인적자원개발이 잘 이루어지는 편이다. 그러나 중소기업 인적자원개발은 근무시간 내에 교육훈련을 받는다거나 몇 일 동안 교육훈련만 실시하는 것은 한정된 인력 때문에 언감생심이다. 물론 기술혁신으로 국내외 기업들에 대해 경쟁력을 가진 중소기업은 여전히 자체적인 교육훈련을 통해 생산성 확대와 효율적 생산공정을 이루어내기 위한 노력을 아끼지 않는다.

그러나 최근의 현실은 노동부의 훈련정책 및 철학과 반대로 움직이고 있다. 중소기업의 인적자원 개발 및 축적 노력은 점점 줄어들고 있다. 이에 대해 고용노동부는 중소기업 재직자 훈련이 제대로 되지 않는 이유로 훈련실시 여건을 들고 있다. 이때 '여건'이라 함은 인력, 비용, 시간, 장비로 압축할 수 있다. 훈련 여건 마련을 위해 인력을 국가가 충원해 줄 수는 없는 일이고 비용은 고용보험에서 거의 전액 환급되므로 남는 것은 장비인데, 이러한 문제의 해결을 위해 그동안 노동부에서 많은 노력(공동 훈련센터, 컨소시엄 사업 등)을 해 온 것은 사실이다. 그럼에도 기업 내 훈련이 활성화되지 않고 있다면 그 이유는 두 가지 관점에서 찾아야만 한다. 하나는 훈련참여자 구성의 변화이고 다른 하나는 산업구조 및 노동환경의 변화이다.

> 기업 내 훈련이 활성화되지 않고 있다면 그 이유는 두 가지 관점에서 찾아야만 한다. 하나는 훈련참여자 구성의 변화이고 다른 하나는 산업구조 및 노동환경의 변화이다.

먼저 첫번째 관점인 훈련참여자 구성의 변화이다. 첫째, 앞서 언급한 것처럼 대부분의 중소기업에서는 학력이 필요 없는 근로자를 원한다. 이러한 상황은 갑자기 발생한 것이 아니다. 대기업이 독일이나 일본처럼 부품소재를 자체 개발하여 산업화를 한 것이 아니라 이들 국가에서 수입한 부품소재를 이용하여 양산하는 수출 주도형 조립 산업정책을 채택하였기 때문에 노동숙련 자체가 큰 의미를 가지기 어려운 구조이다.[16] 오늘날 제조업에서 로봇 자동화율이 가장 높은 나라가 된 밑거름이 되었다.

둘째, 한국 제조업은 양산기술이 대부분이어서 로봇 자동화율이 높음에 따라

근로자를 대상으로 하는 교육훈련의 필요성이 줄어들고 있다. 우리나라 제조업 노동자 1만 명당 로봇 대수가 2016년 기준 531대로 일본의 305대 독일의 301대, 미국의 176대보다 월등히 높은 세계 1위 국가이다.[17]

셋째, 경력직 선호로 인해 신규 입직자에 비해 인적자본투자를 해야 할 필요성이 줄어들었다는 점이다. 특히 2015년부터는 NCS와 블라인드 채용이 본격화되면서 신규 입직자보다 고연령층 경력직들이 채용에 더 유리해졌다.

넷째, 비정규직 비율이 높아짐에 따라 계약 만료를 앞둔 근로자에게 고용주가 인적자본을 투자할 이유가 많지 않다는 점이다. 마지막으로 단군 이래 최고의 스펙을 자랑하는 우리나라 청년들의 노동시장 진입으로 인해 추가적인 인적자원투자 필요성이 줄어들고 있다는 것이다. 즉, 평균 학력이 높을수록 기업의 인적자본투자 동력은 약화되기 쉽다.[18]

두 번째 관점인 산업구조 및 노동환경의 변화이다. 첫째, 대기업과 중소기업 간의 생산성 격차와 임금 격차로 인해 중소기업은 최소 인원 및 최소 인건비가 경쟁력임에 따라 인적자본에 투자할 여건이 점점 나빠졌다는 것이다.

둘째, 기업의 인적자본투자를 더 어렵게 하는 사건은 바로 주 52시간 노동시간 법률이다. 그동안 중소기업은 고용노동부의 직업능력개발 환급제도를 이용하여 재직자들의 인적자본축적을 진행해왔다. 이들 교육훈련의 대부분은 노동시간 외에 이루어졌다. 주로 교육훈련을 주말이나 근무 종료 후에 실시하였으나 주 52시간이 실행된 이후로 인적자본투자 시간을 노동시간으로 집계하면서 교육훈련을 받을 여력이 없어지게 된 것이다. 실제로 1,000인 이상의 대기업의 고용보험 수혜율은 2018년 9월 기준 8.6%까지 하락하였고, 2019년 기준 1,000인 이상 기업의 수혜율(환급율)이 7.6%로 하락하였으며 앞으로는 5~6% 대로 떨어질 것으로 추정된다. 근로시간 내 훈련조건은 기업으로 하여금 환급을 받지 않고 근무 외 시간에 훈련을 실시하게 할 동기가 될 수 있기 때문에 실제 훈련 참여율은 이보다 높을 수는 있다.

셋째, 우리나라 중소기업의 대기업 종속성이다. 대기업에 납품하는 하청기업은 대기업이 설계하고 기획한 제품을 불량 없이 제날짜에 맞춰 납품하는 이른바 직서열 생산방식(JIS;just in-sequence)이 가장 중요하며 생산성을 높이기 위한 숙련 향상은 불필요하다. 중소기업은 대기업의 비용 절감 요구로 인해 발생한 낮은 이윤을 만회하기 위해 인건비를 낮추는 것이 가장 급선무이다. 대기업 종속성이 높은 중소기업은 품질관리 외에 다양한 직무 분야의 깊이 있는 훈련참여는 어렵다. 반면에 대기업 종속성이 낮은 기업은 예전부터 자체적으로 향상 훈련, 품질 개선을 위해 노력해오고 있다.

넷째 기업의 혁신과 생산성 향상 주체의 변화이다. 중소벤처기업부의 2019년 「중소기업기술통계조사」 자료를 보면 중소기업 전체 기업 수 62,688개 중 기술 개발 주체가 대표자인 비율은 54.2%이었으며 최고기술경영자 연구소장은 18.1%, 기술개발 담당자는 18.9%, 생산 부서직원은 불과 7.2%에 머물렀다. 이를 소기업과 중기업으로 나누면 소기업은 56.4%와 중기업의 44.0%가 대표자(CEO)이며 최고기술경영자 비율은 각각 16.6%와 25.2%이다.

제조업 규모별로 보면 규모가 작은 업체일수록 대표자가 기술개발 주체인 비율이 높지만 그렇다고 규모가 작은 기업에서 생산부서 직원 비율이 낮은 것도 아니다. 기술개발 주체인 비율은 5억원 초과 20억 이하 기업의 대표자가 63.1%, 500억 초과 1,500억 이하 기업은 41.5%이지만 생산부서 직원이 주체인 비율은 각각 8.2%, 3.1%로 나타난다. 기업 규모가 큰 업체는 CEO나 생산부서 직원보다 연구소나 기술개발 담당자들의 기술개발 주체 비율이 높은 것을 알 수 있다. 결국 일반 근로자를 대상으로 하는 재직자 훈련이 기업의 기술혁신과 생산성 향상 가능성에 의미 있는 영향을 끼치기 어려움을 알 수 있다.

마지막으로 양산체제 생산방식에서는 생산직의 숙련향상을 위해 높은 훈련 수준과 오랜 시간을 요구하지 않는다는 사실이다. 이는 예전이나 지금이 다르지 않다. 한 세기 전인 1926년 당시 미국 포드자동차 종업원 중 79%는 훈련기간이 일주일이 채 되지 않는 기간 동안 공정 관련 숙련과정을 이수했다는 사실에서도 확인할 수 있다.[19] 우리나라처럼 양산 위주의 생산공정에서 생산직의 숙련 수준 요구가 그리 높지도 않고 오랜 기간 참여할 성질이 아니라는 것은 전혀 이상하지 않다. 결론적으로 기업 내 교육훈련이 기업 생산성에 끼치는 영향력은 미미함을 알 수 있다.

일각에서는 중소기업이 재직자 능력개발에 참여하지 않는 이유로 인력 유출, 주로 대기업에서 중소기업의 핵심인력을 뺏어가는 행위인 포칭(porching)을 꼽기도 한다. 그러나 근로자가 자신의 능력을 최대한 인정해주는 기업으로 이직하는 것을 뭐라 할 수는 없다. 문제는 갈수록 대기업과 중소기업 간에 임금 격차와 생산성 격차가 벌어지는 상황에서 중소기업이 인재들에게 적정한 보상을 해줄 여력이 없다는 것이다.

한국 중소기업의 1인당 노동생산성은 대기업의 3분의 1에도 미치지 못하며 OECD 국가 중 4번째로 낮은 국가이다.[20] 정작 인재 유출보다 더 심각한 문제는 대기업이 중소기업으로부터의 기술을 탈취하는 행태이다. 기술탈취는 대기업이 중소기업의 연구개발에 대한 노력을 도둑질하는 행위이기 때문이다. 중소기업이 연구개발과 인적자본투자를 통해 결실을 맺은 기술을 대기업이 빼가는 범죄가 이루어지는 상황에서 중소기업의 추가적인 인적자본투자와 기술개발투자를 지속적으로 기대하기는 어렵다.

2020년 현대중공업이 협력업체의 기술 비밀을 탈취한 사건[21]과 두산 인프라코어의 하도급업체 기술 유용 사건[22]에서 법원이 대기업 범죄에 과징금만 부과한 것은 매우 낮은 수준의 처벌이다. 이러한 대기업의 협력업체 기술 탈취, 기술 유용은 인력 빼돌리기보다 더 심각한 기업 범죄이자 산업 스파이 행위이다. 사람으로 비유하면 오랫동안 개인이 축적해온 인적자산, 실물

> 정작 인재 유출보다 더 심각한 문제는 대기업이 중소기업으로부터의 기술을 탈취하는 행태이다.

자산, 권리를 탈취하고 무효화시키는 것과 같은 일이다. 이러한 중소기업 환경에서 중소기업의 인적자원개발과 투자는 점점 동력을 잃을 수밖에 없을 것이다.

우리나라의 이러한 현황에도 불구하고 OECD 산하 PIAAC의 조사 결과 우리나라 노동자의 직무 능력이 낮게 나온 조사 결과를 근거로 여전히 부실한 고등교육과 노동시장의 경직성에서 문제점을 찾는 그룹도 있다. 이들은 산업구조와 기술이 빠르게 변화하는데 교육시스템은 이에 맞추어 변화하지 못하고 있으며 교육과 직무능력에 불일치가 발생한다고 주장한다. 대학에서 배운 지식과 기술이 직장에서 제대로 활용되지 않는 교육 미스매치를 걱정하고 있다.[23] 과연 이러한 해석이 정당할까? 결론부터 말하면 PIAAC의 조사 결과는 우리나라 재직 근로자의 역량과 숙련 수준이 낮은 것이 아니라 우리나라 기업이 생산공정과 직무에서 이러한 능력을 필요로 하지 않는다는 것이 정확한 해석이다. 수리력, 문해력을 공정에서 사용하지 않는 것이 절대적으로 잘못된 문제라고 볼 수 없다. 이는 기업 내 훈련 빈도를 높이려는 의도를 가진 해석일 뿐이다. 능력이 있어도 요구하지 않기에 사용하지 않을 뿐이다. 우리나라 기업은 주어진 상황에서 가장 합리적이고 효율적인 공정 방식을 채택한 것뿐이다.

> OECD 산하 PIAAC의 조사 결과는 우리나라 재직 근로자의 역량과 숙련 수준이 낮은 것이 아니라 우리나라 기업이 생산공정과 직무에서 이러한 능력을 필요로 하지 않는다는 것이 정확한 해석이다.

그렇다면 기업 내 재직자 훈련의 비활성 문제는 우리나라만의 문제일까? 우리나라가 재직자 훈련 정책 입안 시 주요하게 참고하는 나라인 프랑스 사례를 보더라도 우리와 별반 다르지 않음을 알 수 있다. 프랑스에서는 '직업훈련은 국가적 의무'라고 법적으로[24] 명시하고 있으며 2004년에 와서는 '…직장생활 중에 자격수준(기술수준)의 진전을 가능하게 한다'고 강조하였다. 개인의 능력과 기술수준의 선형적 발전을 국가가 지원해준다는 의미로 해석된다.

프랑스는 1966년 최초의 관련법인 '직업훈련 방향 설정과 프로그램에 관한 법률'에서 계속적인 교육훈련 사업이 국가의 의무임을 밝혔다. 1971년 제정된 「상시적 교육의 틀 내에서 계속적 직업훈련의 조직에 관한 법률」에서는 사업주 훈련제도 및 개인 훈련제도와 함께 노동자 주도 훈련을 촉진하기 위해 개인 훈련휴가제도(CIF)의 도입과 근로자 10인 이상 사업체를 재정 부담 주체로 참여시키고 훈련보험기금과 훈련협회를 설치하게 하였다.[25] 그러나 당초 의도한 것보다 실적이 저조하자 2004년 평생직업 훈련을 목적으로 CIF에 훈련계획제도를 추가한 개인직업훈련권(DIF)을 부여하여 연간 150시간까지 누적 인정하였다.[26] 프랑스는 개인의 이직 및 실직 여부와 상관없이 평생에 걸쳐 적립된 권리를 유지할 수 있는 개인훈련계좌제도(CPF: compte personnel de formation) 도입을 통해 훈련계좌 단위를 시간에서 화폐로 변경하였고, 고용주 동의 시 근로자가 추가로 적립할 수 있게끔 하였다.

그럼에도 개인직업훈련권(DIF) 활용 또한 매우 낮은 것으로 나타났다. 특히 직능 인증-직무 관련-분야 활용이 낮고 고용주는 재정적 의무와 같은 준조세로 받아들였다. 마크롱 정부는 개인훈련계좌제도를 개혁하였으나 2018년 기준 연평균 근로자 수 대비 훈련 이수자 비율인 참여율은 불과 1.7%, 훈련시간도 연평균 100시간 미만이 76.6%, 개인별 평균 훈련시간은 32.1시간, 구직자 개인훈련계좌 활용률은 2.1%에 불과하였다. 재직자가 주로 참여하는 훈련직종도 외국어(38.8%), 정보화 프리젠테이션(12.2), 운송장비 면허증(11.7%) 등 직무와 관련 없는 교양과 범용적인 분야 참여가 대부분이었다. 특이한 점은 정규교육과정도 국가직능자격종목(RNCP)에 포함됨에 따라 공식 고등교육 정규교육과정이 모두 개인훈련계좌 지원 대상이 된다. 한마디로 프랑스판 국가 장학금이라 부를 수 있을 정도이다.

앞서 살펴본 바와 같이 재직자를 대상으로 하는 재훈련에서 숙련은 선형적으로 늘어나지 않으며 일정 수준에서 추가적인 능력개발은 무의미함을 알 수 있다. 재직자들이 선호하는 것은 지금의 고용안정이 깨졌을 때를 대비하여 면접이나 재취업 시 필요한 외국어나 프리젠테이션 기술이다. 또한 유럽 내 재직근로자는 다른 훈련과정들보다는 장거리 화물차 운전이 더 현실적으로 유용한 프로그램이라 판단하는 것으로 보인다.

우리나라도 이와 다르지 않으며 고용이 불안한 재직자를 대상으로 고용주가 지속적인 교육훈련을 시킬 이유는 없다. 프랑스도 법령에서 지적한 것처럼 자격수준 또는 기술수준의 선형적 진전은 찾기 어려워 하는 것으로 보인다. 결국 기업 내 또는 작업장 내 훈련은 주로 기술변화에 대응하는 생산공정방식 변화에 따른 훈련, 이로 인한 직종 전환 훈련, 인사 배치에 따른 일부 업무의 숙련 향상, 직무 전환 훈련이나 새로운 기계의 도입으로 인한 기계작동 메뉴얼 습득 교육훈련이 주를 이룰 수밖에 없으며 이것이 미래기술 변화에 더 시급한 일이다. 기업이 요구하는 전문인력 양성은 훈련이 아닌 정규교육과정 지원을 통해 얼마든지 가능하기 때문이다.

다섯 번째 미신:
지방 일자리 지원이 훈련으로 가능하다는 주장

미국 미시건주 디트로이트의 플린트(Flint)시는 한때 자동차 도시였다. 제너럴모터스사, 뷰익, 쉐보레와 같은 자동차 회사가 있었으며 미국 제조업의 메카이자 70년대 말까지 미국 경제성장의 중심지였다고 해도 과언이 아닌 지역이었다. 그러던 이 지역이 쇠퇴하기 시작한 것은 일본 자동차의 공습과 역외 이전이라는 경영전략으로 인해 멕시코로 공장 이전 등이 겹치면서부터다.

넷플릭스 다큐멘터리 《플린트 타운》은 제조업체가 떠난 후 황폐화한 지역의 치안문제와 오염된 식수 문제의 해결을 위한 주민들의 힘겨운 노력을 소개하고 있다. 우리나라에도 이 정도는 아니지만 자동차와 조선업의 쇠퇴로 지역경제가 쇠퇴한 지역이 있다. 바로 조선업으로 대표되는 울산과 GM 자동차가 있는 군산, 쌍용자동차의 고향인 평택이 한 때 그러하다.

이들 지역은 조선업 불황과 GM 공장 이전으로 인해 고용위기가 발생한 지역이다. 정부에서는 이러한 문제를 해결하고자 맞춤형 재취업 지원, 고용보험 미가입자에 대한 특별가입신고기간 운영을 통한 실업급여 지원, 근로시간 단축, 일자리 나누기 등의 정책을 내놓았다.[27] 특별고용지원 지역으로 선정되면 고용노동부는 조선 산업 또는 자동차 산업에 한해 조정 지역에 위치한 사업주에게는 유급 휴업 고용유지 지원금 또는 무급휴직 고용보조금, 사회보험료 납부 유예, 취업성공패키지, 지역맞춤형일자리사업 참여 등을 지원한다. 산업통상자원부는 2년에 한해 퇴직인력 재취업 1년간 3천만 원의 인건비 지원, 법인세 및 소득세 감면 등을 지원하는 것으로 알려져 있다.

이러한 제도들 중 재취업 훈련을 지원하는 방식은 오늘날 유효하지 않은 방식이다. 오늘날 산업사회는 자신의 직업에서 익힌 기술을 버리고 다른 분야의 기술을 습득하여 재취업을 하는 것이 불가능한 사회이다. 우리나라에서 통상 조선업 용접공이 되려면 최소 10년 이상의 경력이 필요한데 이를 버리고 IT 분야의 코딩을 배워 재취업을 한다는 것은 처음부터 불가능한 임무이다. 반대로 IT 기술자가 단기간에 용접을 배워 조선업에 취업을 하는 것도 불가능하다. 지역 내 훈련기관이 용접, CNC 밀링 등 제조업 관련 일을 해온 사람들을 대상으로 할 수 있는 교육훈련 과정을 가지고 있지 않다면 대상자들은 기존 일과 전혀 무관하거나 한 번도 생각해본 적이 없는 교육훈련을 받을 수밖에 없는 처지에 놓이게 된다.

> 오늘날 산업사회는 자신의 직업에서 익힌 기술을 버리고 다른 분야의 기술을 습득하여 재취업을 하는 것이 불가능한 사회이다.

설사 해당지역에서 기술 교육훈련을 받을 수 있고 노동수요에 부응하는 기계장비 마련이 가능하더라도 교육훈련 성과에서 가장 중요한 요인인 교강사 섭외가 어려우며 다양한 분야의 장비 시설을 모두 갖춘다는 것도 불가능한 일이다. 한편 산업자원부가 지원하는 법인세나 소득세 감면은 실업자들이 대단한 사업체를 창립하지 않는 이상 프랜차이즈 치킨집 창업이나 해야 수혜를 받을 수 있는 지원들이다.

결국 고용위기 지역의 고용을 살릴 수 있는 방법은 기존 산업을 복구하는 것과 평택에 삼성반도체공장 설립처럼 새로운 산업이나 기업을 유치하는 것인데 후자는 가능하기는 하지만 확률은 낮다고 볼 수 있기에 기존 산업을 복구 가동할 때까지 실업으로 몰린 사람을 어떻게 구제할 것인가가 실업자정책의 관건이라 할 수 있다. 그것은 타지역에서 자신의 능력을 가지고 취업할 수 있도록 지원하는 방안인데 이 부분은 어디에서도 찾아 볼 수 없다. 이들이 당분간 가족을 떠나 취업을 할 수 있거나 아니면 타지역에서 질 높은 훈련을 받을 수 있도록 일정 기간 월세를 지원하는 것이 더 현실적인 대안이 될 수 있을 것으로 보인다. 교육훈련이 지역의 고용위기에 대한 대안이 될 수 없을 뿐더러 지역고용 문제를 해결할 수도 없다.

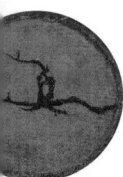
5. 적극적 노동시장 정책의 종언과 대안

일상에서의 공정성 요구

　일자리 정책의 핵심은 산업안전과 고용안정이 가능한 질 좋은 일자리를 많이 만드는 것이다. 역대 정부 선거 때마다 일자리가 정책 공약의 핵심이었지만 어느 정부도 성공한 사례는 없었다. 비단 우리나라만의 문제도 아니다.

　레이건 행정부에서 재무부 차관보로 일하였던 폴 크레이그 로버츠(Paul Craig Roberts)는 80년 이후 미국은 인적자원 투자와 지식기반사회를 내걸고 고학력자를 양산하였으나 이들을 위한 일자리는 그 어디에도 없었으며 저임금 서비스 일자리만 창출하였다고 비판하였다. 그는 그 원인을 자유무역주의로 위장한 역외이전으로 규정하면서, 미국인의 고용창출보다는 기업이익에만 신경 썼기 때문이라고 진단한다.[1]

　역외이전으로 통해 들어온 물품은 무역적자로 기록되고 저임금 일자리는 세계 최강 미국의 일자리를 제3세계형 노동력으로 구성되었다고 주장한다.[2] 그러면서 정부는 고용 문제 해결을 위해 직업 재훈련만

> 80년 이후 미국은 인적자원 투자와 지식기반사회를 내걸고 고학력자를 양산하였으나 이들을 위한 일자리는
> 그 어디에도 없었으며 저임금 서비스 일자리만 창출하였다.

이 해결책이라는 나팔 소리를 울려댄다고 비판하였다.[3] 또한 전문인력이 부족하다고 말은 하면서 정작 미국 내 인력 채용이 아닌 인도, 중국과 같은 저임금 전문인력을 수입하여 고용하는 아이러니한 상황을 연출하고 있다.[4]

우리나라는 미국처럼 역외이전이 활발한 나라는 아니지만 저임금 서비스 일자리 확대라는 점에서는 동일한 유형을 따르고 있다. 고용안정성도 매우 불안하여 대기업에 입사하더라도 중장년 이후 고용을 보장받기 힘들다 보니 법학전문대학원, 의대, 약대, 공무원, 공공기관 입사에 목숨을 걸게 만든다.

양질의 일자리 진입이 좁은 상황에서 단군 이래 최고의 '스펙' 청년 구직자들이 원하는 고용 정책은 시험을 통해 진입 가능한 일자리를 늘리는 것이다. 사법고시의 부활, 대기업, 공사 공개채용, 금융, 언론 등 사회적으로 지위가 있는 일자리는 시험을 통해 진입장벽을 넘을 수 있어야만 공정하다. 양질의 일자리의 감소와 저임금 일자리의 양적 확대는 우리 사회에 '알고리즘적 공정 담론'을 분출시키게 된 배경이 된다. 즉, 데이터로 구성된 객관적 지표와 수치 정보에 기반한 공정성 요구이다. 이를 대표하는 것이 시험성적이며 능력주의(Meritocracy)가 바로 공정을 대표하게 된 이유다. 시험이 공정을 대변하는 장치로 등장하게 되면 공정은 개인의 다양성을 고려하지 않은 채 한치의 예외를 인정하지 않는 절차적 집행의 알고리즘형 공정성이 된다.[5] 개인의 주체성도 사라질 수 있다. 스티글러는 이를 알고리즘 통치성이라 부르며 데이터에 의한 감시능력이 강화된다고 말한다.[6] 이것이 경쟁과 부적절한 일자리 정책이 만들어낸 첫 번째 부작용이라 할 수 있다. 성적으로 수치화되지 않고 알고리즘화되지 않는 개인의 다양한 특성과 특징은 배제하는 체계를 만들어내며 공정의 미명하에 감시를 합법화시켜 버렸다.

좋은 일자리를 두고 싸우는 인적자본투자 및 지위경쟁은 소위 엘리트 그룹이라고 예

> 시험이 공정을 대변하는 장치로 등장하게 되면 공정은 개인의 다양성을 고려하지 않은 채 한치의 예외를 인정하지 않는 절차적 집행의 알고리즘형 공정성이 된다.

외는 아니다. 대학 입학을 위한 교육비용과 졸업까지 소요되는 평균적인 비용은 대학등록금을 제외하더라도 과거보다 상당한 고비용을 요구한다. 대입 재수를 하더라도 기숙형 학원 비용은 연간 2,000만 원에서 3,000만 원이 소요된다. 이렇게 하여 원하던 대학을 가더라도 평균적으로 인적자본 수익률을 장담하기 어렵게 되었다. 일종의 승자의 저주와 같은 현상이 나타난다. 여기서 남을 챙겨주거나 돌볼 수 있는 여유는 거의 없다. 미래 일자리 또한 안정적이라고 확신하기 어렵게 만든다. 향후 A.I.의 상용화 등으로 법률이나 의료서비스 등의 전문직업도 과거의 영광을 이끌고 가기에는 힘에 부칠 듯하다. 더군다나 고급 전문인력이라 하더라도 부모로부터 부동산을 상속받지 못한 이들은 자신의 인적자본에 기인하여 얻은 노동소득으로는 수도권에 아파트를 장만하는 일은 요원하다.

두 번째 부작용은 노동조건의 불평등에 대한 불만으로 나타난다. 주로 사회서비스 일자리에서 나타난다. 정부는 일자리 확대를 위해 간신히 최저임금 수준의 임금과 열악한 노동조건을 기반으로 사회서비스 일자리를 양산하였다. 이들을 4대 보험에 가입시킴으로써 일자리 창출에 기여하였다 할 수 있으나 이는 불평등한 노동조건을 외면한 결과를 양산할 뿐이다. 특히 최근의 방과 후 교사에 대한 불평등한 처우 개선은 단기간에 풀기 어려운 문제이다.

세 번째 부작용은 지역 일자리에 대한 다원주의적 요구를 무시하고 있다는 점이다. 지역일자리 정책은 주로 광역시를 중심으로 이루어지는 편인데 시·군·구도 차별 없이 유사한 일자리 프로그램에 참여할 수밖에 없는 구조이다. 중앙정부 예산과 지역 예산을 매칭하는 방식 때문이다. 일본의 고용재생특별교부금제도 운영 방식처럼 지방정부가 지역 특성에 맞는 다양한 일자리 정책을 기획하면 중앙정부가 일정한 기준에 따라 심사 승인하여 보조금을 주는 이른바 역매칭 방식으로의 전환이 필요하다.[7] 현재 지방이 기획한 복지 프로그램을 중앙정부인 국무총리가 주관하는 사회보장위원회와 협의하는 방식과 동일한 것이다.

현재처럼 중앙정부가 기획한 일자리 정책을 지방정부에 하달하는 상태에서 지방에 매칭 부담을 요구하는 것은 지자체의 도덕적 해이라던가 일자리 이득을 지역이 가져간다는 점에서 일정 정도 이해는 되지만 '95년 이래로 지방의 재정 자립도가 줄어들고 있는 상황에서 중앙정부 예산과 매칭해야만 하는 비용은 지자체의 자율성을

> 일자리에 대한 지역의 다원적 현안과 관점을 인정해야 하며 이들에게 정책결정과 예산 편성에 대한 재량권을 일부 이양하는 것이 시급히 필요하다.

오히려 저하시킬 수 있다.[8] 지방자치단체에 대한 권한 이양 및 지원, 법적, 행정적 권한, 경제적 수단이 부족한 상황에서 중앙정부의 개입과 평가는 지역의 역량을 과소 평가하고 지역에서 역량을 축적해갈 기회를 저해할 수 있다.[9]

더 나아가 중앙정부의 일자리 정책은 오늘날 팬데믹 상황에서 전혀 힘을 발휘하지 못하였다. 오히려 지자체의 주민 맞춤형 지원사업이 시민들의 피부에 더 와닿고 있다. 그러나 이러한 비공식 일자리는 지역사회에서 상당히 중요한 일자리로 평가받지만 고용보험 자격취득이 불가능하기에 중앙정부의 성과로 잡히지 않아 정책 우선순위에서 늘 뒤로 밀려난다. 예를 들면 중소영세업체 작업장 개선 작업, 어촌지역 환경개선, 노인들의 공원 순찰 관리 등[10]은 지역사회에 기여하는 공적인 일(public work)이 될 수 있다. 전 국토가 동일한 일자리를 위해 동일한 정책을 펼칠 이유도 없고 지역 맞춤으로 생성된 일자리 때문에 동일한 교육훈련을 받을 이유도 없다. 일자리에 대한 지역의 다원적 현안과 관점을 인정해야 하며 이들에게 정책결정과 예산 편성에 대한 재량권을 일부 이양하는 것이 시급히 필요하다.

불평등과 저출산 문제, 지속가능한 공공일자리 확충으로

인적자본투자를 근간으로 하는 적극적 노동시장 정책이 성공하려면 고용 안정성과 인적자본투자에 상응하는 적정 소득이 보장되어만 한다. 현금성 복지나 정부의 이전소득까지는 아니더라도 오롯이 개인의 선택에 의한 합리적 투자에

상응하는 투자수익률이 따라와 줄 때 지속적인 인적자본투자가 가능하기 때문이다. 그러나 현실은 그러하지 못하다.

다수의 논문과 기사를 통해 알려져 있어 따로 통계를 제시할 필요조차도 없이 한국의 상대소득 불평등은 세계 최고 수준에 달하고 있다. 2021년 2월 24일 통계청이 발표한 2019년 임금근로자 일자리별 소득 결과에 따르면 대기업 사원이 월평균 515만 원 받을 때 중소기업 사원은 50%도 채 되지 않는 245만 원을 받는 것으로 나타났다.[11] 동일한 인적자본투자를 하여도 어떤 선택을 하느냐에 따라 생애소득에서 차이가 난다. 이러한 상황에서 누가 중소기업을 가려고 할까? 중소기업 입사가 대기업 입사보다 노력과 인적자본투자를 적게 투입한 결과라는 지적은 합리적 추론에 바탕을 둔 것이 아니다.

인적자본투자 결과가 학벌로 현시(顯示)되지 않기 때문이다. 만일 그렇다면 소위 명문대 문과생들의 고용 위기는 어떻게 설명해야 할까? 이공계와 인문계의 취업률 차이를 인적자본투자의 투입량과 비례한다고 설명하는 것은 적절하지 않다. 인적자본 투자의 수익을 좌우하는 것은 개인의 투자보다 노동 수요에 종속되어 있다고 보는 것이 타당한 설명이다. 교육투자 수익률은 개인의 노력이나 성실성과는 무관하게 어떤 분야의 공부를 하였는가에 따라 달라진다. 보다 많은 투자와 노력을 하여 높은 시험성적을 받았을지라도 반드시 적절한 수익과 좋은 일자리를 보장받지 못하는 이유이다. 대기업 입사를 해도 인적자본투자가 안정적인 것만은 아니다. 우리나라 평균 은퇴연령은 49세다. 8세 이후부터 20년간 인적자본을 투자해 평균적으로 20년 동안만 소득을 얻는다는 의미다.[12]

오늘날 능력중심사회, 지식기반사회를 자신의 성찰을 통한 재숙련화 과정의 자기통치로 설명하든 아니면 개인의 자기지배로 설명하든, 인적자본투자 실패가 오롯이 개인의 책임일지언정 적극적 노동시장 정책과 인적자본투자 이론이 유용하려면 최소한 양질의 일자리는 갖추고 있어야만 한다. 그러나 현업에서 밀려난 사람을 대상으로 진행하는 재숙련화 과정에 참여한 이수자가 가질 수 있는 일자리는 저임금 서비스 일자리가 대부분이다. 구인 일자리의 80% 이상이 재숙련 교육 훈련과정 자체를 의미 없게 하는 단순 저임금 일자리이다. 이러한 상황에서 개인의 노동한계생산성 극대화를 기반으로 한 인적자본이론을 차용한 적극적 노동시장 정책이 구직자 생활 전반에 긍정적으로 기여하고 있다고 말하기는 어렵다.

적극적 노동시장 정책의 중심에 서 있는 직업훈련의 최대 목표는 중소기업 취업이지만 여전히 구인난 속의 구직난이란 프레임에 갇혀 있다. 이 표현에는 기성세대가 중소기업에 취업하지 않으려는 청년들을 철없는 행동으로 꾸짖거나 '배가 불러 세상 물정 모른다'는 의미가 내포되어 있다. 하지만 청년들 모두가 중소기업 입사를 거부하는 것은 아니다. 좋은 중소기업은 대기업 못지않은 경쟁과 스펙을 가진 구직자들이 몰려든다. 제대로 된 회사의 성격을 갖추지 못한 중소기업이 구인난을 겪고 있을 뿐이다.

구직자와 학부모들이 중소기업에 대한 '가짜뉴스'에 미혹되어 중소기업을 지원하지 않는 것도 아니다. 임홍택이 저술한 『90년생이 온다』에서는 중소기업에 지원하지 않는 이유가 "월급 때문이 아니라 중소기업 사장들의 마인드가 쓰레기 같아서"라는 청년 구직자의 얘기가 나온다.[13] 한 마디로 '좋소' 기업에 다니고 싶지 않다는 의미다.

웹드라마 '좋좋소'의 한 에피소드 중 회사를 탐방한 기자가 막내 직원한테 앞으로 입사할 후배를 위해 한 마디 해달라고 하자 "중소기업에 다닐 후배님들 각오 단단히 하세요"라는 대사가 나온다. '좋소 기업'에는 특별한 기술과 자격보다 힘들더라도 불평 없이 묵묵히 일할 수 있는 끈기와 성실한 태도가 더 중요하기 때문이다.

여름날 해도 지지 않았는데 퇴근한다고 직원에게 폭언을 한다거나, 최저임금이 너무 올라 기업 경영이 어렵다면서도 회사 비

> 구직자와 학부모들이 중소기업에 대한 '가짜뉴스'에 미혹되어 중소기업을 지원하지 않는 것도 아니다. "중소기업 사장들의 마인드가 쓰레기 같아서" 이기 때문이다

용으로 자식에게 페라리 스포츠카를 사줬다고 자랑하는 사장, 중소기업에 입사한 청년에게 정부가 일부 임금을 추가 지원하는 청년 채움공제를 핑계로 기존의 교통수당을 없애버리는 고용주, 탈세를 위해 '백두혈통' 친인척을 유령직원으로 둔갑시키거나, 법인카드로 회식하라고 해놓고 이 비용을 드라마처럼 현금으로 돌려받아 비자금을 만드는 사장이 있는 기업에 온전한 정신을 갖고서는 자신의 미래를 맡길 청년층도 자녀의 미래를 맡길 부모도 없을 것이다. 회사라고 보기 어려울 정도의 처참한 근무 환경 역시 청년들이 중소기업을 지원하기 어렵게 만든다. 개인화와 자아정체성을 그 어떤 것보다 우선시하는 요즘 시대에 저임금을 동반한 전근대적 기업문화가 횡횡하는 곳에 취업을 희망하는 이들은 거의 없다.

불평등의 문제가 결코 경쟁의 강화만으로 해결되지도 않을 뿐만 아니라 상속을 강화하면서 뒤로는 능력주의 기반 공정사회를 얘기하는 것은 노동소득이 결코 자본소득을 앞지를 수 없게 만들 뿐이다.[14] 안정된 일자리의 부족은 저출산의 근본적인 원인이기도 하다. 사회생물학자인 최재천은 최근의 저출산 문제를 "주변에 먹을 것이 없고 숨을 곳이 없는데 그런 상황에서 새끼를 낳아 주체 못 하는 동물은 진화과정에서 살아남기 힘들다"고 말한다.[15] 주변에 먹을 것이 많거나 천적이 없을 때 개체 수는 늘어날 수밖에 없다. 먹을 것이 없고(낮은 소득) 천적이 많은(극심한 경쟁) 상태에서 인구 개체 수는 늘어나기 어렵다. 리처드 도킨슨(Richard Dawkins)은 『이기적 유전자』에서 동물은 기근 예측이 확실할 때 스스로 출생률을 감소시킨다고 주장한다. 이것이 바로 개인의 이기적 이익을 위해서라는 것이다.[16] 개체군의 과밀(경쟁자 수가 많은 경우)도 출생률 감소를 초래한다는 것이 사회(진화)생물학자들의 공통된 견해이다. 맬서스가 『인구론』에서 말하고자 한 것도 인구증가로 인한 식량부족을 타개할 방법으로 결혼 연령 지연과 저출산율이었다.

앞서 저출산이 개인의 이기적 요인도 있지만 미래에 출생할 자녀가 고생하는 것을 막기 위한 이타주의적 관점도 존재함을 언급하였다. 국가 차원에서 저출산 문제 해결을 위하여 이타주의적으로 접근하는 정책은 단연코 복지정책이라 할 수 있다. 다행히도 우리나라는 미국이나 영국과는 달리 공공보육정책에서 정부지원금이 많아 개인의 비용 부담이 없도록 한 점은 효율적이고 평등한 정책이라 할 수 있다. 만일 개인 부담이 높았다면 아동돌봄 이용률은 가구의 예산제약이라는 조건에 종속되어 매우 저조하였을 것이기 때문이다. 그럼에도 사회투자론에 입각한 탁아시설과 유아시설의 확충만으로는 출산율과 여성의 인적자원 활용, 여성 경력 단절 방지의 대안이 되기는 어렵다.

문제 해결은 지속가능한 일자리—아주 높은 임금은 아닐지라도—확보에서 찾아야 한다. 미래에 기근이 없을 정도라는 확신만 서면 개체 수는 늘어날 수 있다. 이에 요스타 에스핑 안데르센(Gøsta Esping Andersen)은 고용의 불안정성은 아이 갖는 것을 방해하는 장애물이며, 공공부문 고용은 출산율을 높일 수 있다고 주장한다. 여성들은 불확실성을 최소화하기 위해 임금이 적더라도 공공부문 일자리를 선택한다는 것이다.[17] 공공부문 일자리 확대 정책이 고용안정성을 담보함에 따라 출산율에 기여할 수 있다는 의미이다. 우파 경제학자들은 공공부문 일자리 확충 정책이 국가재정에 압박을 가할 수 있으며 작은 정부 실현에 장애가 됨에 따라 반대하고 있다. 그러나 고용불안정 상태에서 출산율 저하는 미래의 사회보험이나 납세실적 등에 부정적인 영향을 끼칠 수 있기 때문에 향후 일자리 정책은 공적 영역에서 어떠한 일자리를 마련하고 합리적인 운영 방식을 찾는 것이 되어야 할 것이다.

> 공공부문 일자리 확대 정책이 고용안정성을 담보함에 따라 출산율에 기여할 수 있다.

훈련—관료를 위한, 관료에 의한, 관료만의 정책

'97년도 IMF 이후부터 지금까지 적극적 노동시장 정책의 주요 정책으로 자리매김한 직업훈련은 고용가능성(employability)에만 초점을 맞추는 정책을 일관되게 펼쳐왔다. 정책에 대한 평가 목적도 고용과 고용가능성이라는 관점에서 이루어지지만 거시적인 일자리에 기여하였다고 보기는 어렵고 정권의 안정성을 가져올 수 있는 단기적 성과에 치중한 평가들이라 하겠다.

남아프리카공화국처럼 인구 절반이 빈곤선에 있고, 20% 이상의 실업률을 보여주고 있으며, 지니계수가 0.65로 불평등한 소득재분배 구조를 가진 국가에서 고용가능성만으로 직업훈련 정책을 밀어붙이는 것은 달성할 수 없는 목표를 이루지못한 개인의 책임으로 전가하는 상징적 폭력(symbolic violence)에 다름 아니다.[18]

이러한 문제의식은 처음부터 적극적 노동시장 정책을 펼치기 전인 클린턴 정부에서도 있었다. 미국의 정치과학자 고든 래퍼(Gordon Lafer)는 『직업훈련의 위선(The job training charade)』에서 미국은 레이건 정부 때부터 가난과 실업이 개인의 기술 부족 문제 때문에 발생하므로 일자리 창출 정책 대신 직업훈련 정책으로 전환하였으나 실질적인 일자리 효과는 없었다고 주장한다.[19] 일자리 문제는 인력공급과 숙련 차이와 같은 공급의 문제가 아닌 노동수요의 문제이기 때문이다. 클린턴 정부에서 직업훈련 정책이 과연 실업자를 위한 것인지에 대한 의문과 논쟁은 있었지만 임금과 일자리의 불평등 원인이 인종이나 성별 때문이 아닌 개인의 능력, 즉 기술 부족 때문이라는 논점에 별다른 충돌 없이 정책을 이어받았다고 그는 주장한다.

우리나라에서 직업훈련에 따른 취업률에서 가장 중요한 요인은 프로그램도 교강사 능력도 아닌 취업이 잘 되는 훈련직종 참여 여부 변수다.[20] 인적자본투자처럼 취업이 잘되는 훈련분야에 참여해야 취업이 이루어진다는 의미이다. 그럼에도 불구하고 정부가 개인의 직업역량 강화를 위한 직업훈련을 통해 개인의 고용가능성 차원에서만 지원하고 이를 소득 불평등을 해소할 유일한 대안으로 제시하는 것은 소득 불평등이 발생하는 다양한 원인을 무시하는 결과를 초래한다. 이는 불평등과 고용 문제 해결을 '당신이 더 노력하면 해결된'다는 식으로 단순화한다. 취업에 실패한 사람을 무능력자로 규정하고 이를 수치스럽게 여기게 만들기도 한다. 기초생활보장 수급과 구직 급여를 받고자 하려면 '너의 가난과 무능력을 네가 알렸다'처럼 스스로 증명해야만 한다.

실업급여와 사회보장은 개인의 인격과 존엄성을 지키기 위한 마지막 보루이자 권리가 아니라 무능력에 대한 벌칙으로 작동하고 있다. 영화 <나, 다니엘 블레이크>가 이를 잘 웅변한다. 수치심은 자신을 한심한 사람으로 스스로 혐오하게 만들며 실제 괜찮지 않으면서 괜찮다고 말하는 '불안정한 자존감' 상태에 빠지게 한다. 불안정한 자존감은 하우스푸어, 카푸어, 웨딩푸어, 에듀푸어, 워킹푸어, 베이비푸어 등 각종 푸어(the poor)를 양산시킨다. 저임금에 종사하는 청년들을 대상으로 한 해외여행이나 명품소비를 통해 VIP처럼 대우하는 마케팅의 표적이 되기도 한다.[21]

직업훈련 정책은 고용은 좋은 것이고 최고의 복지로 포장하여 고용의 질을 무시한 정책을 양산하는데 일조한다.[22] 또한 공식 일자리로 규정하기 어려운 지역 내 다양한 활동과 공동체 사회에 필요한 활동은 거들떠보지도 않게 만든다. 관료와 정치인의 성과로 잡히지 않기 때문이다. 이처럼 지난 25년간 직업훈련이 과도하게 포장된 이유는 이 정책이 정책 입안자 또는 결정자들에게 있어 너무나 손쉽고 편한 정책이며 정부의 책임을 최소화하는 게 가능하였기 때문이다. 적극적 노동시장 정책을 대체할 새로운 사회정책 방안을 찾기 어렵다는 현실적 문제도 직업훈련 정책을 무분별하고 과도하게 확장시켰다. 정부 입장에서는 기업의 노동수요 문제를 다루기보다는 노동공급 부문에서 해결책을 찾는 것이 더 수월하고 다양한 정책을 내놓을 수 있다는 장점도 있다. 직업훈련은 일자리 관련 정책에 있어 중앙부처와 관료의 정책 발굴의 성실성을 입증하는 장치와 알리바이 만들기에 안성맞춤인 정책이었다.

직업교육과 직업훈련에 관심을 가지는 정치적 집단은 진보정당보다는 보수정당이다. 이들은 재정적 지원보다 물고기 잡는 법의 이념을 만고의 진리처럼 주장한다. 물고기 잡는 법은 물고기가 강이나 바다에 충분히 있을 때 가능하지 물고기가 없는 강과 바다에서 물고기 잡는 법이 무슨 소용이란 말인가? 물고기 없는 강가에서 낚시하는 법을 시현하려면 최소한 방생을 해서라도 물고기를 채워줘야 하는 게 먼저이지 않을까?

그러나 이 부분에 대해 진보를 표방한 정당도 그 책임에서 자유로울 수 없다. 보수정당이 적극적 노동시장 정책 드라이브를 걸 때 영국과 미국, 한국에서 진보집단은 이에 대한 어떠한 토론을 요구하거나 그 의미를 짚어보지도 않은 채 방조, 방임, 방관하였다. 진보 그들은 보수의 주장에 딱히 동의하거나 맞장구를 쳐주지는 않았지만 그렇다고 대놓고 반대하거나 부정하지도 않았다. 그들은 '메리토크라시'라는 능력주의 담론 뒤에 숨어 보수보다 그저 반 발짝 떨어진 곳에서 멋쩍은 표정으로 따라가고 있었을 뿐이다.

영국에서 활동하는 정치학자 샹탈 무페(Chantal Mouffe)가 말했듯이 영국의 진보정당인 노동당이 대처주의 신자유주의에 굴복하여 '제3의 길' 탄생에 일조한 것과 동일한 사태이다.[23] 진보는 정치 민주화 이후에 산업구조와 노동조건의 민주화를 위해 적극적인 개입을 하지 않고 방기함으로써 최근의 공정성 요구 분출과 '내로남불' 같은 사회적 비극을 잉태하였다.

물론 IMF 금융위기와 동구권 몰락으로 힘을 얻은 신자유주의 기득권 세력의 보이지 않은 압박을 극복하는 일이 어려웠을 것이라 이해는 되지만 김대중 정부와 노무현 정부로 이어지는 기간 동안 진보주의자는 보수주의자 못지 않게 신자유주의 이념을 신봉하고 확산시켰다. 러시아 공산혁명의 주인공인 레닌이 인간을 시간의 종속된 기계와 부품으로 만든 테일러주의를 생산성 향상을 위한 장치로서 그 어느 자본주의 국가의 원수들보다 신봉하였던 것처럼 말이다.

성과 평가와 측정, 목표 경영 등 생산성 극대화와 성과 확산에서는 진보와 보수가

> 진보는 정치 민주화 이후에 산업구조와 노동조건의 민주화를 위해 적극적인 개입을 하지 않고 방기함으로써 최근의 공정성 요구의 분출과 '내로남불' 같은 사회적 비극을 잉태하였다.

따로 없었다. 이 문제에 대해서는 노동조합도 그 책임을 면하기 어렵다. 한국노총이나 민주노총이 노동자의 권익을 위해 힘겨운 싸움을 하고 그 대안을 찾고자 노력하는 것을 모르지 않는다. 신자유주의 노동시장 유연화에 맞서기 위해 고용안정을 제일의 방어 목표로 삼는 것도 충분히 이해가 되며 불안정 노동자의 안전과 고용안정 및 사회안전망 확보를 위한 투쟁 방향도 납득할 수 있다.

노동조합이 과거 포드주의적 노동환경을 유지하려는 것도 이해할 수 있다. 이마저도 무너지면 대한민국 고용환경은 미국처럼 '잡직'이 판치는 디스토피아 고용환경을 맞이할 가능성이 높기 때문이다. 청년고용은 청년들이 생각하는 것과 달리 채용과 고용 구조가 좋지 않은 양상으로 변할 가능성이 높아질 수 있다. 예를 들면 미국처럼 '기회 사재기' 불공정성 시비가 촉발하는 식으로 채용구조가 더욱 불안해질 수 있을 것이다. 시험을 통해 들어갈 자리는 점점 사라지게 될 것이다. 그럼에도 한 가지 이해가 안 되는 부분은 양대 노총에서 정부의 일자리 정책과 직업훈련 정책에 대한 그 어떤 성명이나 입장을 공식적으로 내놓지 않는다는 사실이다.

미국 노동총연맹-산별노동조합(AFL-CIO) 대변인인 케네스 영(Kenneth Young)은 "훈련받은 자에게 취업 기회가 제공되지 않는 훈련은 위법적인 것(con game)이며 일자리 창출 없는 인력 개혁(manpower reform)은 인력계획이 아니다. 그것은 대중을 속이고 실업자들을 좌절시키는 것 외에 다른 진정한 목적에 봉사하지 않는다."라고 일갈하였다. 그러나 우리나라 양대 조합은 이런 유사한 논평조차 시도하지 않았다. 현재의 일자리 정책과 훈련정책 성과를 내기 위해서는 대기업과 중소기업 간의 원하청 구조 개혁, 수출 중심의 경제성장 때문에 방치하는 독점 문제 등을 지금보다 더 끈질기게 제기해야만 했다.

최근 고용노동부에서 직업훈련을 총괄하는 담당자는 한국경제신문사와의 대담에서 직업훈련정책의 미래 방향을 당장의 취업보다는 노동시장 안에 지속적으로 대기시키는 이른바 산업예비군으로 남기는 정책으로 규정하였다.[24] 이 의미는 적극적 노동시장 정책으로서 직업훈련이 가진 본질적 의미이기도 하지만 고용가능성을 아주 먼 미래의 가능성으로 규정한 것이기도 하다. 자동화로 인한 고용 감소, 코로나19 같은 팬데믹 상황에서 훈련을 통한

> 2015년 박근혜 정부의 저성과자 해고 정책은 재직자 훈련을 저성과자 훈련이라는 프레임에 갇히게 만들었다.

단기 취업이 더 이상 어렵기에 장기적으로 산업예비군으로 남아 있게 하여 지속적인 고용가능성을 타진하도록 하겠다는 것이지만 실제적으로는 직업훈련이 고용상태를 개선하는 데 기여하기 어렵다는 사실을 실토한 것이나 다름없다.

한편 구직자가 아닌 재직자를 대상으로 하는 능력개발 재훈련, 특히 사무직과 전문직에서의 재훈련은 '저성과자 낙인'으로 받아들여지고 있다. 과거에 이러한 관점이 사무직·전문직 직장인들 사이에서 전혀 없었던 것은 아니지만 이를 공고히 한 것은 바로 2015년 12월 30일 저성과자 해고 정책을 발표하면서부터이다. 당시 고용노동부 이기권 장관은 저성과자 해고 지침을 발표하면서 저성과자에게 새로운 기회를 부여하는 차원에서 교육훈련 제공과 배치전환 계획을 포함시켰다.[25]

능력개발이 기업의 생산성 향상과 개인의 경력개발 과정으로 고려하여도 참여를 주저하는 것이 현실인데 이를 능력 없거나 저성과자가 반드시 해야 할 것으로 만들어 버려 재직자 훈련 대상은 곧 저성과자라는 프레임에 갇혀버렸다. 대신 일반 근로자는 '자기계발'에는 적극적으로 나선다. 저성과자 프레임이 아닌 개인의 경쟁력 강화를 위한 비공식적, 자발적 참여 성격을 일부 가지고 있기 때문이다.

재직자 훈련의 참여가 저조할 수밖에 없는 상황에서 최근 집체 재직자 훈련 시 고용보험 수혜조건(환급비)이 2022년 초부터는 4시간으로 줄어든다. 4~20시간 전후의 재직자 훈련으로 중소기업이 자체적으로 변화하는 기술에 적합한 전문인력양성이 가능할지 의문이지만 그럼에도 불구하고 4시간 이상으로 낮추려는 것은 줄어드는 훈련인원 감소에 따른 '고용안정·직업능력개발사업 보험료'(직업능력개발사업분담금) 소진을 위한 것 외에 어떠한 합리적 이유를 찾기 어렵다.

앞으로 기업의 재직자 훈련은 지금과 양상이 다른 규제 완화를 통해 훈련장벽을 걷어낼 수밖에 없을 것이며 최종적으로는 기업의 '고용안정·직업능력개발사업 보험료' 폐지 요구에 직면하게 될 것으로 보인다.

현재의 기업 직업훈련 분담금은 장기적으로 폐지하되 이 요율만큼을 건강보험 재정으로 전환하는 것을 생각해 볼 필요가 있다. 우리나라 기업의 건강보험료 분담률은 스페인 5.1, 프랑스 2.8, 핀란드 2.1보다 낮은 1.0을 분담하고 있으며 국고 지원 비율도 일본이나 대만의 20%에 비해서 적기 때문이다.[26] 거시적인 고용 차원에서 볼 때 직업훈련은 고용률에 별다른 영향을 끼치지 못하였다. 그렇지만 취업을 준비하는 구직자와 취약계층에게 취업 가능성을 제시하고 자신이 원하는 분야를 새롭게 배울 기회를 부여하였다는 점에서는 긍정적인 평가를 내릴 만하다. 재취업 기회를 부여하는 직업훈련의 경우 고용보험자격 취득이라는 취업 평가지표로 인해 도배, 미장, 타일과 같은 건축, 건설 관련 일자리와 대면 서비스 직업들은 공식적인 취업으로 잡히지 않아 전체 취업률을 깎아 먹는 영향을 끼쳤다. 하지만 이 분야 훈련을 이수한 사람들에게 일정 정도 지속적인 취업가능성과 삶의 새로운 방향으로 전환할 기회를 주었다는 점은 훈련의 긍정적 효과라 할 수 있다. 훈련을 이수하고 당장 취업을 하지 않더라도 언젠가 취업해서 일을 할 수 있는 역량을 가지게 할 수 있다면 그것이 바로 직업훈련, 평생교육의 새로운 역할이자 효과라 할 것이다.

프랑스의 법학자 알랭 쉬피오는 인간의 노동을 중심에 놓고 시장은 인간에 복무시키는 '노동 담지성(état professionnel de la personne)' 이란 개념[27]을 하나의 노동 상태에서 다른 노동 상태로 이동 가능케하는 것으로 규정하였다. 이의 활성화를 위해 그는 시민생활과 직업생활을 양립할 수 있는 '사회적 인출권(Droit De Tirages Sociaux)' 확대를 주장하였다.[28]

사회적 인출권은 고용이 아니라 노동자의 인격과 연계되어 있으며 노동이라는 종속성에서 벗어나 사회적으로 유용한 다른 일을 할 수 있는 여지를 부여하는 개념이다.[29] 현재의 직업훈련이 역량(competency) 개념에 종속되어 있으나 사회적 인출권은 잠재역량이라 불리는 캐퍼빌러(capability)에 초점을 둔 것으로 보인다.[30] 개인이 자신의 직무와 노동과 별개로 자신이 원하고 되고 싶은 것을 배울 수

> 적극적 노동시장 정책은 취업의 성과에서 탈피하여 개인의 삶을 개척할수 있는 기회인 캐퍼빌리티 확장으로의 전환이 필요하다.

있는 기회를 통해 자신의 인격 또는 정체성을 찾아가는 것이 캐퍼빌러티이기 때문이다. 고용과 분리된 직업훈련, 자신의 삶을 스스로 개척할 수 있는 기회로서의 교육과 훈련 지원은 2부에서 살펴볼 캐퍼빌러티(capability)의 핵심이 된다.

적극적 노동시장 정책의 일환으로 직업훈련은 고용보험 자격을 취득한 훈련생이 몇 명이냐만을 따지는 양적 측정 중심의 취업성과에서 탈피하여 지역주민의 행복을 위한 다양한 일을 할 수 있는 캐퍼빌러티를 부여하는 것으로의 개념 전환이 필요하다. 교육훈련을 바라보는 관점의 커다란 전환이다. 즉, 고용(employment)에서 일(work)로의 전환을 촉진하는 평생교육과 직업훈련 정책이다. 이것은 통치로서의 평생학습을 협치로서의 평생학습으로 만드는 유일한 방안이며 목적은 바로 캐퍼빌러티가 된다.

이러한 관점에서 그간의 교육훈련정책이 예산지원 차원에서 기회의 평등화에 기여한 공로는 분명하다. 그러나 이 모든 것이 공공이 아닌 이윤을 극대화하는 민간훈련기관 지원에 의해 이루어져 왔다는 게 문제이다. 개인의 자유와 선택의 기회 확대를 중요하게 여기는 캐퍼빌러티 관점의 교육훈련이 가능하려면 이윤과 무관하고 지역주민의 요구를 즉각 반영할 수 있는 공공교육훈련기관의 설립과 비중이 높아져야 한다. 우리나라 직업훈련에서 유일한 공공훈련기관인 폴리텍대학의 부담 비율은 세계적으로 비교하기조차 부끄러운 수준인 2~4%대 수준이다. 평생교육도 마찬가지이다. 평생교육도 지역청에서 운영하는 공공 평생교육기관은 10%가 채 되지 않고, 동네 대형유통 마켓인 이마트나 홈플러스에서 운영하는

비율보다도 근소하게 낮은 실정이다.³¹⁾

> 민주시민의 권한으로서 평생학습권을 보장하는 것이 필요하며 위험사회에서 사회정책을 대체하는 성격의 평생학습이 아닌 상호 보완적 관계로서 위치해야 한다.

평생교육, 배우기에서 알아가기로 전환

평생교육 또는 평생학습의 개념과 정의는 실로 다양하고 우리나라 학술지와 논문에 기술된 평생교육 개념만도 다수 존재한다. 평생교육을 교육이념, 특성, 기능, 역할로 구분하더라도 수많은 정의와 개념으로 나누어진다.³²⁾ 그런데 이러한 개념 외에 우리가 주목해야 할 부분은 평생학습의 정책 방향성이다. 평생학습은 1) 교육과 학습에 대한 복지의 성격인가? 아니면 2) 통치성의 일환이 되는 장치인가? 3) 지역경제 살리기 차원에서 대학재정지원 정책의 일환인가? 취약계층을 위한 교육복지 정책인가? 이러한 의문에서 시작되어야 한다.

첫째, 평생학습을 복지 성격으로 다룰 때 관념적으로 개인의 행복과 시민 교육이니 시민역량 강화와 같은 거창한 논리는 평생학습 방향성을 결정하는 데 크게 도움이 되지 못한다. 왜냐하면 시민역량 강화와 개인 행복은 극히 주관적이며 물질적 풍요로움과 비교할 때 순위는 뒤로 밀릴 수 있기 때문이다. 또한 참여민주주의 활성화로서의 시민화가 교육만으로 가능한지도 불분명하며 성품, 태도 외에 시민교육의 내용도 세계관과 인식론에 따라 천차만별이기 때문에 진영논리가 가동되어 갈등을 촉발할 우려도 있다.

복지 성격의 평생학습은 삶의 질 향상 같은 거창한 목적과 목표보다는 개인의 자발적 참여와 필요시 언제든지 학습에 참여할 수 있는 여건 마련, 그리고 성과로부터의 자유가 우선 전제되어야 한다. 아무리 복지라는 단어를 사용하더라도 이것이 노동시장에서 고용가능성을 높이기 위함이라면 진정한 복지로서의 평생학습으로 보기 어렵다. 복지로서의 평생학습 전제조건이 해결되었다면 그때 개인이 원하고 되고자 하는 분야의 지식을 알아갈 수 있는 기회를 부여하는 것이 진정한 복지로서의 평생학습이 될 것이다. 또한 민주시민의 권한으로서 평생학습권을 보장하는 것이 필요하며 위험사회에서 사회정책을 대체하는 성격의 평생학습이 아닌 상호 보완적 관계로서 위치해야 한다.[33]

이런 차원에서 학습을 '배우기'(learning)보다는 '알아가기'(knowing)로 보는 것이 필요하다. 배움은 가르치는 사람이 존재하는 것이지만 앎의 과정은 자크 랑시에르(Jacques Ranciere)의 『무지한 스승』에 나오는 자코토(Joseph Jacotot)의 교수법과 같이 가르치는 사람의 존재와 배우는 사람의 존재가 평등하거나 가르치는 사람이 없는 상태에서도 가능한 개념이다. 배움은 일방향이고 단 시간 내 지식 전달의 효율성을 높일 수 있지만 앎은 느리더라도 쌍방향이며 소통의 관계이자 공존의 관계이다.[34] 배움은 결과와 성과로 연동되지만 앎은 그 자체로 기쁨이며 즐거움이다.

둘째, 통치로서의 평생학습은 적자생존, 각자도생의 사회에서 버틸 수 있는 능력을 키우는 것을 의미한다. 이 경우 학습의 모든 것이 생존을 위한 것으로만 사용되어야 한다. 평생학습을 학위취득용으로만 바라볼 경우 평생교육, 평생학습을 직업훈련 하나로 좁혀버리게 되고 만다. 경쟁과 생존 위주의 평생학습이 갖는 한계는 인간을 인간답게 살게 하거나 상호 보완하면서 공존하는 것을 방해하며 여기서 탈락한 사람이 더 이상의 배움과 앎의 과정을 추구하는 일을 포기하게 만들고 소외시키게 된다.[35] 국민의 평생학습 참여권 보장강화와 선택권도 국가가 지정한 프로그램에 한해서 선택하는 강요된 선택에 다름 아니다.[36] 개인의 자율성과 자발성, 적극성도 보장되지 않는다.

셋째, 평생학습이 위기에 처한 지역경제 살리기와 이를 위한 지방 사립대학 재정지원사업 성격을 가지고 있다는 사실이다. 지역경제가 학생과 학교에 의해 유지되고 있는 가운데 학생 수 감소로 인한 학교 존폐는 바로 지역경제 쇠퇴와 연관되기 때문이다. 이를 위한 해결책이 대학 학위를 가지지 못한 성인학습자의 평생교육에 활용되고 있다. 21세기에 들어와 대부분의 대학은 비학위과정 성인 학습자를 대상으로 평생교육을 담당하였다. 대학이 평생교육원을 대학의 재정 보조 수단으로 여긴 것이다.[37] 그러나 최근에는 청년층 인구 감소로 비학위 성인 학습자 범주를 벗어나 학위취득을 주목적으로 하는 성인만을 대상으로 하는 성인 학부 대학까지 요구하고 있다.[38]

> 교육부의 대학위주 평생교육 정책은 평생교육 정책에서 과잉 대표되어 있다.

대학 평생교육을 학위취득형에서 직업교육형으로 패러다임을 전환하여 성인 학습자의 학습비 지원을 교육부가 아닌 고용노동부의 직업 능력향상 관련 법을 통해 지원받을 수 있게 해달라고까지 주장한다. 대학 관련 단체는 계약학과, 위탁학과 등을 활용한 산학연계형 지원이 가능한 평생직업교육 관련 법률의 검토 필요성도 주장하였고[39] 실제 일부는 계약학과 프로그램에서 고용노동부의 재정을 지원받는 것이 실현되었다.

그러나 평생교육이 석·박사급 인력양성을 주목적으로 한다고 보기는 어렵다. 주로 대상이 평생교육의 범위를 좀 넓힌다 해도 성인의 1%로도 채 되지 않는, 이미 직업을 가진 성인 학습자의 학위취득을 미래 산업 경쟁력 확보라는 평생교육의 주목적으로 보기는 어렵다.[40] 이는 교육부의 평생교육 정책에서 대학 지원정책이 과잉 대표되었다는 의미이며 그럼에도 불구하고 교육부가 대학 위주의 평생교육 정책을 지원하는 이유는 사립대학 폐교 위기에 처해 있는 지역경제 살리기와 평생교육 정책에서 대학 외에 교육부가 마땅히 할 것이 없다는 한계 때문이다.

평생교육법은 교육부가 제정하였음에도 훈련은 고용노동부가, 인문교양 교육은 주로 지자체가 진행하는 마당에 정작 법을 만든 해당 부처는 지원할 대상이 대학 외에 없으며 지방교육청은 거의 손 놓고 있는 실정이다. 지방교육청이 손 놓고 있는 또 다른 경우는 대학을 희망하지 않은 인문계 3학년 대상 직업교육이다. 표면상 부처 협력사업이지만 이들을 위한 직업교육은 노동부에 전적으로 의지하고 있으며 지역교육청에서 교육과정 및 교육 훈련기관 결정에 전혀 힘을 쓰지 못하고 있다.

특성화고 학점은행제 실시에 맞추어 교육청이 지역 내 민간 훈련기관에 대한 교육과정 개설과 교사의 질, 과정 운영에 대한 권한은 그리 많지 않은 것이 현실이다. 누적하여 수만 명으로 추정되는 학업 중도 탈락자를 위한 직업훈련에서 교육청의 역할과 수용 능력은 그리 크지 않다. 이러한 이유들 때문에 교육부와 교육청의 평생교육은 교육청 산하 '한국형 커뮤니티칼리지' 설립을 고민함으로써 지금과는 현저히 다른 방식으로 접근할 필요가 있다.

평생교육에서 개인의 경쟁력은 선택의 문제가 되어야지 결과의 우선순위의 문제가 되어서는 안 될 것이다. 평생교육을 통해 당장 어떠한 성과를 보여주는 것이 중요한 것이 아니라는 것이다. 무언가를 배우고 알고 난 후의 방향은 본인이 결정할 문제이지 이것을 당장 취업에, 학위로 결부할 필요는 없다는 것이다. 이것이 바로 제2부에서 언급할 캐퍼빌러티와 펑셔닝의 개념이다.

무엇보다 평생교육, 평생학습은 무엇인가를 알아가는 과정에서 오는 즐거움과 사람들과의 관계 속에 삶의 만족을 느끼도록 하는 것이 우선시되어야 한다. 평생학습을 통해 대단한 무엇을 배우는 것이 아니라 일본의 평생학습 도시처럼[41] 지역의 민족 역사와 문화, 자연보호, 육아 공동체, 자원봉사활동 등 지역주민의 삶과 건강, 그리고 지역사회에 기여하는 다양한 프로그램 개설과 참여가 가능해야 한다. 이는 성인들 대부분이 학위보다는 자신의 삶의 만족을 위한 비형식 교육을 더 선호한다는 의미이기 때문에 미래 산업과 개인의 경쟁력과 연결하는 평생교육 정책보다는 개인이 하고 싶고 되고 싶은 분야를 언제나 쉽게 참여할 수 있게 해주는 평생학습 플랫폼 구축이 필요하다. 국가나 정부가 프로그램을 결정하는 것이 아니라 주민과 시민이 필요한 것을 개설할 수 있는 권한(entitlement), 알아가는 과정에서 타인을 생각하고 나의 정체성을 찾고 확인하는 과정으로서의 평생학습이다.

이러한 관점에서 시작된 사업이 서울시의 마을 생태계 사업이다. 여기에는 독서토론을 포함한 인문학 강좌 지원, 반찬 만들기, 스포츠 활동 등에 대한 지원이 포함된다. 이 사업의 주목적은 지역주민간의 자발적 만남과 소통, 이를 통한 외로움 극복, 타인과의 공존 등의 목적이 있다. 그러나 일부 보수정당과 신문에서는 서울시가 취미활동에 10년간 100억 원 대 예산을 펑펑 사용하였다고 비판한다.[42] 이러한 비판에는 평생학습에 대해 여전히 경제성장 기여를 전제로 하고 모임과 만남 자체보다는 어떠한 성과와 의미를 더 중히 여기는 엄숙주의가 내재해 있다.

> 평생교육에서 개인의 경쟁력은 선택의 문제가 되어야지 결과의 우선순위의 문제가 되어서는 안 될 것이다.

일반 국민에게 있어 평생교육 중 가장 만족도가 높고 사회적 자본에 큰 영향을 미치는 것은 교육부도 노동부도 아닌 일부 구청에서 진행하는 학습동아리이다.[43] 이는 5인 이상만 모이면 무엇을 하든 지원하는 평생교육 지원사업이다. 여기에는 대단한 교육과정의 설계가 필요하거나 난이도가 높은 것도 아니고 딱히 어떤 성과를 내고자 하는 것도 없다. 일정한 인원 이상의 성인학습자들이 자발적으로 모임을 구성하여 정기적으로 만나서 정해진 주제에 대한 학습과 토론을 함으로써 지역 공동의 관심사를 생각하고 실천하는 공동체를 지향하는 프로그램이다. 앞서 일본의 평생학습 도시 모습의 일부이다.

지역자산이라 할 수 있는 지역 내 인적자산(human asset)을 활용하여 서로 멈추어 만나 얘기하는 것이 전부임에도 왜 만족도가 높을까? 학습의 결과보다 만나고 얘기하는 과정이 주는 즐거움이 보다 더 크기 때문일 것이다. 제3부에서 보게 될 행복경제학, 관계재의 실현방식이기도 하다.

제2부

사람의 가치를 높여주는 또 하나의 능력—
캐퍼빌러티

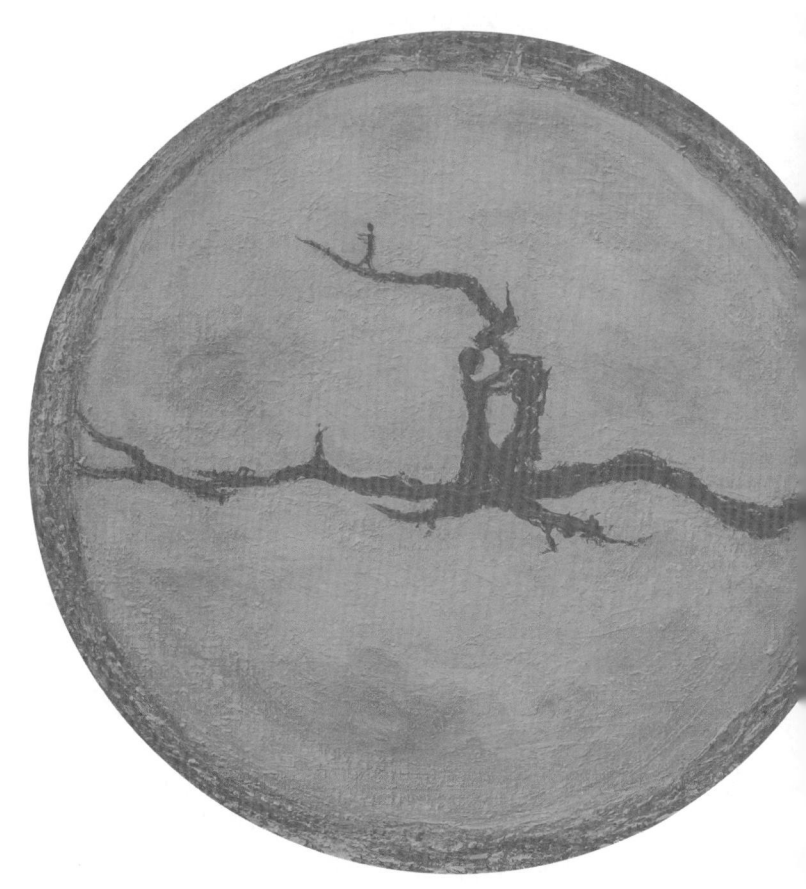

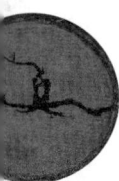

1. 메리토크라시, 컴피턴스 그리고 캐퍼빌러티

자격기반 능력주의와 성과기여기반 능력주의

전 세계를 통틀어 능력주의 담론은 영국의 사회학자 마이클 영(Michael Young)이 쓴 『능력주의(Meritocracy)』라는 소설 덕택에 능력주의는 '메리토크라시'관점으로 굳어져 버린 모양새이다. 2020년 한국에 소개된 마이클 샌들의 『공정하다는 착각(Tyranny of Merit)』이라는 책이나 롤스의 『정의론(A Theory of Justice)』에도 '메리토크라시(meritocracy)'가 등장하는 것을 보면 우리나라에서 '메리토크라시' 관점에서 능력주의를 논의하는 것이 그다지 이상해 보이진 않는다.

그러나 '메리토크라시'가 무엇을 의미하는지는 명확하지 않다. 사전에서 'merit'를 찾아보면 '장점', '이점', '우수함', '공로', '자격', '자질', '혜택', '당연한 보수', '공과' 등으로 번역되어 있어 이 중에서 정확히 어떠한 것을 의미하는지 모호하다. 일부 책과 논문에서는 공과의 의미를 가진 '업적주의'라고 번

> 'merit'는 어떠한 일을 하는 데 필요한 자질·자격의 의미가 더 크며 이러한 자격·자질의 검증은 교사의 주관적 평가가 아닌 시험이나 지능 성적에 의해 인증될 때 공정하고 객관적이라는 함의를 가진다.

역하기도 하고 실력주의라고도 번역한다.

'공로', '공과', '업적' 등의 의미는 이미 무언가를 획득하고 기여하고 성과를 발생한 의미가 있기에 적절한 번역은 아닌 듯 싶다. 시험능력주의는 의미상은 이해가 되어도 이미 이를 표현하는 'testocracy'가 있어 'meritocracy'를 번역하는 명칭으로는 적절해 보이지 않는다. 필자의 견해로는 'merit'는 어떠한 일을 하는 데 필요한 자질·자격의 의미가 더 크며 이러한 자격·자질의 검증은 교사의 주관적 평가가 아닌 시험이나 지능 성적에 의해 인증될 때 공정하고 객관적이라는 함의를 가진다. 이때 시험성적은 '~을 해도 좋다'는 인증제(certification)의 역할을 한다.

'merit'에는 응분의 몫을 받을 만한 자격 또는 가치(deserve)를 포함한다. 뒤에서 자세히 보겠지만 현재까지 번역된 능력주의에서 능력(能力)이라는 용어는 지금 당장 무엇인가를 할 수 있는 힘의 의미만 있지 응분의 몫을 요구하는 개념은 없다. 더군다나 '컴피턴스(competence)'의 번역어인 '능력', '역량'과 표현상 중첩적으로 사용되고 있다는 점에서 메리토크라시의 적확한 표현은 '능력주의'보다는 '~을 해도 되는', '~을 가져가도 되는' 것을 의미하는 '자격(자질)주의'라는 표현이 더 적합해 보인다.

특히 오늘날 우리 사회를 관통하는 담론인 능력중심사회에서 '능력'은 의미상으로 '메리토크라시'가 아닌 '컴피턴스'를 쓰고 있다는 점에서 '능력주의'란 표현은 자질과 성과 기여라는 중층적 의미를 포함하고 있다. 컴피턴스는 메리토크라시의 범위를 넘어선 폭 넓은 능력과 기술을 요구하기에 능력주의 담론을 '메리토크라시'만으로 좁혀버리면 오늘날 정의와 부정의, 평등과 불평등, 직장 내 갈등 구조의 문제를 해석하는 데 상당한 한계가 따를 수밖에 없다.

> 메리토크라시의 적확한 표현은 '능력주의'보다는 '~을 해도 되는', '~을 가져가도 되는' 것을 의미하는 '자격(자질)주의'라는 표현이 더 적합해 보인다.

마이클 영의 책을 끝까지 읽다 보면 '메리토크라시'의 의미는 노력과 공로, 그리고 이에 따른 당연한 보수를 합친 총합적 개념으로 보인다. 이를 매개하는 것은 개인의 자질과 자격을 평가하기 위해 편향성이 적은 지능검사와 시험성적이다. 이를 통해 좋은 학교에 입학할 수 있으며 귀족과 상류층이 아닌 하류층의 자녀들도 행정관료, 교수 같은 좋은 직업으로 진출할 수 있도록 기회를 부여하는 것이 사회의 정의가 되었기에 영의 소설에서는 평등을 외치던 사회주의자들마저도 이를 무시하기 어려워했다.[1)]

지능검사와 필기시험을 활용하지 않게 되면 내신성적에 의존하게 되는데 이 경우 부모들의 원망과 교사들의 과도한 업무 증가를 유발할 수 있다. 교사는 일반시험을 실시하고 성적표를 작성하는데 이는 하층 계급 아이들에게 오히려 공정하지 못하다는 사실이 결정적으로 드러난다.[2)] 마이클 영의 소설에 나오는 이 내용은 오늘날 우리나라의 대학 진학 관련 논쟁과 너무도 닮아있다.

영의 소설에서 단 한 번의 시험으로 많은 이득을 가져가고 연공서열제가 확립되자 청년들은 자신들의 재능을 펼칠 기회가 없어지게 되었다. 연공서열은 개인의 능력이 나이순인지 입사 성적순인지 헷갈리게 하는 주관적 모호성을 가진 장치로 인식하는 계기가 되었으며 능력주의를 허울 삼아 끼리끼리 뭉치고 밀어주고 이끌어주는 정실주의가 출현하게 만들었다. 성과는 오롯이 개인의 지적 능력과 시험성적만이 아니라 타인의 노력을 끌어내는 리더쉽, 언변, 태도, 동감 등 다양한 역량에 의존하기 때문에 경력과 나이만 많다고 이러한 능력이 늘 함께 동반하는 것으로 볼 수 없었다. 그러자 메리토크라시 능력주의에 반대하는 사람들이 나타났으며 고용주들이 책임지고 진행하는 지능검사도 믿지 못하게 되었다. 소설 속의 고용주는 상당히 진보적인 대안을 제시하는데 그것은 바로 5년에 한 번 지역성인교육센터에서 지능검사 재평가를 실행하여 승진 같은 데에 활용하는 것이었다. 그러나 이 시험 또한 개인이 회사에 쏟아부은 노력이나 개인의 인성을 측정하지 못하게 되자 이를 계기로 노력을 측정하여 임금에 반영할 수 있는 평가

체계 구축에 들어간다.[3]

　소설의 마지막에서 능력주의를 통해 봉건주의를 혁파한 노동계급과 하층계급은 점점 쇠퇴해간다. 노동계급은 평등한 사회보다 자신의 지위를 물려주기 위해 봉건적 세습 방식을 답습하고자 자식들을 사립학교에 보낸다. 자식 없는 부모들은 입양 등을 선호하기에 이른다. 이러한 봉건적 세습과 능력주의의 결합에 끝까지 저항한 그룹은 여성들이었다. 능력주의도 좋고 기회균등도 다 좋지만 이 모두는 남성에게만 적용되지 여성에게는 적용되지 않았기 때문이다. 남성과 똑같은 교육을 받았음에도 결혼 전까지만 유효한 대접을 받고 결혼 후에는 육아에 전념하라는 것이 사회의 요구였기 때문이다.[4] 여성운동, 페미니즘은 하층민뿐만 아니라 상류층과 엘리트 그룹에서도 일어났다.

　여기에 성인교육에 대한 교육혁신 요구도 일어났다. 지능이 낮은 사람도 희망의 끈을 놓지 않고 사기를 진작시키기 위해 성인교육 운동이 필요하다는 주장이었다. 엘리트들은 우생학을 들고 나오며 지적 능력이 유전된다는 주장을 하거나 자발적으로 육체노동을 선택하였다면 그저 육체노동에 만족하고 살아야 한다고 주장하였다. 결국 여성들이 주체가 되는 시위를 시작으로 대중이 들고 일어나는 사태가 벌어지면서 소설은 끝을 맺는다. 소설 『능력주의』는 오늘날 우리 사회에 만연한 능력주의와 공정 논쟁에 많은 시사점을 제기한다. '메리토크라시'는 시험을 통해 선발 된 사람이 지위경쟁에서 유리해지면서 이를 통해 얻는 이득이 많고 여기에 통과한 사람은 이를 지속적으로 자신들의 통치 이념으로 활용한다는 의미로 해석할 수 있다.

　이 소설에 등장하는 '시험이 곧 공정이고 정의'라는 관점, 수시입학 철폐, 공정채용, 블라인드 채용 요구, 한 번의 시험으로 많은 것을 가져가는 지대추구 행위, 시험성적이라는 계급지표로 끼리끼리 도와주고 밀어주는 네트워크 관계인 정실주의의 만연, 노동계급이 자신들의 정체성을 지키기보다 엘리트 귀족처럼 기득권을 세습하려는 행태, 여성인적자본 투자에 대한 차별 그리고 이에 저항하는 페미니즘운동, 성인교육 강화를 통해 직업능력과 교육받을 기회의 평등을 추구하는 운동의 발생은 지금 우리 사회의 핵심 의제인 공정사회 구현과 판박이로 닮아 있다.

> '메리토크라시'는 한 번의 시험으로 좋은 직업을 얻고 그 안에서 연공서열제도와 공존하면서 상당한 지대획득을 추구하는 행위이다.

결론적으로 '메리토크라시'는 한 번의 시험으로 좋은 직업을 얻고 그 안에서 연공서열제도와 공존하면서 상당한 지대 획득을 추구하는 행위이며 이를 유지하기 위해 봉건적 세습까지 불사하는 것으로 정리할 수 있다. 그러나 냉정히 볼 때 '메리토크라시'는 좋은 일자리 진입장벽을 넘기 위한 장치 그 이상 그 이하도 아니다. 이 진입장벽을 넘은 승리자는 또 다른 능력주의인 '컴피턴스(competence)'를 획득해야만 하기 때문이다. 진정한 문제는 메리토크라시가 컴피턴스를 보장하는가 여부이다.

어떤 직종에서는 상당 부분 설명할 수도 있지만 그렇다고 일반적이라고 볼 증거는 없다. 그러나 우리나라를 비롯한 세계 어디에서도 능력주의에 대한 담론은 오로지 '메리토크라시'에 기반해서만 논의되고 있다. 시험이라는 관문을 통과한 후 벌어지는 지대추구 행위는 정실주의와 네트워크를 통해 이루어진다. 그러나 정실주의에서도 '컴피턴스'는 필수적으로 갖추고 있어야 할 능력요소이다.

인생의 모든 기간을 바치는 직업세계와 일터에서 요구하는 능력주의는 메리토크라시가 아니라 컴피턴스이며 갈수록 시험에 기반한 메리토크라시의 공간은 좁아지고 있다. 능력주의에 대한 논쟁이 바로 메리토크라시와 컴피턴스 간의 '갈등구조'에서 이루어져야 하는 이유이다. 한 번의 시험 성적으로 지대추구를 하고자 하는 그룹과 늘 자신의 노력과 역량개발을 통해 개인 능력을 향상시키고자 하는 그룹간의 갈등이 존재하기 때문이다. 기업 조직이 본질적으로 직장 상사와 조직에 충성을 요구하는 봉건적 형태의 관습을 벗어던지기 어려운 구조임에 따라 개인의 능력, 시험성적, 경험, 학력, 심지어 성과보다도 상사에 대한 충성과 신뢰, 정치력이 개인의 출세와 승진을 좌우한다.[5] 이를 정확히 가리키는 지표는 메리토크라시가 아닌 컴피턴스이다.

공무원의 경우 시험성적이 결정적 채용조건이지만 민간 회사에서 능력있는 사람을 뽑고 싶어 한다는 말이 꼭 메리토크라시처럼 시험성적순으로 채용하겠다는 의미는 아니다. 시험성적이 높은 사람이 꼭 능력이 있다고 단언하지도 않는다. 능력은 시험으로 측정하기 어려운 복합적 요인이 결부된 것이고, 이것이 발현되는 것이 컴피턴스 개념의 능력주의이며, 때로는 이를 유능 또는 실력이라고 표현한다. 컴피턴스 능력주의에는 기술 외에 성실성, 태도, 감정 등 다양한 요인이 등장하지만 메리토크라시는 그렇지 않다. 이것이 최근의 능력주의 논쟁에서 이 둘의 차이를 간과하거나 둘을 섞어 논의하는 실수를 저지르는 첫 번째 이유이다. 시험성적이 높은 은행 직원이 곧 더 많은 투자자를 유치한다고 말하기는 어렵다.

시험성적에 기반하는 자격(능력)주의 이면에는 합리적 이성 능력을 갖춘 계급이 더 많은 권력을 가져야 한다는 의도가 들어있다. 시험성적이 곧 합리적 이성 능력이며 이 능력을 갖춘 자들이 사회적 지도자 또는 엘리트 계급이 되는 것은 당연하다고 생각하게 만든다.[6] 이들 집단은 진보와 보수를 가리지 않고 '우리'가 되며 이러한 '우리들'이 공직, 직함, 특권, 그리고 부(wealth)조차도 자신들이 가져가야만 한다고 주장한다. 타고난 시험 기술 재능을 가진 자들이 모든 것을 독점하고자 하는 것이 '메리토크라시'의 맨 얼굴이다.[7]

시험성적이 다른 사람보다 높다고 해서 시장에서 자연스럽게 형성된 적정 임금보다 많은 소득을 가져갈 권리와 정당성이 획득되는 것은 아니다. 그들이 문제 삼아야 할 것은 과도한 노력과 인적자본투자 비용을 회수하지 못하는 시장구조와 사회구조이지 '내가 못 받으니 너는 나보다 더 적게 가져가야 한다'는 주장이 정당화되어서는 안된다. 능력 기준을 시험성적 같은 소수의 양적지표로 한정하여 개인의 다양한 능력을 뭉뚱그려 평가하고 규정하려는 시도보다 위와 같은 생각을 하는 것이 사회적으로 더 큰 문제이다. 사람을 계급과 계층으로 나누고 배제, 무시하려는 시도이기 때문이다. 위와 같은 관점은 보수와 진보 또는 우리와 그들 모두에게서 나타난다.

'메리토크라시'라는 이데올로기가 주로 소비되는 곳은 대학 진학, 공무원, 공공기관, 대학교수 및 교사, 금융권, 방송권 등이다. 이들 직역에서 '메리토크라시'는 지대추구 행위와 혈연, 학연, 지연으로 엮인 정실주의의 극대화, 성적 좋은 사람과 나쁜 사람을 나누는 계급 구분, 이를 통해 지속적인 지대추구 행위가 일어난다.[8] 반면에 '컴피턴스'는 직업과 직위, 계급과 계층을 구분하지 않고 나타난다. 성적이 우수한 그룹들 내부에서도 '컴피턴스' 능력주의의 위협은 발생한다. '컴피턴스'는 시험으로 파악하기 어려운 개인의 다양한 능력에 대한 평가를 가능하게 한다.

'컴피턴스'에는 비합리적, 비이성적, 심지어 비도덕적 평가 요인도 존재한다. 판사도 승진에 탈락하면 무능력자로 전락할 수 있다. 승진을 위해서는 대법원장에게 눈에 띄는 행동과 모습도 보여야 한다. 대기업 이사도 지난해보다 더 나은 성과를 가져다주는 능력을 보여주어야 한다. 시험성적 좋은 사람이 꼭 병원 경영을 잘하는 것도 아니고 주식과 채권투자를 잘한다고 말할 수도 없다. 심지어 '어둠의 세계'에 사는 집단에서도 능력과 유능함은 필요하다. 이들에게 요구되는 능력이 '메리토크라시'일리는 없을 것이다. 능력과 유능함에 도덕과 윤리적 잣대를 들이댈 필요는 없다. 이처럼 계급 내 내부 경쟁을 치열하게 만드는 것이 '컴피턴스' 능력주의이다.

컴피턴스 능력주의는 우리를 타인의 평가에 예민하게 반응하고 여기에 소득 불평등이 동반할 때 '우리와 그들'로 나누어 버려 사회적 공감 능력을 훼손시키기도 한다.

> '컴피턴스'는 엘리트 사이에서도 능력문제로 인한 불안과 고립, 외로움, 상호인정 투쟁의 모습을 '하류층'과 마찬가지로 동일하게 보여준다. 그들 사이에도 승자와 패자가 존재한다.

폭력사건이나 집단 괴롭힘이 증가하고 우울, 불안 등 정신건강을 약화시킨다.[9]
'컴피턴스'는 엘리트 사이에서도 능력 문제로 인한 불안과 고립, 외로움, 상호인정 투쟁의 모습을 '하류층'과 마찬가지로 동일하게 보여준다. 그들 사이에도 승자와 패자가 존재한다.

　토머스 홉스조차 계층 내 대등한 귀족들도 하찮은 것을 두고 목숨을 걸고 싸운다고 말하였다. 귀족들 사이에서도 인정투쟁을 벌이고 있는 것이다. 이 인정투쟁 또한 시험성적 1~2점 차이를 가지고 다투는 메리토크라시일리는 없을 것이다. 인정투쟁의 요체는 메리토크라시가 아니라 바로 컴피턴스이다.

　메리토크라시는 진입장벽을 넘는 그 순간에서의 공정 담론만 존재하지 불평등을 언급하지는 않는다. 그러나 진입장벽을 넘는 그 순간부터 컴피턴스라는 능력주의에 도사린 불평등과 불공정을 맞닥뜨려야 한다. 메리토크라시는 노력에 보상하고 컴피턴스는 성과와 기여에 보상하기 때문이다. 기여와 성과 없는 노력은 필요 없기에 그러한 노력을 측정할 이유도 없고 사실 측정도 불가능하다. 물론 태도와 결부된 인성과 성실함을 기초로 하는 주관적 노력은 자신의 업무 능력과 무관하게 평가받고 인정받아야 한다.

　노력에 대한 보상을 성과와 기여에 대한 보상보다 더 중요시하는 사람들한테는 미안한 얘기지만 어떤 노력을 한다고 해서 임금의 원천인 이익을 창출하는 성과와 기여로 반드시 이어지지는 않기에 컴피턴스 세계에서 노력에 대한 인정이 꼭 보상으로 이어지지 않으며 그것이 불공정한 것도 아니라는 사실이다. 노력에 대한 보상은 과거의 일에 대한 것이지만 기여에 대한 보상은 과거의 기여에 대한 보상뿐만 아니라 미래에 보여줄 것으로 기대하는 성과에 대한 보상도 포함한다. 그래서 컴피턴스의 보상은 공정하지 않을 수 있고 불평등할 수도 있다. 과거 메리토크라시가 곧 컴피턴스로 직결되던 시절도 있었다. 이 경험치에는 개인의 오롯한 능력이 아닌 학연이나 지연 같은 정실주의에 기인한 착시 효과도 존재한다. 요즘은 이러한 정실주의가 힘을 많이 잃어가자 이를 대신하는 부모의 계급이 등장하기 시작하였다. 좋은 능력을 갖춘 부모를 둔 것이 개인의 능력이 되는 세상이 온 것이다.

> 직업세계가 요구하는 능력주의는 시험성적이 아니라 개인 간 경쟁을 통해 누가 더 기여하느냐로 보상을 주는 컴피턴스를 채택하고 있다.

현실 세계의 자유주의 경제논리하에서 인적자본투자 이론은 '컴피턴스'를 선택하였다.[10] 인적자본이론에서 개인의 능력은 곧 성과이자 기여이고 시험처럼 수치로 측정 가능해야 한다. 직업세계가 요구하는 능력주의는 시험성적이 아니라 개인 간 경쟁(compete)을 통해 누가 더 기여하느냐로 보상하는 컴피턴스를 채택하고 있다. 메리토크라시 능력주의를 더 중요하게 여기는 사람은 분배를 시험성적순 능력으로 나눌 때 공정하다고 주장하고, 컴피턴스 능력주의를 중요시하는 집단은 개인의 기여에 응분하는 기하학적인 몫으로 나누어질 때 공정하다고 본다. 바로 이 지점이 메리토크라시와 컴피턴스를 혼용하게 만든 두 번째 이유이다.

'능력주의'는 시험성적과 성과·기여라는 두 가지 의미를 동시에 포괄하는 용어이다. 직업세계에서 개인은 타인과의 경쟁을 통해 자신이 노동시장 내 높은 지위로 상승하거나 더 좋은 직장으로의 이동을 최상의 목표로 삼고 있다는 점에서 한 번의 시험으로 결정되는 '메리토크라시'보다 지속적인 경쟁을 통한 성과와 기여를 강조하는 '컴피턴스'가 더 현실적이다. 앞으로 능력주의는 '자격기반 능력주의'와 '성과기여기반 능력주의'로 나누어 말해야만 할 것이다.

한편 우리 사회에서 능력주의는 정치적 이념을 가리지 않고 실천되고 소비되고 있으며 능력주의 옹호론자들은 '의도적 눈감기'[11]에 빠져들어 있다. 능력주의는 단순히 노동시장 내지 특정 지위의 진입에만 머물지 않고 한 번 진입한 곳에서 지속적인 지대추구 행위[12]를 정당화하고 있다. 청년층 일부에게는 자격에 기반한 능력주의가 자신의 삶의 실현을 위한 기회의 장치이지만 기성세대에게는 발전 없고 성실하지 못한 자신의 불편함을 감추기 위해 '우리와 그들'을 나누는 핑곗거리가 된다. 진보와 보수 가릴 것 없이 거의 모든 부모는 자신의 성공이 학력에 있다고 판단하면서 그러한 성공 방식을 자녀에게 물려주길 원하고 있다. 이와 반대로 학력 취득에 실패한 부모는 자신의 자녀가 더 이상 자신과 같은 전철을 밟지 않기를 바라는 마음으로 입시 전선에 뛰어들고 있다. 이것이 바로 마이클 영의 『능력주의(Meritocracy)』에 나오는 봉건적인 세습 과정이다.

학력의 지대추구 행위는 비단 한국만의 문제는 아니다. 그러나 이러한 지대추구 행위가 존재하는 한 현재 청년층을 위한 각종 블라인드 채용, 공정 채용 등이 좋은 일자리 진입을 위한 공정성 문제를 해결할지는 모르겠으나 실질적으로 공정하고 평등한 순수 능력주의를 실현하는 데는 전혀 영향을 끼치지 못할 것이다. 왜냐하면 자격기반 능력주의가 번성할 수 있는 좋은 직업의 세계는 점점 불안정해지고 있으며, 한 번의 시험보다 지속적 성과를 보여주어야 하는 성과기반 능력주의 작동 방식이 자본 증식에 보다 더 필요하고 유리하기 때문이다.

능력중심 사회와 사이코패스

2000년대 초반 우리 사회를 휩쓴 지식기반(knowledge-based) 경제사회와 더불어 오늘날까지 공정한 사회를 조성하기 위한 정책으로 능력중심(competence-based) 사회는 큰 의미를 가지고 있다. 여기서 'competence(competency)'는 능력이 아닌 역량이라고 번역하여 사용하기도 한다. 이 용어는 교육학에서 주로 사용하는데 OECD에서는 '컴피던스'를 지식, 기능, 태도, 가치를 어떻게 학습시킬지를 고민하는 주제어로 인식하고 있다.[13] 다른 한편에서는 컴피던스를 학생들의 단순한 학업 성취 외에 인지적 역량, 사회적 역량, 자율적 역량, 건강 역량 등으로 나누기도 한다.[14] 이러한 정황을 고려할 때 컴피던스를 능력으로 부르는 것은 적절하지 못하다.

컴피던스에는 '경쟁하다'의 뜻을 가진 'compete'의 파생어로' 경쟁에서 이길 수 있는 상대적 경쟁력(competitiveness)을 갖추고 개인적, 집단적, 산업적 문제를 해결할 수 있는 유능함을 함의하고 있다 하겠다. 왜냐하면 능력이라는 단어에서 능(能)은 평균 이상으로 잘하는 재주가 있어 어떠한 일을 능히 '~을 할 수 있다'라는 의미가 포함된 것이기에 어떠한 일을 (가급적) 해낼 것을 기대하게 한다.

그럼 능력과 역량 이 두 단어의 차이는 무엇일까? 이 부분을 엄밀하게 나눈 문헌은 필자가 아는 한 없다. 영어사전에는 역량, 능력 둘 다 competence로 표기되지만 competence는 역량으로 표현하고 대신 'ability'는 능력으로 표기하는 것이 적합한 표현으로 보인다.[15]

역량과 능력은 각각 한자로 '力量', '能力'으로 표기된다. 역량은 개인이 가지고 있는 힘의 양으로서 수학적으로 표현하면 개인의 개별적인 힘(능력)의 집합을 나타내는 벡터이다. 이때 어떠한 성과를 나타내기 위해 필요한 힘을 보조하는 도구가 기술(skill)이다. 영업사원이 프로젝트를 따내는 행위가 역량(competence)이라면 이 사람의 발표 실력은 능력(ability)이며 발표에 사용한 프리젠테이션 활용 능력은 기술(skill)이 된다.

역량에는 다양한 능력(ability)들이 포함되고 방향성도 존재한다. 역량이 구체적인 수행을 강조하는 개념으로 합의되는 이유가 여기에 있다.[16] 반면에 '能力(능력)'은 무언가를 할 수 있는(can, capable of, able to) 힘을 의미한다. 무언가를 할 줄 안다는 것은 두 가지 개념으로 나누어진다. 하나는 과거에도 해왔고 지금도 할 수 있는 능력(ability)이 있고 또 하나는 뭔가를 아직까지 보여주지는 못하였지만 분명히 할 수 있는 잠재적 능력(capability)이 있다.

컴피던스는 현재에 존재하는 능력(ability) 스칼라의 집합이 방향성(목적)을 형성할 때 벡터인 역량으로 변환된다. 이 방향성에는 국가와 사회에는 경제적 성장과 사회적 응집력, 평등과 인권이, 기업에는 생산성 향상과 이윤 창출이, 개인에게는 고용과 소득, 정치 참여, 사회적 네트워크 등이

> 역량은 개인이 가지고 있는 힘의 양으로서 수학적으로 표현하면 개인의 개별적인 힘(능력)의 집합을 나타내는 벡터이다.

있다.

OECD 자료를 보면 역량에는 몇 가지 범주가 있다. 역량 개념 틀에는 상호 간 언어와 문자 그리고 정보와 지식을 대화로 소통하는 능력(ability), 타인과의 관계, 협력, 갈등관리 능력, 큰 그림 안에서 행동하고 삶의 계획을 형성하고 실행하는 능력, 그리고 권리와 이익의 제한 필요성 등이 포함되어 있다.[17]

2015년 이후 OECD에서는 지식(knowledge), 기술(skill), 정서적 특성(emotional), 메타 역량(성공마인드, 자기조절력, 기획력 등 같은 인지적 능력)과 웰빙(건강상태, 위험요소 방지 능력) 등을 역량에 포함하고 있다.[18] OECD 국제성인역량조사(PIAAC)에서는 성인역량을 12개의 기술(skill) 지표로 구분하는데 여기에는 말하기, 쓰기, 수리 활동, 정보통신기술(ICT), 30분 이상 소요되는 문제의 해결능력, 작업의 수행과 의사결정에서의 과업재량, 직장 내 학습, 동료들과의 협동, 자기관리, 신체활동, 손 기능, 타인에게 주는 각종 영향력이 포함된다.[19] 개인과 기관의 역량이 발휘되기 위해서는 한 가지 요인이 아니라 복합적 요인이 상호작용하면서 이루어진다는 것이다.

OECD에서 제시한 위와 같은 역량은 선언적이며 방향성을 제시한 것이다. 그러나 현실 세계에서 개인의 유능함과 능력이 교과서적으로 작동하고 있을까? 직업세계에서 능력주의는 아름답고 선한 행동만이 존재할까? 이 글을 읽는 독자라면 벌써 '썩소'를 짓고 있을 수도 있다. 동료들과의 협동, 과업재량, 성공마인드, 리더쉽, 인센티브 등이 직업세계에서 강조되면 될수록 반작용으로 갈등과 반대급부, 질시는 동반될 수밖에 없는 요소들이다. 개인보다 조직 전체의 이익을 위한 역량요인이 기업 내 적자생존이라는 게임의 법칙에서 살아남고자 하는 개인의 이해와 상충될 경우 기업조직에서 강조하는 역량은 실패로 귀결될 가능성이 높다. 만일 역량이 착하게 작동된다면 "열심히 해봐야 소용 없어"라던가 "능력은 필요 없어. 다 빽이야", "아니 어떻게 저 사람이 승진을 해?"라와 같은 푸념도 결코 들리지 않아야 할 것이다.

우리나라에서 몇째 안에 드는 공공기관 인사책임을 맡고 있던 필자의 지인은 인사고과에 대한 평가 지표, 평가방법, 배점 등을 오랜 기간 노동조합과 협의하고 합의한 후 이를 적용한 평가 결과에 따라 승진에서 탈락시키거나 보직 배정에 배제한 사람

> 성과기반 능력주의의 요소를 더럽다고 또 착하지 않다고 쳐다보지도 않고 능력주의 논의 틀에서 배제하는 것은 현실을 외면한 능력주의 담론만 양산할 뿐이다.

이 정권이 바뀌거나 사장이 바뀐 후 더 높은 자리로 영전하여 나타날 경우가 가장 무섭다고 내게 귀뜸해 준 적이 있다. 이처럼 직장 세계에서 각종 인사는 교과서적인 역량과 능력주의와 무관하게 작동되기도 한다.

아무리 시험을 잘 본 자격기반 능력주의자들도 복합적 요인에 의해 대기업 이사나 고위공무원 직책에서 탈락하여 은퇴후 변방의 촌로로 살아갈 확률은 매우 높다. 이러한 성과기반 능력주의의 요소를 더럽다고 또 착하지 않다고 쳐다보지도 않고 능력주의 논의 틀에서 배제하는 것은 현실을 외면한 능력주의 담론만 양산할 뿐이다. 사이코패스가 회사에서 인정받는 이유는 그들의 노력 때문이 아니라 성과 기여 때문이다. 이 기여에는 선함과 정의는 없다. 이해 당사자의 좋음만 있을 뿐이다. 그렇다면 능력에는 도덕성이 필요 없다는 말인가? 이 질문에 이 책에서는 명확한 답을 내놓지는 않을 것이다. 이건 철학의 영역이기 때문이다. 다만 사이코 패스의 사례를 통해 자본주의 성과 사회에서 능력이 어떻게 도덕적으로 활용되는지 볼 것이다. 직업세계에서 목격하는 최악의 능력주의 발현은 바로 사악하게 행동하는 사이코패스들이 때로는 강력한 카리스마와 리더쉽으로 포장되어 능력자인 양 추앙받는 상황이다.

산업조직 심리를 연구하는 학자인 폴 바비악(Paul Babiak)과 사이코패스 표준 진단 도구인 PCL-R을 개발한 범죄심리학자인 로버트 헤어(Robert D. Hare)는 『당신 옆에 사이코패스가 있다(Snake In Suits)』라는 책을 공동 집필하였다. 여기서 저자들은 기업의 빠른 성장, 더욱 잦아진 구조조정, 인수와 합병 등으로 속도전을

내야 하는 경영의 필요성 때문에 리더의 이끄는 능력이 실제 업무를 잘 수행할 수 있는 기술적 능력보다 더 중요해졌으며, 이러한 리더쉽에서는 사람을 속이거나 윽박지르는 사이코패스의 행동을 마치 효과적인 경영방식인 것처럼 인식한다고 설명한다.[20] 기업환경의 혼돈스런 변화가 사이코패스를 양산하는 형국인 셈이다.

저자에 따르면 사이코패스들이 최고경영자로 승진할 확률이 일반인 집단 내 사이코패스가 존재할 확률 1%에 비해 3.5배나 높다고 말한다. 사이코패스가 경영의 효율성과 성과를 위해서라면 불법적인 행동까지 서슴지 않고 할 수 있고, 권력과 통제력, 지위, 재산을 차지할 수 있으며, 인간관계를 통해 여러 가지 유형의 착취할 수 있는 공간을 열어주는 곳이 바로 기업이라는 것이다.[21]

작업장 내 구성원의 성격장애(personality disorder)에 대한 벨린다 보드(Belinda Board)와 카타리나 프리츤(Katarina Fritzon)의 연구를 보면 고위 비즈니스 관리자 샘플에서 나타난 성격장애 요소 중 가장 두드러진 요소는 사이코패스와 성격장애의 관련성이다. 특히 고위 비즈니스 관리자 그룹은 히스테리성 성격장애와 관련된 특성을 보여줄 가능성이 더 높으며 자기애성(나르시시즘) 및 강박성 성격장애 특성을 보여줄 가능성도 있다고 주장한다.[22]

자격기반 능력주의와 성과기여기반 능력주의 간의 또 다른 차이점은 전자는 불평등의 문제보다 불공정을 더 심각하게 바라본다는 것이다. 반면에 후자는 불평등과 불공정 둘 다를 심각한 문제로 인식한다. 대표적인 것이 조국 장관 사태 때 일부 대학생들의 공정성 요구가 그러하다. 이들이 말하는 공정은 자질(능력) 있는 사람과 자질(능력) 없는 사람을 구분하는 기준을 훼손한 것에 대한 불만이다. 이들은 결코 불평등의 문제를 제기하지 않았다.

조국 장관 사태에 주로 서울 소재 유명 대학의 학생들의 목소리가 지방대학 학생들보다 더 컸다. 서울 유명 대학 학생들의 공정에 대한 요구가 전체 목소리를 대변하는 것인 양 되었는데, 이것이 정치적 영향력의 크기를 알려주는 것이라면 이들은 이미 지방대생에 비해 권력자가 되어 있는 것이다. 분노는 권력의 크기에 비례한다고 보았을 때 분노에서조차도 불평등한 구조가 존재하였던 것이다. 공정은 외쳤지만 불평등을 해소하자는 요구는 없었다. 롤스(Rawls)는 '기회균등'이란 사회적 지위에 대한 사적 추구에 있어 보다 불운한 사람들을 뒤에 처진 대로 내버려 두는 '평등한 기회'를 의미한다고 말한다.[23] 불평등을 바라보지 못하는 평등을 공정하다고 착각할 수 있다는 것이다.

롤스의 공정한 기회의 원칙이란 개념은 능력주의 사회로 나아가는 것에 대한 반론적 성격을 가지고 있다.[24] 롤스의 정의론에서 주요한 위치를 차지하는 차등원칙(Difference Principle)은 천부적 재능을 공동의 자산으로 생각하고 결과에 상관없이 천부적 재능이 주는 이익을 나누어 가지는 합의를 의미한다.[25] 하지만 직업세계에서는 근로조건, 승진, 소득의 문제를 불평등한 대우의 관점에서 먼저 바라본 후 불공정 문제를 고려한다.

직업세계에서의 능력요소는 OECD가 지정한 것만 있는 것은 아니며 이보다 무수히 많은 능력요인이 존재한다. 사악하게 행동하는 사이코패스가 역량과 능력을 갖춘 능력자로 칭송받는 직업세계에서 비합리적이고 비이성적이며 비논리적이고 비윤리적인 요인들이 있음에도 어쨌든 성과만 낼 수 있다면 유능한 능력자로 인정받는 것이 다반사이다. 이러한 직업세계에 또아리를 틀고 있는 역량(컴피턴스)을 결코 자격기반 능력주의(메리토크라시)는 설명하지 못한다.

자격기반 능력주의를 인적자본과 연결하는 것은 (컴피턴스)개념을 합쳐버린 논의이기 때문에 기업 성과의 원인과 결과를 혼동하게 만든다. 예를 들면 자격기반 능력주의에서 능력있는 사람들이라 할 수 있는 대기업 임원들에게 높은 연봉과 최고 수준의 성과급을 주어야 한다는 주장이 그렇다.[26] 하지만 기업이 말하는 능력주의는 자격기반 능력주의가 아니라 성과기반 능력주의이다. 인적자본투자가 자격기반 능력주의의 필요조건인 것은 맞지만 충분조건까지 만족하지 않는다. 시험성적을 통한 자격기반 능력주의로 좋은 직업이라는 성 안에 진입하게 할 수는 있지만 그 이후 계급화와 정실주의를 근간으로 하는 지대추구 행위에는 처세술, 자기계발 같은 성과기반 능력주의를 보여줄 때야 비로소 가능하기 때문이다. 자격기반 능력주의를 근간으로 임원진에 입성한 사람일지라도 그가 보여 주어야 할 성과는 시험성적의 결과가 아니라 성과기반 능력과 행운, 그리고 주변 사람의 노력과 희생의 결과가 될 것이다. 그러나 자격기반 능력주의든 성과기반 능력주의든 한 가지 공통점은 이 둘 모두가 소득, 임금, 지위로 보상 및 평가 받는다는 것이다. 이 둘 모두는 사람을 경제적 수단으로만 보지 목적으로 바라보지 않는다. 이 두 가지 능력주의 모두 사람의 본원적인 자유와 순수한 이타적 동기 및 행위를 고려하지 않으며 공동체를 염두에 두고 있지도 않다. 개인의 능력만을 최고로 쳐주고 그러한 사람끼리 밀어주고 끌어주는 정실주의 내에서 '끼리끼리'는 있지만 공동체 내에서의 '우리'는 없다. 결국 나를 포함하여 서로를 이어주고 서로를 위해주는 능력이 필요한데 그것이 바로 잠재역량으로 번역되는 캐퍼빌러티이다.

캐퍼빌러티의 탄생과 의미

앞에서 우리는 'ability'와 'capability'의 차이를 간략히 구분하였다. 전자는 경험과 경력을 가지고 현재 주어진 문제를 해결하거나 과제를 수행할 수 있는 직접적인 능력을 의미하는 반면에 후자는 아직까지 뭔가를 보여주지 않은 역량(능력), 잠재역량(능력)이다. 이러한 개념이 오늘날 소비되는 단어는 '포텐이 터졌다'인 'potential'(잠재적인, 가능성 있는)이고, 명사로는 'potentiality'(잠재력)이다.

의미상으로는 둘 다 유사한데 'potential'은 이미 내재적(innate)으로 사람에게 존재하고 있는 것이 어느 날 갑자기 나타나는 현상을 의미한다면 'capability'는 외재적으로 즉 법률적, 지적, 물리적으로 뭔가를 할 수 있는 질적 능력(the quality of being capable—physically or intellectually or legally)을 의미한다. 아직 실현되지 않았으며 언제 실현될지도 모르지만 어떤 조건이 갖춰지면 실현될 수 있는 역량, 능력이다. 내재적이 아닌 외재적 가능성이기 때문에 제도적, 법적, 특히 교육을 통한 지원이 필요하다.

'캐퍼빌러티'를 통상 역량이라고도 번역하는데 앞서 본 '컴피턴스' 역량과 중복되는 용어이므로 일부에서는 잠재능력, 잠재역량이라고 하기도 하고 또 어떤 이는 가능성과 희망이 포함되어 있다고 하여 가망성이라고도 한다. 필자의 견해는 잠재역량이 더 적합하다고 보여지지만 이 단어에는 캐퍼빌러티가 내포하고 있는 자유, 기회, 평등의 개념을 담아내지 못하는 한계가 있다. 따라서 원어 그대로를 살려 캐퍼빌러티라고 부르고자 한다.

역량으로 번역하게 되면 앞서 논의한 능력, 교육 등의 유사 개념으로 오해하거나 제임스 헤크만(James Heckman)처럼 인적자본의 주요 도구인 인지적 영역과 비인지적 영역, 특히 비인지적 영역 중에서 사회정서(socio-emotional)들—예를 들면 인내(patience), 자기조절(self-control), 성격(temperament), 위험회피(risk aversion), 시간선호(time preference)와 같은 기술(skill)—의 발달이 인적 캐퍼빌러티라고 이해하게 만들 수 있다.[27]

그렇다면 과연 캐퍼빌러티란 무엇인가? 캐퍼빌러티는 펑셔닝(functioning)을 성취하기 위한 기회집합(opportunity set)이자 개인이 자유의사를 가지고 가치 있는 무언가를 하고 싶은 것(doing), 되고 싶은 것(being)이 가능하도록 하는 기회의 평등이며 실질적인 자유를 의미한다. 여기서 펑셔닝은 개인의 건강상태, 교육, 일자리, 우정, 가족 부양, 정치 참여 등등 삶을 가치 있게 만들기 위해 개인이 이루어내는 성취(achievement) 또는 결과물(outcome)의 다양한 조합인 벡터로 정의된다.

> 캐퍼빌러티는 펑셔닝을 성취하기 위한 기회집합이자 개인이 자유의사를 가지고 가치 있는 무언가를 하고 싶은 것, 되고 싶은 것이 가능하도록 하는 기회의 평등이며 실질적인 자유를 의미한다.

캐퍼빌러티를 최초로 이론화한 사람은 인도 출신의 경제학자 아마르티아 센(Amartya Kumar Sen)이다. 그는 이 개념으로 1998년 노벨경제학상—정확히는 스웨덴 국립은행장 상—을 받았다. 그가 쓴 논문과 이력을 보면 왜 그가 캐퍼빌러티에 관심을 갖고 평생 이 연구를 하였는지 이해할 수 있다. 그는 영국 케임브리지 대학교에서 정치경제학 분야에서 독보적인 학자였던 모리스 돕(Maurice Dobb)의 제자로 발전경제학을 전공한 뒤 인도의 한 대학에서 경제학 교수를 역임하였다.

1950년대 중반에서 60년 초 인도 상황은 그야말로 나라로 보기 어려울 지경이었다. 빈곤과 식량난, 카스트 계급으로 인한 교육부재, 경제력 낙후로 국민을 위한 인프라 미비, 정치적으로는 1947년 파키스탄의 분리 독립, 1971년에 방글라데시의 독립이 이루어진 상황이었다. 당시 인도 국민은 서구적인 인권 관점이나 존엄성은 부족한 상태였다. 특히 교육 인프라 미비로 인하여 경제발전에 필수인 교육 기회가 부족한 상황이 만연해 있어 센은 자신이 전공한 발전경제학의 의미를 찾기 어려웠을 것으로 보인다.

그러던 어느 날 영국 그는 정부에서 주는 특별장학금(Prize Fellowship)제도의 수혜자가 되어 전공을 전환한다. 그 분야가 바로 도덕철학과 후생경제학, 그리고 미시적으로는 복지, 자원배분, 사회선택, 효율성을 분석하는 분야였다. 이러한 종합적인 연구 끝에 캐퍼빌러티 개념이 세상에 등장하게 되었다. 미시경제학에서 후생을 논의할 때 사용하는 선호(preference) 및 효용성(utility)에 맞대응하는 개념으로 캐퍼빌러티와 펑셔닝 개념이 등장하였다.

센은 공리주의가 되었든 효용이든 복지주의든 기존의 방식은 선호와 좋음에 대해 개인 간 비교가 불가능하고, 개인의 다양성을 고려하지 못하며, 불평등의 문제를 도외시하거나 아니면 간과하기 때문에 개인의 삶의 질과 자유를 확대하는 데 기여하지 못한다고 본다. 선호라는 것을 물질적이거나 측정 가능한 것으로 간주하기보다는 개인이 할 수 있고 되고 싶은 것이 될 수 있는 기회와 자유의 확대를 가능하게 해주는 요소에 사회정책 차원에서 신경을 더 쓰자는 것이 바로 캐퍼빌러티가 추구하는 가치이다.

선호에 대한 결과를 측정하기 위해 사용한 만족도, 효율성, 효용, 행복, 욕망도

각 개인이 추구하는 가치의 차이를 반영하지 못하기 때문에 캐퍼빌러티에 의해 성취된 결과인 펑셔닝으로 선호의 결과를 분석하자는 것이 핵심이다.[28] 정리하자면 캐퍼빌러티는 원하는 목적을 달성할 기회이며 펑셔닝은 실제적으로 이룩한 성취물이다.

<표 2-1> 캐퍼빌러티 개념 총괄

주류 경제학		캐퍼빌러티(capability)		
기본 철학	문제점	정의	실행	평가
• 공리주의 • 효용(utility) • 선호 (preference) • 경제성장	• 개인의 자유, • 다양성, • 불평등, • 정의, • 삶의 질 (well-being) 등의 문제를 해결하지 못함	• 성취(achievement) 또는 결과물(outcome)에 대응하는 다양한 역량의 조합 • 펑셔닝을 성취하기 위한 기회집합 (opportunity set) • 개인이 자유의사를 가지고 가치 있는 무언가를 하고 싶은 것(doing), 되고 싶은 것(being)이 가능하도록 하는 기회의 평등이며 실질적인 자유	• 행위 자유 • 헌신 • 이타주의 • 공동체 기여 • 정치 참여 • 민주주의 확대 • 교육과 훈련	• 펑셔닝에 대한 가중치 적용 • 사회적 합의 필요 • 캐퍼빌러티 가치와 펑셔닝 가치의 동일화 • 개인의 자유와 기회 확대

2. 캐퍼빌러티의 철학적 배경

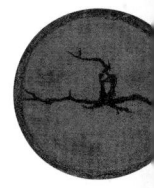

복지와 캐퍼빌러티

현재 우리나라에서 복지에 관한 논쟁이 활발하다. 2019년 기준 우리나라 공공복지지출 비율이 OECD 가입국 평균 20%보다 낮은 12.2%에 불과한 가운데[1] 고령층 비율의 증가, 일과 고용과 삶에 대한 가치관 변화 등과 맞물려 복지 확대 요구가 높아지고 있기 때문이다. 이를 위해 정부는 고령자를 위한 기초연금 확대와 증액, 전국민고용보험 실시, 사회투자론에 기반한 취약계층에 대한 두터운 지원 약속, 그리고 기본소득 등 다양한 논의가 쏟아지고 있다.

이들 복지 담론의 한 가지 공통점은 복지를 소득, 주택, 의료, 문화예술 등에 지출하는 돈으로 규정하는 것이다. 과연 돈의 지원, 즉 소득 재분배만이 복지의 전부일까? 그게 아니라면 '무엇이 복지이고 분배인가?'라는 의문이 들 수 있다. 복지가 여러 원인으로 발생하는 개인 간 차이를 보정하기 위한 행위라면 복지는 누군가를 위한 이타성과 평등의 원리가 들어 있는 분배 개념으로 보아야 한다. 그렇다면 평등한 삶을 위해 복지가 어떠한 방법과 어떠한 구성물을 가지고 불평등을 해소할지에 대한 의문은 매우 중요하다. 그러나 복지에 대한 정의와 규정은 실로 광범위하며 개인에게 놓여진 처지에 따라 요구사항은 매우 다양하다. 심지어 복지에 대한 측정 문제로 넘어가면 추상적이기까지 하다.

이 책에서는 복지의 정의와 구성, 그리고 측정에 대한 철학적 담론을 자세하게 논의할 의도를 가지고 있지 않다. 다만 아마르티아 센이 주장한 캐퍼빌러티가 왜 복지의 지표가 되어야 하며 평등을 알려주는 지수가 되는지 살펴보기 위해 먼저 복지에 대한 전통적인 논의의 흐름을 쫓아가 보고자 한다.

근대 경제학자들은 복지를 선호의 만족으로 보았다. 사람들에게 어떤 속성을 가진 안정된 선호 순위(preference ranking)을 보여줄 수 있다면 경제학의 수요이론에 의하여 복지를 설명할 수 있을 것으로 보기 시작한 것이다. 주류 경제학의 이러한 시도는 벤담식의 공리주의의 주요 지표인 쾌락·고통 요인을 선호의 만족으로 전환시킨 사례로 전통적 공리주의와 차별적이라 할 수 있다.[2] 왜냐하면 전통적인 공리주의는 좋은 삶, 행복, 욕구의 만족, 경험의 쾌락 같은 주관적 요인만을 강조하였지 선호 순서와 측정은 고려하지 않았기 때문이다.

이처럼 선호와 관련한 주류 경제학의 대표적 이론은 선호 공리주의라 볼 수 있는 폴 사무엘슨의 현시선호이론(revealed preference)이다. 그러나 이 이론이 완벽해지려면 선호에 의해 나타나는 복지가 개인 간 비교 가능해야 하지만 완벽한 비교가 불가능하다는 데에 문제가 있다. 비교의 문제가 발생하는 이유로는 첫째, 사람 간 주관적 느낌 또는 즐거움, 만족감을 비교 및 측정하는 것이 어렵기 때문이다. 설사 이 선호가 잘못된 정보에 입각하여 판단되는 경우에서조차, 예를 들면 어떤 사람이 X를 Y보다 선호하였는데 이때 X를 개인이 아무리 만족할지라도 잘못된 정보에 입각한 선택이었다면 실제 X는 선호 우선순위에서는 밀리지만 복지 관점에서는 만족하였기 때문에 복지가 증가된 것으로 볼 수 있게 만든다. 엉뚱한 것에 현혹되었지만 이를 모르고 자신이 선택한 것에 만족해하는 '벌거벗은 임금님'이 될 수도 있다는 것이다.

둘째, 동일한 X라 하더라도 사람마다 선호 순위가 다를 수 있다. 돈이라는 상품을 대다수 사람들이 선호하는 것은 맞지만 모두가 선호하는 상품은 아니기 때문에 돈의 증가가 꼭 복지의 증가라고 말할 수 없는 이유이다. 돈을 많이 가진 재벌 회장이 부럽고 선호되는 인물일 수 있겠지만 막상 '당신이 재벌 회장할래?'라고 물으면 그 자리를 좋아하지 않을 수도 있다. 선호만으로 복지를 평가할 경우 소위 값비싼 선호(expensive tastes)를 위해 사회정책이 이에 반응해야 하는가라는 문제와도 충돌한다. 선호는 믿음에 기반하는데 자신이 믿는 어떤 것에 대한 선호가 다른 사람 또는 다른 집단의 믿음과 달라 선호 간의 불일치 문제가 대두될 수 있다.

복지를 규정하는 또 다른 이론 중에는 고전적 공리주의의 하나인 (행동)결과주의(consequentialism)가 있다. 이 이론은 복지를 결과적으로 어떤 좋은 일이 발생한 것으로 규정한다. 일종의 '이익 평등의 원칙'(또는 효율적 이타주의) 개념으로 좋지 않은 것보다 좋은 것이 더 많다면 그것은 결과적으로 좋은 일이며 복지라는 관점이다. 예를 들면 한정된 약만 존재할 경우 고통이 적은 사람보다 큰 사람에게 약을 처방한다거나 한 사람보다 더 많은 다수에게 유리한 선택에 손을 들어주는 것이다. 이러한 결과주의는 어떠한 정책 결과가 다른 대안들보다 좋다면 그것이 유일하게 도덕적이기 때문에 복지를 극대화하기 위한 행동은 의무적(obligatory)인 행동이어야 한다[3]고까지 주장한다. 이 이론이 주목받는 이유는 선택적 복지를 정당화하고 도덕적인 것으로 바라보게 할 수 있기 때문이다. 기본소득이 비판받는 이유 중 하나가 바로 재벌에게 10만 원을 주기보다는 적은 소득을 가진 사람에게 10만 원을 줄 때 한계효용이 더 큼을 무시하기 때문이다.

효용 평등(utilitarian equality)을 복지로 규정하는 공리주의가 있다. 분배와 관계없이 효용의 총계를 극대화하는 벤담식 공리주의와 달리 총효용을 위해서는 모든 사람의 한계효용이 평등해야 함을 중요시한다. 그러나 한계효용 평등이 도덕적 중요성의 척도가 될 수 있는지는 의문이며 모든 사람이 동일한 효용함수를 가지고 있다고 가정하기 때문에 개인의 효용을 합산하면 자동적으로 전체 효용을 알 수 있다는 것으로 간주한다. 그러나 이 자체만으로 복지의 실제적 개념을 더 포괄한다고 말할 수 없는 데다가 개인의 다양한 필요와 요구는 전체 효용과 한계효용의 방향을 서로 반대로 움직이게 만들 수 있다는 점에서 한계를 노출한다.

이에 경제학자들은 선호의 순위에 대해 할당된 점수를 부여하는 지수화 문제(index problem)를 가지고 합산, 비교, 측정이 가능한 편리함 때문에 복지에 대한 관점을 선호 순위에서 만족 개념으로 바꾸기 시작하였다. 경제학자들은 선호에 의한 복지를 객관적으로 측정 가능한 물질적, 경제적 자기 이익으로 본 것이다. 그러나 이 또한 원래 의도대로 측정과 지수화가 쉽지 않자 다른 대안을 찾아나서는데 그 대안이 바로 파레토 개선, 즉 파레토 효율성(pareto efficiency)이다.

x보다 y를 선호하지는 않지만 다른 사람한테 손해를 끼치지 않는 상태에서 최소한 한 사람이 y보다 x를 선호하여 이득을 가져다주는 경우, x는 다른 y에 대해 파레토 개선[4]이며 더 이상 추가적인 파레토 개선이 이루어지지 않을 때 이를 파레토 효율성이라 한다.[5] 파레토 개선에 대한 몇 가지 비판들이 있는데 이중 생각해볼 만한 것은 파레토원칙은 둘 중 어떠한 것이 더 나은지에 대해 판단하지 않는다는 점이다. 옳음과 그름에 대해 판단하지 않으며 더더욱 공정성(fairness)과는 연관조차 찾을 수 없다. 극단적인 예로 전쟁을 통해 국가의 경제성장이 가능하고 국민의 부를 축적하며 소득 불평등을 해소할 수만 있다면 전쟁은 매우 좋은 일이 될 수 있다.

밀턴 프리드먼 식으로 개인에게 현금을 주고 각종 복지정책과 사회정책 관료들을 다 없애는 것이 파레토 효율적라면 국가가 개입하고 간섭하고 온정을 베풀 이유도 없다. 효율성은 독재국가나 노예제나 봉건제하에서도 존재할 수 있지만 그렇다고 정의와 공정이 없는 독재국가나 노예제나 봉건제를 효율 높은 사회라고 말할 수는 없을 것이다. 이처럼 정의와 효용성이 반대로 움직이는 철학적 문제 때문에 하이에크나 프리드먼은 공정을 사회적으로 이루기 불가능한 것으로 보고 오히려 개인의 자유 확대가 더 필요하다고 주장한다. 그래야 작은 정부를 실현할 수 있고 작은 정부는 기업의 자유를 억압하거나 규제할 여력이 없게 되기 때문이다.[6]

복지에서의 공정성 문제를 이론화한 사람은 존 롤스(J. Rawls)였다. 롤스는 기본재화라는 상품묶음을 통해 정의가 복지에 초점을 맞출 필요는 없지만 사회정책은 복지의 요소 일부를 사회가 책임져야 하기 때문에 이를 기본재화의 지수에 의해 측정해야 한다고 주장한다. 차등의 원칙에 기반하여 어려운 사람에게 기본재화를 제공함으로써 공정으로서의 정의를 달성하고자 한 것이다. 롤스는 기본재화는 시민들에게 자유롭고 평등한 사람이 되기 위해 필요한 것들이며 합리적 인간이라면 누구나 당연히 원하는 것으로 상정하였다. 그리고 이러한 기본재화를 보유하는 정도를 표현한 지수화는 롤스 식의 정의에 대한 사정평가에서 개인 간 비교의 도구로서의 역할을 한다. 반면에 로널드 드워킨(Ronald Dworkin) 식의 자원(resource) 중심 논의구조는 자원분배의 방향성에 윤리적 설명을 취하고 있다. 롤스와 드워킨 모두 개인 간 비교를 실시하는데 있어 '무엇을 얻을 수 있는가'보다는 '무엇을 지원해야 하는가'라는 자원에 초점을 맞추고 있다. 그러나 '무엇의 평등인가(equality of what)' 하는 질문에 대해서는 '사람이 수단(means)에서 무엇을 얻을 수 있는가'보다는 '사람에게 어떤 수단이 더 필요한가'라는 수단 차원에만 답한다는 한계를 가지고 있다.

이에 아마르티아 센은 고전적 공리주의에서 중요하게 보는 심리적 행복보다는 사람의 권한(entitlements)과 캐퍼빌러티와 펑셔닝을 통한 자유의 확대 및 사회참여를 더 중요하게 바라본다. 왜냐하면 개인의 요구들(claims)은 자원이나 기본재화의 유지 또는 배분만으로 규정될 수 없다고 보기 때문이다.

센은 사람들이 존중받을 이유(reason to value)를 가지며 다른 삶들을 선택할 수 있음을 통해 삶을 즐길 실제적인 자유에 의해 평가되어야 한다고 주장한다. 이의미는 기본재화와 자원(resource)이 개인의 자유 획득을 위한 것이라 말은 하지만 실상은 사람이 선택할 수 있는 대안적 삶에 개인의 선택이나 자유의사와 무관하게 영향을

> 아마르티아 센은 고전적 공리주의에서 중요하게 보는 심리적 행복보다는 사람의 권한과 캐퍼빌러티와 펑셔닝을 통한 자유의 확대 및 사회참여를 더 중요하게 바라본다.

끼칠 수 있음을 경계하고자 한 것이다. 또한 센은 롤스의 기본재화를 상품물신주의(commodity fetishism)라 비판하며 아울러 개인의 능력에 따라 기본재화를 사용하는 능력에 한계가 있기에 결코 개인의 복지를 증진시키는 데 기여할 수 없다고 비판한다. 그러나 센의 주장은 롤스와 일부 유사한 점도 있어 보인다. 센은 롤스의 주장과 마찬가지로 사회정책이 개인이 성취한 결과인 펑셔닝에 직접 관여해야 한다고 주장하지는 않지만 사회정책은 캐퍼빌러티에 중점을 두어야 한다고 보는 관점이다.

자신이 원하고 되고 싶은 것을 언제라도 할 수 있을 능력, 넓게 볼 때는 자유의 확대, 즉 캐퍼빌러티를 위해 롤스의 사회정책 강화처럼 국가의 사회정책이 수행되어야 한다고 주장한다. 일종의 롤스의 기초재화와 유사한 것이 기본 캐퍼빌러티 평등(Basic Capability Equality, BCE) 개념이다. 다만 BCE는 개인의 역량 박탈을 막기 위한 최소한의 조건상태이자, 평등이며, 최소한의 복지를 의미한다.[7]

한편 센은 선호(preference)보다 요구(needs)를 더 중요한 것으로 보는데 여기에는 개인이 원하는 것과 필요로 하는 것이 다를 수 있다는 의미를 내포한다. 필요는 인간의 기본적인 활동과 기능을 위해 한 개인이 갖추어야 하는 것을 의미하는 반면에 원하는 것은 필요한 범위 그 이상으로 벗어난 것을 말한다. 여기에는 정보에 입각한 선호의 만족을 지향하는 공리주의도 좋지만 정책은 선호보다 필요에 초점을 맞추어야만 한다는 인식이 깔려있다. 이렇듯 센은 사람들이 무엇을 필요로 하는가를 정부가 더 쉽게 식별할 수 있다는 장점이 있기에 정부는 캐퍼빌러티 증진을 위한 사회정책을 펼쳐야 하며 이것이 실현될 때 개인의 복지(welfare)와 후생(well-being)은 증가될 것이라 보는 입장이다.

센은 선호와 판단, 이익(interest)에 대한 사회적 합산과 측정이 사회정책 또는 사회선택이라면 선호와 이익에 대한 개인의 차이, 다름, 갈등의 문제를 사회선택이론을 통해 해결해야만 하며 도덕철학적 입장도 함께 견지해야 한다고 본다. 이 의미는 뒤에서 논의할 펑셔닝으로 대표되는 성취되거나 성취해야 할 사회적 가치의 우선순위를 결정하게 될 경우 가치들 간에 충돌이 발생할수 있어 이를 조정할 사회적 합의의 필요성을 말한다.

주류 경제학처럼 선호의 만족과 효율성 관점에서 복지를 바라보게 되면 개인 간 갈등을 조절할 방법이 없다. 왜냐하면 개인들의 서수적 순위를 가지고 개인 간 상이한 이익들의 상대적 중요성을 파악할 그 어떤 정보가 존재하지 않기 때문이다. 우리에게 '애로우의 불가능성 정리(Arrow's impossibility theorem)'로 잘 알려진 케네스 애로우(Kenneth J. Arrow)의 4가지 조건인 1) 자유주의 권리, 2) 부적절한 선택대상으로부터의 독립성, 3) 파레토원칙, 4) 집단적 합리성 등으로 구성된 네 가지 정리는 개인이 합리적으로 내린 도덕적 판단을 합산할 수 있는 일관성 있는 평가가 어렵다는 것을 말해준다. 네 가지 조건을 동시에 충족하는 사회적 집계 규칙이 독재 외에는 존재하지 않는다는 것이다. 이는 개인의 선호와 판단이 아닌 정부와 사회의 조정 역할이 필요할 수밖에 없는 근거가 되지만 때때로 개인의 소극적 자유를 중요하게 여기는 자유주의 원칙과 충돌할 수밖에 없다. 그래서 센은 파레토 기준이 애로우의 네 가지 조건을 일관되게 수용할 수 없다는 것을 증명하는데 이것이 바로 '센의 자유의 역설(Sen's paradox)'이다.[8]

사회적 합의라는 민주주의적 요구와 자유 또는 권리라는 두 측면이 무조건 양립하기는 어렵다는 것이고 사적 영역에서 개인에 대한 일정한 도덕적 제약이 필요하다는 것을 의미한다.[9] 왜냐하면 파레토는 타인의 선호를 자신의 개인적 영역에서 선호와 동등하게 대우하기 때문이다. 센의 역설은 타인이 나의 선호에 간섭하지 않으면 발생하지 않는다. 반면에 파레토 효율성은 내가 되었던 남이 되었던 어떤 선택한 선호가 복지를 증가시킨다면 도덕적으로 좋은 것이 되기에 나 자신만을 위한 복지의 측정을 위해 파레토 효율성이 아닌 다른 무언가가 필요하며 이때 나를 위한 복지는 캐퍼빌러티가 되어야 하는 이유다.

자유, 선택, 기회의 확장과 기본재화

철학자 칸트는 인간 자신을 수단으로 보기보다는 목적으로 볼 필요가 있다고 말하였다. 인간을 사물처럼 노동의 수단이나 도구로 이용하기보다는 기계와 기술 그리고 경제가, 인간을 둘러싼 제도와 법률이 인간을 위한 도구로 사용되어야 함을 지적하는 것이라 하겠다. 그러나 현재의 경제구조와 경제성장 지향 문화에서는 인간 그 자체를 목적으로 상정하기보다는 기계와 동일하게 경제성장을 위한 생산 도구와 요소로서 규정한다.

원칙적으로 경제적 번영 그 자체만을 목적으로 하고자 사람을 수단으로 바라보는 것이 도덕적으로 잘못일 뿐만 아니라 경제·사회 체제적으로 보더라도 경제적 번영·강화만을 위해 사람의 능력을 사용하는 것은 꽤나 비효율적이다. 경제적 번영은 사람들의 삶을 풍요롭게 하는 하나의 수단에 불과한데 여기에 사람의 모든 능력을 쏟아붓기 때문이다. 국민 1인당 GNP가 높다고 해서 그 국가에 사는 사람의 삶의 질이 좋다거나 불평등이 없다고 말할 수 없다는 점에서 우리는 분명히 알 수 있다. 경제성장이 반드시 개인의 삶의 질 향상과 사람의 가치를 높이는 데 일조한다고 보기는 어렵다. 이에 인간의 삶의 풍요를 지향하는 차원에서 사회적 변화를 이끌어 낼 방안이 필요한데 센은 바로 캐퍼빌러티 개념에서 이를 찾고자 시도하였다.

센은 인간의 삶을 각 개인이 자유의사를 가지고 가치 있는 무언가를 하고 싶은 것(doing), 되고 싶은 것(being)의 집합으로 보았다. 이 말은 무언가를 하고 싶은 것과 되고 싶은 것이 가능하도록 하는 자유, 기회, 선택이 캐퍼빌러티이고 그 결과로 나타나는 건강, 좋은 영양 상태, 가난으로부터의 탈출, 자기존중, 애덤 스미스가 말한 '가죽 구두가 없더라도 부끄럼 없이 공동체의 사람들에

> 자유, 기회, 선택이 캐퍼빌러티이고 그 결과로 나타나는 건강, 좋은 영양 상태, 가난으로부터의 탈출, 자기존중, '가죽 구두가 없더라도 부끄럼 없이 공동체의 사람들에게 다가가기'가 펑셔닝이다.

게 다가가기는 펑셔닝이다. 센은 이러한 펑셔닝을 만들어 낼 수 있는 캐퍼빌러티를 가질 때 풍요로운 인간의 삶이 가능하다고 규정하였다.

하나의 예를 들어보자. 이란 영화 《천국의 아이들》을 보면 여동생이 신발을 잃어버리자 오빠가 여동생에게 신발을 선물하고 싶어 한다. 때마침 마라톤 대회에서 3등을 하면 신발을 주는데 오빠는 자신의 캐퍼빌러티인 달리기를 활용하여 펑셔닝인 3등을 하고자 했지만 아쉽게도 1등을 한다. 오빠는 동생에게 신발 선물을 해주지 못해 몹시 슬픈 표정을 지으며—대신 아버지가 신발을 사다주는 것으로—영화는 막을 내린다. 성장 위주의 경제적 관점에서 오빠는 최고의 결과를 냈지만 정작 당사자의 삶은 슬펐다. 3등을 해서 신발을 동생에게 주었다면 오빠의 삶의 만족은 높아졌을 것이며 최소한 그날 저녁 오빠와 동생의 삶은 풍요롭게 마무리가 되었을 것이다.

센의 캐퍼빌러티 개념은 아리스토텔레스, 애덤 스미스, 존 스튜어트 밀, 칼 맑스까지 내려가 그들의 개념을 차용해 온다. 아리스토텔레스는 인간의 선(Good)을 활동(activity)적 의미 내에서 삶의 탐험과 인간적 기능과의 연계를 시도하였다. 센은 이러한 활동을 성취하기 위한 캐퍼빌러티가 가치 있는 활동 차원에서 삶의 질을 바라보는 아리스토텔레스의 입장과 상당한 유사성과 적용성을 가지고 있다고 보았다. 아리스토텔레스적 공화주의 입장은 상당히 여러 곳에 영향을 끼치는데 대표적인 것이 한나 아렌트의 활동적 삶(vita activa)이라는 개념이다. 인간이 수행하는 사적 영역의 노동과 일보다는 공적 영역에서의 행위(action)만이 공동체 구성원의 삶을 위한 유일한 행동이라고 보는 관점이다. 이러한 입장은 뒤에서 논의할 헌신(commitment)과 행위 자유(agency freedom)의 개념에서 보다 명확히 나타난다.

아리스토텔레스는 돈을 버는 삶(the life of money-making)은 마지못해 떠맡은 삶이며 부(wealth)는 우리가 추구하고자 하는 선(good)이 아니라고 보았다. 우리가 삶을 평가한다는 것 자체는 맑스가 비판하는 '상품물신주의(commodity fetishism)'의 범위를 벗어나서 인간의 삶의 결과로 나타나는 다양한 펑셔닝의 중요성을 평가하는 것이어야 한다. 무언가를 성취할(한) 사람들의 캐퍼빌러티와 이로 인해 성취된 결과인 펑셔닝이 적절하게 평가되어야만 한다는 것이다.

애덤 스미스와 칼 맑스도 명백히 삶의 질 또는 후생(well-being)의 결정 요인으로서 캐퍼빌러티와 펑셔닝의 중요성을 인식한 것으로 보인다. 예를 들면 맑스의 접근법은 아리스토텔레스와 유사한데, 맑스는 인간에게 필요한 활동을 수행하는 차원에서 삶의 성공을 바라보았다. '능력에 따라 일하고 필요에 따라 분배' 받는 사회가 하나의 예시가 될 수 있다. 특히 '필요에 따른 분배'의 의미는 개인의 안녕 또는 후생에 대한 평가는 남들이 좋다는 것을 하는 것보다 나 개인의 존재를 구성하고 나의 만족을 높일 수 있는 성취물의 구성요소로 평가되어야 함을 의미한다. 영화 《천국의 아이들》에서 1등 상품인 운동복, 2등 상품인 학용품은 나의 존재를 알려주는 상품조합이 아니며 오직 3등 상품 운동화만이 나에게 필요하고 나의 후생에 대한 평가의 구성요소가 되어야 한다는 의미이다. 그래서 캐퍼빌러티는 개인의 다른 삶의 방식들 중에 선택할 수 있는 개인의 자유를 반영한다. 주인공 알리는 1등으로 달리고 있었지만 신발을 얻기 위해 2등에 양보하고 3등을 하기 위해 2등을 타인에게 양보하는 자발적 선택을 한다. 하지만 결과는 본인의 자유의사와 무관하게 1등을 한다. 1등 최종 상품은 알리의 삶의 만족을 높여준 것이 아니어서 영화결말에 알리가 낙담한 표정을 짓도록 만들었다. 1등 상품 가치는 주인공 알리의 삶의 가치를 대변하지 못한 필요 없는 상품인 셈이다.

주류 경제학 관점은 여전히 공리주의적 사고와 철학에 머물러 있다. 공리주의적 효용주의에 입각하여 인간의 삶의 질을 만족, 쾌락, 기쁨, 욕구 실현, 행복, 효용, 선호의 총합으로 규정하고 특히 선택을 강조하다 보면 개인의 실질적 결핍(real deprivation)을 반영하는 문제를 놓칠 수 있다.[10] 이러한 결핍이 만성화되면 개인을 자

> 결핍이 만성화되면 개인을 자꾸 '겸손'하게 만들어 자신의 욕구를 줄이게 만드는 요인으로 작용한다.

꾸 '겸손'하게 만들어 자신의 욕구를 줄이게 만드는 요인으로 작용한다. 자신의 욕구가 도저히 실현될 가망이 없다는 판단이 서면 자신의 욕구 그 자체를 후퇴시켜 자신의 선택지를 좁혀버림으로써 부자유의 경험을 회피하려는 경향을 보이게 된다. 이것이 욕구 수준을 낮추면 낮출수록 더욱 자유로워진다는 역설을 만든다. 한 마디로 '오르지 못할 나무는 쳐다보지 않는 것'이 행복하다는 순응적 선호 현상을 불러일으키는 요인이 된다.[11]

공리주의는 주인공 알리의 1등 상품만 보고 알리가 신발을 얻지 못한 정서적 결핍을 외면한다. 어려운 사람들이 만성적인 결핍 상황에 오래 머물러 있게 될 때 작은 동정 하나에도 즐거움을 느낄 수 있다. 그러나 이러한 만성적 결핍은 현실적으로 무언가가 필요하지만 스스로 자신들의 욕구와 욕망을 줄이기 위한 노력을 하게 만들어 충분한 삶의 여유로움을 얻지 못하였음에도 즐거움이나 복지 욕구 충족 지표에 삶에 필요한 요구가 드러나지 않게 한다.

우리 속담에서 어떠한 문제를 겪어 해결하지 못하면 '아이고 내 팔자야'하고 넘어가는 행위는 '뭐 다 그런 거지'라는 체념을 낳게 되고 자신이 결핍되거나 부족한 상태인지 몰라 즐거움과 행복의 지표에 좋고 나쁨으로 현시되지 않는다. 그러나 캐퍼빌러티는 개인 자신의 요구를 명확히 할 자유의 확대를 중요하게 여긴다. 하지만 캐퍼빌러티 접근법(capability approach)에는 사실 모호함이 존재한다.[12] 인간의 본성이나 인간의 자유 구성에는 일정 정도 문제점이 있기 때문이다. 이 부분에 대해 센은 모호성을 없애려 하지 말고 그 모호성이 무엇인지를 파악하려는 시도가 더 중요하다고 말한다. 특히 그는 '분명한 잘못'보다 '모호한 옳음'이 중요하다고 주장한다. 모호한 옳음에는 가치 있는 성취와 자유가 무엇이냐는 질문에 대한 대답을 찾아야만 하는 노력이 필요하기 때문이다. 이에 센은 개인의 삶의 질이 향상되기 위해서는 최소한 인간의 기본적 요구(basic needs)라는 요소가 필요하다고 보았다.

일부 문헌에서는 기본적 요구를 어떻게 구체화해야 하는지에 대한 어려움을 토로하지만, 통상적으로는 좋은 영양, 주거, 교육 같은 것으로 정의하고 있다. 롤스의 기본재화와 다른 점은 롤스는 사람과 사람 사이를 비교하는 데 있어 기본재화라는 상품묶음에 집중하며 이러한 기본재화 리스트는 목적보다 수단에 더 관심을 갖게 한다. 우리가 성취한 것이나 성취할 자유 같은 것보다 우리가 원하는 것을 성취할 수 있게 도와주는 재화의 중요성만 취급하게 한다. 기본적 요구를 상품 중심의 틀로만 바라보면 상품물신주의로 비난받을 수 있다. 재화의 중요성만을 강조하면 캐퍼빌러티를 롤스의 기본재화처럼 상품 중심의 유용성과 타협시키는 결과를 초래할 수도 있다. 센의 기본적 요구 개념은 기본재화처럼 상품묶음과 소득을 개인의 삶의 질 평가를 위한 좋은 대리변수로 여기지 않는다. 기본재화 자체만으로 개인의 복지와 자유, 다양한 삶을 선택할 기회가 부여되지 않는다고 보기 때문이다. 이러한 센의 관점은 뒤에서 보게 될 캐퍼빌러티 리스트가 필요하다고 주장하는 누스바움 입장과 확연히 갈리는 근거로 작동한다.

센은 롤스가 사람마다 다른 목적을 지니고 있다는 사실이 평가 과정에서 손실되어서는 안 되며 각자의 목적을 추구할 자유가 있어야 한다고 말하는 점에는 동의한다. 롤스가 말하는 기본재화는 공공재 성격으로 정의되고 있지만 센은 롤스의 기본재화에는 이를 통해 사람이 얻을 수 있는 것이 무엇인지가 누락되어 있다고 본다. 물질적으로 풍족한 삶 속에서도 자신의 진정성 있는 삶이 박탈될 수 있는데 롤스는 이를 설명하지 못한다는 것이다. 따라서 빈곤은 개인이 상품을 가지지 못한 물질적 빈곤의 차원이 아니라 풍요로운 삶을 살게 하지 못하는 박탈 상태로 이해되어야만 한다.[13] 예를 들면 시간 빈곤, 관계 빈곤, 자유 빈곤은 자신이 하고 싶은 것을, 되고 싶은 것을 가로막는 박탈 상태이다. 생존을 위한 하루 14시간의 노동은 금전적인 소득은 얻겠지만 반대로 개인의 자유를 박탈하는 결과를 초래하는, 개인이 '동의하지 않은 규범'이 되는 셈이다.

> 시간 빈곤, 관계 빈곤, 자유 빈곤은 자신이 하고 싶고, 되고 싶은 것을 가로막는 박탈 상태이다.

센은 롤스와 달리 단순히 재화의 필요가 개인에게 정작 중요한 것이 아니라 재화를 통해 개인이 무엇을 할 수 있고 무엇이 될 수 있는지, 행위와 존재(doing and being)가 더 중요하다고 본다. 이러한 관점은 구조화되고 제도화된 억압이나 차별로 인해 어떤 삶의 폭이 상실된 사람을 주목하게 한다. 취약계층 또는 쉽게 공동체에 참여하지 못하는 사람들에게는 물질적 재화 지원이 아닌 행위와 존재의 가능성을 부여해야 함을 의미한다. 센이 롤스의 기본재화 접근법을 비판하는 가장 큰 이유는 아무리 기본재화가 사람에게 자신의 목적을 추구할 자유를 부여한다고 해도 사람마다 기본재화를 소비하거나 소화하는 능력이 다르기 때문에 모든 사람에게 동일한 순위를 반영할 수 없다는 것이다. 기본재화가 절대적으로 중요한 것이 아니라 그 기본재화를 자신의 목적에 맞게 사용할 자유, 캐퍼빌러티가 더 중요하다고 보는 것이다. 그러면서 센은 캐퍼빌러티 접근법이 자유 자체를 평가하는 것과 관련이 있어야 하며 롤스가 말한 일차 재화를 얻는 것보다는 사람들이 실제적으로 즐길 자유를 잘 설명할 수 있어야만 한다고 본다.

정리하자면 캐퍼빌러티는 다양한 펑셔닝의 조합을 성취할 개인의 자유를 대표한다. 개인의 선택을 위해 이용가능한 대안적인 조합은 개인의 장점을 판단하기 위한 것과 관련성이 있다고 보아야 하는데 선택 그 자체가 개인의 삶의 가치 있는 특성을 보여주는 것으로 인지한다. 만일 우리가 자전거, 자동차, 음식, 영화라는 조합이 있을 때 누군가가 자동차보다 자전거와 음식을 선택하였다면 그 사람은 적어도 지금 자전거를 타고 야외에서 사랑하는 가족과 음식을 먹는 것을 좋아하는 사람일 가능성이 높을 것이다. 반면에 자동차와 영화라는 조합을 선택하였다면 그는 자동차 전용 극장에서 연인이나 가족, 또는 친구들과 영화를 보는 것을 삶의 만족 차원에서 가장 중요한 것으로 보는 특성을 가진 사람으로 볼 수 있다는 의미다.

그렇다면 자유를 어떤 관점에서 보아야 캐퍼빌러티를 더 잘 설명할 수 있을까? 자유는 도구적(instrumental) 관점과 내재적(intrinsic) 관점 두 가지로 바라볼 수 있다. 센은 이 두 관점 모두를 채택한다. 도구적 가치로서의 자유는 펑셔닝 중 가장 가치가 높은 것을 달성하기 위해 필요한 캐퍼빌러티를 가질 기회이고, 내재적 가치로서의 자유는 여러 가지 펑셔닝 대안 중에서 하나를 선택할 자유이다.[14] 이 개념이 중요한 이유는 펑셔닝이라는 성취에 대한 평가 때문이다. 관찰된 성취가 동일한 형태를 띠고 있다 하더라도 내재적으로 그러한 성취에 이르게 한 동기는 다를 수 있기 때문이다.

관찰된 펑셔닝만으로 개인의 캐퍼빌러티를 판단하는 것은 전체 캐퍼빌러티를 대표한다고 보기 어렵다. 그 예로서 몸무게가 많이 나가는 사람이 금식을 통해 체중을 줄여나간다고 가정해보자. 이때 성취한 펑셔닝은 배고픔이다. 하지만 배고픔이라는 성취의 결과는 체중을 줄이고자 하는 도구적 자유로서만 가능한 것은 아니다. 누군가는 돈이 없어서 배고픔에 이를 수 있기 때문이다. 따라서 성취된 결과인 배고픔 하나만으로 캐퍼빌러티를 대표한다고 말할 수 없다. '성취된 결과'로서 배고픔은 동일해도 배고픔으로 겪는 '곤궁'은 다를 수밖에 없기 때문이다.

도구적 자유 관점을 취한다면 어떠한 동기―돈을 가지고 있는지 아닌지 등―에 의해 배고픔을 선택했는지를 알 수 있어 펑셔닝에 대한 정보 손실은 없게 될 것이다. 내재적 자유 관점만을 취하게 된다면 어떠한 성취를 하였는지 알 수는 있으나 그것이 어떠한 동기―배고픔이라는 성취가 다이어트 때문인지 아니면 기근 때문인지, 돈이 없어서인지―에 의해 성취한 것인지 알 수 없는 정보손실을 경험할 수밖에 없다. 자유는 본질적으로 중요하든 아니든 간에 자신이 원하는 무언가의 성취를 위한 수단이 되어야 할 것이기에 내재적 관점과 함께 도구적 관점의 자유 또한 캐퍼빌러티 접근법을 사용할 때 반드시 포함되어야 한다.

가치 있는 삶과 생활수준

센은 캐퍼빌러티와 관련하여 삶의 질, 즉 생활수준의 형태가 어떠한 것이고 무엇으로 구성되는지에 천착하고 있다. 그러면 생활수준(living standard)이란 어떤 개념일까? 생활수준은 후생 또는 복지(welfare)와 관련성이 매우 높다.

아서 피구(Arthur Cecil Pigou)는 고전적 생산유통 이론을 차용하여 복지경제학으로 전환하면서 경제적 복지를 사회적 복지의 한 축으로 규정하였다. 당시 고전 경제학이 복지와 삶의 행복을 정의하는 데에 있어 주관적 복지에서 물질적 복지의 개념으로 전환됨을 의미한다. 생활수준 비교로 복지를 평가하기 시작한 것이다. 생활수준은 본인과 관련한 선호들의 만족을 의미하는 것으로 개인적 이익(personal interest)으로 보아도 무방하다. 개인적 이익에는 상황적 비교(situational comparisons)와 포괄적 비교(comprehensive comparisons)가 있다. 전자는 예를 들면 어떤 가게 주인이 "작년에 내가 번 것보다 올해가 더 좋습니다"라는 것을 의미하며 후자는 "지난해보다 올해가 더 낫네요"를 말한다. 그러나 이것만으로 정확히 뭐가 좋아진 것인지 알 길이 없다. 만족하고 있다는 것인지 아니면 풍족하다는 것인지 알 수가 없다.

실제 생활수준을 비교할 때 욕구(desires), 바람(wants), 체질(temperament) 등에 동일한 효용함수를 가정할 합리적 방안은 없어 보인다. 이에 센은 생활수준을 규정하기 위한 세 가지 대안적 접근으로써 1) 개인의 효용 개념으로서의 생활수준, 2) 풍요(opulence)로서의 생활수준 일부 개념, 3) 자유의 형태로서 생활 수준을 제시하였다. 센은 생활수준의 논의를 바로 풍요와 효용에서 시작한다.[15] 효용에는 만족(satisfaction)과 욕구(desiredness) 두 가지 관점이 존재하지만 피구식 공리주의자 입장에서는 만족보다 욕구 관점을 더 취하는 것으로 본다. 왜냐하면 만족의 양보다 욕망하는 것을 수행하는 일에 가치를 두고 있기 때문이다. 그렇다면 효용의 관점에서 생활수준을 보아야 한다면 첫째, 경제적 복지(economic welfare)인지 실질소득의 수준(standard of real income)

> 센은 생활수준을 규정하기 위한 세 가지 대안적 접근으로써 1) 개인의 효용 개념으로서의 생활수준, 2) 풍요(opulence)로서의 생활수준 일부 개념, 3) 자유의 형태로서 생활수준을 제시하였다.

인지? 물질적 번영(material prosperity)인지? 이들 중 어디에서 인간의 효용이 더 중요한지 파악하는 것이 필요하다.

둘째, 풍요의 관점에서 생활수준을 논의한다면 애덤 스미스가 말한 것처럼 사람들에게 풍부한 수입이나 생계를 제공하는 것 또는 더 적절한 수입과 생계를 그들에게 제공하는 것을 뜻한다. 풍요로움을 평가할 때 소득지표나 상품묶음의 지수화가 대표적으로 사용된다.

셋째, 자유로서의 생활수준을 바라보는 접근에서 가장 가치 있는 것은 잘 살 수 있게 만드는 캐퍼빌러티이다. 생활수준에서 경제적 문제와 관련한 물질적 풍요로서의 캐퍼빌러티가 가치가 있다고 보는 것이 센의 시각이다.

그렇다고 캐퍼빌러티가 물질적 소유의 양으로 생활수준의 가치를 평가하는 것은 아니며 굶주림이나 빈곤으로부터 자유의 가치를 성취의 효용(행복, 기쁨, 욕망 충족)과 동등하게 바라보지도 않는다. 이에 일부에서는 빈곤을 정의하는 데 상대적 빈곤보다 절대적 빈곤 탈출이 더 우선되어야 하지 않냐는 반박을 해왔다. 이에 대해 센은 생활수준을 캐퍼빌러티 차원에서 바라보고 자유와 캐퍼빌러티에 기여하는 차원에서 소유물(소득, 음식의 양, 각종 자산)을 평가함으로써 제기된 문제를 해결할 수 있다고 말한다. 절대적 소득과 소유 자체를 부정하지 않으며 다만 이것들이 개인의 자유와 기회 확대에 기여하는 차원에서만 물질적 측면을 인정하고 있는 것이다.

센은 경제성장 자체를 매우 중요하게 보았으며 자유도 물질적 풍요 속에서 가능한 것으로 본다. 다만 그것이 전부라고 보지 않았을 뿐이다. 가지고 있는 소유물이 자신의 잠재적 발전이나 자유를 확대하는 데 아무짝에도 쓸모없으면 어떠한 가치도 없다고 본다. 우리 속담에 '구슬이 서 말이라도 꿰어야 보배'라는 말처럼 아무리 많은 돈과 자산을 가지고 있어도 자신을 위해 사용하지 못하면 어떠한 가치도 가지지 못하기 때문에 절대적 풍요보다 개인의 캐퍼빌러티를 먼저 고려해야만 한다. 돈을 벌고 자산을 많이 가지고자 하는 욕망은 불어난 돈을 세는 즐거움을 위해서라기보다는 자신과 자녀와 가족 구성원이 보다 더 나은 삶을 살아갈 기회를 부여받기 위함일 것이다. 나라가 부유하고 소득이 높아도 국민의 건강과 질병, 교육, 직업 등에서 불평등이 심각하다면 국민 개개인의 자유에 부정적인 영향을 끼칠 수 있다. 그래서 생활수준, 가치 있는 삶은 물질적 자유를 일정 수준 반영하고 있다고 말할 수 있다.[16]

공리주의자들은 기본적으로 사람은 빵이라는 소비를 통해 행복과 욕망을 가진 효용을 창출한다고 주장한다. 그러나 센은 효용은 빵이 창출하는 것이 아니라 영양 상태가 효용창출에 기여한다고 말한다. 소비이론에서 상품의 본질(the nature of the goods)은 상품이 가지고 있는 특성(characteristics)의 묶음으로 보여지는 것처럼 캐퍼빌러티도 재화와 관련한 개인의 특질(a feature of person)과 같다고 말한다. 예를 들면 재화(예: 빵)가 있고 재화의 특성(칼로리, 영양분), 사람의 펑셔닝(칼로리 부족 없이 살아가는 것), 효용(좋은 영양분과 빵으로부터 기쁨과 욕구 충족)이 있다고 할 때 효용에 기반한 생활수준 분석은 효용(utility)에만 초점을 맞춘다. 풍요로움과 실질소득 차원에서 생활수준을 분석하는 경우는 재화인 빵에만 초점을 맞춘다. 평등주의자(egalitarians)는 재화의 분배에 관심을 집중하며, 상품의 특성에 초점을 맞춘다면 사람보다는 상품에 더 비중을 두고 삶을 바라보게 한다. 그러나 센은 앞의 관점들과 달리 사람이 소유한 재화의 특성은 그 사람의 캐퍼빌러티와 관계가 있다고 본다. 사람이 어떠한 소유물을 가지고 있는가에 따라서 그 사람의 캐퍼빌러티를 가늠할 수 있다는 의미이다. 그래서 펑셔닝은 개인의 특질에 의해 성취된 것으로 본다.

누군가의 집에 게임기 관련 상품을 많이 소유하고 있다면 이 소유물 자체로 소유자가 게임 역량이라는 캐퍼빌러티를 가지고 있다고 볼 수 있다. 그래서 센은 사람은 재화를 사용함으로써 캐퍼빌러티를 성취한다고 말한다. 여기서 한 가지 유념할 것은 상

> 사람이 어떠한 소유물을 가지고 있는가에 따라서 그 사람의 캐퍼빌러티를 가늠할 수 있다

품의 양을 많이 가지고 있다고 해서 반드시 캐퍼빌러티를 가지고 있다고 말할 수 없다는 것이다. 예를 들면 부자는 좋은 음식을 많이 구매할 수 있고 먹을 수 있어 좋은 영양을 공급받을 가능성이 높을 것이다. 그런데 만일 건강이 좋지 않으면 아무리 많은 음식과 돈이 있어도 좋은 영양을 공급받기 어렵다. 음식과 돈의 양으로 캐퍼빌러티를 가치 있게 평가하기보다는 자신에게 정확히 필요한 음식만으로 재배열하는 것을 더 선호할 수 있다. 비싼 안심스테이크보다 몇 개의 토마토와 올리브, 떡, 무가당 쥬스가 더 선호될 수 있다는 것이다. 다시 한번 강조하지만 생활수준은 물질적 자유, 물질적 캐퍼빌러티 또는 피구가 말한 경제적 복지(economic welfare)와 관련이 높으며 경제적 자유로도 볼 수 있다. 중요한 것은 항상 많이 소유하는 것이 꼭 개인의 캐퍼빌러티를 높이는 것은 아니라는 점이다.

저소득국가에서 물질적 차원의 캐퍼빌러티는 생활수준을 판단하는 중요한 요소라 할 수 있지만 센은 영양 상태, 사망률 감소, 글쓰기, 읽기, 수명, 학교 교육 등과 같은 요인은 수입과 부유함 또는 만족, 효용의 차원이 아니라 개인의 자유와 관련 있는 것으로 바라본다. 풍요와 효용은 자유와의 관련성(relevance)과는 거리가 멀기 때문이다. 돈이 많고 먹을 것이 많고 좋은 음식을 먹음으로써 영양 상태가 좋을지라도 자신의 종교적 신념이나 정치적 신념에 의해 단식할 자유에 영향을 끼치지는 않을 것이다. 석가모니가 한 국가의 왕자로 태어나 풍요와 효용을 가졌지만 거기에서 벗어나 삶의 의미와 진리를 추구하다가 깨달음을 얻고 열반에 이른 것은 과거 석가모니가 가진 풍요와 자산에 영향받은 것은 아니다. 생활수준의 지표로서 개인의 자유와 캐퍼빌러티에 집중하는 것은 타당한 설정이라 하겠다. 자신이 원하는 것을 할 수 있는 자유와 자신이 기대한 것을 획득할 수 있는 잠재역량, 즉 캐퍼빌러티를 생활수준의 지표로 설정하는 것이 바람직하다는 것이다. 이를 센은 맑스가 말한 개인 밖의 기회와 환경의 지배를 환경과 기회를 뛰어넘은 개인의 지배로 바꾸는 과정이라고 말한다.[17)]

그런데 이러한 주장의 가장 큰 걸림돌은 성취 결과로서의 펑셔닝과 캐퍼빌러티의 집합을 연결해 줄 정보의 부족이다. 어떤 캐퍼빌러티 때문에 펑셔닝이 발생하였는지 알게 해줄 정보의 결여가 문제라는 것이다. 이 정보 문제가 어떠한 형태로 나타나는지 보자.

첫째, 취향의 다양성이다. 어떤 것의 성취는 개인 각자의 취향과 동기에 따라 달라진다. 따라서 성취를 단순히 관찰함으로써 캐퍼빌러티를 짐작하기는 매우 어렵다. 이는 빈곤 국가에서는 크게 문제가 되지 않는데 선진국의 경우 성취와 취향을 파악할 정보의 부족 문제는 매우 심각할 수 있다.

둘째, 여러 종류의 캐퍼빌러티(예: 건강, 소득, 교육, 수명 등)가 한 개의 지수로 표현될 때 집계 문제는 꽤 어려운 일이다. 집계를 통한 총합 순위가 개인의 성취와 캐퍼빌러티의 중요성을 희석시키기 때문이다.

셋째, 자유는 '무엇을 하였는가'라는 결과의 묶음이 아닌 '무엇을 할 것인가'라는 의미를 가진 묶음의 집합이라는 것이다. 다른 다양한 대안적인 행동을 선택할 자유라는 의미이다. 캐퍼빌러티를 평가하는 것은 상품묶음을 지수화하거나 효용을 평가하는 것과는 다른 문제이다. 총합도 중요하지만 캐퍼빌러티를 구성하는 요소가 개인의 자유에 어떠한 영향과 가치를 주는가를 평가하는 것이 더 중요하다는 의미다. 왜 굶주렸는지, 왜 굶주려야만 하는지 그 요소를 찾아 평가해야만 정확한 캐퍼빌러티를 평가할 수 있다는 것이다.

> 자유는 '무엇을 하였는가'라는 결과의 묶음이 아닌 '무엇을 할 것인가'라는 의미를 가진 묶음의 집합이라는 것이다.

빵(기본재화) 말고 사탕(캐퍼빌러티)은 안 될까요?

캐퍼빌러티에서 중요한 것 중 하나가 평등의 문제이다. 소득의 평등, 기회의 평등, 자원의 평등 등 다양한 분야에서 평등-불평등 이슈가 나타날 수 있다. 하지만 평등을 규정하는 것은 무엇이며, 무엇에 대한, 무엇을 위한 평등인가에 대해 다수의 철학에서 자세히 설명하지 못한다고 센은 비판한다. 동일한 소득을 가지고 있으면 그것이 평등한 것인가? 어떤 사람은 소득보다 자유를 더 선호할 수 있으며 또 어떤 사람은 기회의 평등을 주장하지만 또 다른 사람은 결과의 평등도 주장한다. 그러면 평등이 무엇인지 살펴보도록 하자.

그간 경제학과 철학에서 평등에 대한 논의는 주로 공리주의(utilitarian)적 입장에서 진행되어왔다고 말 할 수 있다. 앞에서 짧게 언급한 벤담식 공리주의의 기본 원칙은 분배와 상관없이 전체 효용의 총합을 극대화하는 것이다. 그리고 공리주의적 한계효용 평등은 모든 사람이 한계효용 차원에서 평등이 요구된다고 본다. 추가적으로 빵 하나를 더 먹었을 때 늘어나는 효용이 동일할 경우 평등하다는 것이다. 이는 빵 하나를 먹는데 늘어나는 효용이 모두에게 동일한 가치 또는 가중치를 가지고 있다고 본다. 한계효용 균등, 벤담이 말한 "모든 개인은 한 사람으로 계산되고, 누구든지 한 사람 이상으로는 계산되지 않는다"가 평등으로 인용되지만 실상은 모든 사람에게 동일한 가중치를 적용한다는 의미 외에 다른 의미는 없다.[18] 좋게 말하면 공리주의적 보편성의 관점이지만 개인의 다양성을 인정하지 않는다는 의미를 함축하고 있다.

또 하나 공리주의에서 중요하게 보는 한계효용의 크기가 도덕적인지에 대한 의문이 남는다. 어떤 사람은 아무리 배가 고파도 글루틴 알레르기 때문에 식빵 하나를 추가로 먹는 것이 어려울 수 있는데 이러한 사회적, 환경적 요인을 무시하고 한계효용이라는 척도로만 모든 사람의 평등을 다루는 것이 과연 타당한가의 문제이다. 한계효용이 개인에 대한 구체적 내용(descriptive content)이 없는 가치를 반영하고 있다는 것이다. 만일 개인이 동일한 한계효용과 효용함수를 가진다면 전체 효용의 크기도 결정된다고 보는 공리주의적 한계효용 관점은 개인의 다양성을 고려하지 않기 때문에 상당히 우연성을 동반한 평등주의라는 것이 센의 생각이다.

센이 비판하는 두 번째 평등 이론으로 총효용 평등이 있다. 이는 첫 번째 한계효용을 평등의 척도로 보는 공리주의와 유사한 면을 가지고 있다. 다만 차이는 공리주의자는 모든 효용 분배에서 선호순위가 중요한 반면에 총효용 평등은 절대 평등을 가리키는 것 외에 그 어떠한 역할도 하지 않는다는 차이가 있다.

선호의 우선순위가 완벽한 순서가 되려면 최소극대화 규칙(maximin rlue)에 있어 도서관 사서 분류와 같은(lexicographic) 순서가 축차적으로 부여되어야 하는데 이는 롤스가 말한 차등 원칙(difference principle)과 유사하다. 다만 차등 원칙과의 차이점은 효율성을 고려하지 않는 기본재화와 달리 효율성 차원에서 해석하고 있다는 점이다.[19] 이 말은 어떤 상태가 좋다는 것은 가장 최악의 상태에 있는 사람의 효용 수준을 일단 높여 놓는 것으로 판단되어야 함을 말한다.

어떤 나라가 좋은 나라인가에 대한 순위를 부여한다고 하였을 때 만일 두 나라가 모두 최악의 상태에 있는 사람들의 효용 수준이 동일하다면 두 번째 최악의 상태에 있는 사람들의 효용 수준으로 순서를 정하고 이마저도 동일하다면 세 번째로 넘어감으로써 국가 간 좋은 나라 순위를 부여할 수 있다는 것이다. 그래서 최종적으로 최악의 상태서부터 최선의 상태까지 동일하다면 이들 분배는 '동등하게 좋다'라고 말할 수 있으며 이를 사회선택이론에서는 '최소수혜자 우선(leximin) 원칙'이라고 부른다.

이 개념은 전체 효용에 초점을 맞춘 평등 개념에 우선권을 부여한 것이다. 다만 공리주의와의 차이점은 공리주의는 개인의 불리함(장애)에 대한 소명에 관심을 기울이지 않는 반면에 최소수혜자 우선 방식은 개인의 강력한 요구를 무시한다는 점에서 차이가 있을 뿐이다. 서수적 형태를 가진 효용 우선 공리주의 방식은 잠재적 이득과 손실의 크기에 둔감하게 만들 수 있다. 그러나 최소 수혜자 우선은 '얼마나 많은(how much)'뿐만 아니라 '얼마나 많게(how

> 서수적 형태를 가진 효용 우선 공리주의 방식은 잠재적 이득과 손실의 크기에 대해 둔감하게 만들 수 있다. 그러나 최소수혜자 우선은 '얼마나 많은'뿐만 아니라 '얼마나 많게'에도 관심을 두지 않는다.

many)'에도 관심을 두지 않는다. 또한 수백만, 수천만 명의 이익에 반하는지 대해서도 문제 삼지 않는다.[20] 얼마나 많은 사람에게 얼마나 많은 자원을 배분할지, 그리고 그러한 배분이 얼마나 많은 사람 간의 이해관계와 상충할 수 있을지에 대해 최소수혜자 우선 방식은 관심을 두지 않는다는 것이다.

센이 비판하는 세 번째 평등이론은 롤스의 평등에 대한 정의(定義)이다. 롤스는 기본재화(primary goods) 필요 관점에서 평등을 논하고 있지만 원칙적으로 기본재화는 공정으로서의 정의를 실현하기 위한 역할을 하고 있다. 이를 파악하기 위해 우리는 유명한 롤스의 정의(正義)의 두 가지 원칙을 불러올 필요가 있다. 정의의 제1원칙은 "각자는 다른 사람들의 유사한 자유의 체계와 양립할 수 있는 평등한 기본적 자유의 가장 광범위한 체계에 대하여 평등한 권리를 가져야 한다." 이다.

제2원칙은 "사회경제적 불평등은 다음과 같은 두 조건을 만족시키도록 a) 모든 사람들의 이익이 되리라는 것이 합당하게 기대되고, b) 모든 사람들에게 개방된 직위와 직책이 결부되게끔 편성되어야 한다."[21]이다.

제1원칙은 평등한 기본적 자유에 대한 침해가 사회경제적 이득에 의해 정당화되거나 보상되어서는 안 된다는 의미를 명확히 한 것이다. 제2원칙은 부와 소득의 분배 그리고 권한 있고 책임 있는 직위들은 기본적 자유 및 기회의 평등 양자 모두와 양립 가능해야 함을 의미한다. 이때 기본재화(또는 사회적 가치)는 합리적인 사람이라면 소득, 권리, 자유, 기회, 부, 자기 존중과 같은 것들을 원한다는 것을 의미하고, 전부 또는 일부의 불평등한 분배가 모든 사람에게 이익이 되지 않는 한 이러한 것들은 평등하게 분배되어야 한다.[22] 따라서 제1원칙의 기본적 자유는 이 기본재화 중에 우선권을 갖는 것이 된다.

롤스의 두 번째 원칙은 기본재화 지수 차원에서 개인의 유리함(advantage)을 판단하기 위해 효율성(efficiency)과 평등성을 요구한다. 롤스는 기본적으로 기존의 효율성이 정의를 담보하기 어렵다고 보기에 정의를 위해 보충되어야 할 방법이 필요하였으며, 이를 위한 것이 사회적 우연성의 감소와 형식적 기회 평등을 넘는 민주주의적 평등과 차등 원칙이었다. 롤스의 정의의 제1원칙에서 불평등이 발생한다면 가장 어려운 처지의 사람들(the worst-off)의 이익을 추구하는 데에 우선순위를 부여하는 차등 원칙을 적용해야 하기에 이때 기본재화가 필요한 것이다. 결국 기본재화의 차등 원칙이 정의인 셈이다.

롤스에게서 중요한 것은 기본재화가 어떠한 것으로 구성되었느냐 하는 기본재화의 상품묶음(primary goods bundle)이다. 차등 원칙은 불평등을 가장 심하게 겪는 사람에게 최대한의 이득이 되게 하는 이른바 '최소수혜자 우선원칙'이다. 이러한 입장은 평등주의적(egalitarian)이긴 하지만 무임승차자에게까지 더 많은 소득을 주어야 하냐는 비판은 감수해야 한다.[23] 이러한 비판은 기본소득에서도 차용한 최소수혜자 우선원칙 때문에 똑같이 적용된다. 롤스는 기본재화를 제공하는 것에 찬성하지만 돈을 지급하는 형태의 소득 재분배 방식에는 부정적이었다. 대표적으로 말리부 해안가 서퍼들에게까지 기본소득을 주는 것에 반대한 것이다. 왜냐하면 차등 원칙에는 박애 정신뿐만 아니라 호혜성도 있기 때문이다.

롤스의 이러한 원칙에 대해 가해지는 비판 중 하나는 기본재화의 유용함이 효용보다는 기본재화의 지수—무엇이 더 중요한 것인가에 대한 우선순위—에 의해 판단됨에 따라 어떤 개인이 값비싼 취향(taste)을 가지고 있다 하더라도 이것이 더 많은 소득을 얻기 위한 근거로 작동되지 않는다는 것이다. 예를 들면 어떤 식당 주인이 지역 공동체에 빈번하게 나타나 가난한 지역 사람들의 점심지원 활동을 한다고 해서 그것이 꼭 그 사람의 식당 영업을 통해 소득 창출로 이어지는 기회가 된다고 볼 수 없다는 뜻이다. 롤스의 관점에서 평등주의는 소득 재분배보다는 출발점에서의 기회 평등을 강조하기 때문에 기본재화를 잘 사용하지 못하거나 노력하지 않아 발생한 결과에 대해서는 개인의 책임이라고 본다. 이는 권리와 제도가 롤스의 원칙을 만족한다면 그 세부 사항이 무엇이냐에 상관없이 결과는 정의롭다는 것을 함의한다. 왜냐하면 권리만 중요하고 달성은 개인의 책임이기에 결과의 차이로 인한 불평등은 수용하고 있기 때문이다.

롤스의 기본재화 관점은 개인의 다양성을 고려하지 않고 있다. 만일 모든 사람이 동등한 선호나 상품묶음을 가지고 있다면 공리주의나 롤스의 차등 원칙 모두에서 효용 평등성은 충족될 수 있다. 그러나 결과적으로 롤스 스스로가 개인의 효용을 사회적으로 집계하는 과정에서 개인의 다양성을 무시하는 공리주의를 비판하였지만 정작 자신 또한 효용의 극대화 능력이나 자산조사와 같은 공리주의적 접근방식에 대해서는 문제 삼지 않았다[24]는 비판에 직면하게 된다. 이러한 비판이 가능한 이유는 기본재화 접근법이 다양한 사람 간의 실질적 차이를 무시하기보다는 아예 간과하고 있기 때문이다.

지금까지 센이 비판한 전통적인 평등에 대한 세 가지 이론을 소개하고 이들의 한계점을 살펴보았다. 센은 최소한의 평등을 위한 대안으로 기본 캐퍼빌러티 평등(BCE) 개념을 제안하였음을 앞에서 언급하였다. BCE는 캐퍼빌러티의 부분집합으로서 빈곤을 탈출하거나 피할 수 있거나 또는 생존에 최소한도로 필요한 기본적인 요구 사항을 의미한다. 기본 캐퍼빌러티는 생활수준의 정도를 알 수 있게 하는 것이 아니라 가난과 박탈을 평가하는 최소한의 구분점(cut-off)이다. 이를 알아보기 위해 살펴볼 개념은 삶의 질(well-being)과 권한(entitlement)이다.

삶의 질과 권한은 상호 보완적인 개념이지만 정확히는 관심수준의 삶의 질 개념을 넘어선 것이 권한이라 할 수 있을 것이다. 삶의 질을 충족하기 위해서는 자유가 필요한데 이때 자유는 권한에 의해 획득 가능하기 때문이다. 이들 개념은 어떠한 착취나 차별을 전제로 하지 않고 있기에 기존의 효용이나 공리주의, 기본재화와 같은 방식으로 접근하는 것은 적절치 않다고 본다. 권한이라는 것은 캐퍼빌러티를 실현할 수 있는 자유를 의미한다. 하고 싶은 것을 하고

> 기본 캐퍼빌러티는 생활수준의 정도를 알 수 있게 하는것이 아니라 가난과 박탈을 평가하는 최소한의 구분점이다.

되고 싶은 것이 될 수 있는 권리이므로 이 권리를 뺏기거나 침해를 받을 시 이러한 상황을 가리켜 캐퍼빌러티의 박탈, 소위 역량 박탈이라고 부른다. 그래서 센은 빈곤을 단순히 식량이 없거나 낮은 소득 수준의 문제가 아니라 개인의 캐퍼빌러티의 박탈이라는 관점에서 규정해야 한다고 주장한다.[25] 낮은 소득과 정치적 불안정 등이 개인의 자유를 제약하고 미래를 준비할 수 있는 가능성을 박탈하는 것으로 본 것이다. 센에게 권한은 자유와 동일한 개념이므로 삶의 질 수준이라는 상태에만 머무르지 않는다.

장애인의 경우 기본재화나 공리주의에서 실질적인 도움을 받기 어려울 수 있다. 이는 장애인들이 비장애인들보다 효용 수준이 낮기 때문이다. 만일 이들에게 신체적 장애에도 불구하고 효용 측면에서 다른 사람보다 나쁘지 않은 것이 존재할 수 있다면 그것은 어떠한 형태일까? 센은 이에 대한 대답으로 장애 자체를 종교적 이유나 개인의 신념 등의 이유로 떠안게 된 불행으로 바라보는 게 아니라 있는 그대로 받아들일 수 있다면 절대적인 한계효용의 불이익(marginal utility disadvantage)은 있겠지만 완전한 효용박탈(utility deprivation)은 없게 만들어야만 한다[26]고 주장한다. 중요한 것은 장애인으로서 여전히 충족되어야 할 요구(needs)가 있다면 이는 기본재화도 한계효용도 총효용도 아닌 바로 기본 캐퍼빌러티 평등(BCE)에서 해결할 수 있어야 한다는 것이다.

장애인의 핸디캡을 실질적으로 줄이기 위해 어떠한 자원(resources)이 요구(needs)된다면 그것은 바로 앞의 세 가지 유형—한계효용 균등, 총효용, 롤스 기본재화—에서 다룬 평등의 관점이 아닌 다른 형태의 접근, 즉 권한이 필요하다. 신체 장애인의 이동권이나 시각, 청각 등 감각 관련 장애인의 정보접근권은 이들 장애인에게 필요한 자원이며 이에 대한 요구는 누군가의 배려나 관심에 의해 얻는 것이 아닌 장애인의 권한이 되어야 마땅하다.

효용은 인간을 위한 행위에 관심을 가지며 인간의 정신적 반응—좋음, 나쁨 같은 심리적 요인—에 초점을 두는 측정기준을 가지고 있다. 반면에 기본재화에는 상당한 재화 목록이 있지만 이들 재화가 인간에게 어떠한 영향을 끼치는가 하는 것보다 어떠한 재화가 더 좋은가에만 관심을 두고 있다는 한계가 있다. 반면에 기본 캐퍼빌러티 평등(BCE)의 단점은 지수화하기 어렵다는 것이고 이 점이 캐퍼빌러티와 펑셔닝의 현실화를 어렵게 하는 원인이기도 하다. 하지만 기본 캐퍼빌러티 평등이 복지주의나 결과주의, 효용의 총합 극대화만을 중요하게 여기는 순위 합산 방식의 효용이론보다 더 평등한 요소인 것은 분명하다. 기본 캐퍼빌러티 평등의 부분적 순서의 중요성은 특정 규약(제도나 법률, 사회적 합의 등)에 의해 정할 수는 있겠지만 상대적 중요성은 사회적 성격(the nature of society)과 관련이 있기 때문이다. 그래서 롤스의 기본재화는 페티시즘(물신주의)적이고 사회문화 종속적이라고 규정하는 반면에 기본 캐퍼빌러티 평등은 적어도 페티시즘적은 아니며 문화 종속적이라고 볼 수 있다. 그러나 최근의 상황에서 기본 캐퍼빌러티 평등은 경제성장과 인적자본축적 결과로 과거와는 많이 달라졌으며 요구되는 구성물의 변화도 감지되고 있다.

삶의 질과 평등

캐퍼빌러티 개념에 접근하기 위해서는 한 가지 관문을 더 거쳐야 한다. 그것은 바로 삶의 질(well-being)[27]이다. 잘 살기, 잘 지내기 정도의 의미를 가지는 '웰빙'은 언제부터인가 우리 삶에서 하나의 가치이자 목표가 되어 버렸다. 그러나 웰빙이 가지는 철학적 함의와 삶의 다양성에 미치는 파급효과에 대한 구체적인 논의는 많지 않은 편이다. 사람마다 웰빙의 요구와 상상하는 형태, 그리고 중요성이 다르다. 웰빙의 개념은 성취의 개념이자 결과이다. 이 결과는 웰빙을 위해 요구되어지는 각종 요인이나 요소에 의존한다. 웰빙은 최소한 생활수준의 전형이 될 수 있다. 만일 이러한 웰빙에 순서를 정할 수 있다면 그것은 바로 펑셔닝이 된다. 펑셔닝은 캐퍼빌러티 집합의 결과이므로 본격적으로 캐퍼빌러티와 펑셔닝을 알아보기 전에 웰빙에 대해 자세히 다룰 필요가 있다.

센은 도덕적(윤리적) 접근이 필요한 영역을 두 가지로 나누는데 하나는 삶의 질(well-being)이고 다른 하나는 행위(agency)이다. 삶의 질은 정태적인 상태(state)를 말하지만 이 상태를 만들기 위해서는 행위라는 행동(action)이 필요하다. 반면에 이 둘의 공통점은 각각 자유(freedom)의 개념을 가지고 있다는 것이다. 삶의 질과 '삶의 질 자유'(well-being freedom)가 있고 행위와 '행위 자유(agency freedom)'가 있다.

삶의 질 '웰빙'은 어떠한 상태가 완성된 결과이며 '삶의 질(웰빙) 자유'는 웰빙을 완성하기 위해 필요한 자유이다. 전자는 펑셔닝이 되며 후자는 캐퍼빌러티 개념으로 전환된다. 행위는 어떠한 행동의 결과이며 '행위 자유'는 개인이 어떠한 것을 추구하여 얻고자 행동할 자유이다. 삶의 질 자유는 행위 자유에 의해 가능한 자유인 셈이다. 행위에는 윤리와 도덕적 개념이 들어있기 때문에 경제적 이득, 이기적 생각 같은 개념이 설 자리는 없다. 도덕적으로 맞는다면 경제적 이득과 개인의 이기심과는 독립적으로 행위가 이루어져야 한다는 의미이다.

하나의 사례로 설명해보자. 태권도 유단자인 A씨는 친구들과 저녁을 먹는 도중 한 무리의 사람들이 식당에 들어와 식당 주인에게 자릿세를 내놓으라고 엄포를 놓는 것을 목격한다. 이를 거부하던 주인과 실랑이 끝에 한 무리의 사람이 주인을 폭행하였는데 하필이면 주인이 A씨의 식탁으로 넘어지면서 먹던 음식이 바닥에 쏟아졌다. 기분이 상한 A씨는 한 무리의 사람에게 그만 좀 하고 자신과 친구들의 식사 자리를 망치지 말라고 말하자 그 무리에 속한 대장이 당신과 무슨 상관이냐며 시비를 걸다가 결국 싸움을 하게 된다. 이때 A씨가 자신의 특기인 태권도를 이용하여 주인을 구하고 악당을 물리치기로 마음을 먹었다면 이는 행위 자유가 되며, 그 결과 실제로 악당과 태권도(삶의 질 자유)를 사용하여 싸워 이겼다면 식당에서 자유로운 식사 시간(삶의 질)을 가질 수 있게 만든 행위가 된다. 반면 행위로 인해 그

> 삶의 질 '웰빙'은 펑셔닝이 되며 '행위 자유'는 개인이 어떠한 것을 추구하여 얻고자 행동할 자유이다.

무리의 사람들에게 숫자나 힘의 역부족으로 신체상 불이익한 침해를 받았다면 편안한 마음으로 식사를 할 삶의 질 상태(펑셔닝)는 오히려 낮아지게 된 것이라 하겠다. 그런데 만일 A씨가 침묵하고 친구와 식당을 나와버린 후 식당주인의 안위가 걱정되었다면 A씨의 웰빙 자유―태권도를 사용할 기회―는 축소되었겠지만 개인의 삶의 질은 최소한 낮아지지는―신체상 불이익한 침해를 받지는―않았을 것이다. 결과적으로 후자의 경우 A씨의 행위 자유와 웰빙(삶의 질) 수준과는 역의 관계가 성립하고 만 것이다.[28] 개인이 어떠한 삶의 질을 우선순위로 두느냐에 따라서, 즉 행위 자유에 의해 웰빙 자유(캐퍼빌러티)를 무엇으로 가져가느냐에 따라 삶의 질 수준이 높아질 수도 낮아질 수도 있음을 의미한다.

또 하나의 예를 보자. 소득이 높은 어떤 의사가 웰빙 자유(의료 기술)를 통해 모든 것을 포기하고 어려운 나라의 어린아이를 돌볼 것을 선택하였다(행위 자유). 어려운 나라에서 의료활동을 하면(행위) 이 사람의 삶의 질 확보 수준(펑셔닝)은 물질적 측면에서 과거보다 줄어들 수 있으며 소득이나 친구들을 만나거나 가족·친지와 함께 잘지내는 좋은 삶과 같은 복지는 줄어들 수 있다.

앞에서 행동 결과주의자는 좋은 것(the good)을 극대화할 수만 있으면 개인들은 그게 무엇이든지 행해야만 한다는 입장을 취하는 것을 살펴보았다. 이러한 관점은 복지 또는 삶의 질을 일종의 결과주의적 도덕이론으로 만들게 한다. 좋고 나쁨의 평가는 대안적 상태에 대한 비교를 통해서 이루어지는데 두 개의 상태 비교에 있어서 옳음과 그름이 있어야 한다. 옳음을 선택하였고 그 선택의 결과가 좋음을 극대화한다면 개인은 좋음을 극대화하기 위해 무엇이라도 해야만 한다는 것을 함의한다. 효용을 척도로 하는 복지주의는 복지의 결과인 성취 수준만을 고려하기 때문에 과정, 동기, 목적의 순수성, 그리고 이타성 등을 설명하지 못한다고 비판받는다. 이를 결과주의적 공리주의 관점에서 보면 행위를 해서 좋은 결과를 얻지 못한, 자신의 삶의 질 수준이 낮아진 것은 올바르지 않은 선택이 된다.

효용의 관점에서도 동일한 결론이 도출된다. 왜냐하면 효용을 척도로 하는 복지주의는 복지의 결과인 성취 수준만을 고려하기 때문이다. 각 개인들이 선택한 가치에 대한 효용을 사람 간에 비교할 사안이 아님에도 결과공리주의는 자신들이 가지고 있는 정보 제약하에서 사람의 행위를 평가하는 일에서 결과 상태인 효용 이외에는 전부 무시한다. 센은 삶의 질은 결과적으로 유리하거나 이득이 되거나 효용을 높이는 것만이 아니라 어떠한 배경에 의해 그러한 삶을 선택하였는지 알아야 한다고 주장한다. 개인의 삶의 질(well-being)에 대한 사실(facts)인 동기와 배경을 파악하는 것이 핵심인 셈이다.

그러면 삶의 질이 행위처럼 본질적으로 윤리적이고 도덕적인가? 그리고 개인 활동의 궁극적인 목적이 삶의 질을 유일한 목표로 삼는가? 이에 센은 꼭 그렇지는 않다는 입장에 서 있다. 사람은 삶의 질 향상 외에 다른 목표가 있을 수 있으며 그 목표가 더 가치가 있을 수도 있다는 것이다.[29] 사람의 삶을 너무 삶의 질로만 바라봄으로써 개인이 행하는 행위의 의미까지 축소시킬 필요는 없다고 본다. 행위의 역할은 개인의 삶에서 결과보다 중요한 요인이다.

자율성(autonomy) 및 개인의 자유(personal liberty)와 관련된 다양한 개념은 행위의 역할과 관련이 있으며 개인의 삶에서 삶의 질을 고려하는 것을 넘어서기도 한다. 삶의 질은 행위에 의해 영향을 받게 되지만 이것이 꼭 행위에 내재된 중요한 특질을 알 수 있는 것은 아니다. 예를 들면 어떠한 의무적 행위(소방관이 불을 끄러 건물에 들어간 행동)를 하였을 시 개인의 삶의 질에 부정적인 영향(부상이나 사망)을 미칠 수 있지만 그렇다고 그 의무적 행위가 개인에게 어떤 나쁜 결과를 유도하는 특질을 가지고 있다고 보기 어렵다는 것이다. 설사 행위가 긍정적 영향을 가질 때조차도 이것이 행위 측면인지 아니면 삶의 질에 대한 행위의 영향인지를 구분하는 것이 중요하다.[30] 너무 결과만 보고 살 필요는 없다는 의미이다. 마치 그

> 센은 삶의 질은 결과적으로 유리하거나 이득이 되거나 효용을 높이는 것만이 아니라 어떠한 배경에 의해 그러한 삶을 선택하였는지 알아야 한다고 주장한다.

리스 신화 속의 시지프스처럼 바라는 결과를 얻지 못하더라도 계속 바위를 산으로 옮기는 과정, 즉 도덕적인 행동 그 자체에 삶의 의미와 존재 의의가 있다는 것이다.

한편 '삶의 질이 효용(utility)인가'라는 질문에 답하는 일은 쉽지 않아 보인다. 통상 효용은 숫자로 확인할 수 있는 실제 가치로 대표되어야 하는데 기수적인 방식으로 효용을 파악하기 위해서는 상당히 정교한 프레임을 가정해야 하기 때문이다. 특히 개인 간 비교 불가능한 서수(non interpersonally-comparable ordinal)의 대표적 이론인 현시선호이론의 기본적인 문제는 개인의 삶의 질 추구가 개인의 선택 동기에 따라 이루어질 수 있다는 것에 있다. 그러나 이때 동기가 만일 도덕적 고려에 의한 것일 때 경제적 이득보다 개인의 헌신(commitment)에 의한 영향일 수도 있다.

주류 경제학에서는 통상적으로 효용에 대한 두 가지 관점인 행복(happiness)과 욕망 충족(desire fulfillment)이 삶의 질을 상징한다고 보고 있다. 여기서 행복은 1) 삶의 질의 다른 측면(기근이나 질병 창궐 같은)을 무시하거나, 2) 다른 정신적 활동을 제한할 수도 있기 때문에 행복이 삶의 질을 대표한다고 규정하기는 어렵다. 반면에 욕망이 행복처럼 삶의 질을 알려주는 정신적 상태(mental state)인지에 대해서도 명확하지 않다. 욕망은 정신적 상태라기보다는 현실 세계에서 실현되어야만 하는 상태인데 욕망이 실현되었는지를 확인하는 것도 쉽지 않다. 어떤 것에 대한 욕망은 그것이 가치가 있다는 증거를 보여줄 때서야 그 존재 의미가 있다. 가치가 있어서 욕망하는 것이지 내가 욕망하기에 가치가 있는 것은 아니기 때문이다. 욕망의 강렬함이 광고, 영화, 타인의 행동 등의 임의적 환경에 영향을 받을지라도 욕망 그 자체는 현실의 일부로 인정되어야만 한다.[31] 삶의 질을 효용으로서 규정할 수 있다면 효용의 결과주의 차원에서 효용의 선택요인과 행위를 평가할 필요가 있으나 이러한 효용은 평등-불평등과 같은 효용을 무시할 수도 있다.

그렇다면 효용의 개념이 아닌 다른 무언가를 통해 삶의 질을 나타내는 새로운 대안을 찾아야 하는데 그것을 센은 평등 이슈로 보고 있다.[32] 무엇을 선택하는지, 그 선택이 어떤 동기에 의해 이루어질 때 과연 도덕적으로 좋은 것인지, 개인의 삶의 질에 어떠한 영향을 미치는지 등을 파악하는 데 평등 개념이 도구가 될 수 있다는 것이다. 평등은 개인의 유리함(person advantage) 또는 불리함과도 관련이 있다.

평등과 관련하여 하나의 예를 들어보자. 우리나라에서는 '자립준비청년(과거 보호종료아동)'들을 위해 대학 진학이나 취업, 진로 등 각종 지원을 해주고 있다. 그러나 이들은 자신들의 처지가 환경적 우연에 의해 발생하였지만 18세 보호종료 이후에 자립정착금 3~5백만 원만을 받고 별다른 준비 없이 세상에 나올 경우 고립감, 외로움, 불안감, 피해의식, 자신감 결여 등으로 안타깝게도 스스로 생을 마감하기도 한다.

이들을 위한 정책은 통상적으로 자신의 사회 경쟁력을 늘리고 세상에 나와 자기 주도의 삶을 살 수 있도록 지원하는 교육, 학위, 기술 습득이 대부분이다. 그러나 이는 한 면만 보는 정책이다. 자립준비청년 그들에게는 대학진학이나 취업 지원보다 자신들이 스스로 내리는 판단과 삶의 경험이 일반인들과 다르지 않고 '평등함'을 누릴 수 있는 일상적 활동 지원이 그들의 삶의 질을 높이는 데 더 필요하고 중요할 수 있다. 이들은 제도적으로는 교육, 취업 기회의 차별은 받지 않을 수 있으나, 사회문화적으로는 부모가 버린 아이라는 보이지 않는 차별과 불평등에 시달리고 있기 때문이다. 일반인과 동일한 교육과 취업 지원은 이들이 자생적으로 스스로의 삶을 유지하고 지속하는데 별다른 기여를 하지 못할 수 있다. 자립준비청년들에게 필요한 삶의 질의 주요한 특징은 무엇을 지원받았는가가 아니라 무엇을 경험

> 자립준비청년들에게 필요한 삶의 질의 주요한 특징은 무엇을 지원받았는가가 아니라 캐퍼빌러티와 펑셔닝의 관점에서 무엇을 할 수 있는가로 바라보아야 한다.

하고 무엇을 할 수 있고 성취할 수 있는가라는 캐퍼빌러티와 펑셔닝의 관점에서 바라보아야 한다.

삶의 질의 주요 특성은 성취한 펑셔닝 벡터가 되며, 펑셔닝 벡터는 긴급성(urgency) 개념에 의거하여 부분적으로 순서나 순위를 매길 수 있다. 예를 들어 [대학 진학, 취업 지원, 삶의 경험, 일반인과 동일한 사회적 경험]이라는 펑셔닝 벡터가 있다면 순서를 어떻게 재배열하느냐에 따라 삶의 질의 특성이 달라질 수 있다. 이는 삶의 질의 서수적 문제를 해결하기 위한 대안적 방안이 될 수 있으며 순서가 완벽하다면 삶의 질을 지수화하는 것도 가능할 수 있다.

펑셔닝에 대한 정보는 삶의 질 차원에서 해석 가능하며 쉽게 사용할 수 있다. 펑셔닝 접근법은 애덤 스미스가 말한 것처럼 '부끄럼 없이 공론장에 나타나기', 불편감 없이 공동체에 참여하기와 같은 행위를 자연스럽게 할 수 있도록 한다. 자립준비청년이 피해의식 없이 사회에 나와 평범한 일상을 누릴 수 있게 하는 것이다. 삶의 질이 가치 있는 펑셔닝을 성취할 능력을 말하며 펑셔닝의 가치와 식별이 결코 풍요로움이나 행복, 욕망만으로 현시될 수 있는 것이 아님을 알려준다. 이러한 점에서 평등 개념은 취약한 사람들의 삶의 질을 높여주는 캐퍼빌러티의 확장이라 말할 수 있다.

사람의 삶의 질 측면을 조사할 때는 펑셔닝 벡터보다 캐퍼빌러티 집합에 주의를 기울일 필요가 있다. 왜냐하면 캐퍼빌러티 집합은 사람이 달성한 결과물들로 구성된 펑셔닝 벡터의 집합으로써 규정되기 때문이다. 펑셔닝을 성취할 기회를 가진 사람인지 아닌지를 확인하는 것이 매우 중요하며 다른 사람이 이러한 기회를 가지고 있는지 아닌지를 비교할 수 있는 장점이 있다. 삶의 질을 성취 할 수 있는 자유가 삶의 질 자유(well-being freedom)이며 캐퍼빌러티이다. 태권도를 할 수 있는 삶의 질 자유가 악당을 물리칠 생각(행위 자유)을 갖게 하여 악당과 싸워(행위) 승리함으로써 자신과 식당 손님들이 편안하게 식사를 할 수 있는 기회(삶의 질)를 획득하게 한다. 이때 성취된 삶의 질은 펑셔닝이며 삶의 질 자유는 캐퍼빌러티이다. 우리는 삶의 질 자유를 통해 삶의 질의 성취(well-being achievement)를 즐길 수 있으므로 다양한 펑셔닝 벡터를 가질 수 있는 개인의 캐퍼빌러티에 복지와 평등의 초점을 맞추어야 한다.

개인의 삶의 질 차원에 기반한 자유의 개념은 개인의 행위 측면과 관련한 자유와는 구별되어야 한다. 삶의 질 성취는 특정한 목적(objective)에 맞추어져 있으며 삶의 질 자유는 펑셔닝 벡터의 선택을 통해 그 목적성을 성취할 자유를 의미한다. 삶의 질 자유는 앞서 언급한 대로 행위 자유를 전제조건으로 하기 때문에 구별되어야 하는 것이 마땅하다.

삶의 질은 사회적 안전(social security)과 기본적 요구(basic needs)의 실행계획 차원에서도 중요하다. 바로 시민의 기본적인 평등을 위해 국가와 사회가 지원해야 할 최소한의 책무이기 때문이다.

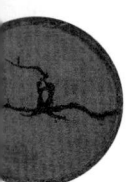
3. 캐퍼빌러티, 펑셔닝, 행위 자유 그리고 헌신

캐퍼빌러티와 펑셔닝

지금부터 본격적으로 캐퍼빌러티와 펑셔닝에 대해 자세히 살펴보자. 앞서 언급한 개념 정의를 다시 떠올려보면, 캐퍼빌러티는 개인이 하고 싶고(want to do) 되고 싶은(want to be) 것을 이룰 수 있는 기회(opportunity)이자 실제적 자유(actual freedom)를 의미한다. 어떻게 무엇을 위해 살 것인가에 대한 자신만의 가치가 반영되어 있다. 물질적으로 풍요로운 삶을 최선의 삶이라 여기는 사람이 물질적 성공을 추구하는 것이나, 누군가를 위해 봉사하고 도와주는 일을 하는 것이 최선의 삶이라고 여기며 이타적인 삶을 살아가는 것 모두 나름의 가치를 실현하는 삶을 사는 행위이다.

반면에 펑셔닝은 캐퍼빌러티와 더불어 행위에 의해 성취된(achievement) 결과이다. 캐퍼빌러티는 펑셔닝을 이룰 수 있는 기회와 자유의 집합이다. 예를 들면 어떤 사람이 자전거를 잘 타고 싶다면 그의 캐퍼빌러티 집합은 {자전거 타는 능력, 자전거 수리 기술, 자전거 교통 수신호 숙지 등}이 되고 펑셔닝 집합은 {자전거 통학 및 통근, 자전거 하이킹, 경륜선수, 자전거 수리점 사장 등}이 된다. 개인이 펑셔닝 중에서 자신에게 필요한 {통학, 수리점 사장}을 선택하였다면 {자전거 타는 능력, 교통 수신호 숙지, 자전거 수리 기술은 선택한 펑셔닝을 성취하는데 필요한 실제적 자유와 기회를 부여하는 수단이자 캐퍼빌러티가 된다.

펑셔닝은 어떤 수단이나 도구가 개인의 기회와 자유를 확대하는 데 도움이 된다면 그 존재 자체를 중요한 것으로 바라본다. 예를 들면 어떤 신앙인은 돈이 아무리 많아도 자신의 종교생활에 도움 되지 않으면 돈에 관심을 가지지 않겠지만, 종교를 통한 이타적 활동에 관심 있는 개인은 자신의 돈으로 타인을 위한 자선봉사에 사용할 수 있다면 그때는 돈을 중요 관심사로 바라볼 것이다. 이는 어떤 특정 재화가 개인에게 절대적인 요인이 아니라는 것이며 사람마다 그 재화를 사용하는 방법과 활용 능력에 차이가 있음을 설명한다.

펑셔닝 집합 측정 시 어디에 우선순위를 두는가는 사람마다, 조직이나 지역마다 다르며 당장에 구현되는지는 중요하지 않다고 본다. 만일 실현된 펑셔닝에 가중치를 두어 측정하고 측정된 펑셔닝과 캐퍼빌러티 집합을 한 쌍으로 바라볼 때 의미있는 가치를 가진 펑셔닝과 이를 위한 캐퍼빌러티가 동일한 가치를 가진다면 이를 '개선된 펑셔닝(refined functionings)'이라 부른다.[1] 즉, 개인의 좋은 삶, 그 중에서도 개인의 자유를 확대하고 삶을 즐길 수 있는 펑셔닝을 선택하고 이를 뒷받침하는 캐퍼빌러티가 동일한 가치로 존재하는 경우를 의미한다.

문제는 이러한 가중치를 누가 어떻게 정하느냐이다. 이는 매우 중요한 사안인데 개인 간 다양성에 기인한 이질적인 가치에 대해 평가함으로써 가치의 순서를 정한다는 의미가 있기 때문이다. 센은 특정한 개인만의 펑셔닝—여기서는 가치—에 가중치를 적용하는 것은 개인 간 합의와 동의가 아닌 개인 내적인 성찰(reflection)을 필요로 한다고 본다. 그러나 사회적 평가를 위해서는 가중치의 범위와 정도에 대해 사회적 합의가 존재해야 하는데 이는 일종의 사회선택이론이라 할 수

> 개인의 자유를 확대하고 삶을 즐길 수 있는 펑셔닝을 선택하고 이를 뒷받침하는 캐퍼빌러티가 동일한 가치로 존재할 시 이를 '개선된 펑셔닝'이라 한다.

있다. 센은 사회적 평가를 실행하기 위해서는 민주적 절차에 기반한 공적 추론(reasoning)이나 민주적 이해와 수용이 필요하다고 주장한다.[2]

개인에게는 성찰이, 사회적 평가에서는 민주적 절차에 따른 사회적 합의과정이 필요하다고 본 것이다. 앞의 예를 다시 들면 두 사람이 동일하게 배고픔을 겪고 있다. 한 사람은 빈곤 때문에 배고픈 것이고 다른 사람은 체중을 줄이기 위한 다이어트 때문에 배고픈 상태이다. 이 두 사람이 배고픔 측면에서 동질적인 펑셔닝을 경험한다고 해서 개인적으로나 사회적으로 동일한 가중치를 적용하는 것이 바람직하다고 볼 수는 없다. 성취된 결과만을 가지고 펑셔닝을 바라보면 어떠한 동기로 인해 성취가 되었는지에 대한 정보를 놓치게 되며 캐퍼빌러티 측정 시 실수를 유발할 수 있다.

빈곤으로 배고픔을 가진 사람에 대한 부당한 평가를 피하기 위해서는 개선된 펑셔닝을 통해 관찰하고 측정할 수 있어야만 한다.[3] 어떤 펑셔닝에 가중치를 더 주어서 그 사회의 삶의 질을 개선하고 향상시킬 것인가의 결정에는 사회적 합의가 필요한 것이다. 한편 동일한 성취 결과를 보여주는 펑셔닝에 대한 혼란이 야기될 수 있고 성취한 결과인 펑셔닝만을 고려할 경우 인간 삶의 자유를 놓칠 수 있기 때문에 센은 캐퍼빌러티 논의에 초점을 맞추었으며 개인에게 주어지는 기회의 확대와 자유를 강조하였다.[4]

<표 2-2> 캐퍼빌러티 및 펑셔닝과 대응하는 개념들

	캐퍼빌러티(Capability)	펑셔닝(Functioning)
상태공간(state space) 또는 평가공간	-기회집합(Opportunity Set) -자유(Freedom) -요구(Needs)	성취 또는 달성(Achievement)
	삶의 질 자유(Well-Being Freedom)	삶의 질(Well-Being)
행위(agency)	행위 자유(Agency Freedom)	행위성취(Agency Achievement)
근대 경제학	선호(Preference)	효용(Utility)

성취된 결과보다 자신이 원하고 되고 싶은 것을 성취한 결과와 이를 위해 필요한 기회와 자유인 캐퍼빌러티가 더 중요하다고 본 것이다.[5] 이 때문에 캐퍼빌러티는 너무 개인적인 자유에만 초점을 맞추고 있으며 결국 사회와 국가가 이를 지지하고 도와주어야 하며 캐퍼빌러티를 실현시킬 책임은 다시 사회, 조직, 국가로 이전된다는 비판을 듣곤 한다.[6] 그러나 국가의 역할이 국민의 행복과 자유 증진, 기회의 평등을 지원하고 실현시키는 데 있는 만큼 캐퍼빌러티에 대한 이러한 비판이 큰 의미가 있어 보이지는 않는다.

캐퍼빌터티 접근법은 개인뿐만 아니라 집단(사회, 국가) 간의 불평등이나 행복을 평가하는 데 사용될 수 있다. 그 이유는 어떻게 사는가에 대한 평가를 기반으로 구성된 캐퍼빌러티는 사회의 다원주의 또는 다양성을 중요한 전제조건으로 상정하기 때문에 개인과 집단 간의 행복과 기회 및 자유 확대를 위한 사회적 제도배열(social arrangements)과 평균적 삶의 질에 대한 평가를 요구한다. 이는 캐퍼빌러티에 대한 사회적 가치의 중요성에 대한 가중치 부여가 필요함을 말하며 센은 사회적 추론을 통해 가중치 부여가 가능하다는 입장이다. 사회적 추론은 사회적 가치 간 통약(通約, commensurability)을 가능하게 할 수 있는 힘이 있다고 본 것이다.

마지막으로 캐퍼빌러티는 기회와 자유 확대라는 윤리적·추상적 개념이며 실제 측정은 불가능하다. 반면에 펑셔닝은 캐퍼빌러티에 의해 성취된 결과이므로 측정이 가능하다. 개인의 삶의 질은 캐퍼빌러티보다 펑셔닝에 기반하여 측정하는 편이 손쉬울 수 있다. 측정을 위한 가장 이상적인 방법은 캐퍼빌러티 가치를 선택된 펑셔닝의 가치와 동일시하는 것이다.[7] 이른바 '개선된 펑셔닝'의 가치를 측정하는 것이다. 예를 들면 기근이나 질병이 만연한 국가들의 삶의 질에 대한 평가는 잘 먹고 잘 살 수 있는 각종 기회와 자유보다는 현재의 영양상태나 보건 수준에 초점을 맞추는 것이 더 상식적인 평가라 할 수 있을 것이다.[8]

하지만 선진국에서는 교육훈련과 빈곤 탈출이 중요한 것이 아니라 인종차별과 성차별 없이 동등한 기회를 보장하고 개인의 역량과 기여에 비례한 성과 배분을 가능하게 하는 사회정책의 존재 여부를 평가하는 것이 상식에 부합하는 평가라 할 수 있다. 따라서 오늘날 선진국이 된 우리나라에서 캐퍼빌러티 논의는 교육, 빈곤, 영양과 같은 차원이 아니라 재분배, 참여, 안전, 차별금지, 행복 등의 차원에서 다루어져야 할 것이다.

> 오늘날 선진국이 된 우리나라에서 캐퍼빌러티 논의는 교육, 빈곤, 영양과 같은 차원이 아니라 재분배, 참여, 안전, 차별금지, 행복 등의 차원에서 다루어져야 할 것이다.

캐퍼빌러티에서의 자유와 기회의 가치도 궁극적으로는 국민의 영양과 건강, 개인의 인적자본 활용가능성을 높이기 위한 것이다. 성취된 결과인 펑셔닝에 가중치를 적용한 후 최종 선택된 펑셔닝은 사람들 다수가 좋아하고 즐기는 삶의 질과 관련이 깊어야 하며 이때 캐퍼빌러티 집합은 '개선된 펑셔닝'의 가치와 유의미하게 연관되어야만 한다.[9] 이러한 점 때문에 센의 캐퍼빌러티는 결과주의적 도덕철학에 기반하고 있다고 평가된다.

센과 누스바움의 캐퍼빌러티에 대한 관점 차이

캐퍼빌러티를 강조하는 또 다른 이는 법철학자인 마사 누스바움(Martha C. Nussbaum)이다. 그녀는 캐퍼빌러티를 윤리적이고 헌법적인 관점에서 다루고 있는데 이러한 측면이 센과의 가장 큰 차이점이다. 두 사람의 차이를 살펴봐야 하는 이유는 센의 캐퍼빌러티가 윤리와 도덕철학에 머무른 채 실제 행동과 실천에 대한 명확한 입장을 보여주지 않는 반면에 누스바움은 추상적인 수준이기는 하나 캐퍼빌러티가 추구해야 할 명확한 방향성과 실천 방안을 제시하고 있다는 점 때문이다.

누스바움은 캐퍼빌러티를 헌법이나 제도 법률에 '핵심 인적 캐퍼빌러티(central human capability)' 목록(lists)을 포함해야만 한다고 주장한다. 인간의 존엄성에 어울리는 삶을 영위하는데 필요한 최저 수준의 캐퍼빌러티가 필요하다고 본 것이다.[10] 그녀의 캐퍼빌러티 접근법은 보편적으로 모든 정부가 인정해야만 하는 것으로 규정한다. 이를 위해 누스바움은 열 가지 캐퍼빌러티 목록을 제시하였다. 누스바움이 제시하는 캐퍼빌러티 10대 기준에는[11] 생명(life), 신체건강(bodily health), 신체보전(bodily integrity), 감각·상상·사고(sense, imagination and thought), 감정(emotions), 실천이성(practical reason), 소속(affilation), 인간 외 동식물에 대한 관심(other species), 놀이(play), 환경통제(control over one's environment) 이 포함된다.

누스바움의 열 가지 캐퍼빌러티 목록 내용을 좀 더 자세히 살펴보도록 하자. 1) 생명은 정상적인 수명까지 살 수 있는 권리를, 2) 신체건강은 충분한 영양과 주거를 통해 좋은 건강을 유지하고 자녀를 낳을 수 있는 건강을, 3) 신체보전은 이동의 자유, 성폭행을 포함한 각종 폭력적 폭행으로부터의 안전, 성적 만족감을 가질 기회와 자녀를 낳을지 선택할 권리를, 4) 감각·상상·사고는 종교·정치·교육 등에서 표현할 수 있는 자유와 기회 외에도 자신이 선택한 종교, 문학, 음악 등의 행사나 작품을 만들거나 경험하는 것으로 진정한 인간(truly human)적인 것을 할 수 있는 것을 의미한다. 5) 감정은 타인에 대한 사랑, 만족감 등 다양한 감정 공유하기, 6) 실천이성은 자신의 삶에 대하여 성찰하고, 좋음을 형성할 수 있는 것, 7) 소속은 타인을 향한 인정과 관심 보이기, 역지사지하기, 모욕주지 않기가 포함된다. 8) 인간 이외의 종은 식물과 동물에 대한 관심, 9) 놀이는 웃음과 레크리에이션을 즐기는 활동, 마지막으로 10) 환경에 대한 통제는 정치적 환경과 물질적 환경으로 나누어지는데 전자는 자신의 삶을 지배할 정치적 선택에 참여하거나 정치 참여권, 후자는 동산·부동산 소유, 재산권 행사 등을 포함하고 있다.

그러나 센은 이러한 캐퍼빌러티 목록화(lists)에 반대한다. 누스바움은 센이 캐퍼빌러티의 실제 목록화에 전념하지 않는 것에 아쉬움을 표명하지만 센은 캐퍼빌러티 목록을 법처럼 정형화하는 것이 중요한 것이 아니라 참여자들의 숙의로 결정된 캐퍼빌러티 목록—예를 들면, 평생교육 참여, 지역 일자리, 노인 돌봄, 한 부모가정 지원 등—들을 공개적으로 지지하는 것이 중요하며 이때 캐퍼빌러티 선택은 민주주의적 과정을 통해서 이루어져야 한다고 주장한다. 센은 캐퍼빌러티가 나라마다 사람마다 다르기 때문에 목록을 확정해 놓는 것은 가능하지 않으며 대신 공개적 토론과 추론(推論, reasoning)을 통해 특별한 캐퍼빌러티 역할과 가치를 이해하는 것이 중요하다는 관점을 가지고 있다.[12] 오히려 누스바움식의 목록화가 개인의 자유 확대와 선택의 영향력을 줄일 것으로 보고 있다. 센은 롤스의 기본재화도 거부한 마당에 아무리 동일한 캐퍼빌러티일지라도 열 개의 목록을 동의하는 것이 내키지 않았을 것으로 보인다. 왜냐하면 캐퍼빌러티라는 개념 자체가 사람마다 다른 자유를 확대하고 박탈을 막고자 함인데 자유의 범위를 열 개로 가두어 두는 것은 본인 스스로 자신의 원칙을 무너뜨리는 결정이 될 수 있는 모순에 빠지기 때문이다.

이러한 차이점은 누스바움과 센 간의 삶의 질 자유(well-being freedom)와 행위 자유(agency freedom)에 대한 관점의 차이를 야기한다. 누스바움은 센의 삶의 질 자유와 행위 자유가 무엇을 의미하는지 도통 이해할 수 없으며 굳이 이 둘을 나눌만한 이유가 없다는 입장이다. 이는 누스바움이 캐퍼빌러티의 목적과 방향성과 실천성을 명시하였기 때문에 나타나는 인식이다.

센의 캐퍼빌러티 정의는 사실 범위가 넓고 모호한 측면이 있다. 따라서 좀 범위를 좁힐 필요가 있는데 이것이 바로 삶의 질 자유이다. 어떤 삶이 좋은가로 캐퍼빌러티의 범위를 좁힌 것이다. 이보다 범위를 더 좁힌 것은 기본 캐퍼빌러티 평등(BCE)이다. 그럼에도 여전히 남는 난제는 정치적 형태의 실천행위이다. 이에 대한 대안이 바로 행위 자유(agency freedom)이다. 헌신, 동감, 민주주의, 참여를 통해 캐퍼빌러티의 정치적 실천성을 암묵적으로 담보하려는 것이다. 그럼에도 불구하고 캐퍼빌러티는 기본소득이나 드워킨의 조세 접근 방법과 같은 복지 실현을 위한 정치적 실천 행동과 수단은 없다. 행위 자유는 다양한 이타적 행동에 대

<표 2-3> 센과 누스바움의 캐퍼빌러티에 대한 인식 차이

	센	누스바움
정의	효율적 기회의 문제	인간적 특성, 개인적 기술
요구사항	• 기본적 캐퍼빌러티 요구	• 내적(internal) 캐퍼빌러티: 특정 캐퍼빌러티 발휘를 위해 개인에게 부여한 상태 • 결합된(combined) 캐퍼빌러티: 캐퍼빌러티를 발휘하도록 지원가능한 정치·사회적 외부 규정(provisions)과 내적 캐퍼빌러티와 결합
유형화	• 캐퍼빌러티를 특정 항목으로 목록화하는 것에 동의하지 않음	• 열 개 캐퍼빌러티를 목록화하여 제안
정부 역할	• 정부에 대한 요구에 초점을 맞추지 않으나 캐퍼빌러티 확산을 위해 정부 개입 필요성은 인정	• 헌법적 원칙으로 격상시킴 • 자애로운 정부에 대한 믿음 비판 (제국주의·후기모더니즘 등)
행위에 대한 입장	• 삶의 질과 행위 간의 차이를 옹호	• 삶의 질 자유와 행위 자유 간의 차이를 인정하지 않음 • 캐퍼빌러티와 펑셔닝만으로 구분 가능하다고 봄

한 동기는 설명하여도 구체적으로 무엇을 가지고 하여야 하는가는 없기 때문이다. 한편 센은 누스바움보다 경제적 추론에 더 가까운 해석을 보이는 반면에 누스바움은 인간적, 인권적 요인이 더 강하다 하겠다. 이러한 점 때문에 최소한 국내에서 캐퍼빌러티 관점의 인권 문제는 주로 센보다 누스바움의 캐퍼빌러티 접근법을 차용하고 있다.[13]

센의 인권(human rights) 개념은 어떻게 보면 누스바움의 개념보다 단순하다. 센이 생각하는 인권의 핵심은 자유이다. 이 자유에는 나의 자유뿐만 아니라 타인의 자유도 동일하게 중요시한다. 인간의 조건으로서 나 자신의 자유와 권리뿐만 아니라 타인의 쾌락과 욕망 충족, 그리고 그들의 자유에 관심을 가지는 것이 센이 생각하는 인권의 출발점이라 하겠다.[14] 이때 자유는 기회와 과정 두 가지 개념으로 나누어지는데 기회는 무엇인가를 할 수 있는 권리이며, 과정은 적법한 절차—예를 들면 재판 절차 같은 과정의 공정성—를 동등하게 적용받을 권리라 하겠다. 기회는 우리가 앞에서 보았던 캐퍼빌러티와 펑셔닝이 대표적 인권이자 자유 차원의 기회이며[15] 과정의 공정성이란 권리의 활용에 의해 보완되어야 할 절차이다. 이렇

듯 기회와 과정에서 자유를 누리는 게 센이 말하는 인권의 기본이다.[16]

인적자본과 캐퍼빌러티

앞서 제1부에서 우리는 인적자본(human capital)이 가지는 의미와 한계를 살펴보았다. 여기서는 인적자본을 캐퍼빌러티와 비교해보고자 한자. 사실 이러한 비교는 정당한 것이라 말하기 어렵다. 왜냐하면 캐퍼빌러티는 인적자본을 포괄하는 개념이기 때문에 직접적인 비교 자체가 불가능하다. 그럼에도 비교를 시도하는 이유는 개인의 자유와 선택, 기회 확대를 위한 캐퍼빌러티와 가장 대립적 위치에 있는 이론이 인적자본투자라는 점을 부인하기 어렵기 때문이다.

실제로 인적자본이론을 캐퍼빌러티 관점에서 연구한 논문들이 있다. 가장 대표적인 학자로는 앞서 잠깐 언급한 2000년 노벨경제학상을 수상한 제임스 헤크만(James Heckman)이다. 그가 생각하는 캐퍼빌러티의 핵심은 잠재적 행동(potential action)으로서 건강기술(health skills), 인지적 기술(cognitive skills), 재정(financial resources), 정보(information), 동료(peer) 등으로 캐퍼빌러티가 구성된다고 본다. 그리고 행동(action)으로 규정하는 펑셔닝에는 선호(preference), 노력(effort), 사회규범(norms), 사회정책(social policy), 조절(regulation) 등이 있다.

헤크만의 캐퍼빌러티는 위에서 열거한 내용을 유아 때부터 유아기, 청소년기, 성인기 전 생애에 걸쳐 배울 수 있도록 지원해 주어야 한다. 캐퍼빌러티에 의해 발생한 최종 생애 결과물(life-cycle out-comes)은 소득, 임금, 노동 참여, 교육 성취, 건강, 사회 이동 등이다.[17] 한 마디로 헤크만의 캐퍼빌러티 관점은 전통적인 인적자본이론 및 성과기여기반 능력주의(competence)와 동일한 목적 함수를 가진

> 헤크만의 캐퍼빌러티 관점은 전통적인 인적자본이론과 성과기여기반 능력주의와 동일한 목적 함수를 가진 채 다른 옷만 갈아입은 개념이다.

채 다른 옷만 갈아입은 개념으로 윤리 철학의 캐퍼빌러티 일부분만을 설명하고 있다.

헤크만 스스로도 선호와 기술을 어떻게 규범적으로 전개시킬 것인가, 즉 선호와 기술의 윤리적·도덕적 기준에 대한 고민이 부족함을 인정하고 있다.[18] 주류 경제학에 규범과 윤리는 외부경제이므로 분석에 포함할 수 없었기 때문이다. 이것이 그의 이론의 목적 함수에 윤리성이 없는 이유이기도 하다.

[그림2-1] 캐퍼빌러티, 인적자본, 성과기여기반 능력주의, 자격기반 능력주의

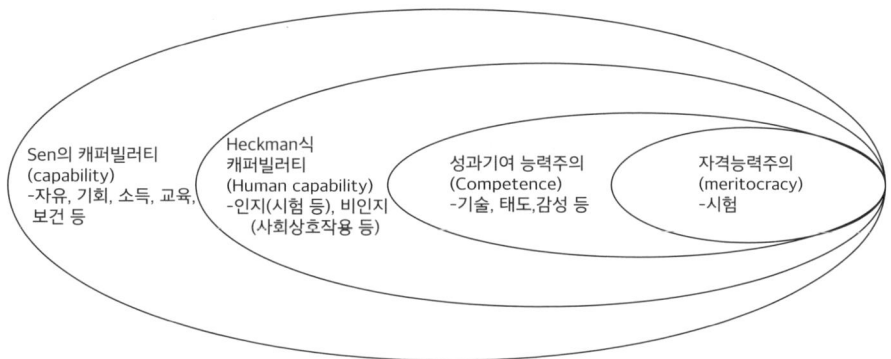

여전히 인적자본이론은 사람을 경제적 도구와 수단으로 간주함에 따라 개인의 생산성, 효율성에 기반한 교육투자를 강조하고 있을 뿐이다. 인적자본이론이 일부 결과에서 불평등을 양산할 수는 있으나 불평등을 탑재한 이론이라고 보기는 어렵다. 예를 들면 일부에서는 사람을 집단이 아닌 개인의 단위로만 보는 인적자본이론이 젠더 이슈에 매력적이지 못하다고 주장하지만 이러한 젠더 이슈에 대한 무관심은 인적자본이론 자체보다는 인적자본을 이용한 기업의 경영성과 추진방식에 기인한 것으로 보는 게 옳을 것이다.

인적자본은 성별을 가리지 않고 비용편익상 편익이 높은 쪽에 투자를 하는 것이 합리적 선택이기 때문이다. 젠더 이슈의 불공정성은 인적자본이론 자체보다는 투자 수익을 실현하는 공간인 사회, 문화, 조직에 의한 영향이 더 크다는 것이

필자의 생각이다. 노동시장 구조와 남성 위주의 지배적 문화가 성불평등을 만들지 인적자본이론 자체가 불평등을 초래하는 것은 아니기 때문이다. 인적자본은 '나'만을 위한 이기적 판단을 선호하거나 필요하다고 주장하지 않는다. 이점에서 공리주의를 기반으로 하는 인적자본이론은 평등주의적 가치관을 가지고 있다 하겠다. 인적자본이론이 나온 이래로 여성의 경제활동 참가율과 고등교육 참여율은 현저히 높아졌으며 남성보다 낮은 임금은 '생산성 기여 차이냐 아니면 차별이냐'라는 문제를 제기하게 만들었다. 인적자본이론이 맑스도, 스미스도, 케인즈도 실현하지 못했던 여권신장과 다양한 계층의 고용기회 확대에 기여한 공로는 이루 말할 필요가 없다. 캐퍼빌러티가 추구하고자 하는 방향과도 차이점이 없다. 헤크만이 주장하고 설명하려던 여러 요인들과의 차이점도 크지 않다. 다만 목적함수에서 차이가 있을 뿐이다. 헤크만의 주장대로라면 앞에서 예로 든 자립준비청소년을 위한 정책 프로그램은 교육과 기술 습득 외에 다른 대안은 없다. 그들은 빵보다 사탕을 더 원하고 있는데도 말이다.

    2021년 7월 31일 국무조정실에서 발표한 『보호종료 아동지원 상화 방안』 보도자료를 보더라도 자립준비청소년의 대학진학률은 62.8%, 일반청년은 70.4%로 불과 7.9%p 차이밖에 나지 않지만 실업률을 보면 자립준비청소년은 16.3%로, 일반청년 8.9%의 두 배 가까이 차이가 나타나고 있음에서 알 수 있다. 이 결과를 놓고 헤크만의 입장에 서면 지금보다 더욱더 기술교육과 훈련에 투자해야 하며 그럼에도 좋은 결과를 못 얻으면 그건 개인의 책임인 것이다. 반면에 캐퍼빌러티 입장에서 보면 습득한 기술과 역량을 발휘하지 못하게 하는 개인의 심리적 및 사회문화적 요인이 더 큰 장애인 것이다.

> 인적자본이론이 맑스도, 스미스도, 케인즈도 실현하지 못했던 여권신장과 다양한 계층의 고용기회 확대에 기여한 공로는 이루 말할 필요가 없다.

권리와 캐퍼빌러티

교육에 대한 투자 또는 참여는 권리(rights)라는 기반에 의해 생성되기도 한다. 권리 기반 논리는 캐퍼빌러티와 마찬가지로 교육 참여를 단지 경제적 도구의 일환으로 보지 않는다. 권리는 참여의 당위성을 갖게 만들고, 기회의 배타성을 저지하는 역할을 하기도 한다. 반면에 권리 기반은 몇 가지 단점을 가지고 있다. 첫 번째 단점으로는 과도한 법적 권리를 강조하거나, 권리의 해석을 너무 좁게 한 규칙만을 따르게 하는 것이다. 반면에 캐퍼빌러티는 배움 또는 교육 자체가 즐거운 일임을 강조한다. 딱히 뭘 하려고 배워야 한다고 강제하지 않으며 배운 것을 사용하지 않아도 되는 것을 허용하고 있다.[19] 그렇다고 캐퍼빌러티의 이러한 관점을 마치 교육과 직업 훈련처럼 물고기 잡는 법만 가르쳐 주거나 취업역량의 기회만을 제공하고 취업을 통한 소득 활동은 개인의 선택 영역으로 남겨두는 것으로 악용되어서는 안 된다.

센의 캐퍼빌러티 이론에서 교육을 중요시한 이유는 1950~60년대 인도를 비롯한 대부분의 국가에서 절대적 빈곤과 열악한 교육 참여로 개인의 역량을 발휘할 기회가 절대적으로 부족했기 때문이었다. 오늘날 대부분의 나라가 절대빈곤과 교육 참여율의 문제를 상당히 해결한 상태에서 과거 캐퍼빌러티의 교육 관점만을 차용하는 것은 극히 경계해야 할 부분이 아닐 수 없다.

교육을 권리(rights)에 기반하여 바라보는 담론은 교육을 통해 경제적 수익을 낼 수 있는 사람과 그렇지 못한 사람을 차별하지 않는 장점을 가진다. 그러나 일부 저소득 국가에서 권리 선언이 이루어졌음에도 불구하고 여전히 국민은 교육의 혜택을 받지 못할 수도 있다. 이는 권리 선언이 하나의 수사로만 그칠 수 있음을 말해 준다. 또 다른 문제는 권리를 법률적 권리로만 인지할 수 있다는 것이다. 이것이 두 번째 단점이다. 법이 아닌 윤리적 권리도 존재하기 때문이다. 또한 법률적 권리는 정부의 역할을 강조하게 만들어 시민의 자발적 참여에 지장을 초래할 수도 있다.

권리 기반 관점의 세 번째 단점으로는 정부가 물적 토대를 제공하고 보장함으로써 모든 것을 다 했다고 말할 수 있게 한다는 것이다. 중요한 것은 물적 토대만으로 권리 기반이 완성되는 것은 아니며 문화적으로도 노동시장 내에서 교육을 받을 명분과 이유를 가지게 할 수 있는 무언가가 필요하다는 것이다. 저소득 국가의 경우 더욱 그러하다. 교육의 물적 토대는 외국의 지원을 받아 학교나 교재 개발이나 교사 수급이 가능할 수 있지만 여성 차별 문화가 있거나 교육을 받아도 활용할 수 있는 경제적 구조와 여건이—꼭 경제적 이득이 아닌 것도 포함하여—마련되어 있지 않다면 그 권리는 큰 의미를 갖지 못할 수 있다.[20]

캐퍼빌러티에서 의미하는 교육은 단순히 직업이나 학업을 위한 것을 넘어 도덕, 봉사, 지식, 민주주의, 공동체 활동, 이타적 행위, 헌신 등 사회적 변화를 위한 총체적인 행위 과정으로 바라볼 필요가 있다. 인간이 자신의 삶의 질을 높이기 위해 필요한 모든 것을 알아가고 참여하는 과정으로 인식하는 것이다. 따라서 교육 체계의 변화를 위한 지역 내 풀뿌리 캠페인, 지역 NGO 활동, 종교나 지역 시민단체의 역할에 주목할 수밖에 없다.[21] 그 이유는 교육은 단순히 직업 역량(competence) 뿐만 아니라 삶을 살아가는 기술(skill)과 사회적 환경하에서 함께 공존하고 행동하고 서로를 알아갈 수 있게 하는 차원에서 삶에 여러 가지 선택을 제공하며 개인의 캐퍼빌러티를 확장시키는데 기여하기 때문에 이를 위한 사회 정책적 변화는 매우 중요하다.[22]

캐퍼빌러티는 경제력이 풍부하다고 자동적으로 이루어지는 것도 아니다. 한 국가의 국민소득이 아무리 높아도 여전히 질병으로부터 고통받을 수 있다. 대표적으로 미국이 그렇다. 2019년 인간개발지수(human development index, HDI)를 보면 미국인의 기대 수명은 78.9세이지만 한국인은 83.0세이다.[23] 2017년 미국 여성 10

> 캐퍼빌러티에서 교육은 직업, 학위 취득을 넘어 봉사, 지식, 공동체 활동, 이타적행위, 헌신 등 사회적 변화를 위한 총체적인 행위과정이다.

만 명당 산모사망률은 19명으로 이 수치는 HDI 순위 49위를 기록한 루마니아와 동일한 수치로서 열악한 수준이다. 영유아 사망률은 2020년 기준 미국이 5.8명인데 이 수치는 러시아와 동일하지만 경제력으로는 비교 불가능할 정도로 낙후된 쿠바의 4.5명보다는 높다.[24]

최근 COVID-19로 인한 사망자 수와 환자 수가 미국이 한국보다 높은 이유는 결코 미국이 한국보다 의학 수준이 낮아서가 아니다. 미국의 높은 소득과 발전된 의학이 자국민의 캐퍼빌러티 확장에 한국보다 적절히 활용되지 못했기 때문이다. 미국에서 의료체계가 모든 사람들이 쉽게 이용할 수 있는 제도가 아닌 하나의 제도적 장애물로 작용하고 있다는 증거이다.

이러한 문제 때문에 일각에서는 캐퍼빌러티를 사회정의라는 관점에서 바라보기도 한다. 이러한 관점의 대표주자는 낸시 프레이저(Nancy Fraser)이다. 그녀는 정의는 곧 참여라고 규정한다. 부정의를 극복한다는 것은 어떤 사람이 다른 사람들과 동등하게 사회적 상호작용에 참여하는 것을 방해하는 제도를 제거하고 해체하는 것으로 정의한다. 제도적 장애는 서로가 정의를 주장할 자격이 부여되는 공동체로부터 누군가를 배제시키고 공개적 논의 절차에서조차 제외시키는 결과를 초래한다고 주장한다.[25]

프레이저는 사회정의가 재분배, 인정, 참여라는 세 가지 요소로 구성된다고 본다. 이 중에서 재분배는 개인의 경제적 생산성이나 삶의 질에 영향을 미칠 캐퍼빌러티의 정서적 결과(affective outcome)를 이해하는데 유용할 수 있다고 본다. 캐퍼빌러티 활성화를 위해서는 행위 자유가 매우 중요한데 이는 공동체가 일부 사람들을 배제하는 방향으로 나아가는 상황을 막고 공동체 구성원의 가치 변화를 가져오게 하는 원천이 되기 때문이다.

자유의 확장을 위한 전환요인 극복

센은 개인의 복지이론이 고전적인 결과론적 공리주의에 기반한 고전경제학 관점에서 벗어나야 하며, 사회정책의 초점은 무엇을 성취했느냐 하는 펑셔닝보다는 무엇을 할 수 있는가 하는 캐퍼빌러티에 두어야 한다고 줄기차게 주장해왔다. 어떤 개인이 실제 성과(actual achievements)로 이어지는 펑셔닝보다 언젠가 구현이 가능한 펑셔닝을 실현할 자유(freedom of achieve)로서의 캐퍼빌러티를 가지고 있다면, 그 개인은 지속적인 삶을 영위할 자유 공간을 확보하고 있다고 보기 때문이다.[26] 개인이 어떠한 역량과 능력을 갖추었다면 그 자체로 자신의 삶에 이용할 자유는 확보한 상태이고 이를 어떻게 사용할지는 개인의 선택 영역으로 본다. 개인이 대안적 삶들을 선택할 자유를 반영한 것이다.[27] 이러한 캐퍼빌러티의 실제적 자유 개념은 기본소득의 실질적 자유와 그 맥을 같이한다고 볼 수 있다.

그러나 현실은 간단하지 않다. 개인마다 처해 있는 자원(resource), 능력(ability) 등 제반 여건이 다르기 때문에 동일한 자유와 기본재를 준다 해도 그것의 활용 역량에 따른 결과는 천지 차이로 나타날 수밖에 없다. 캐퍼빌러티와 펑셔닝이 개인만의 영역이라는 관점으로부터 집단과 사회적 구조 영역으로 관심을 옮기는 이유는 개인의 기회와 자유의 확대를 가로막는 요인, 이른바 전환요인(convert factor)이 존재하기 때문이다. 전환요인에는 개인적 요인, 사회적 요인, 환경적 요인이 있다. 개인적 요인에는 건강, 질병, 장애, 말하기, 지적 능력 등이 있다. 사회적 요인에는 공공정책, 사회적 규범, 종교, 문화, 성별 역할, 권력관계 등이 포함되고 환경적 요인에는 기후, 지역, 지진과 같은 자연환경 등이 있다. 이러한 전환요인 때문에 롤스의 기본재화가 개인의 자유와 평등을 추구하는데 기여하지 못하게 될 수도 있다는 것이다. 센은 이러한 전환요인에서 차별과 불평등이 나타난다고 보기 때문에 이 요인을 걷어내지 않으면 개인의 자유 확대는 어렵다고 본다. 개인은 자신의 성장을 가로막거나 제한하는 요인을 제거해야 하며 자신을 둘러싼 자원과 환경을 자신이 원하는 것을 얻기 위한

> 전환요인에서 차별과 불평등이 나타난다고 보기 때문에 이 요인을 걷어내지 않으면 개인의 자유 확대는 어렵다.

도구로 자유롭게 사용하여 자신의 상태를 전환시켜야 하는데 이를 '전환요인의 극복'이라 부른다. 예를 들면 남녀가 동일한 교육을 받았더라도 사회경제적 차원의 성평등이 이루어지지 않아 여성이 취업이나 승진에 불리하다면 여성 개인의 캐퍼빌러티와 펑셔닝 완성은 불가능할 것이다. 한국가의 지배적 문화가 개인의 펑셔닝에 장애가 될 수도 있기에 극복해야 할 대상이 된다.

> 전환요인이 개인의 캐퍼빌러티와 펑셔닝에 장애가 될 수 있고 이를 극복해야 한다는 의미는 개인이 어떠한 곳에 살고 어떠한 제도하에서 살고 있는가가 개인의 펑셔닝을 파악하는 데 더 중요한 정보가 될 수 있음을 의미한다.

사회적 약자를 위한 교통시설이 제대로 갖춰지지 않은 사회에서 장애가 있는 개인은 교통 이용 불편 해소를 위해 타인의 도움을 받을 수밖에 없다. 교통이용의 불편함은 장애인 자신뿐만 아니라 가족들의 자유까지 침해할 수 있다. 전환요인이 개인의 캐퍼빌러티와 펑셔닝에 장애가 될 수 있고 이를 극복해야 한다는 의미는 개인이 소유하고 사용할 수 있는 재화가 개인의 펑셔닝을 아는 데 충분하지 않을 수 있다는 것이다. 오히려 개인이 어떠한 곳에 살고 어떠한 제도하에서 살고 있는가가 개인의 펑셔닝을 파악하는 데 더 중요한 정보가 될 수 있음을 의미한다. 개인이 돈도 많고 지적 능력도 뛰어나지만 자기 나라가 다른 나라의 침입을 받음으로 인해 자신의 종교 존엄성이 침해받는다면 그 사람은 그동안 모아놓은 돈을 가지고 자신의 소비를 위해 쓰기보다 독립운동이나 종교의 신성함을 지키기 위한 운동에 참여할 것이다. 이러한 경우 개인에 대한 평가 정보는 개인이 가지고 있는 돈도 지적 능력도 아닌 종교와 국가의 위기라는 전환요인이 더 많은 정보를 제공한다 할 수 있다. 그럼에도 불구하고 전환요인과는 무관하게 최소한의 캐퍼빌러티가 필요한데 그것이 바로 앞에서 살펴본 기본 캐퍼빌러티(basic capability)이다.

전환요인의 해소와 기본 캐퍼빌러티의 보장은 개인의 자유와 기회의 평등을 위한 최소한의 요구사항이다. 전환요인, 기본캐퍼빌러티 이 둘은 외견상 서로 다르게 보이지만 공통점은 장애요인 극복과 기본요구 준수이며 두 가지 모두 공공영역에 속한다는 공통점을 가지고 있다. 특히 전환요인 중 사회적 요인인 법률, 제도, 문화 등의 영역에서 변화를 수반해야 극복이 가능한 것임에 따라 공공영역에서의 지속적인 개선 노력이 요구된다. 그러나 누가 할 것인가에 대한 주체의 문제는 해결해야 할 숙제이다.

극복을 위한 참여의 동기는 무엇이고 이로부터 얻는 것이 무엇인지가 결정되지 않고서 막연하게 전환요인 극복이 중요하다고 말할 수는 없기 때문이다. 참여하는 이유가 단순히 돈 때문인지, 참여를 통해 얻는 것이 개인만을 위한 것인지 아니면 모든 구성원을 위한 이타적인 것인지도 명확하지 않다. 개인이 참여하지 않는다면 이 모든 것을 정부가 다 알아서 해줄 수 있는 것인지? 전환요인 극복을 위한 사회정책 우선순위를 정하는 것이 절대적 기준이 아니라면 그 순위를 바꾸기 위한 노력은 누가 어떻게 해야 하는지 등에 대한 추가적인 논의가 필요하다.

전환요인 중 개인적 요인의 극복은 기본 캐퍼빌러티 요구와 동일한 맥락을 가진다 할 수 있다. 이는 제3부에서 살펴볼 보편적 기본서비스(universal basic services)와도 관련이 있다. 개인의 장애복지, 질병관리, 보건, 영양섭취, 돌봄 등은 인간이 최소한의 존엄성을 지키는 데 필요한 요구(needs)이기 때문이다.

환경적 전환요인에는 자연환경이 사례로 되어 있으나 지역 내 물적 토대라는 환경도 포함될 수 있을 것이다. 예를 들면 집 근처 공공체육관이나 외부재의 성격을 가진 미술관 등 문화시설 환경은 개인의 캐퍼빌러티에 영향을 미칠 수 있다. 이러한 개념이

> 여전히 해결되지 않는 전환요인들, 예를 들면 상대적 빈곤, 돌봄 부족, 차별, 시간빈곤, 노동인권, 산업재해, 외로움과 같은 관계 빈곤, 생활 SOC나 문화·예술·체육시설 등은 도덕적·정치적 올바름의 시비가 적고 많은 사람의 동감과 공감을 불러올 수 있어 사회정책 우선순위 결정 시 큰 마찰 없이 합의가 가능하다.

오늘날 생활 SOC라 할 수 있을 것이다. 지역주민이 참여하는 예술·문화·스포츠 등과 같은 것들뿐만 아니라 병원·도서관·극장과 같은 소통의 공간, 타인의 삶에 대한 공유와 인정의 공간과 같은 생활환경은 오늘날 개인의 삶의 질(well-being)에 영향을 끼치는 상당히 중요한 요인으로 자리잡고 있다.

우리나라와 같은 선진국에서 캐퍼빌러티는 빈곤이나 기근, 기초 교육 같은 절대적인 것보다는 여전히 해결되지 않는 전환요인들 예를 들면 상대적 빈곤, 돌봄 부족, 차별, 시간빈곤, 노동인권, 산업재해, 외로움과 같은 관계 빈곤, 생활 SOC나 문화·예술·체육시설 등의 부족 극복을 위한 행위와 활동을 주요 목표로 삼아야 할 것이다. 이러한 분야는 다른 분야에 비해 도덕적·정치적 올바름의 시비가 적고 많은 사람의 동감과 공감을 불러올 수 있어 사회정책 우선순위 결정 시 큰 마찰 없이 합의가 가능하다. 앞으로의 사회는 성장 정체와 성장 동력 상실로 인해 취업과 임금보다도 삶의 의미와 삶의 질(quality of life), 일과 삶의 균형, 상대적 박탈감 해소 등에 대한 요구가 높아질 수밖에 없기 때문이다.

그러면 이제부터 전환요인 극복을 위한 캐퍼빌러티 실행과 이를 위한 행동, 동기, 헌신 등에 대해 살펴보자. 앞으로 제3부에서 살펴보게 될 참여소득의 실행 방향이 전환요인을 극복하기 위한 행위와 행동을 공공의 일로 전환하는 과정이기 때문이다.

동감과 헌신 그리고 열정페이

우리가 무엇을 추구 하는 행위, 개인과 개인 간의 거래, 국가와 국가 간의 교류와 거래를 자기이익의 실현으로 보는 것이 통상적인 견해라 할 수 있다. 이러한 자기이익의 실현을 지금까지는 공리주의적 관점에서만 다루어 왔다. 이타주의를 배제하지 않는 공리주의를 자기이득 극대화의 이기주의적 관점만으로 개인 간, 국가 간 교환거래를 분석한 사람은 프랜시스 이시드로 에지워스(Francis Ysidro Edgeworth)이다.

그는 자신의 저서 『수리정신학』에서 교환과 거래를 위한 계약에 이기적 행위자들이 합의하여 공리주의를 분배의 원리로 채택하며 계약의 불확실성, 비결정성을 피하려는 사람들은 '최대 가능 총합 효용'을 가져다주는 계약만 맺으려 한다고 주장하였다.[28] 공리주의를 철저히 이기주의로만 바라본 것이다.

에지워스는 공리주의적 좋은 사회를 위해 경쟁은 중재(arbitration)를 통해 보완되어야 하며 이기적 개인 간의 중재는 총효용을 최대화시키는 근본이라고까지 주장하였다. 이러한 이기주의적 접근법은 합리적 선택이라는 이름으로 포장되어 지금까지 이어져 오고 있다. 합리적 선택이 실제 선택을 분석하는 현시선호이론의 근간이 된 것은 익히 알려진 사실이다.[29] 앞서 보았듯이 개인의 실제 선호를 이해할 방식이 실제 선택을 무엇으로 하였는지 일일이 확인하고 조사하는 것 외에 별다른 방법은 없기 때문이다. 그러나 센은 합리적 선택의 근간이 되는 이기적 동기에 대해 비판적으로 보았다. 합리주의를 가장한 이기주의 외에 어떤 교류나 행위를 설명할 다른 유인체계는 없을까? 이를 위해 센은 동감과 헌신을 끄집어낸다.

먼저 동감과 헌신의 의미를 살펴보도록 하자. 동감(sympathy)을 인간의 행위에 큰 영향을 끼치는 현상으로서 가장 먼저 인식한 사람은 애덤 스미스이다. 그의 저서 『도덕감정론』에서 동감이라는 개념은 책 전체를 관통하는 열쇳말이라 해도 과언은 아니다. 그는 동감이야말로 사람의 관계를 유지시켜 주는 장치로 보았기 때문이다. 스미스가 타인의 행위와 열정에 대한 동감을 정의하는 방식은 상당히 다양하지만 우리가 일상에서 자주 사용하는 표현인 '기쁨은 두 배로 슬픔, 비애는 절반으로 낮추어준다'라는 내용과 크게 다르지 않다.[30] 그러나 가장 중요한 것은 동감이 동정(compassion)이나 공감(empathy), 연민(pity)과는 다름을 분명히 하고 있다.[31]

동감에 대한 센의 정의는 애덤 스미스와 유사하지만 동감을 이기적 유형과 이타적 유형 모두 가능하다고 보는 스미스와 달리 센은 이기적 유형의 하나로 보고 있다. 센은 동감을 '다른 사람이 나의 복지(welfare)에 영향을 끼치는 것에 대한 관심'으로 정의한다. 다른 사람이 괴로움을 겪고 있고 이것이 나를 아프게 한다면 당신은 타인의 상황에 동감하는 것이다.

한편 헌신(commitment)은 '뭔가 잘못되었다고 판단하고 생각하여 이를 멈추기 위해 어떠한 것을 할 준비가 되어 있는 경우'를 말한다.[32] 또한 헌신은 현실참여, 의무, 책임 등의 이타적 의미를 가지고 있다. 센은 동감에 기반한 행동은 이기적인 동기에 의한 것이지만 헌신에 기반한 행동은 이타적 동기에 의한 것이라고 정의하고 있다.

동감이 이기적인 이유는 남이 기쁘면 나도 기뻐야 하고 남이 아픈 것이 나도 아프게 한다면 동감적인 행동을 통해 나 자신의 효용을 추구해야 한다는 동기가 있기 때문이다. 남이 좋으면 나에게도 똑같이 좋아야만 하고 남이 나쁘면 나는 저렇게 되지 말아야지 하는 동기가 기저에 있다. 개인의 삶의 질(well-being)은 누군가의 복지에 의존적이게 된다. 타인의 욕망을 욕망하는 것처럼 말이다. 반면에 헌신은 복지의 예견되는 수준에 대한 선택과 관련이 있다. 헌신을 규정하는 한 가지 방법은 자신이 믿는 행동을 선택한 사람이 자신이 다른 대안적인 행동을 선택 할 때보다 자신의 복지 수준이 낮아지는 것을 감수할 경우 헌신으로 규정하는 것이다. 즉, 헌신은 자신의 복지 수준이 감소하는 걸 감내하는 행위이다.

그러나 전혀 반대의 상황이 발생할 수도 있다. 헌신을 하였는데 의도하지 않게 개인의 복지 수준이 극대화하는 경우이다. 이러한 난감한 문제를 해결하기 위한 해법은 개인이 선택한 행동이 예견했던 복지 수준을 초과하거나 최대화할지라도, 개인의 복지(welfare)를 극대화하지 않게 하는 최소한 한 개의 가상적 상(counter-factual)—동일한 상황에서 헌신이라는 행위를 수행하였지만 복지수준이 낮은 결과

> 헌신을 규정하는 한 가지 방법은 자신이 믿는 행동을 선택한 사람이 자신이 다른 대안적인 행동을 선택 할 때보다 자신의 복지 수준이 낮아지는 것을 감수할 경우를 찾는 것이다.

를 초래하는 경우—에서 헌신이라는 행위가 위축되지 않고 수행되었다면 그 개인의 복지수준이 높아진 행위 또한 헌신의 정의에 포함할 수 있도록 범주를 확장하는 것이다. 똑같이 어떠한 일에 헌신하였는데 어떤 사람은 복지 극대화가 이루어졌지만 어떤 사람은 복지가 줄어든 상황이 있다면 복지 극대화를 이룬 사람의 선택도 헌신으로 간주하자는 의미이다. 이는 헌신이 이기적 동기에서 이루어졌다기보다는 이타적 이유에 의한 것임을 증명하는 방안이다.

우리는 주변에서 간혹 공적인 일에 헌신을 해왔던 사회운동가가 경제적 이득과 정치적 이득을 얻는 것을 목격한다. 그러나 이들이 얻은 이득 때문에 이들이 그동안 행해 온 모든 헌신적인 사회운동과 공동체 참여를 개인 이득을 극대화하려는 이기적 행동으로 규정하는 것은 지나친 일반화의 오류이다. 여전히 사회운동과 공동체 활동(빈민, 환경, 노동, 복지 분야 등)에 헌신하는 분들이 자신들의 평균적인 복지 수준의 하락을 경험하고 있다면 비록 헌신한 사람 중 일부에게 이익 극대화가 이루어졌다 할지라도 이러한 행위는 헌신으로 보는 것이 바람직하다.

헌신은 어떠한 행동을 선택하지 않음으로써 발생할 수 있는 일을 후회하지 않기 위함이거나 무언가를 하지 않아 발생할 불행을 피하기 위함이라기보다는, 누가 시키지는 않았지만 어떤 일을 해야만 한다는 의무감(sense of duty)에서 비롯된다고 볼 수 있다. 이 경우 헌신은 헌신을 하지 않아도 될 대안적 행위에서 얻는 복지보다 적은 복지를 산출할 것임은 분명해 보인다. 결국 헌신 행위는 미래의 불확실성에 대한 개인의 반응에 달려 있다. 따라서 적은 복지를 얻을 것이 거의 확실해 보이는 헌신이라는 활동은 에지워스식 이기적 모델로는 설명이 불가능하기에 다른 차원의 분석 모델이 필요한 것이다.

헌신이 경제적 이득에 따라 행동할지 아니면 경제적 이득과 무관한 의무 때문에 행동할지 선택의 요소로 간주되는 순간 전통적 경제 모델에서의 복지 성취와 선택행동 간의 연계 고리는 사라진다. 이 때문에 주류 경제학에서는 헌신과 동감 같은 규범을 외부성(externality)으로 간주하여 분석 모델에서 제외해 온 것이다.

헌신과 동감은 민간분야의 소비 형태에서는 중요한 요소도 아니며 실제 발생하지도 않아 큰 고려사항이 되지 못하지만 공공영역으로 넘어오면 얘기가 달라진다. 헌신과 동감은 공공재의 선택과 활성화에 매우 중요한 선택요인이 될 수 있기 때문이다.[33] 민간재화는 단 한 명이라도 돈을 지불 한 사람만 이용이 가능한 상품이지만 공공재화는 어떤 이유로도 소비자의 소비를 자제시키거나 가로막는 소비 배제성을 가지고 있지 않다. 민간에서 운영하는 버스 서비스는 돈을 낸 사람을 위해 존재하지만 무료 공용버스 서비스는 누구라도 언제든지 이용할 수 있다. 무료 공용버스를 운영하는 사업자와 그 버스를 운전하는 사람의 행동은 낮은 이득과 복지 수준을 감수하는 헌신과 동감을 빼놓고는 설명하기는 어렵다.

그런데 사회적 가치를 지닌 공공재화가 만일 개인이 공공재로부터 기대하는 이익을 과소평가하는 것이 모든 사람의 이득을 배려하는 것으로 잘못 인식하게 되면 실제로는 공공재의 이익이 큼에도 불구하고 오히려 공공재의 진정한 이익이 잘못 알려질 수도 있다. 공공재로부터 실제 얻는 이득은 크지만 현시된 이득은 작게 나타나 공공 프로젝트의 필요성을 무산시킬 수도 있다. 예를 들면 우리나라에서 65세 이상 고령자에 대한 지하철 무료화의 경우 늘어나는 고령화로 인해 지하철공사의 적자가 계속해서 발생하고 있는 일은 안타깝다.

그렇다고 이를 유료화거나 수혜자 연령을 높여 버릴 경우 교통비 무료로 인해 그동안 고령자들이 자신의 지인들과 자유롭게 만나고 얘길 나눌 수 있음으로써 얻는 정서적인 만족이나 개인적·사회적 건강과 보건에 대한 기여라는 '현시되지 않는 사회적 이득'은 사라지게 되고 말 것이다. 유료화는 고령자의 사회적 관계를 강화할 대안을 마련함이 없이 고령자의 활발한 이동권 축소를 불러올 수 있다. 그리고 고령자의 사회적 관계 악화를 가져오고 결국 다른 분야에서의 사회적 비용과 적자 문제까지도 초래할 수 있다. 지하철공사의 재정적자는 해소될지 모르지만 다른 공공기관의 적자로 전가될 수 있다는 것이다.

공공재화에 대한 선호가 높았다면 '공유지의 비극'처럼 이를 이용자의 이익 극대화로 바라보는 것이 최선의 방안은 아니다. 경제적 동기의 부재로 인해 창출될 수 없는 분야에서의 실행을 위해서는 이익극대화 관점보다는 규범과 규칙이 필수적이라 하겠다. 이러한 주장은 엘리너 오스트롬(Elinor Ostrom)의 공유지 효율성 방안과도 궤를 같이한다.

> 공공적 활동, 공적인 일, 모든 사람을 위한 사회적 기여와 같은 활동은 경제적 이득과 선호의 문제는 아니며 몇 가지 규범 원칙과 규칙, 그리고 비경제적이고 비이득 극대화를 추구하는 헌신으로 가능하다.

오스트롬은 필리핀에서 오랫동안 지속되어온 공유자원제도를 분석한 결과 명확하게 규정된 경계, 사용 및 제공 규칙, 집합적 선택장치, 감시활동, 갈등해결, 최소한의 자치권 등 몇 가지 원칙이 성립되면 합리적인 공유지 관리가 가능하다고 주장한다.[34] 이는 '공유지 비극'의 원작자인 개릿 하딘(Garrett Hardin)이 죽을 때 자신이 말한 공유지의 비극은 관리되지 않은 공유지(unmanaged commoms)의 비극이라고 말한 것과 일맥상통한다.[35] 관리된 공유지는 효율적이고 합리적 운영이 가능하다는 의미로 해석 가능하기 때문이다.

공공적 활동, 공적인 일, 모든 사람을 위한 사회적 기여와 같은 활동은 경제적 이득과 선호의 문제는 아니며 몇 가지 규범 원칙과 규칙, 그리고 비경제적이고 비이득 극대화를 추구하는 헌신으로 가능하다. 센은 선택을 관찰하는 현시선호이론 같은 것이 복지에 대한 유일한 근거라는 가정을 포기하면 완전히 새로운 세상이 열릴 수 있음을 지적한다. 이기적 행동이 개인에게 좋은 선택일 수 있지만 이타적 헌신을 하면 타인과 자신 둘 다 좋은 일이 될 수 있다. 그리고 선택의 일관성에 있어 헌신을 인정하는 것이 합리성에서 벗어난다고 생각할 이유는 전혀 없다.

헌신은 결과주의를 넘어서는 의무감과 관련 있는 것이다. 그리고 헌신을 행동(behavior)의 일부로서 수용할 필요가 있다. 헌신적 행동은 개인의 사적 이익에 의존하기보다는 관대한 행동규칙 형태로서 타인이 바라는 것과 추구하는 것까지 배려하는 것을 포함한다. 헌신적 행동에는 타인에게 어떠한 영향을 미칠지에 대한 고려없이 오로지 자신의 목표만을 추구하려는 이기적 경향을 자제할 것을 전제하지만 그렇다고 이것이 개인의 합리성을 침해한 비합리적 결정이라고 볼 필요는 없다.[36]

전통적으로 경제학은 개인의 행동을 이기주의와 공리주의 이분법으로 나누어 왔다. 센은 경제적 이득에만 초점을 맞추고 선택을 하는 사람은 사회적 바보(social moron)에 가까우며 전통적인 경제 이론은 우선순위에 열광하는 합리적 바보(rational fool)들에만 몰두해 왔다[37]고 비판한다. 경제학에서는 보상과 처벌의 경제학 밖에 있는 일(work)과 동기의 문제를 해결하는 데 어려움을 겪고 있는데 전통적인 경제학에서 헌신의 문제를 다루는 것에 게을렀기 때문이라는 것이다.

나서야 할 상황이 많아진 시대에서의 행위 자유

살다 보면 큰 고민 없이 당연히 해야 할 일이 있는가 하면 자신의 인생에서 획을 그을 만한 일을 하기에 앞서 신중히 결정해야 할 일도 있다. 어떤 일은 별 생각 없이 행동 또는 행위를 하였지만 자신의 삶에 엄청난 영향을 끼친 행위가 되기도 하고 또 어떤 일은 심사숙고한 끝에 내린 결정이지만 용두사미로 끝나는 일도 있다. 그러나 인간의 본능적 활동을 제외한 개인의 판단에 의해 진행되야 할 행동과 행위는 단순히 개인적 활동으로만 끝나지 않는다. 어떠한 형태로든 타인과 관계를 가지게 되고 영향을 끼칠 수 있다. 이 점을 집요하게 파고든 것이 앞서 언급한 애덤 스미스의 『도덕감정론』이다. 이 책에서는 같은 행동도 동기가 무엇이냐에 따라 타인에 의해 동감을 받을 수 있거나 분개심을 일으킬 수 있다고 보았다. 또한 애덤 스미스는 동감에서 가장 중요한 것은 사람과의 교환과 교류 관계임을 말하고 있다.

종종 영화에서 주인공 자신은 직접 나서기를 원하지 않았으나 가족이나 사랑하는 사람이 핍박받고 무시당하고 있어 누가 보아도 어쩔 수 없이 행동으로 나서게 되고 이때 누군가의 조력을 받아 악당을 물리쳐 해결하는 플롯 구조는 대부분 관객으로부터 큰 공감을 얻는다. 이런 이야기 구조가 우리의 일상과 별반 다르지 않기 때문일 것이다. 미국에서 활동했던 철학자 김재권은 영화 작법처럼 행위자(주인공)의 행동이 적절하려면 설명자(관객)와의 판단과 일치해야 한다고 말한다.[38] 그러나 행위자의 행동이 그 행동을 바라보는 사람들과 도덕적으로나 문화적 규범이 일치하지 않아 비난받는 일이 부지기수이다. 18세기 스코틀랜드 철학자 토머스 리드(Thomas Reid)는 우리 신체에 어떠한 자발적이고 자유로운 움직임을 위해서는 행위, 행동, 또는 의욕이 동반되어야 한다고 말한다.[39] 의욕이라는 감정 상태를 단 하나로 규정할 수는 없으나, 분노와 같은 감정은 개인이 나설 행위의 이유이자 원인이 되는 의욕 중 하나이다. 독일의 철학자 악셀 호네트는 개인이 모욕을 느낄 만큼 무시당했을 때 자신의 속성 자체를 공개적으로 드러내는 것이 상실된 자기 존중을 되찾고자 하는 도덕적 동기의 원인이라 말한다.[40] 방탄소년단을 세계 최고의 톱스타로 만든 방시혁 대표가 서울대 졸업식에서 말한 것처럼 '분노는 나의 힘'이 될 수 있다.[41]

행위에 대해 센은 동기에 방점을 두는 애덤 스미스 입장에 가까운 곳에 서 있다고 말할 수 있다. 센 또한 스미스처럼 이타적 동기에 의한 행위만이 상호 동감을 가져올 수 있다고 보고 있으며 대표적인 이타적 행위가 바로 헌신이다. 어떤 동기에 의해 헌신이 행동으로 이어질 때 헌신은 행위 자유가 될 수 있으며 많은 사람들의 동감을 얻어낼 수 있다. 그렇지만 헌신이 행위 자유와 같다고 볼 수는 없다. 헌신은 행위 자유가 될 수 있지만 행위 자유가 꼭 헌신이라고 말하기는 어렵다. 그렇다면 개인의 행위 자유는 무엇인가? 행위 자유는 개인이 무언가를 할 자유, 즉 그나 그녀가 중요하다고 생각하는 목표와 가치를 추구할 자유로 규정할 수 있다.

행위 측면은 개인의 목적, 목표, 충성, 의무, 넓게는 좋음(good)에 대한 개인의 개념을 고려하지 않고는 결코 이해할 수

> 헌신이 행동으로 이어질 때 헌신은 행위 자유가 될 수 있으며 많은 사람들의 동감을 얻어낼 수 있다.

없다.[42] 행위 자유는 사람이 책임성 있는 행위로 자신이 성취하고자 결심한 것을 달성할 자유를 말한다. 성인에게 있어 행위 자유는 자신에게 이로움(advantage)을 추구하기 위한 기회를 판단하는 것과 관련 있다. 개인의 권한을 지키고 박탈로부터 자신의 자유를 확보하기 위한 행동이 행위 자유인 것이다. 앞에서 삶의 질(well-being)뿐만 아니라 삶의 질 자유(well-being freedom)도 중요함을 살펴보았다. 삶의 질 자유의 전제조건은 행위 자유로 이타성을 가진 헌신의 발현이라 할 수 있다.

행위 자유를 예를 들어 설명해보자. 독실한 종교인의 집안에서 태어난 A씨는 종교 활동을 통해 어려운 사람과 이웃에 도움이 되는 사람이 되고자 하였으나 한편으론 자신의 자녀를 포함한 미래세대에게 좋은 환경을 물려주는 것 또한 중요하다고 판단하여 종교 활동보다 환경운동에 참여하였다. 그렇다면 A씨의 행위 자유는 개인이 추구하고자 하는 삶의 최종 형태를 환경운동으로 선택한 것이 된다. 이때 행위 자유는 묻지도 않고 따지지도 않고(open conditionality) 성취하고자 하는 것을 실행할 자유이다. 개인이나 사회에 좋은 것이라면 행위의 구체적 목적과 결과에 대한 고려 없이 선택하고 행동에 나서는 것이 행위 자유이다. 누군가가 서로 싸우는 것을 목격하였다면 행위 자유는 싸움을 말려 서로 간 신체적 폭력을 막기 위해 내가 다칠 수 있을 결과를 따지기보다 싸움 자체가 좋은 일이 아니기 때문에 의무감으로 싸움을 말리는 행위인 것이다.

한편 A씨가 환경운동을 선택하지 않았다면 평범한 개인의 삶을 살아갈 수도 있다. 이러한 관점은 행위 자유가 개인의 삶의 질과 역의 관계가 성립할 수도 있음을 의미한다. 가족들하고 물놀이를 하러 갔다가 주변의 한 아이가 물에 빠진 것을 도와주다 목숨을 잃었다면 이 사람의 행위

> 행위 자유는 자신이 추구하고자 하는 것을 얻고자 하는 행위이기 때문에 이 행동에 나서는 동기가 꼭 물질적이거나 경제적 이득이 아닌 이타주의, 헌신, 연민, 동감과 같은 요인에 의해 발생할 수 있다.

자유는 자신의 삶의 질 수준은 일부에서는 좋은 일을 한 기회로 인해 긍정적인 평가가 이루어졌겠지만, 결과적으로 삶의 질 수준은 하락한 것이다.

그렇다고 행위 자유를 도덕적 옳음으로만 평가할 필요는 없다. 행위 자유에는 꼭 긍정적 옳음만 있는 것은 아니기 때문이다. 하지만 행위 자유는 자신이 추구하고자 하는 것을 얻고자 하는 행위이기 때문에 이 행동에 나서는 동기가 꼭 물질적이거나 경제적 이득이 아닌 이타주의, 헌신, 연민, 동감과 같은 요인에 의해 발생할 수 있다.[43]

존 스튜어트 밀은 누군가가 자신의 행복을 희생해야 다른 사람의 행복을 증진시킬 수 있는 사회는 불완전한 상태라 말할 수 있지만 그러한 희생 행위가 인간사회에서 발견할 수 있는 최고의 미덕이라는 사실은 인정해야 한다고 주장하였다.[44] 바로 이러한 관점이 행위 자유와 복지 사이의 역의 관계를 의미한다 하겠다.

한편 자유(freedom)에는 몇 가지 요소가 포함되어 있는데 대표적인 것이 힘(power)과 통제(control)이다. 이를 하나의 예를 들어 설명해보자. 외국 사람들이 한국에 와서 가장 놀라는 것 중 하나는 밤늦게 여성 혼자서 거리를 돌아다니거나 아이들이 혼자 학교에 가는 모습들이다. 남미나 미국과는 달리 길거리에 강도나 '이상한' 사람이 적기 때문인데 이처럼 우리가 걱정 없이 즐겁게 걸어다니는 상황은 긍정적 자유(positive freedom) 상태이다. 또한 우리가 길을 자유롭게 걸어다닐 수 있는 힘(power)을 가지고 있는 상황이기도 하다. 그러나 여기에는 우리 국민이 안전하게 길을 다닐 수 있도록 각종 문화와 제도를 만들 필요가 있음을 결정한 통제(control)의 과정이 숨어 있다. 이때 통제는 시민의 것은 아니다. 시민이 직접 강도가 없는 거리를 만들 제도와 법을 만드는 통제(control) 활동을 한 것은 아니기 때문이다. 그러나 시민들이 정치권에게 이러한 법의 필요성을 요구하고 인지시켜 실제 법이나 안전거리 문화를 조성하게 만들었다면 시민의 행동은 효과적인 힘(effective power)이 된다. 바로 일상의 정치 활동의 필요성을 의미한다.

이것은 소극적 자유(negative freedom)로 잘 알려진 이사야 벌린(Isaiah Berlin)이 말하는 사람 또는 대중이 그들이 욕망하는 것대로 사는 것을 선택할 자유(liberty)와 유사한 개념이다.[45] 우리들의 삶의 개선, 사람들의 자유를 확대할 수 있도록 요구하는 행동 또는 효율적인 힘의 발현은 법과 제도로 실현되도록 노력해야 함을 의미한다. 어떤 사회적 문제 또는 사무적 일(affair)의 실질적 상태를 성취할 힘은 세부적인 통제를 사용할 힘을 가져야 함을 의미한다. 결국 시민이, 개인이 사회문제 해결을 위한 의사결정에 나서서 참여하고 민주주의를 발전시키는 것이 중요하다. 물론 이러한 행동을 실현하기 위해서는 개인의 행위 자유가 필요하지만 개인의 삶의 질이 때로는 낮아질 수 있음을 감수해야만 한다.

개인에게 있어 행위 자유는 가능하지만 후생이 최소화되는 경우, 반대로 행위 자유로 인해 성취된 펑셔닝이 사회나 집단이나 개인들의 후생 극대화에 기여한다면 이에 대한 보상은 어떻게 이루어져야 하는가는 우리 모두가 함께 고민해야 할 숙제이다.

우리 주변에 이타적 헌신과 행위 자유를 통해 주변 사람의 삶의 질과 가치를 높여주기 위해 활동하는 많은 활동가들이 있다. 우리는 이러한 활동을 동기의 순수함이라는 것에만 가두어 두고 이들의 기여에 대한 정당한 보상은 말하지 않는 경향이 있다. 누가 시키지 않은 것을 당신이 결정하고 행동한 것이기에 어떤 보상도 바라지 말고 순수 열정페이로 남아 있으라고 말할 수는 없다. 이들에게 칸트의 언명처럼 의무(duty)는 의무 자체로만 수행해야만 하는 강한 윤리성을 요구할 필요도 없다. 이들의 사회적 기여에 대한 보상은 일정 정도 물질적 재화가 동반될 필요가 있지만 행위 자유가 펼쳐질 수 있는 공공적 공간의 확보, 자발적 참여를 통한 관계 형성과 보상을 동반하는 프로그램을 통해서 실현 가능할 수도 있다. 이득이 개입된다고 하여 헌신과 활동가들의 행위가 비합리적 행위라 말할 수 없음을 살펴보았다. 이것이 윤리적 삶을 살도록 하기 위하여 자기이익적 이유를 고려하지 못하게 한 칸트의 윤리적 개념을 버려야 하는 이유이다.[46]

오늘날 경제구조는 사람을 목적이 아닌 수단으로 사용하고 있고 개인의 이기심이 경제발전의 유일한 동기이자 원천임을 주장하면서 유독 사회적 활동, 공동체 기여, 이타적 행위에는 칸트의 의무론적 순수성만을 고집하는 일은 이율배반적이다. 우리는 앞으로 비록 만족스런 보상은 아닐지라도 전환요인 극복을 위한 공적 영역에서 행위 자유에 기반한 헌신이나 기여에 대한 정당한 보상 방법을 강구할 것이며 이것이 바로 제3부의 「참여소득」편에서 주장하고자 하는 핵심 내용 중 하나가 될 것이다.

4. 캐퍼빌러티의 한계와 진화

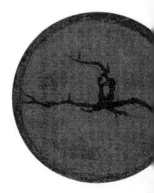

캐퍼빌러티와 인간개발지수

지금까지 캐퍼빌러티의 전반적인 내용에 대해 살펴보았다. 캐퍼빌러티에 대한 여러 가지 비판 중 가장 중심에 서 있는 것은 바로 측정의 문제이다. 개인의 기회와 자유를 어떻게 확인할 수 있느냐 하는 것이다. 사실 캐퍼빌러티는 도덕적이며 경제적 추론에 의한 담론으로 실제 가치의 측정은 주류 경제학의 상품 소비 효용만큼 어렵다는 한계가 있다. 이 점은 센의 캐퍼빌러티 이론을 지속적으로 괴롭혀 왔다 해도 과언은 아니다. 앞에서 보았듯이 캐퍼빌러티가 내세우는 빈곤, 탈피, 건강, 질병으로부터의 안전, 그리고 일과 물질적 소득의 안정성, 교육과 불평등 해소, 차별금지 등을 통한 개인의 캐퍼빌러티 확대를 어떻게 측정할 수 있는가는 중요한 관심사였다. 이를 극복하기 위해 센은 1990년대 이후부터 이 부분에 지속적인 노력을 해왔으며 이러한 맥락에서 센이 유엔개발계획(UNDP)과 공동으로 심혈을 기울여 만든 것이 인간개발지수(HDI)이다.

인간개발지수는 센의 캐퍼빌러티 철학이 고스란히 녹아 있다고 말해도 지나친 표현은 아니다. 이 지수에는 센이 지속해서 강조해 온 빈곤, 불평등, 건강, 질병, 교육, 소득, 일, 안전, 생활수준, 삶의 질(well-being), 권리 등이 망라되어 있다.

HDI는 지속가능한 환경과 생활수준을 지원하고, 모든 시민들을 위한 교육과 건강을 제공하고자 하는 정부의 정책 노력을 유도하고자 설계된 것이다.[1]

HDI를 사용하였을 때 2019년 기준 한국은 전체 국가 189개국 중에서 23위에 자리 잡고 있다. 1위는 노르웨이이고 미국은 17위, 일본은 19위로 나타났다. 교육연수나 기대수명이 미국보다 높음에도 불구하고 순위가 뒤에 있는 것은 구매력 평가(PPP) 기준 1인당 국민소득이 미국보다 낮기 때문이다. 그러나 2019년 기준 상위 30개국만을 대상으로 1990-2019년 30년간의 인간개발지수(HDI)의 연평균 증가율을 따로 놓고 볼 때 한국은 싱가포르에 이어 2위를 차지하였으며 일본, 캐나다, 호주, 미국은 각각 26, 27, 28, 29위를 차지하고 있다. 이들 국가의 특징은 경제성장이 정체된 이유로 인간개발지수의 값을 추가적으로 증가시키지 못했다는 점이다.[2] 이 점이 바로 선진국에서 캐퍼빌러티의 역할 강화가 모호하거나 남의 나라 일처럼 보이게 만든다.

인간개발지수는 국가의 경제력과 국민총소득이 증가하고 교육 및 법적 제도가 마련되면 높아질 수밖에 없다. 따라서 대체로 저소득 국가의 지수 값은 매우 낮을 것이고 중소득 국가에서 고소득 국가로 이동하는 대다수의 나라에서는 경제성장으로 지수값이 가파르게 상승하다가 고소득 국가가 되면 정체되는 ∫자형(로그함수) 곡선을 보이게 된다. 센이 캐퍼빌러티 이론을 정립할 당시인 70-80년대 초와 달리 세계는 경제성장을 통하여 절대적 빈곤에서의 탈출과 교육 참여 기회의 확대, 예방접종 증가, 식수 및 하수 오염 극복 등 많은 발전을 이루었고 기초적인 캐퍼빌러티는 일부 저소득 국가를 제외하고 상당히 개선되었다.

그러나 선진국의 경우라도 여전히 지수라는 절대적 수치 이면에 숨은 상대적 박탈, 혐오, 차별, 인권 문제, 노동조건, 의료 및 법률 서비스 이용의 불평등 등은 해결하지 못하는 문제가 되고 있으므로 이 부분에서

> 인간개발지수는 국가의 경제력과 국민총소득이 증가하고 교육 및 법적 제도가 마련되면 높아질 수밖에 없다.

캐퍼빌러티 확장은 여전히 필요하다. 가장 대표적인 예가 오바마케어이다. 앞서 언급한 미국 의료제도의 문제 때문에 오바마 대통령 당시 의료개혁 차원에서 보편적 의료보험 정책을 도입하였는데 이는 선진국인 미국의 기본 캐퍼빌러티 평등(BCE)을 높이려는 정책이라 할 수 있다.

지속가능한 삶의 질과 사회적 자본

네덜란드의 임벤스 루벤스(Imbens Robeyns)는 펑셔닝에 캐퍼빌러티의 추상적 수준(즐거움, 사회적 역할, 안전 등)을 구체화하기 위해 캐퍼빌러티 지수(capability-index) 작업을 시도하였다. 누스바움의 높은 추상 수준을 보여주는 10개 목록과 달리 낮은 추상 수준에서 13개 영역을 제시한 것이다.[3]

이 지수에서는 캐퍼빌러티 지수 영역보다 각 지수별로 정부 지원이 가능한 영역이 어디까지인지를 파악하는 것이 중요하다. 정부가 캐퍼빌러티 투입을 지원할 수 있는 부분과 정부 지원 밖에 있는 영역으로 범위를 나누어 구성요소 예시를 들고 있다.

루벤스의 캐퍼빌러티 지수에서는 신체적 건강의 경우 시간, 돈, 자연적 환경은 정부 지원이 필요하지만 선천적 신체나 고용이나 돌봄의 경우 정부 차원에서 해결할 수 있는 문제로 보지 않는다. 시간이나 돈의 경우는 개인이 자신의 건강을 돌보기 위한 절대적 시간 확보와 소득 보장을 의미한다. 예를 들면 주 5일 또는 주 4일제 근로시간, 주당 평균 52시간 근무제, 기본소득, 아동수당, 참여소득 같은 소득재분배 논의가 여기에 해당된다. 시간과 돈은 정부의 지원 또는 협조 하에서 이루어지는 요인으로 본다.

또한 시간과 돈은 개인이 펑셔닝을 성취하기 위한 일종의 자유로 간주하기 때문에 자신만의 시간 배분, 시간 사용 재량권(time-autonomy), 시간 크레딧(time credit), 타임뱅크 같은 시간에 대한 보상은 하나의 캐퍼빌러티가 된다.[4] 일과 노동 항목에서는 소득의 원천, 삶의 질(quality of life)을 누릴 기회제공과 노동시장 내

차별이나 불필요한 관료주의적 장애 제거, 일과 삶의 균형을 이루어내는 것을 주요 목적으로 한다.

사회적 관계 항목에서는 이웃 간 공동체(neighbourhood committee)가 조직한 활동이 정부의 보조금 지원을 통해 강화되어야 하는 것으로 규정하고 있다.[5] 사회적 관계는 공적 공간—공원이나, 운동장, 만남의 장소 등—을 확보함으로써 사회적 응집력(social cohesion)을 가져오는 긍정적 효과를 기대하고 있다. 일종의 사회적 자본으로도 볼 수 있다. 사회적 자본은 사회적 관계 외에도 일과 노동, 안전, 정치 참여 등의 영역에서 정부와의 협력하에 이룰 캐퍼빌러티 투입요소로 보고 있다. 마지막으로 정치 참여 기회는 자신들의 권리와 삶의 만족도에 긍정적 효과를 가져올 수 있는 캐퍼빌러티로 정의하고 있다. 이는 센이 캐퍼빌러티의 확대와 실현을 위해 민주적 절차와 정치 참여, 숙의과정, 공동체 참여를 중요하게 보는 측면을 반영한 것이라 하겠다.[6]

캐퍼빌러티 측정을 위한 지수화 작업에서 사회적 자본과의 관계는 밀접해 보인다. 이러한 사회적 자본과의 관계는 인적자본의 대안적 위치에 있기 때문에 주류 경제학의 인적자본 역할 확대에 부정적 인식을 가진 캐퍼빌러티 관점에서 당연히 받아들일 수밖에 없는 이론이라 하겠다. 센은 그의 저서 『자유로서의 발전』에서 명시적으로 사회적 자본이라는 표현을 언급하지는 않았지만, 발전을 GNP 성장이나 산업화에만 치우쳐서 생각하는 기존의 편협한 관점 때문에 사람들이 정치 참여나 이의를 제기할 자유와 기초교육 기회와 같은 사회적 자유가 성장과 발전에 큰 기여를 할 것이라는 캐퍼빌러티의 관점에 의심을 품고 있다고 지적한다. 이에 대해 센은 오히려 자유와 권리의 가치가 경제적 진보에 매우 효율적이라고 주장한다.[7] 또한 그는 인적자본 관점이 인간의 역량에 대한 평가에서 개인의 삶을 풍요롭

> 센은 우리가 인적자본을 궁극적으로 사람들이 소중히 여길 만한 삶을 영위할 수 있는 인간 자유의 확대에 초점을 둔다면, 경제성장은 더 가치 있는 일이 될 것이라고 보았다.

게 하는 직접적인 평가보다는 더 많은 생산에 기여하거나 시장에 가격을 결정하는 기능에 대한 간접 평가에 더 중심을 두고 있다고 지적한다. 센은 우리가 인적자본을 궁극적으로 사람들이 소중히 여길 만한 삶을 영위할 수 있는 인간 자유의 확대에 초점을 둔다면, 경제성장은 더 가치 있는 일이 될 것이라고 본 것이다. 이러한 관점은 사회적 자본 개념과 유사하다.

미국의 사회적 자본 연구자인 로버트 푸트넘(Robert D. Putnam)도 센과 동일한 주장을 펼친다. 푸트넘은 이탈리아 북부와 남부 간 경제, 시민공동체, 제도, 문화 등을 비교한 결과 경제 상태가 지역의 시민공동체를 설명하기보다는 오히려 시민성이 경제 상태를 설명해 주고 있음을 실증적으로 밝혔다. 그는 현재의 사회 경제적 발전을 예측하기 위해서는 시민적 전통이 사회경제 발전에 더 좋은 변수라고 말한다.[8]

영국의 탐 슐러(Tom Schuller)에 따르면 인적자본은 현대 경제에 참여하는 데 필요한 기술·지식을 개인적으로 발전시키는 데 커다란 기여를 하지만, 개인의 자발성은 사회적 관계와 결별(divorce)하거나 사회응집력 결핍 시 그 효력을 잃을 수 있다고 말한다.[9] 인적자본이 지나치게 경제 생산성 관점에서 개인의 능력과 경쟁을 강조하게 되면 개인은 앞서 언급한 개인화 과정에 고스란히 놓일 수 있음을 지적하고 있다. 이러한 개인화는 사회적 양극화와 같은 사회 분열을 유발함과 동시에 그동안 쌓아 놓은 사회적 유대관계를 깨뜨리게 되고, 이로 인한 사회적 비용은 고스란히 우리에게 다시 전가될 수 있다. 개인들이 더 이상 인적자본에 투자하지 않게 될 수 있음을 시사한다.

반면에 사회적 자본은 그 자체가 논쟁적 개념이기는 하지만, 푸트넘과 같은 정치학자나 콜먼(Coleman) 등 교육사회학 연구자 그룹, 후쿠야마(Fukuyama)와 같은 경제사 연구자 집단, 그리고 세계은행과 기타 동시대의 많은 학자들에 의해 개념이 정리가 되었으며, 이들의 다수는 공통적으로 사회적 자본을 네트워크(network), 규범(norms), 그리고 신뢰(trust)로 규정하고 있다.[10] 푸트넘은 그의 저서 『나 홀로 볼링(bowling alone)』에서 사회적 자본은 이타성, 신뢰, 네트워크(연계), 공동체, 참여를 중요 요소로 보고 있으며, 20세기 초엽부터 말엽 사이에 미국의 사회적 자본이 어떻게 줄어들고 축소되어 왔는지 분석하였다. 사회적 자본은 경제적 성과를 포함한 광범위한 사회적 현상을 설명할 뿐더러 범죄와 무질서의 수준, 고용, 건강 등을 다루고 있다. 특히 사회적 자본은 개인의 특성보다는 그룹의 특성으로 관계의 문제를 이해한다.

이상의 논의를 정리해보면, 인적자본은 개인의 경제적 행위, 특히 소득과 생산성 증가를 가져올 수 있는 개인의 기술과 지식에 초점을 맞춘 것이고, 사회적 자본은 네트워크에 초점을 맞추고 있으며, 이를 통한 신뢰관계는 경제적 성공이나 사회응집에 좋은 강력한 규범적인 함축성을 가진 장치로 규정할 수 있다. 물론 사회적 자본은 혁신의 수용성을 감소시키거나 유용한 정보의 배제, 사회적 응집에 반대하는 등의 어두운 측면(dark side)도 있지만, 이 또한 사회적 응집(social cohesion) 이슈에 대한 사회적 자본의 관련성을 보여주는 것이라 하겠다.[11]

이러한 요인 때문에 루벤스가 캐퍼빌러티의 투입 요소로 사회적 관계와 사회적 자본을 포함한 것으로 추측된다. 그렇다면 기존의 사회적 자본을 위해 인적자본과 결별을 선언해야 할까? "인적자본과 사회적 자본은 양립 불가능한 것인가 아니면 상호 양립이 가능한 것인가?" 이에 슐러는 인적자본은 개인에게, 사회적 자본은 사람 관계에 초점을 맞추고 있지만, 인적자본이 사회적 단위(social units)로부터 또는 조직으로부터 분리되어 존재하는 실체는 아니라고 주장한다. 기술의 효용성과 배치, 습득도 결국은 기술이 작동되는 곳의 맥락(context)의 행동 경향과 가치에 의존하기 때문이다. 그는 개인보다 관계에 초점을 맞추는 사회적 관계는 지각의 대상으로 부분이 아닌 전체의 상을 보는 심리, 즉, 하나의 사건을 다각도로 바라보는 '게슈탈트 전환(gestalt switch)'과 같다고 본다.[12] 이 의미는 개인적 자본축적이나 개발도 단순히 개인만을 위한 것이 아니라 사회 전체 또는 사회구조 내의 한 부분으로 간주하는 것으로 해석할 수 있다.

슐러(Schuller)는 인적자본과 사회적 자본은 최소한 부분적 인식(partial sense)에서 대체재가 아닌 보완재라고 정의한다. 산출물(output) 관점에서 인적자본은 소득과 생산성 측면에서 측정되지만, 사회적 관점에서 볼 때 인적자본투자의 직접 영향은 개인의 능력 증진 및 생산성 향상과 함께 정보 유입과 네트워크도 강화할 수 있다. 기존의 인적자본 토대와 프로그램을 그대로 두되 관점만 전환하면 사회적 자본과 캐퍼빌러티로의 전환은 그리 어렵지 않게 이루어질 수 있을 것이다.

캐퍼빌러티의 한계, 윤리에서 정치로의 진화

자유와 기회의 확대 차원에서 볼 때 캐퍼빌러티의 논점은 인적자본이나 사회적 자본보다 한 단계 높은 수준의 담론이다. 그러나 사회적 제도와 인프라 구축 측면에서 볼 때 캐퍼빌러티는 인적자본투자, 사회투자론, 제3의 길과 큰 차이를 가지고 있지는 않아 보인다. 그럼에도 이들과 가장 큰 차이를 보여주는 첫 번째 이유는 바로 사람을 대하는 관점의 차이이다. 두 번째 차이점은 평가척도 지표의 차이이다. 성과로 사람을 평가할 것인가 아니면 무엇을 할 수 있는 가능성을 가지고 바라볼 것인가이다. 세 번째는 다원주의, 다양성이다. 개인이 처한 환경과 능력을 있는 그대로 인정하고 이를 지원하는 것이 캐퍼빌러티가 앞의 세 가지 이론들과 다른 점이며 게슈탈트식의 전환을 가진다면 인적자본투자, 사회투자론은 바로 캐퍼빌러티로의 전환과 확장이 가능할 것이다.

교육, 훈련, 노동, 복지와 같은 사회정책의 목적함수를 직업, 고용, 소득뿐만 아니라 개인의 자유 확대, 평등, 기회 확장, 삶의 질, 이타주의, 공동체 강화로의 전환도 필요하다는 것이다. 이를 위해서는 전환요인, 특히 사회 및 자연환경, 문화, 복지, 외로움, 돌봄,

> 사회정책의 목적함수를 직업, 고용, 소득뿐만 아니라 개인의 자유 확대, 평등, 기회 확장, 삶의 질, 이타주의, 공동체 강화의 전환도 필요하다.

의료, 보건, 인정에 장애가 되는 요인을 극복하기 위한 행동, 행위에 사회적 중요도 차원에서 높은 가중치를 부여해가는 사회적 합의 과정이 매우 필요하다. 개인의 자유와 기회, 그리고 권한 및 권리 차원에서 캐퍼빌러티를 확장한다는 의미는 인적자본이론과 사회적 자본을 대체하자는 것이 아니라 이들이 캐퍼빌러티의 부분 이론으로서 기여해야 함을 뜻한다. 누스바움은 캐퍼빌러티 접근법을 평등과 정의를 실현하기 위한 부분 이론으로 규정하였다.[13] 그녀는 가난한 국가이든 부유한 국가이든 인간 개발의 문제를 가지고 있고 적정한 삶의 질과 최소한의 정의를 실현하기 위해 필요하며 모든 시민에게 인간의 존엄성과 기회를 온전히 보장하는 국가가 없기 때문에 캐퍼빌러티 접근법은 이러한 현실을 꿰뚫어 보는 힘을 제공한다고 주장한다.[14]

그러나 엄밀히 말해 센이 주장하는 캐퍼빌러티의 확장과 확충을 위해 개인이 할 수 있는 일은 불평등 문제와 전환요인의 극복을 위한 행위 자유와 헌신, 그리고 캐퍼빌러티 요구 외에는 없어 보인다. 대중의 현실 참여를 통해 사회적 인프라를 바꾸게 하거나 제도, 법, 규정 등을 고치게 하는 것 외에 다른 구체적인 정치적 실천방안이 없다는 것이다. 이는 대중이 뭔가를 개혁하고 바꾸려는 힘(power)은 있지만 통제(control)하는 수단을 가지고 있지 않기 때문이다. 어쩌면 이러한 통제를 강제하기 위해 누스바움은 헌법적 지위를 부여하는 10대 캐퍼빌러티를 주장한 것이 아닐까 하는 생각이 든다.

사회정의를 참여로 규정한 낸시 프레이저는 소득재분배 문제의 해결을 위해 센의 캐퍼빌러티를 수단으로 제안하였다. 교육 강화와 기회 확대를 통해 학습자에게 경제적 생산성, 건강, 안전을 부여함으로써 개인의 삶의 질을 높일 수 있음을 뜻한다.[15] 그러나 이는 여전히 소득재분배의 문제를 개인의 책임에서 벗어나게 하는 것은 아니다. 교육과 훈련을 바라보는 관점은 다를 수 있지만 소득재분배는 스스로의 노력에 따라 달라질 수밖에 없으며, 성취된 결과의 직접적인 사용 여부를 따지지 않는 평셔닝의 관점에서 볼 때도 이러한 프레이저의 관점은 캐퍼빌러티를 정확히 이해한 것이라 보기 어렵다. 교육과 훈련을 받는다고 당장 돈이 생기는 것도 아니기 때문이다. 결국 이러한 관점은 인적자본투자를 다시 소환하는 환원주의에 빠져들게 한다. 이 결과는 센의 캐퍼빌러티의 개념에 재분배 개념이 없기 때문에 나타난다.

소득재분배는 정의의 문제이고 정치철학을 필요로 하지만 캐퍼빌러티는 순전히 윤리적, 도덕적 차원에서만 머무르고 있다는 한계를 가진다. 센은 캐퍼빌러티를 주축으로 한 복지의 평등을 제도화하기 위해 정치적으로 실현 가능한 구체적인 체계를 제안하지 않았다.[16] 대신 실제적 자유인 캐퍼빌러티 확대를 위해 정부의 사회선택이론만을 중요시하였을 뿐이다.

그렇다면 실제적 자유와 기회의 확대가 과연 오늘날 자산소득과 노동소득에서 발생하고 있는 불평등을 해결할 수 있을까? 윤리적 차원의 문제 제기에서 정의와 분배라는 정치적 차원의 문제로 전환하여 해결하고자 할 때 정치철학과 연결할 매개고리는 무엇이 되어야 하는가? 나는 이 질문에 '참여소득'이 그 해답이 될 것이라 주장한다. 센도 평등한 자유는 사람들의 자원을 비교함으로써가 아니라 다양한 활동에 참여할 수 있는 그들의 능력을 비교함으로써 충분히 이루어질 수 있다고 보고 있

> 참여소득은 윤리철학의 캐퍼빌러티를 정치적 실천의 결과로 유도하는 매개변수이다.

다.[17] 참여를 해야 분배에 대한 권한과 권리가 발생하며 참여의 배제는 분배의 배제와 마찬가지이기 때문이다. 센의 정의 또한 한나 아렌트의 행위 공간으로의 참여인 셈이다. 다만 구체적인 실천영역을 제시하지 않았을 뿐이다.

아래의 그림은 윤리적 개념의 캐퍼빌러티를 정치적 체계의 매개변수를 통해 정의와 분배 영역인 펑셔닝으로 전환하는 것을 그림으로 제시한 것이다. 드워킨은 우리가 일상생활에서의 윤리에 대한 도전적인 견해인 삶을 잘 살아간다는 건 자신을 둘러 싼 여러 여건에 대해 올바른 방식으로 대응하는 것이라는 입장을 받아들인다면, 자신에게 삶으로서의 좋은 수행이 무엇인지를 알 수 있게 도와주는

매개변수가 필요함을 제기하였다.[18] 이때 드워킨의 개념을 따르면 정의(justice)를 위한 매개변수는 강한 매개변수보다 약한 매개변수가 더 필요하다는 입장이다.

드워킨은 약한 매개변수는 피겨스케이팅의 의무동작이나 금구슬 표면의 흠과 같으며 강한 매개변수는 특정화된 수행의 본질적 조건으로 아무리 성공적이라 하더라도 이 조건을 위배하면 실패한 변수로 간주된다고 정의한다.[19]

센의 캐퍼빌러티는 보편적인 인간의 자유와 권리 획득이라는 차원에서 기존과는 다른 철학적 견해를 보여준 것은 맞지만 보편적 민주주의와 인권이 일정 정도 수준에 올라선 선진 민주주의 사회보다 저소득 저개발 국가에 더 어울리는 이론이라 할 수 있다.

한국을 비롯한 다수의 선진국과 중소득 국가에서는 저소득 국가와 달리 소득 불평등 외에 높은 실업률로 인한 소외와 사회참여, 일자리, 외로움과 고립, 상호 인정투쟁 등이 앞으로 주요하게 다루어져야 할 사회적 의제로 자리 잡고 있다. 특히 저소득 국가와 달리 상대적 소득 불평등 문제 해결을 위해 소득 재분배 기능이 없는 캐퍼빌러티의 활용은 상당히 제한적일 수밖에 없다. 바로 이러한 문제 때문에 기본소득 주창자들이 자신들의 실질적 자유—무언가를 할 수 있는 자유와 기회—와 유사한 개념인 실제적 자유—자신이 하고 싶고 되고 싶은 것을 이룰 수 있는 자유와 기회-를 중요시하는 캐퍼빌러티보다 롤스나 드워킨의 분배정의를 더 중요하게 다루는 이유이기도 하다.[20]

왜냐하면 정치철학 관점에서 롤스는 차등의 원칙을 동반한 최소수혜자에 대한 기본재화 분배를, 드워킨은 운(運)을 포함한 자원 배분과 자원이전을 경매와 보험이라는 가상의 장치를 통해 평등과 분배를 실현할 것을 주장하기 때문이다.

그러나 롤스의 차등 원칙은 최소수혜자를 어디까지 정의할 것인가를 고려하게 되면 기본소득론자들이 가장 싫어하는 자산조사를 통한 선별의 문제에 봉착하게 된다. 반면에 드워킨의 자원의 평등으로 가게 되면 현실에서 가설적 보험시장의 실현방식

> 앞으로의 캐퍼빌러티 정책 방향은 절대적 빈곤과 결핍보다는 상대적 빈곤과 결핍으로부터의 탈출이 진정한 평등임에 초점을 맞추는 일종의 '후기 캐퍼빌러티'로 진화해야 할 것이다.

인 소득세, 상속세, 누진세 등에서 세금 증가라는 정치적 저항을 맞이 하여야만 한다.

따라서 센이 그토록 강조한 안전(security)은 빈곤으로 인한 생명, 건강, 신체, 보건 등의 안전에서 더 나아가 사회적 존재로서 평등하게 살 수 있는 안전, 나의 신체와 생명의 침해에 대한 국가의 보호, 상호인정을 통한 정체성 지키기, 외로움과 고립감에서의 탈피를 통한 정신적 안정 등으로 확장해가야 할 것이다.

제1부에서 살펴보았듯이 전통적인 인적자본투자 관점에 근거한 적극적 노동시장 정책을 지난 30여 년간 시행해왔지만 오늘날의 사회문제를 해결하지 못하였다. 우리가 제3부에서 검토하겠지만 기본소득은 실제로는 정부나 타인의 도움이 없다면 이룩하기 어려운 결과이지만 누군가의 도움 없이도 내 힘으로 할 수 있었던 결과라고 생각하게 만드는 도덕적 딜레마가 나타나고, 인간과 동물에게 공통적으로 나타나는 호혜적 이타주의와 타인의 배려와 힘에 나의 인생을 종속시킬 수 있다는 불안감을 불러일으키기 때문에 다수의 국가에서 사회문제를 극복하는 데에 역부족인 개념으로 여겨질 수 있다.

그렇다면 개인의 소득재분배를 수치심을 느끼게 하지 않으면서 해결하고, 각종 사회적 참여와 다원주의를 인정하며, 캐퍼빌러티 개념이 지향하는 '각자가 하고 싶은 것을 하고 되고 싶은 것이 될 수 있는' 자유와 기회를 가질 수 있는 제3의 방안으로서 그 무언가가 필요하다. 우리는 이에 대한 탐구의 여정을 제3부에서 밟아보도록 할 것이다.

제3부

일·복지·민주주의 실현을 위한
참여소득

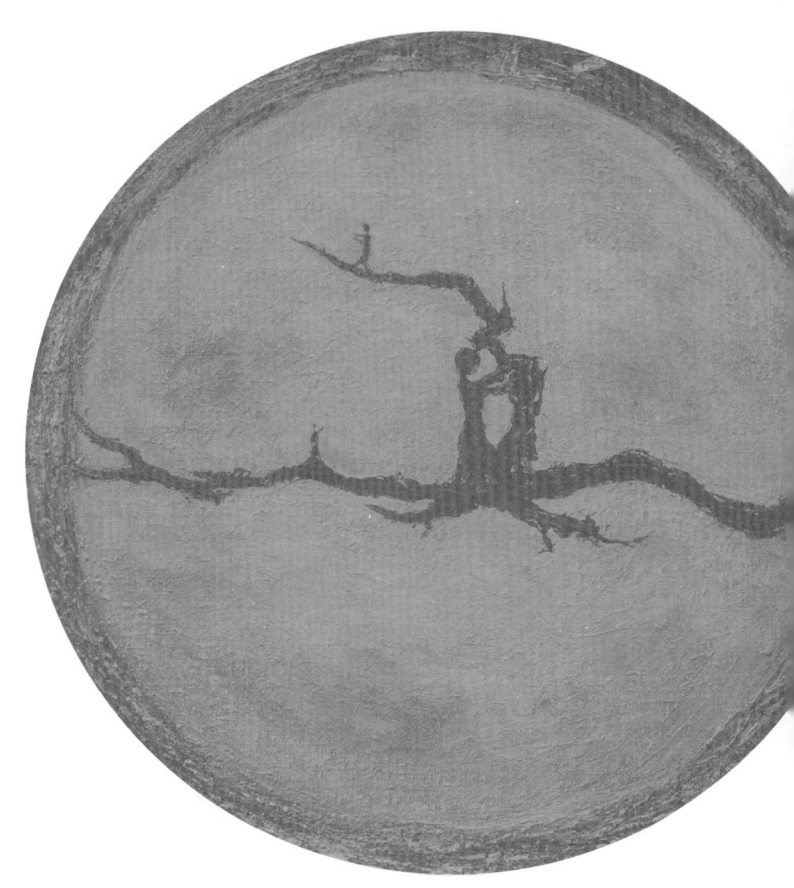

1. 참여소득 배경과 정의

참여소득의 탄생 배경

　오늘날 우리 사회는 과거에 볼 수 없었던 복지 담론 논쟁이 활발하다. 기본소득 논쟁이 이를 촉발한 측면이 크지만 원천적으로 들어가 보면 한국 사회가 과거와는 달리 소득 양극화가 심해진 게 가장 큰 이유일 것이다. 한국 사회의 경제적 불평등은 1998년 금융위기가 시발점이다. 노동유연성 확대와 워싱턴 컨센서스에 지배당한 글로벌 경제환경은 과거 케인즈 시대의 복지담론에서 빨리 벗어나는 것을 시대정신이자 당면 과제로 간주하였으며 글로벌 경제 표준으로 인식하게 만들었다.

　한국도 '98년부터 소위 유럽의 복지 질병이라는 것을 겪어보지도 못한 채 바로 적극적 노동시장 정책으로 이행하였다. 자유무역은 중소기업보다 수출경쟁력이 높은 대기업 위주의 정책을 낳게 하였으며 노동유연성이라는 명목으로 노동자는 정규직과 비정규직으로 나누어졌다. 대기업과 중소기업 간 임금격차는 갈수록 벌어지고 있고 국민의 소득 불균형 심화와 비경

> 한국에서 적극적 노동시장 정책, 사회투자론, 근로연계 복지 프로그램은 결과적으로 국민의 삶을 윤택하게 하는 데 실패하였다.

제활동인구 및 실업자 증가를 불러올 뿐만 아니라 대기업·공사·은행 같은 질 좋은 일자리를 두고 치열한 경쟁을 벌이게 하였고, 공무원·변호사·의사 같은 일부 직종에서 구직자 쏠림현상을 초래하였다.

한국에서 적극적 노동시장 정책, 사회 투자론, 근로연계 복지 프로그램은 결과적으로 국민의 삶을 윤택하게 하는 데 실패하였다. 이에 정부의 고용 중심 일자리 정책이 대중들의 삶의 질과 인간다운 삶의 지속성에 기여하고 있는지 의문이 생기기 시작하였다. 우리나라를 비롯하여 전 세계적으로 주요 복지정책으로 자리매김한 적극적 노동시장 정책이 오늘날 소득 양극화와 일자리 양극화를 전혀 개선하지 못한 것은 자명한 사실이며 오히려 점점 악화되고 있다해도 틀린 말은 아니다. 점점 줄어드는 양질의 일자리는 마이클 영(Michael Young)의 『능력주의(Meritocracy)』 마지막 장에 나오는 '자리(신분) 세습'의 봉건적 신분사회로 회귀하는 원동력이 되고 있다. 전통적인 고용 중심의 일자리 정책이 개인의 자유를 확대하기보다는 오히려 억압하고 있는 양상이다.

이러한 불안감을 반영한 듯 사회를 바라보는 국민들의 관점이 변화되었다는 조사가 있어 눈길을 끈다. 한국교육개발원에서 매년 조사하는 「교육여론조사」[1] 결과 2015년부터 2018년까지 자녀교육의 성공기준 1위는 '좋은 직장에 취업하는 것'이었으나 2019년에는 처음으로 '자녀가 하고 싶은 일, 좋아하는 일을 하게 된 것'이 1위로 등극하였다. 이 결과는 2020년에도 24.7%로 1위를 차지하면서 이어지고 있다. 명문대학에 입학한 것을 자녀의 성공으로 보는 비율은 2010년에 조사된 22.1%에서 매년 하락하여 2019년에는 10.8%를 기록하였으며, 자녀가 '인격을 갖춘 사람으로 컸다'를 자녀의 성공으로 보는 비율은 2010년 25.8%로 가장 높았다. 이 조사 항목은 약간의 부침은 있었지만 매년 20% 언저리의 비율을 가지며 2~3위를 오가는 기록을 보이다가 2019년에는 근소하게 '좋은 직장 취업' 항목을 제치고 2위에 등극하였으며 2020년에도 22.0%로 2위를 유지하고 있다. 이러한 결과는 앞으로 얼마든지 뒤바뀔 수 있는 수치이긴 하지만 사람들의 가치관이 물질적인 행복에서 주관적·심리적인 행복으로 변화하고 있음을 상징적으로 보여준다.

사람들의 이러한 인식변화는 복지정책과 사회정책의 변화를 이끌었다. 가장 먼저 포문을 연 그룹은 기본소득 논자들이다. 진보적인 그룹이라 할 수 있는 기본소득 주창자들은 소득 불평등의 해소와 개인의 자유 확대를 위해 기본소득이 필요하다는 주장을 하고 있다. 기본소득의 탄생 배경은 분명하고 정당성 논리 또한 단단하다. 더불어 정책 내용까지도 단순하여 그 어떤 이론들보다 매력적인 주제이다.

토머스 무어의 유토피아에서부터 현재에 이르기까지 어떠한 형태의 명칭이든 오늘날 기본소득의 역사와 배경은 반박이 불가할 정도로 탄탄하다. 기본소득이 왜 필요하고 왜 지급되어야만 하는가의 철학적 담론, 논리, 이론 등도 이념적으로 반대편에 서지 않는 이상 딱히 반박할 빈틈을 주지 않아 보인다. 기본소득에대한 통상적인 비판은 소득의 충분성, 재원 마련의 타당성 그리고 호혜성이다. 그러나 이 책에서 주목하는 것은 이와는 결이 다르다. 첫째, 실질적 자유의 구체성과 윤리적 딜레마이다. 둘째, 관료주의와 정부의 역할에 대한 부분이다. 셋째, 기본소득이 기존의 사회정책과 어떻게 조화롭게 공존하고 융화하느냐의 질문이다. 넷째, 지방분권화와 다원주의에 대한 부분이다. 마지막으로 호혜성 이타주(reciprocal altruism)이다.

어떤 이기적 개체가 이타주의적 개체보다 단기적으로는 생존확률이 높을 수 있을지 모르지만 장기간 반복 게임이 이루어지는 자연 생태계에서 남의 호의를 받기만 하는 개체는 살아남을 가능성이 높지 않다는 것이 지배적 의견이다. 호혜성을 주장하는 이면에는 '나도 이렇게 힘들게 사는데 쟤들은 왜 공짜로 재분배 해주지?'라는 질문을 낳게 한다. 이는 자신이 '성실하게 노력하는 사람'이라는 정체성을 인정받지 못할 수 있음에 대한 우려를 담고 있다. 바로 이러한 시각과 관점 때문에 호혜성 논지는 그동안 기본소득 비판의 가장 핵심적 요인으로 작용해왔다.

한편 영국에서 제3의 길로 대표되는 사회투자론자들은 선별적이며 두터운 복지를 통해 실제적으로 어려운 사람을 도와주자는 주장을 펼치고 있다. 그러나 사회투자론 관점의 해법은 우리가 제1부에서 그 한계를 자세히 살펴보았으며 더 이상 대안으로 자리잡기 어려움을 확인하였다. 마지막 대안인 참여소득은 소득재분배와 복지를 둘러싼 담론 분야에서 일부 극소수만이 주장하고 있는 담론이다. 우리는 여기서 참여소득의 이론화 작업과 논의를 확장하는 데 주안점을 둘 것이다.

대니얼 서스킨드(Daniel Susskind)는 기본소득을 받는 대가로 무언가를 해야만 하는 조건부 기본소득을 주장하는데 이것이 바로 참여소득의 개념이라 할 수 있을 것이다.[2] 그는 그 예로 교육, 가사, 돌봄 등을 들고 있다. 기계의 능력이 아무리 커져도 사람은 인간이 의미있는 삶을 살도록 가르치는 일, 그리고 자신들이 힘들고 아플 때 지원하는 역할은 인간이 맡아주기를 바랄 것이기 때문이다. 레이건 정부에서 재무부 차관보를 지낸 경제학자 폴 크레이그 로버츠(Paul Craig Roberts)는 오늘날 일과 노동이 제공하는 의미로는 더 이상의 의미 있는 삶을 영위하기 어렵기 때문에 대대적인 개혁까지는 아니더라도 공동체의 복원과 지역성을 중심으로 개인을 보호하고 공공선을 위한 활동이 필요하다고 주장한다. 특히 노동은 사회적 유대로서의 역할로 전환하여 우리 자신을 적극적인 공동체의 구성원으로서 사회에 재등장시키는 역할을 해야 한다고 말한다.[3] 폴란드 출신의 사회학자 지그문트 바우만(Zygmunt Bauman)은 그의 저서 『액체근대』에서 사람의 진정한 해방은 공적 영역과 공적 권력의 필요성을 인식할 때 가능하다[4]고 말함으로써 신자유주의 당시 개인화 과정의 핵심에 있던 사적 영역을 공적 영역으로 전환할 것을 강조하였다.[5]

참여소득과 유사한 제안은 예전에도 있었다. 먼저 제러미 리프킨(Jeremy Rifkin)은 『노동의 종말』에서 시장과 공공부문이 수행하는 역할은 감소할 것이고, 정부가 민간시장에서 일자리를 잃은 사람들을 위해 공동체에 기반한 제3부문(섹터)[6]에서의 일자리 창출을 지원하고 지역인프라를 강화할 것이며, 유권자

들 연합이 증가할 것으로 전망하였다. 그는 일종의 시민봉사와 같은 공적인 일의 증가를 제시하였다.[7]

독일의 사회학자 울리히 벡(Ulrich Beck)도 그의 저서 『위험사회』에서 하위 정치(sub-politics)라는 개념을 제시하며 참여의 중요성을 강조하였다.[8] 그는 국민국가라는 컨테이너 안에 갇혀 있지 않고 지방자치적 민주주의 차원의 시민사회와 시민노동 모델을 제시하였다.[9] 특히 그는 지구화로 인해 발생하는 취약계층의 장기실업을 막고, 정치적 자유와 정치 사회의 자기 기초 정립이 가능하도록 하는 시민노동에 대한 가치 인정으로서 참여소득 개념과 유사한 시민수당을 제안하였다. 다만 울리히 벡은 위험사회에서 위태로운 처지에 놓인 취약계층이 감당할 공동체 내 정치적 수행능력은 미지수로 보았다.[10]

위르겐 하버마스(Jürgen Habermas)도 생산과 분배를 둘러싼 투쟁이 아닌 삶의 질, 기회의 균등, 개인의 자기실현, 참여, 그리고 인권과 같은 문제들에 초점을 맞추어야 한다고 주장한다. 센(Sen)이 공공성의 역할은 물질적 재화의 제공에 그치는 것이 아니라 기회, 가능성, 참여, 민주주의에 의거한 재화와 사람의 관계로 정의하고 있음을 우리는 제2부에서 살펴보았다.

참여소득을 논의하기 위해 우리는 이러한 관점에서 한 걸음 더 나아가야 한다. 그것은 바로 개인의 윤리적·도덕적 차원의 실천에 머물러 있던 캐퍼빌러티를 구체적인 실천 행동을 통해 개인의 삶의 가치를 높이고 자유를 확대하며 자존감을 높여주는 펑셔닝 획득 장치가 되도록 지향하자는 것이다. 이를 위해 우리는 앞으로 참여소득을 전환요인 극복을 통한 캐퍼빌러티의 확산이라는 관점에서 재해석하고 재정의하고자 한다.

> 참여소득은 개인의 윤리적·도덕적 차원의 실천에 머물던 캐퍼빌러티를 구체적인 실천 행동을 통해 개인의 삶의 가치를 높이고 자유를 확대하며 자존감을 높여주는 장치가 되도록 지향하는 것이다.

참여소득의 전통적 정의

참여소득(participation income)의 역사는 불과 30년이 되지 않는다. 영국의 경제학자 앤서니 앳킨슨(Anthony B. Atkinson)에 의해 처음으로 제안되었다.[11] 1996년에 발표한 그의 논문 「참여소득의 사례(The case for a participation income)」에서 처음 제안된 것으로 기본소득을 참여라는 조건에 의해 지급하자는 것이 핵심이다.

참여를 노동시장 참여로 한정한 것은 아니며 교육(education), 훈련(training), 자녀 돌봄(caring for young), 고령자 또는 장애인(elderly or disabled dependants) 돌봄, 승인된 자발적인 일 형태의 임무(undertaking approved forms of voluntary work) 등이 포함된다.[12] 조건은 단순히 지불(payment)이나 일(work) 차원이 아니라 사회적 기여(social contribution)까지 폭넓게 정의하고 있다.[13]

앳킨슨은 기본소득의 철학적 기반인 시민권과 참여라는 두 가지 조건 중 참여를 선택하였는데 시민권이 기본소득을 지급하는 기준으로 사용하기에는 지나치게 광범위한 개념이라고 판단하였기 때문이다. 그러나 가장 중요한 이유는 기본소득 또는 시민소득 재원을 조달하는데 필요한 세금을 내지 않는 이들에게까지 기본소득을 지급하는 것이 정치적으로 받아들여질 가능성이 없다고 보았기 때문이다.[14] 앳킨슨은 기본소득에 대한 공격의 빌미를 제공하는 무임승차 문제, 호혜성의 문제를 피하고자 의도했던 것이다

당시 영국은 베버리지식 복지에서 대처 총리 이후 신자유주의 복지시스템인 근로연계형 복지(workfare)로 바뀐 상태였다. 베버리지 복지 시스템보다도 무임승차 문제가 훨씬 더 심각한 기본소득에 대해 국회나 국민의 동의를 얻는 문제는 그간의 영국 복지 정책의 변화를 두 눈으로 직접 목격해온 학자에게 넘기 어려운 장애물로

> 앳킨슨의 참여소득 정의는 다소 순진하게 접근한 면이 없지 않았으며 주로 돌봄과 교육훈련에 초점을 맞춘 것이라는 인상을 떨치기 어렵게 한다.

보였던 것은 분명해 보인다. 그는 기본소득을 사회보험의 대안으로 보지 않았으며 보완적 개념으로 본 것이다

참여소득은 기본소득과 마찬가지로 자산조사 없이 18세 이상의 성인 남녀 모두에게 지급하는데, 1) 엄격한 노동시장 참여를 요구하지 않으며, 2) 폭넓은 사회적 기여를 근거로 지급되며, 3) 개인에게 지급하며 수혜 대상을 혼인, 성별, 가족환경 등과 같은 특정 그룹으로 한정하지 않는 특징을 가지고 있다. 즉, 참여소득은 부자나 가난한 자나 누구나 받을 권리가 있다. 한편 페레즈 문뇨(Pérez-Muñoz)는 참여소득은 시장에서 기업가에 의해 충족되지 않는 사회적 요구에 답하기 위해 잉태된 것이라 정의하고 있다.[15] 그럼에도 불구하고 앳킨슨의 참여소득 정의는 다소 순진하게 접근한 면이 없지 않았으며 주로 돌봄과 교육훈련에 초점을 맞춘 것이라는 인상을 떨치기 어렵게 한다.

참여소득의 한계와 비판들

참여소득에 대해 일부 학자들은 크게 두 가지 관점에서 비판하고 있다. 하나는 참여의 기준이 너무 넓어 무엇이 참여이고 기여인가를 정의하는 데 있어 행정적으로 상당한 혼선과 비용을 초래한다는 것이다. 다른 하나는 가난한 사람에게 불균형적으로 부담을 부여함과 동시에 재분배에 따라붙는 조건들이 개인의 자유를 침해한다는 것이다. 전자는 가이 스탠딩(Guy Standing), 판 파레이스(Van Parijs) 등의 비판으로서 참여소득 제도를 실시하기 위해서는 사람들을 통제해야 하는데 이때 비용이 기본소득보다 더 높을 것이라고 주장한다.[16]

사회적으로 기여하는 일을 제대로 하고 있는지 감시하는 점검비용과 개인의 사생활까지 파고드는 문제점이 지적되기도 한다. 드 위스펠레어(de Wispelaere)와 스티르턴(Stirton)은 모든 복지제도가 수행해야 할 세 가지 역할이 있는데 그런 측면에서 참여소득이 취약하다고 주장한다. 이른바 참여소득의 삼중고(trilemma of participation income)에 직면하고 있다는 것이다.[17] 첫째는 자격 기준 설정과

관련한 참여소득의 포용성(substantively inclusive) 문제, 둘째는 참여기준과 관련한 참여조건의 충족성이라 할 수 있는 호혜 평등성 문제, 마지막으로 자격 있는 수혜자에게 지속적인 혜택을 할당하기 위해 필요한 행정적 관리비용(경제 지속성과 인적 비용)의 취약성이다.

참여소득은 기본소득처럼 정치적 지지를 받지 못하는 정책이 근로연계복지 프로그램과 같은 극단적 정책을 회피하는 수단으로 이용될 수 있는 장점을 가지고 있다. 그러나 참여의 정의가 모호하고, 애초 설정한 정책 목적과 실제 성취된 목적이 분리(decoupling)될 수 있고, 이해당사자 간 해석의 충돌 가능성이 있으며, 공익에 실제 기여하는지 여부가 불분명하다는 한계가 있다. 생각만큼 사회적으로 가치 있는 활동에 지원하지 않을 수 있다는 것이다. 참여라는 정의(正義)가 투명성(transparency)을 확보하지 못하면 결국 관리자의 재량권을 확대하고 어림짐작(heuristics)으로 일을 처리하게 함으로써 참여 소득의 기본목표를 달성하지 못하게 된다는 것이다.

또한 드 위스펠레어와 스티르턴은 고용이나 교육훈련은 기록이 있어 쉽게 파악이 가능하지만 돌봄, 간호의 경우는 파악하는 데 과도한 행정적 개입이 들어갈 수 있으며 참여요건을 충족하지 못하는 사람들에 의해 조작될 수 있는 위험이 있다고 비판한다. 따라서 활동에 대한 정보수집을 보완하기 위한 조치로 제재(sanctioning) 매커니즘의 개발이 필요한데 결국 이 모든 것은 행정비용 상승을 가져오고 빈약한 프로그램을 양산하고 말 것이라는 게 이들이 비판하는 핵심 내용이다.

근로연계 프로그램도 사례담당자(caseworkers)의 광범위한 개입은 말할 것도 없고 비용이 목표보다 늘어나면 실행이 중단될 수 있는 한계를 가지고 있다. 그러나 근로연계는 행정을 교차 점검할 수 있는 메커니즘이 있으며 수혜자가 참여소득 참여자 숫자보다 많기 때문에 참여소득을 압도할 수밖에 없다. 결국 참여소득 요건의 최대 난점은 기존의 복지 프로그램보다 더 많은 것을 요구하며 참여소득이 상당한 행정력에 의해 수행되지 않는 이상 정책이 실패할 위험이 크다는 것이다. 참여소득이 행정의 철옹성(iron clad)에 갇혀 실현에 애를 먹을 수밖에 없다는 것이 비판의 요지이다.[18]

캐롤 페이트먼(Carole Pateman)은 앳킨슨이 기본소득의 무임승차 문제를 제기하며 대안으로 제시된 참여소득이 가구(家口) 내 남성들의 무임승차 문제는 해결하지 못한다고 비판하고 있다. 그러면서 기본소득도 가정 내에서 아내들의 가사노동이 사회적으로 가치 있는 기여를 한다는 점은 인정하지만 여전히 남편의 게으름을 강화할 것이라는 페미니스트들의 우려를 잠재우기 어렵다고 주장한다.[19] 그러나 참여소득이 자녀 돌봄(집에서 양육하든, 어린이집 등에 보내든)에 대한 현금지원 성격이라면 가구 종사자 남녀 모두의 시간 자유를 확대하는 긍정적 결과를 이루게 하는 것이야말로 실질적 자유를 획득하고 남녀평등을 정착시키는데 한 발 다가서는 것이라 말할 수 있다.[20] 따라서 페이트먼의 참여소득 비판은 참여소득의 정의를 오독한 해석일 뿐이다.

또 다른 비판으로 알마즈 젤레케(Almaz Zelleke)는 참여소득이 참여소득이라는 수단 외에 그 어떠한 자원을 가지지 못한 사람들에게 불평등성의 정당화를 오히려 강화[21]시킬 수 있기 때문에 보편적 현금지원이 더 필요할 수도 있다고 주장한다. 가이 스탠딩은 앳킨슨이 제안한 참여소득의 조건 중 하나인 주당 35시간 '인정받는' 일을 해야 한다는 조건이 노동시장을 왜곡하고 저소득층 노동자의 임금을 저하시키는 상황을 초래할 수 있기 때문에 그러한 아이디어는 잊어버리는 것이 좋다고 조언하고 있다.[22]

지금까지 참여소득에 대한 비판은 비판자 자신들의 관점에서 타당하고 적합한 비판이라 할 수 있다. 특히 드 위스펠레어와 스티르턴의 비판은 상당히 구체적이고 논리적인 비판이다. 그러나 참여소득의 범위를 광범

> 참여소득을 일자리 프로그램의 한 종류로 이해하게 되면 적극적 노동시장 정책과 비교하게 되고 행정효율성 문제가 제기 될 수밖에 없다.

위하게 설정한 상태에서 이루어진 비판이다. 이는 앳킨슨이 기본소득의 대안으로 참여소득을 제안하였기 때문에 나타난 자연스런 비판이지만 이들 비판의 숨어 있는 요인은 참여소득을 일자리로만 협소하게 이해한다는 것이다.

참여소득을 일자리 프로그램의 한 종류로 이해하게 되면 적극적 노동시장 정책과 비교하게 되고 행정효율성 문제가 제기될 수밖에 없다. 따라서 참여소득의 정의를 개인의 자유를 확대하기 위한 전환요인 극복이란 개념으로 규정하고 운영을 지역 거버넌스 차원으로 한정한다면 행정의 철옹성에 갇혀 애초 목적을 상실하는 사태는 벌어지는 않을 것이다. 특히 가이 스탠딩의 주장처럼 주당 35시간의 '인정받는' 일을 해야 하는 참여소득이 노동시장을 왜곡할 수 있는 단점은 존재하지만 그렇다고 기본소득이 35시간의 일자리만큼 충분한 소득을 지급할 수 있는가에 대해서는 회의적이다.

이 글의 목적 중 하나는 참여소득 비판에 대한 대안을 모색하는 것인데, 미리 말하자면 참여소득은 앳킨슨이 주장한 것이지만 명확한 정의를 내린 것은 아니므로 여전히 참여소득과 사회적 기여에 대한 정의(定義)와 해석은 열려 있는 상태라는 것이다. 바꾸어 말하면 참여소득에 대한 정의를 새롭게 내릴 수 있는 자유를 허용하고 있다는 것이다. 이 점에서 현재의 참여소득에 대한 해외 학자들의 비판은 기본소득만큼 정립되지 않은 이론의 역사를 가진 참여소득 이론에 대한 과도한 비판이라 할 수 있다. 기본소득도 1516년 토머스 모어의 『유토피아』가 나온 이래로 지난 500년간 수많은 수정과 발전을 거듭해 왔음에도 불구하고 여전히 비판에 시달리고 있다는 점을 상기해야만 한다.

2. 왜 참여소득인가?
- 과잉 노동, 그리고 기본소득의 한계

기본소득의 한계 1: 실질적 자유와 도덕적 딜레마

　기본소득에서 실질적 자유(real freedom)의 실행방안에 대해서는 특별한 언급이 없다. 개인의 실질적 자유를 보장하기 위해 기본소득 지급 외에 다른 대안적 방안이 보이지 않는다. 소득은 개인의 실질적 자유를 실현하기 위해 무엇보다 가장 필요한 수단인 것은 맞다. 세계 기본소득 네트워크(Basic Income Earth Network, BIEN)에서 제시한 기본소득 5대 조건에 들어 있지는 않지만 소득의 충분성은 더더욱 중요하다. 이러한 문제 때문인지는 몰라도 필리프 판 파레이스(Philippe Van Parijs)는 『21세기 기본소득(Basic Income)』에서 1인당 GDP의 25% 정도를 기본소득으로 규정하자고 제안하고 있다.[1]

　한국의 2019년도 일인당 국민소득을 연간 3만 불로 가정할 때 월 2,500달러가 되며 이를 원화 1,200원 기준으로 환산하면 현재 기준 300만원에 해당된다. 이를 다시 가처분 소득의 60%를 빈곤으로 정의하는 유럽 기준으로 볼 때 2020년 한국의 가구별 중위소득은 4인 가구 475만 원으로 이의 60%는 285만 원 정도가 되며 개인별로 환산하면 71만 원 가량 되는 금액이다. 이 정도 되어야 개인의 실질적 자유가 가능하다고 보고 있는 것이다.

실질적 자유의 실현가능성을 따져 보자. 판 파레이스는 "기본소득을 도입할 때는 형식적인 참여라는 조건을 강제하는 것과 상관없이 반드시 공동체에 대한 기여에 가치를 부여하는 담론과 결합되어야만 한다"고 말하고 있다.[2] 그러나 문제는 이러한 주장을 실현하기 위해 가장 설득력 있는 대안은 개인의 선의지(善意志, good will)에 기대는 수밖에 없다는 것이다. 기본소득이 충분성을 보장하지 않는 한 기본소득 주창자들이 생각하는 수준만큼 기본소득 수혜자들이 사회적 가치에 참여하는 일이 쉽지 않다.

> 생면부지의 사람들로부터 도움을 받는 것은 마음속에서 도덕적 저항을 야기할 수 있고 또 스스로 경제를 꾸려 나갈 수 없는 사람들의 자존심에 상처를 줄 수 있다. 또한 타인에 의해 나의 정체성과 존재가 결정되는 것에 대한 불편함을 느낌과 동시에 공동체 참여에 자신을 배제하는 것으로 인식할 수도 있다.

실질적 자유를 얻기 위해 극복해야 할 또 하나의 장애물은 바로 '헤겔의 딜레마'이다. 헤겔은 국가의 빈곤 구제 정책이 시민사회의 근간인 자유, 자조, 자기책임과 모순될 수 있음을 우려하였다.[3] 이는 모럴 해저드(moral hazard: 도적적 해이)와는 정반대인 '모럴 딜레마'(moral dilemma)로서 사회보장을 받는 수혜자의 인격적 존엄성을 훼손하는 현상을 말한다.[4] 생면부지의 사람들로부터 도움을 받는 것은 마음속에서 도덕적 저항을 야기할 수 있고 또 스스로 경제를 꾸려 나갈 수 없는 사람들의 자존심에 상처를 줄 수도 있다.[5] 또한 타인에 의해 나의 정체성과 존재가 결정되는 것에 대한 불편함도 느낄 수 있으며 국가, 집단, 조직 구성원으로서의 '성원권(成員權, membership)' 가치의 핵심인 공동체 참여에서 자신을 배제하는 것으로 인식할 수도 있다.

오늘날 사회보장이 권리의 개념으로 인식되고 있기는 하지만 문제는 일을 하는 것이 더 떳떳하고 당당하다는 직업윤리가 존재하는 한 일부 고령층을 제외하고는 경제활동인구가 기본소득에 안주하는 것을 마냥 즐기지는 않을 것이기 때문이다.

기본소득의 한계 2: 관료들의 저항

두 번째 한계는 관료들의 저항이다. 기본소득의 장점 중 하나는 자산조사와 같은 막대한 행정비용이 절감된다는 것을 꼽고 있다. 기본소득의 도입은 조세 및 소득 이전 시스템을 단순화하고 조건부 수당에 대한 의존을 줄여 관료적인 행정 작업—대표적으로 자산조사(mean test)—을 줄인다는 의도를 가지고 있다.[6] 여기서 드는 의문은 과연 관료들은 그들의 작업을 줄여주는 행정의 효율성을 좋아할까 하는 점이다. 작업을 줄인다는 것은 사람을 줄인다는 것이고 사람의 축소는 조직의 축소를 가져온다.

행정학의 조직 팽창 이론에서 대표적 학자인 시릴 노스코트 파킨슨(Cyril Northcote Parkinson)은 공무원이 자기 밑에 부하직원을 증원함으로써 위신을 높이고자 하는 심리가 있으며 이러한 심리는 부하직원 수의 증가로 이어지고 다시 업무가 늘어난다는 이론을 제시하고 있다. 윌리엄 아서 니스카넨(William Arthur Niskanen)의 모형에서도 관료제의 과대성장과 행정적 낭비가 발생하고 있음을 보여주며 시간이 지나면서 관료조직은 점점 커진다고 예측하고 있으며, 앤서니 다운스(Anthony Downs)도 모든 조직은 팽창 성향을 가지고 있으며 팽창에 대한 제약도 많지 않을 뿐만 아니라 제약조건도 자동적으로 기능하지 않기에 공공선택론적 입장에서 조직은 팽창할 수밖에 없다고 말한다.[7] 관료들의 집합체인 정부의 행정조직은 자신의 조직이 축소되거나 업무가 없어지는 것을 달가워하지 않는다. 관료들은 행정의 비효율도 문제로 보지만 자신의 조직이 없어지는 것은 더 큰 문제로 본다. 실제로 정부에서 기획하는 일자리, 복지, 재정 정책 등에서 조직의 논리를 우선시하는 상황은 쉽게 목격할 수 있다. 부처 간의 칸막이 현상 때문에 협업이 잘 되지 않는 것도 조직의 성과주의와 고위관리직의 평가로 인한 조직 우선주의가 앞서기 때문이다. 사람에 충성하지 않아도 조직에 충성하는 관료들은 많다.

기본소득에서는 뚜렷한 정부의 역할도 없다. 단순히 기본소득을 전 국민에게 주는 '은행 창구' 역할 외에는 별다른 것이 없다. 어쩌면 이러한 특징 때문에 기본소득이 행정비용 절감 효과를 가져오는 얘기가 나오는 것일 수 있다. 세금 징수와 같은 기본소득 재원을 마련하는 일은 기본소득 집행을 위해서가 아니더라도 정부와 국가가 원래 하는 일이기 때문에 기본소득만을 위해 특별히 부가된 일이라고 보기는 어렵다.

기본소득으로 파생되는 정책 프로그램도 마땅히 없다. 기본소득은 기존의 간섭적 온정주의에 의해 이루어진 각종 사회보장 프로그램과 기금, 인프라의 이용을 암묵적 상수로 인식하고 있는 것으로 보인다. 그렇다면 '과연 기본소득 지급 시 기존의 사회보장, 보호, 인프라, 교육 및 훈련 프로그램이 더 늘어날 것인가 아니면 줄어들 것인가?'라는 의문이 들 수밖에 없다.

기본소득의 한계 3: 기존 사회정책과의 공존 문제

기본소득이 갖는 세 번째 한계는 기존 사회정책과 인프라와의 공존 및 융화 가능성에 대한 의문 때문이다. 기본소득 주창자들은 온정적 간섭주의에 의거한 기존의 사회보험과 각종 인프라의 중요성을 인정한다. 교육이나 사회기반시설의 기금, 사회의 일부 사람만이 관심을 가지고 소비하는 항목들에 들어가는 공적 자금 등은 실질적 자유 관점에서 정당하다고 인식한다.[8] 이를 좀 더 확장하면 교육기관뿐만 아니라 도서관, 문화시설, 체육시설, 의료 및 복지 기관, 공공취업알선기관(고용복지플러스센터), 요양원, 장애인시설, 공공쉼터 등의 사회 공공 서비스는 여전히 필요하다는 것이다. 그러나 개인의 요구는 사회가 변화하면서 지금보다 더 다양하여 국가와 정부가 일일이 다룰 수 없는 상황이 올 수 있다.

또 다른 의문은 '국민 개개인의 다양한 사회적 요구를 국가행정조직으로 일일이 대응하는 것이 과연 가능한가?'하는 것이다. 과거 개발 성장시대에는 개인의 권리와 자유, 사회적 요구에 대한 개념이 다양하지 않았으며 필요한 부분은 '○○진흥원', '○○공단' 등의 조직을 꾸려 행정 업무와 대국민 서비스를 진행해

왔다. 그러나 앞으로는 지금보다 국민의 요구가 더욱 다양해질 것이고 프로그램 패턴은 수시로 변화될 것이다. 이로 인해 사회정책 프로그램은 다품종 소량생산의 형태로 이루어질 것으로 전망된다. 이 모든 것을 공무원으로 구성된 고정적 관료조직에서 무한정 다룰 수는 없다.

> 미래의 일은 공공의 일을 통해 일정 정도 소득으로 보상받되 그 일이 단순히 소득 획득 목적의 직업으로서가 아니라 삶의 만족감을 느끼고, 사는 것이 즐겁고, 보람을 느끼며, 내재적 가치를 지닌 일로 전환되는 것이 매우 필요해질 것이다.

개인의 다양한 사회적 요구, 그리고 권리와 자유를 실현하는 데 필요한 프로그램과 관련 업무는 주로 민간부문보다는 사회적 공공부문의 일이 될 것이다. 이때 이러한 일을 우리에게 필요한 무형·유형의 재화를 공유지로 만드는 작업으로서, 사회적 자본을 구축하고 공동체를 강화하며 일군의 시민들에게 필요한 기술(skill)을 여러 사람들과 나누는 공공의 일로 간주할 필요는 없을까? 샤롯 헤스(Charlotte Hess)와 엘리너 오스트롬(Elinor Ostrom), 피터 레빈(Peter Levine)이 강조하는 이른바 공공의 일(public work)[9]을 통해 일정 정도 소득으로 보상받되 그 일이 단순히 소득 획득 목적의 직업으로서가 아니라 삶의 만족감을 느끼고, 사는 것이 즐겁고, 보람을 느끼며, 내재적 가치를 지닌 일로 전환되는 것이 매우 필요해질 것이다. 적극적 노동시장 정책의 가장 큰 비중을 차지하는 직접 일자리가 바로 여기에 해당할 수 있다. 직접 일자리를 공적 영역의 의미 있는 일로 전환하는 것이 바로 참여소득의 역할이 될 것이다.

기본소득의 한계 4: 다원주의와 지방분권 요구의 분출

기본소득에는 지방분권화와 개인의 다양성 및 다원주의에 대한 논의는 없다. 재원 마련에 대한 논쟁도 국세 개념인 토지세, 탄소세, 구글세로 대표되는 디지털세 등에 대한 논의만 있지 거두어들인 조세를 지방 재정지원 자립을 위해 어떻게 지원할지에 대한 논의는 존재하지 않는다. 일자리, 복지, 환경 등 개인의 일상생활과 직접적 연관이 있는 정책은 과거처럼 중앙정부에서 포괄적으로 다룰 수 있는 범위와 한계를 벗어난지 오래되었다. 개인의 선호가 다품종 소량생산 형태로 발생한다면 중앙정부가 국민의 요구를 세심하게 다 들어줄 수 없기에 지방의 권한 증대는 필수적이라 하겠다.

> 개인의 선호가 다품종 소량생산 형태로 발생한다면 중앙정부가 국민의 요구를 세심하게 다 들어줄 수 없기에 지방의 권한 증대는 필수적이라 하겠다.

지역균형발전도 노무현 정부 초창기만 해도 주로 도시경제 활성화였다면 최근에는 소득, 직업, 주거, 교육, 환경, 건강, 안전 등의 삶의 질 요소가 포함되기 시작하였으며[10] 지방분권화의 개념에도 지방의 독창성을 살린 다양한 행정을 통해 주민복지를 향상시킬 수 있는 데서 그 가치를 찾고 있다.[11]

삶의 질 향상, 일과 삶의 균형 등 가치관의 변화는 인간이 삶을 영위해가는 데 필요한 기본적 서비스 요구를 변화시키고 있다. 예를 들면 돌봄, 정신건강, 외로움 극복, 연대와 유대, 환경, 먹거리, 안전 등에 대한 개인의 선택도 사회적으로 특이한 요구도 아닌 국민 모두의 기본적인 서비스로 되어 가고 있다. 최근 코로나 팬데믹 상황에서라기보다 지자체의 환자 돌봄이나 지원서비스 프로그램을 통해 중앙정부보다 지자체의 역할이 우리의 실생활에 더 중요해졌음을 실감하는 계기가 되었다.

오늘날 사회는 자산과 소득의 불평등 문제 못지않게 개인의 다양성 요구가 크게 증가하였고 또 중요해졌다. 이로 인한 개인별 정체성 간 충돌도 빈번해졌다. 대표적으로 남녀평등을 주장하는 페미니즘의 확산, 성적지향, 장애인, 다문화, 인종 등 미시적인 개인 특성을 하나의 기준으로 정의하는 것을 불평등과 폭력의 문제로 인지하기 시작하였다. 우리나라는 미국처럼 어떤 사회적 이슈보다 상위에 존재하는 인종 간 갈등도 없고 유럽처럼 이민자 문제가 사회적 갈등 요인으로 작용하지 않는다. 우리나라에서 눈여겨보아야 할 다원주의는 지역에 따른 성별, 연령별, 일자리와 불평등, 복지에 대한 다양한 요구이다.

1990년대 중반 이후 대학을 다녔던 세대는 단군 이래 최고의 스펙을 지닌 세대라 할 수 있다. 여성들도 마찬가지이다. 육아 돌봄으로 경력단절을 겪고 있지만 여성들의 인적자본축적은 가히 세계 최고라 할 수 있다. 그만큼 이들에게 잠재해 있는 인적자본을 활용하지 못하는 것은 경제적 가치뿐만 아니라 사회적 가치 창출에도 부정적인 영향을 끼칠 수밖에 없다. 연령별 다양성은 성별보다 좀 복잡하다. 다들 알다시피 고령층 빈곤율은 한국이 세계 최고다. 청년층은 안정적인 일자리를 원하고 있으며 중장년층의 일부는 지속적인 소득활동이 가능한 일자리를 원하지만 자영업, 택배 외에 딱히 마땅한 일자리를 구하기 어렵다. 고령층에서도 소유한 자산과 소득이 적을 경우 소득활동이 가능한 일자리를 원하는 반면에 일정 정도 소득이 있는 고령층은 사회나 자신의 지역을 위해 의미 있는 일을 원한다. 그러나 현실은 성별, 연령별 공히 동일한 직업훈련 프로그램과 동일한 일자리만 국가로부터 제안받고 있다. 정부는 연령대별 맞춤식 일자리 제공이 불가능하다고 주장하지만 이는 정부가 고용과 취업률이라는 양적 지표 확대에만 관심을 가지고 있기 때문에 정책 운신의 폭을 좁혀버린 결과일 뿐이다. 지역 이동이 쉽지 않은 중장년 및 여성층은 지역사회가 주도적으로 공공일자리, 사회서비스, 지역인적자산을 활용할 수 있게 해준다면 일자리 요구의 다양성을 일정 정도는 충족시킬 수 있다.

따라서 성별·연령별 일자리의 다양성 추구는 결국 지방의 다원성을 인정하느냐 하지 않느냐에 달려있다고 해도 틀린 말은 아니다. 다원주의적으로 다양한 사회 영역들에서 시민의 덕성이 계발되고 발휘되는 것을 촉진하기 위해서는 지역자치단체의 역할을 강화하는 것이 필요하다. 지역자치단체에 권한을 부여하고 주민위

> 지역 이동이 쉽지 않은 중장년 및 여성층은 지역사회가 주도적으로 공공일자리, 사회서비스, 지역인적자산을 활용할 수 있게 해준다면 일자리 요구의 다양성을 일정 정도는 충족시킬 수 있다.

원회와 심의위원회를 후원한다면 지역 일에 대해 책임을 지는 시민집단을 존중하는 일이 가능할 것이다. 그러나 고용지표 확산에 중심을 둔 적극적 노동시장 정책 관점은 개인의 선택의 자유와 자아는 존중할지언정 자아들 간의 관계인 사회적 관계의 형태와 연합에는 관심을 기울이지 않는다. 오히려 하고 싶으면 하고 아니면 말고 식의 자발성은 사회적 관계를 단절시키거나 철회하게 만들 수 있다. 이는 결국 개인들을 점점 더 고립시키고 격리시키는 결과를 초래할 수 있다.

> 기본소득은 중앙정부의 담론이지 지자체의 담론은 아니다.

지방의 분권화와 일부 권한 이양은 성별·연령별 다양성과 유기적인 사회적 관계 형성, 그리고 고립감과 외로움으로부터 주민들을 탈출시킬 수 있는 강력한 정책이라 하겠다. 그러나 기본소득은 지방분권, 다원주의를 논의할 공간을 제공하지 못하고 있다. 이 점에서 기본소득은 중앙정부의 담론이지 지자체의 담론은 아니다.

인공지능과 과잉 노동공급 시대

기본소득이 미래의 대안이 되기 어렵다면 남은 대안은 미래에도 지금처럼 일과 노동을 통한 해법일 수밖에 없다. 그렇다면 미래에는 지금보다 우리들의 삶의 윤택함을 위해 일과 노동이 기여할 수 있을까? 이를 확인하기 위해 간단하게나마 일과 노동의 의미를 산업혁명 이후부터 오늘날까지 그 흐름을 살펴볼 필요가 있다.

산업혁명의 경제사적 의의는 인류 역사상 처음으로 기계를 생산수단으로 이용하여 상품을 제조하는 산업생산 체제를 만들었다는 점에 있다. 18세기 산업혁명은 농업사회를 제조업 위주의 산업사회로 이끌었다. 이 당시 기술 발전으로 없어진 일들은 제조업의 다른 일자리로 교체되었다. 예를 들면 면화 실을 짜는 수공예 기술자는 면직 방직 조작원, 조립원, 기계 수선공으로 전환되었다. 수

공업에서 기계 노동으로, 매뉴팩처(공장제수공업)에서 기계식 공장으로 이행하여 기술 발전에 따른 새로운 노동수요를 창출하였다.[12]

1858년 아편전쟁을 끝으로 전 세계는 영국 중심의 제조업 산업생산 경제체제로 바뀌었다. 유럽은 물론이고 일본, 미국, 인도에서 산업생산 시대가 도래한 것이다. 값싼 노동력, 풍부한 자원과 시장은 미친 듯이 상품을 만들게 하였다. 기술 발전에 대한 두려움은 있었지만 변화하는 기술은 늘 새로운 대체 노동수요를 만들었다. 자동차의 발명은 마부의 직업을 소멸시켰지만 자동차 운전수와 수리공이라는 직업을 탄생시켰다. 1929년 대공황으로 잠시 경기 호황을 멈추었지만 1945년 이후부터 1970년 초까지 미국을 비롯한 영국, 서유럽 경제는 황금기를 맞이하였다.

아편전쟁이 끝난 후부터 거의 100년이 지난 1975년 베트남 전쟁 종료 이후 제조업 중심의 산업 성장은 서서히 멈추기 시작하였다. 이른바 '짧은 20세기'가 저문 것이다. 1980년 미국 레이건 정부가 들어선 이래 세계 경제는 금융자본과 서비스 산업 시대로 접어들었다. 70년대까지 국가와 기업은 각종 복지비용과 높은 세율로 인해 안정적인 상품생산 유인력이 떨어졌다. 엎친 데 덮친 격으로 오일쇼크가 겹치면서 실업률과 인플레가 동시에 상승하는 스태그플레이션이 나타나자 레이건 정부는 공급경제학이란 이론으로 기업에게 세금을 인하시켜 줌으로써 제품 생산 유인책을 제공하였다. 이로 인해 기업의 자본이득은 늘어나기 시작하였다. 미국은 하늘에서(항공노조 파업) 영국은 땅밑에서(탄광노조 파업) 노동조합과 '전쟁'을 치러 승리함으로써 노동자의 임금 상승을 억제하는데 성공하고 이를 바탕으로 기업들이 자본이득을 안정적으로 취할 수 있는 길을 터 주었다.

1981년부터 시작된 레이건 행정부의 세금감면 정책은 결국 국가 부채를 네 배 이상 늘려버려 거의 3조 달러에 육박하게 만드는 사태를 초래하였다. 이에 놀란 레이건은 7년간에 걸쳐 세금을 다시 네 배 인상시켰다. 그 결과 법인세의 증가폭은 당시 시점으로 최고의 기록을 경신하는 아이러니를 연출하였다.[13] IT 발전은 금융 및 서비스 산업의 활성화에 기여하였으며 지식기반사회를 촉진하였다. 금융자본은 주주자본주의를 낳아 장기수익보다 단기수익 창출을 통해 주주의 이익 극대화를 도모하였다.

이러한 시대적 배경 아래서 인건비 절약은 기업의 덕목이 되었으며 글로벌 표준이 되어 갔다. IT 발전은 제조업과 일부 전통적인 서비스업 종사자의 일자리를 빼앗았지만 IT 산업과 연관된 분야의 노동수요를 창출하였다. 그러나 IT 산업은 소수의 인원이 생산한 것을 불특정 다수가 소비하는 특징으로 인해 고용 없는 성장의 원인을 제공하였다. IT 발전은 자본재 가격을 하락시키고 각종 소프트웨어 프로그램의 개발과 발전으로 기존 노동자의 임금 하락과 노동을 자본으로 대체하는 결과를 초래하였으며 더불어 임금 불평등을 야기하였다.[14]

이처럼 IT 산업은 양질의 일자리 창출 능력이 극히 떨어지는 산업이다. 예를 들면 페이스북 사업은 불과 몇 사람이 시작해서 수억 명에 달하는 세계인을 소비자로 만들었다. 반면에 자동차는 수십만 명의 사람들이 만들고 다른 나라의 제품과 경쟁을 하는 산업이다. IT의 소프트웨어 분야는 창업에 투자 비용이 많이 소요되지 않는 반면에 제조업은 공장, 기계 구입 같은 초기 인프라 구축 비용이 많이 든다. IT의 발전은 기업이 업무 효율성을 이유로 컴퓨터나 자동화 장비를 설치하게 만들었고 사무 전문 서비스업 종사자를 대상으로 디지털 테일러리즘을 실현시켰다. 디지털 테일러리즘은 전문가의 자율적이고 창의적인 직무를 통제하고 관리하는 표준 매뉴얼을 제공한다. 이는 전문가의 전문성을 침범하는 것으로서 IT 기술 발전이 전문가의 일자리를 위협할 수 있는 시대의 서막을 알리는 계기가 되었다.

IT 발전은 현재 인공지능(A.I.)의 발전으로 이어지고 있는데, 문제는 이 인공지능의 기술 혁신이 자신을 탄생시키고 만들어 준 전문가의 일자리까지 위협하고 있다는 것이 IT

> IT 발전은 자본재 가격을 하락시키고 각종 소프트웨어 프로그램의 개발과 발전으로 기존 노동자의 임금 하락과 노동을 자본으로 대체하는 결과를 초래하였다.

산업과의 차이점이다. 과거 IT 기술 혁신은 주로 작업장의 자동화, 서비스 산업의 효율화, 디지털화, 인터넷을 통한 네트워크 구축에 기여하였으나 인공지능은 IT 산업이 쌓아 놓은 결과 위에 회계사, 의사, 변호사, 약사를 단순 기술자로 전락시킬 만큼 직접적으로 영향을 미쳐 일자리 감소 시대를 초래할 것임을 예고 하기에 이르렀다.

알파고의 등장은 신비의 바둑 세계를 평범한 보드게임 수준으로 전락시켰다. 인공지능은 누구나 언제든지 바흐와 쇼팽풍의 클래식 곡을 작곡할 수 있게 도와주고 있다. 인공지능은 과거 의사의 꽃이라 불리던 외과 의사를 로봇을 보조하는 단순 보조원으로 만들어 버릴 수 있게 하였다. 인공지능이 작성하는 스트레이트 기사(팩트 위주의 간결한 기사)는 언론 기자의 노동시장을 상당히 위협할 수 있는 수준까지 올라왔다.

인공지능 기술은 전문직 종사자로 하여금 자신의 미래에 대한 희망과 전망을 분간하지 못하게 하고 있다. 최근 광고 업계는 평생 늙지 않는 인공지능 여성 모델을 등장시켜 사회적 반향을 일으켰다. 여기에 짧은 광고음악과 성우 나레이션까지 인공지능 기술로도 얼마든지 가능해 소비자의 눈을 확 끌 정도의 슈퍼스타가 아닌 이상 광고 모델로 수입을 얻는 것은 점점 어려워질 것으로 보인다.

과거 오프라인의 인력 아웃소싱 사회는 IT와 인공지능의 발전으로 인해 클라우드 아웃소싱의 사회로 변화되었다. 클라우드 아웃소싱은 노동력 구매자와 판매자 간의 얼굴 없는 중개인 역할을 효율적으로 수행하여 개인의 노동력을 사고 파는 사람이 누군지도 모르게 한다. 과거 기술 혁신과 다른 점은, 과거의 기술 혁신은 생산도구와 생산방식을 변화시켰지만 인공지능 기술 혁신은 직업의 역할 자체를 없애 버릴 수 있다는 것이다.

마부는 자신의 노동생산 방법과 도구를 변화시켜 자동차 운전수로 변신했지만 인공지능 기술은 자율주행으로 자동차 운전수 자체를 아예 필요 없게 할 수 있다. 과거 신문사에서 신문기사 편집을 할 때 납으로 만든 글자를 하나하나 찾아 제작하던 공판인쇄 노동자를 컴퓨터 편집디자이너로 탈바꿈시킬 수 있었지만 인공지능 기술은 이 디자이너마저도 필요 없게 만들 수 있다. 지금까지의 기술 혁신과 달리 인공지능 혁신은 고용의 수를 크게 감소시킬 가능성이 과거보다 더욱 높아지고 있다. 심지어 인공지능은 자신을 창조한 전문가를 잡아먹는 괴물로 재탄생하였다.

과거의 기술은 산업별로 독자적으로 존재하였지만 IT를 기반으로 하는 인공지능 관련 기술은 모든 산업에 적용시킬 수 있는 범용적 기술이 되었다. 과거에는 항공기술, 선박조선 기술, 자동차 관련 기술, 전자제품 관련기술이 따로 따로 존재하였지만 오늘날에는 거의 모든 산업에 인공지능 기술이 녹아들어가 있어 산업별 독립적인 일자리 창출을 어렵게 한다.

우리는 IT로 인해 고용 없는 성장을 경험하였다. 인공지능 기술은 그나마 마지막 보루인 서비스업과 전문직의 미래를 어둡게 한다. 이에 지속적인 성장을 위해 제안하고 있는 것이 슘페터식 창조적 파괴에 의한 혁신성장이다. 이 논점은 늘 고용이 어렵고 성장 동력이 마땅하지 않을 때 나타나는 주장으로 그리 신선한 주장은 아니다. 슘페터식 혁신을 통해 성장은 가능할지 몰라도 고용 창출을 기대하기는 어렵기 때문이다. 슘페터의 혁신은 경제발전과 성장을 설명할 수는 있지만 양질의 고용을 창출한다는 증거는 없으며 더욱이 소득 불평등이라는 심각한 문제의 해결을 목표로 삼고 있지도 않다. 사회주의 발전에 자본주의가 맞서 지속 가능한 발전을 이루기 위해서는 대기업 중심으로 혁신을 이어나가야 한다고 줄기차게 주장할 뿐이었다.

지난 50여 년간 고용 없는 성장이 이를 입증한다. 혁신으로 성장을 일구어 온 미국에서의 소득 불평등 문제, 그리고 저임금 일자리뿐 아니라 전문직 일자리까지 줄어드는 사태는 창조적 파괴가 없어서가 아니다. 구체적이지 않고 맹목적인 혁신을 통한 경제성장과 고용을 외치는 것은 근거 없는 낙관주의이며 공허한 이데올로기일 뿐이다.

그럼에도 슘페터식의 혁신을 주장하는 그룹은 주로 경제 관료 출신들인데, 최근 경제 관료 출신인 변양균은 『경제철학의 전환』이라는 자신의 책에서 기존과는 다른 흥미로운 주장을 해 눈길을 끈다. 그의 주장의 핵심은 이렇다. 기업이 성장하려면 과도한 고용안정성은 장애가 되는데 기업이 해고를 하면 노동자는 4차 산업혁명 시대에 일자리를 찾기 어렵고 소득 불평등은 더욱 심해질 수 있으니 노동의 자유를 기업의 해고가 아닌 노동자의 선택에 의해 결정하도록 하며 노동공급 여부는 노동자의 권리로 인정하자는 것이다. 노동유연성 결정을 기업 중심에서 노동자 중심으로 변경하되 대신 국가는 노동자 개인에게 부동산, 교육, 사회보험, 아동수당을 지원 하고, 기업에게는 노동유연성의 자유를 제안하고 있다.[15]

이를 위한 재원은 부가가치세, 석탄과세, 공기업 지분매각 등으로 마련하자는 것이 핵심이다. 그 외에 수도권과 지방 간의 이익공유, 고향후원금 같은 기부금을 통한 지방재정 자립도를 높이고 각종 금융산업 강화를 제안하고 있다. 그러나 노동의 자유를 위해 기업을 대상으로 하는 과세에 대한 구체적 계획은 없고 대신 일반 국민을 대상으로 하는 소득세 과세의 형평성 추구, 조세감면 축소, 대표적 역진세인 부가가치세의 증세, 그리고 공기업 매각을 노동의 자유를 위한 재원으로 상정하고 있다. 이 글에서는 이러한 주장의 타당성을 논할 의도는 전혀 없다. 다만 주목할 것은 노동경제학에서 다루는 노동공급 결정을 임금과 조세와 같은 근로조건보다 국가 책임의 복지 수준에 기인하는 것으로 바라보는 관점이다.

변양균의 관점은 기업이 노동자의 해고를 자유롭게 하여 기업 생산성을 높이는 정책은 국민적 공감대를 얻기 어려우니 국가가 복지 수준을 일정 정도 마련함으로써 노동자 개인이 스스로 일을 할지 말지를 결정하게 하자는 것이다. 필자가 이러한 주장을 눈여겨 보는 이유는 노동공급을 포기하거나 양보하는 대가로 복지 개념을 정의할 수 있는 길을 열었다는 점이다.

개인은 분명한 노동 능력이 있지만 치열한 경쟁을 하면 서로에게 이득보다 손실이 날 수 있으므로 누군가의 양보는 타인에게 이득이 돌아가게 하는 행위이다.

이러한 행동은 경쟁자 수 감소로 발생한 수익의 일부를 일자리를 양보한 자에게, 즉 노동공급을 중단한 자에게 주는 것을 복지로 규정하게 만드는 관점인 것이다. 과거 노동시장 유연화가 능력 부적응자를 도려내는 해고의 형태이고 복지는 이들의 취업능력을 다시 축적할 수 있는 방안이었다면, 변양균의 주장은 노동시장 유연화가 경쟁자 수를 줄이려 한 이타적인 개인의 선택에 따른 결정이며 이타적인 행동은 국가가 제공한 복지정책이 좌우한다는 의미이다.

경쟁을 제한함으로써 적정한 이득을 취하려는 시도는 우리 주변에서 흔히 볼 수 있다. 대표적인 것이 자영업, 의사, 변호사의 직업세계이다. 다들 알다시피 자영업의 무한 경쟁은 제살 깎기 출혈로 서로의 피해만 초래하고 있다. 결국 '음식점 총량제'라는 진입장벽 제도화의 필요성이 제기되는 이유이기도 하다. 의사와 변호사도 내용상은 '음식점 총량제'와 동일한 진입장벽을 높게 쌓아 인력공급을 줄이려고 노력하고 있다. 완전경쟁을 하면 희소한 자원과 재화를 가진 시장 세계에서 자신들이 초기에 투입하였던 노력만큼 보상을 가져갈 방안이 없기 때문이다. 따라서 미래의 복지는 경쟁을 하지 않거나 포기하는 이들에게 일자리 경쟁에서 승리한 자들의 초과이익을 분배하는 과정으로 설명되어야 할 것이다. 이것은 드워킨이 말하는 가상의 경매시장에서 자신의 자원을 타인에게 판매하는 극단적 행위인 셈이다. '음식점 총량제' 같은 방식이 자신들만의 성벽을 쌓는 방식이라면 후자는 자발적으로 자원 배분 과정에 참여하는 사회계약인 셈이다.

토머스 홉스가 말한 자연세계에서 '만인의 만인에 대한 끝없는 투쟁'은 제살 깎기 경쟁과도 같은 사회이다. 아무도 이길 수 없고 이길 것을 기대하지 않는 상황이 자연세계이다. 이를 끝내는 방법이 바로 사회계약으로서, 투쟁을 포기하는 양보의 대가에 대한 지불이 복지가 될 때 냉혹한 자연상태에서 벗어날 수 있기 때문이다.

> 미래의 복지는 경쟁을 하지 않거나 양보하는 이들에게 경쟁승리자 자신의 초과이익을 분배하는 과정으로 설명되어야 할 것이다.

이상의 논의를 정리하자면, 과거 산업혁명 이후 기술의 발전은 농업의 시대를 제조업의 시대로 변화시켰다. 제조업 중심의 기술 변화는 서비스업 발전을 도모하여 고용창출로 이어졌다. IT를 기반으로 한 서비스업 시대에 과학기술 발전은 제조업의 생산직 인력뿐만 아니라 서비스업 종사자와 인공지능을 만든 전문직의 일자리까지 공격하고 있다. 저숙련 기능공 일자리부터 고숙련 전문직 일자리까지 그 어느 하나 안전한 곳은 없게 되었다. AI 기술은 오늘날 고용의 의미를 다시 생각하게 만들고 있다.

과학기술의 발전은 언제나 인간의 일자리에 긍정적 영향을 미칠지 부정적 영향을 미칠지에 대한 논쟁을 가져왔다. 역사적으로 볼 때 과학기술은 일자리에 긍정적 영향을 미친 것으로 나타났다. 과거 기술 발전 내용은 대량생산을 용이하게 하는 기술들이 대부분이었다. 전기, 비행기, 철도, 기계, 조선, 화학 등의 기술 발전이 그러하다. 다만 이들의 기술은 농업종사자의 일자리를 축소하였고 배제된 인력들을 도시의 제조업과 서비스업으로 이동시켰다. 혁신은 고용의 신규 성장수요를 가져오기보다 기존 인력을 대체하는 대체수요에 가깝다. 기술 발전 자체가 새로운 일자리를 생성할 것이라는 믿음은 대체 수요의 신기루에 현혹되는 일이자 기술이 풍요로운 사회와 시스템을 결정한다는 기술결정론으로 흐르게 할 위험이 있다. 그레고리 맨큐(Gregory Mankiw)와 같은 극단적인 기술 옹호자들은 낙수효과의 새로운 버전인 '강한 풍요(strong bounty)'를 내세워 인공지능 기술 발전으로 소득 격차는 벌어질 수 있지만 다른 사람들도 경제적 삶이 더 나아질 것이라고 주장한다. 이에 에릭 브린욜프슨(Erik Brynjolfsson)과 앤드류 맥아피(Andrew McAfee)는 이러한 일은 발생하기 어렵다고 말한다.[16] 일자리는 기술이 발전되었다고 자동적으로 늘어나지 않는다. 데이비드 오토(David Autor)는 기술 발전이 일자리에 심각한 해를 끼치지는 않을 것이라고 말했지만 얼마 못 가 "기술변화가 꼭 일자리 증가로 이어지는 것은 아니다"라고 한 발 물러섰다.[17]

경제사적으로 살펴 보아도 새로운 기술 자체만으로 고용문제를 해결하였다고 보기 어렵다. 18세기 산업혁명 이후 발생한 기술혁신에 의한 과잉 생산이 발생하였고 농촌에서 도시로 이동한 인구의 증가로 자연스럽게 노동조합과 노동자 계급이 부흥하였다. 그러던 1873-1895년 사이 과잉생산에 따른 소비부족으로 인해 발생한 세계적인 1차 경기 불황을 초래하였는데 이의 극복은 새로운 기술이 아니라 국가독점 자본주의와 보호주의 그리고 전쟁을 동반한 제국주의 노선을 통해서였다.[18]

> 1873-1895년 사이의 과잉생산에 따른 소비부족으로 인해 발생한 세계적인 1차 경기 불황 극복은 새로운 기술이 아니라 국가독점자본주의와 보호주의 그리고 전쟁을 동반한 제국주의 노선을 통해서였다.

이 당시 대기업 자본가는 그들의 지속적인 이윤 창출을 위해 혁신과 기술발전을 선택하기보다는 경쟁을 회피할 수 있는 합병을 통해서 또는 독점카르텔[19]을 형성하여 가격결정에 관여하였고, 정부는 상품 수입에 제한을 부과하는 보호주의 수단을 사용하였다.[20] 그리고 마지막으로 유럽 내 자본과 노동의 국가 내 모순을 제국주의를 통해 제국의 노동자 계급과 식민지 노동 계급의 대립으로 전환시켰다.[21]

영국이나 프랑스 같은 부유한 국가의 노동귀족은 식민지를 개척하기 위해 필요한 전쟁을 지지하였으며 아이러니하게도 전쟁은 산업혁명 이후 발생한 이들 나라의 소득불평등을 해소하는 데 일조하였다.[22] 이처럼 유럽 부유국의 노동자들은 제국주의의 수혜자인 동시에 유럽 자본가와 함께 식민 지배의 공범이 되어[23] 일자리와 임금 문제를 해결한 것이다.

문제는 기술혁신으로 늘어난 생산성은 일정 기간 동안 새로운 일자리와 소득을 제공할 수 있으나 시간이 지나면서 경기불황이 발생하고 이를 해결할 방법은 새로운 기술이 아닌 사회, 정치, 국제관계라는 관점의 개입이 필요하다는 점이다. 이러한 방식은 저가의 석유를 바탕으로 이루어진 1960-70년대 미국과 유럽의 호황과 선진자본주의 국가 노동자들의 고용안정과 소득유지가 정상가격을 받지 못하고 판매한 석유 산유국의 노동자를 착취함으로써[24] 가능해졌다는 것에서 그 예를 찾아볼 수 있다.

제2차 세계대전 이후 미국과 일본의 호황, 유럽의 부흥은 기술혁신과 발전도 원인이었지만 무엇보다 제3세계 국가의 노동자들의 희생에 바탕을 두었기에 실현 가능하였다. 이는 70년대 중반 두 차례의 석유 가격 상승으로 세계경제가 한순간에 주저앉은 것에서 제3세계 노동자들이 그동안 희생한 규모가 어느 정도였는지 짐작할 수 있게 한다. 선진국 경제가 무너진 수준만큼 제3세계 노동자들의 누적된 희생이 있었다는 의미다.

1990년대 들어와 본격적으로 발달하기 시작한 디지털 기술은 무어의 법칙과 함께 기하급수적인 발전을 꾀하였다. 제조산업 시대의 성장은 노동 투입과 비례하여 발생하였으나 디지털 IT 기술과 관련 산업의 성장은 노동자 수 증가와 비례하지 않았다. 동일한 생산액을 가지더라도 자동차 공장의 노동자 수와 '닷컴 IT 기업'의 종사자 수는 현격한 차이를 보여준다. 제조업 쇠퇴와 저임금을 기반으로 하는 서비스업 확대는 예전과 달리 동일한 노동을 하여도 소득 증가는 이루어지지 않는 팍팍한 삶을 만들었다. 과거 생산력 확대 시대에 사람은 일을 통해 자신의 정체성을 확인하였다. 직업과 지위는 자신의 정체성이 되었다.

직업과 노동을 통해 사회에 참여하였고, '정상적 시민'이 되었다. 정규직 평균임금 이상의 직업을 가진 사람이 '정상적인 사람'이 되는 반면에 비정규직이자 평균임금 이하의 근로자는 능력주의 시대에 경쟁력 없는 '루저'가 되었다. 노동이 공적인 활동이자 사회적 이슈가 됨에 따라 가정의 일과 여성의 일, 소수자의 일, 봉사, 돌봄과 같은 일들은 부차적인 일로 밀려나버렸다.[25] 문제는 이러한 일이 악셀 호네트가 언급한 '인정투쟁'의 대상이 되어 간다는 것이다. 젠더 문제, 인종과 연계된 일자리 등은 정상적이지 못한 무시와 차별 대상이 된 것이다.

그렇다면 인공지능으로 대표되는 미래의 디지털 기술 발전은 오늘날 소득 불평등 문제와 인정 문제를 해결할 수 있을까? 만일 과거의 기술이 늘 고용에 긍정적인 영향을 끼쳤왔다면 오늘날 경제적 불평등 문제는 경제구조의 문제가 아닌 기술 부족의 문제가 된다. 지금까지 기술 변화가 더디어서 산업 성장이 정체되고 일자리 수가 적었다는 얘기다. 그러나 이러한 문제 인식의 유효기간도 그다지 오래갈 것 같지 않다.

    IT 산업도 제조업보다 일자리 수 증가에 기여도가 낮은 상황인데 하물며 지금의 IT 기술보다 더 급진적인 인공지능 기술 시대가 지금보다 더 나은 고용 환경을 형성하고 소득분배 문제를 개선시킬 리 만무하기 때문이다. 심지어 IT와 인공지능 기술의 발전은 미국의 사회안전망 역할을 하고 있다고 평가되는 패스트푸드 일자리와 월마트로 대표되는 대형 유통업계 종사자의 일자리마저 빼앗을 가능성을 높이고 있다.

    앞으로 인공지능 기술 발전에 의해 노동수요는 지금보다 극적으로 감소할 것이며 상대적으로 노동공급 과잉 시대를 맞이할 수밖에 없다. 그러면 사람이 일을 하고 싶어도 일을 할 수 없는 상황이 도래할 수 있다. 인공지능과 관련한 경제의 비중 증가로 인해 생산성이 증가하고 그 결과 사람들이 늘어나는 시간을 어떻게, 어디서, 누구를 위해 사용해야 하는가는 중요한 문제가 된다.

    한나 아렌트(Hannah Arendt)는 이미 70년 전에 자신의 저서인 『인간의 조건』서문에서 언급했던 "인간에게 남아 있는 유일한 활동이 없는 사회가 가능한 상황에 직면해 있다"라는 말이 실현될 날이 멀지 않아 보인다. 아렌트 예언의 21세기 버전은 유발 하라리의 '쓸모없는 인간'의 출현이다. 이에 인간은 과거 직업에서 찾았던 개인의 사회 기여와 참여 그리고 정체성 확립은 큰 혼란을 맞이할 수밖에 없을 것이다. 인공지능의 자동화 시대에 개인의 일은 기계 및 인공지능과의 경쟁뿐만 아니라 로봇의 통제하에서 일을 해야만 하는 상황도 그리 먼 일이 아니다.

> 개인의 정체성과 사회적 인정을 획득하기 위해서라도 우리는 미래 사회를 근본적으로 어떻게 재조직해야 할지 장기적인 정치 프로젝트를 마련할 필요가 있다.

개인의 정체성과 사회적 인정을 획득하기 위해서라도 우리는 사회를 근본적으로 어떻게 재조직해야 할지 장기적인 정치 프로젝트를 마련할 필요가 있다. 물고기 잡는 것은 로봇에게 맡기고 대신 인간은 흥미롭고 의미 있는 일에 몰두할 수 있는 '탈노동' 상황을 만드는 것이다.[26] 즉, 고용이라는 유급노동(labor)에 자신의 모든 존재 의미를 부여하는 것에서 탈피하여 자신이 하고 싶은 일(work)에서 자신의 정체성과 삶의 의미를 찾아야 한다는 것이다.

고용기반 사회에서 일 기반 사회로의 전환

한나 아렌트는 『인간의 조건』에서 활동적 삶(vita activa)이라는 개념을 통해 인간 실존의 가장 일반적인 조건과 관련된 세 가지 근본활동을 노동, 작업, 행위로 구분하였다. 노동(labor)은 인간 신체의 생물학적 욕구 과정에 상응하는 활동으로 규정하며 노동이 이루어질 수 있는 근본 조건은 삶 자체라고 하였다. 작업[일](work)은 재미와 명예를 위해 인간 실존의 비자연적인 것에 상응하는 활동으로 자연적 환경과 전적으로 구별되는 인공적 세계의 사물을 제공해준다. 행위(action)는 사물이나 물질의 매개 없이 인간 사이에 직접적으로 수행되는 유일한 활동이다. 행위는 인간 간에 이루어지는 사회·정치 등의 활동을 의미한다.[27]

한나 아렌트가 인간의 조건으로서 규정하는 노동·작업·행위라는 세 가지 활동 중 행위는 인간 사회를 벗어나서는 절대 일어날 수 없는 조건속에 있고, 노동과 작업 같은 활동은 개인적이고 사적 영역에서 이루어지지만 공적 영역에서도 가능하다. 예를 들면 예술가가 홀로 작업한 예술 창작품은 개인적인 노동과 작업의 산물이지만 완성된 작품이 가지는 의미와 상징성은 공적 영역에서 의미를 가질 수 있기 때문에 예술 작품은 행위의 결과가 된다.

참여소득에 대해 논의하기 위하여 여기서는 아렌트 개념을 비틀어 봄으로써 노동과 작업(일)의 의미를 새롭게 찾고, 행위의 개념을 현재 시점에서 고용(employment)과의 관계를 통해 그 의미를 재해석 해보자. 한나 아렌트의 분류가 인간의 조건과 삶의 의미라는 측면에서 정의한 것이라면 여기서는 통상적인 사람들의 관념에 의거하여 정의하고자 한다. 먼저 노동이라 함은 생산적이고 육체적인 활동을 의미한다. 아렌트도 인정하였듯이 노동은 고통 및 수고와 연관되며 인간 신체의 손상과 관련된다고 규정한다.[28] 자의적인 것이라기보다 타의적이며 수동적인 활동이다.

일은—여기서는 '작업'보다는 '일'이라는 표현이 더 적절하다—목적성, 비목적성, 생산적(경제적), 비생산적(비경제적), 가치적, 몰가치적, 사적 영역, 공적 영역 등 여러 분야에서 동시적이며 다중적 성격을 가지고 있다. 아렌트는 일이 자연에 대응하여 인공적인 무언가를 창조하는 활동으로 규정하고 있으나 여기서 나는 실체의 창조적인 것 외에 비실체적이고, 무형적인 서비스(예를 들면 봉사, 돌봄, 심리 상담)도 인간 활동의 조건적인 일로 규정한다.

마지막으로 고용은 스스로 또는 타인에 의해 규정된 집단에서 노동을 하는 활동으로 정의된다. 일(work)은 사람의 존재가 목적인 반면에 고용(employment)은 사람을 수단으로 여기는 것으로 규정한다. 한나 아렌트의 일 개념에서 고용의 개념이 들어가면 그것은 노동이 되는 것이며(labor=work) 고용이 빠지고 사람의 존재를 규정하고 특히 사적 영역이 아닌 공적 영역에서 발생하는 것이라면 이는 행위와 같은 개념(action=work) 이다.

프랑스의 기술철학자 베르나르 스티글러(Bernard Stiegler)는 "일(work)이란 절대로 고용은 아니며 사람들이 어떤 종류의 것이든 뭔가를 성취함으로써 앎을 키워나가는 것"으로 정의한다.[29] 그는 "일은 나의 개인화에 이바지하는 활동, 나의 동료들 및 일반 시민들과 같은 타인들의 독특성을 수립하는 데 이바지하는 활동"이며 "기여경제(contribution economy)를 수립하는 계기가 될 것이다"라고 말한다.[30] 여기서 기여경제는 고용의 종말에 대비하여 어떻게 살고, 행동하고, 세계를 이해할지 각각의 방식을 재구성하고, 그리하여 새로운 돌봄의 시대를 형성하는 경제를 말한다.[31] 스티글러는 최저소득보장(기본소득 개념)에 반대하지는 않지만 제3영역만이 아닌 곳에서도 기여적—증여나 기증에 의한—수입에 기반한 또 다른 사회를 발명해야 하며 이를 위해 지역적 실험을 통해 국가 정책과 통합되는 방식을 고려할 필요가 있다고 주장한다.32)

> 적극적 노동시장 정책의 핵심은 교육훈련을 통한 고용으로의 전환이므로 앞서 언급한 일로 표현되는 'workfare'보다는 'employfare'가 더 적절한 표현이라 할 수 있다.

그러나 오늘날 인간 삶의 형태를 규정하는 노동, 일, 고용 또는 행위에서 국가가 가장 중요하게 여기는 것이 바로 고용(employment)이다. 고용은 일과 노동을 부분집합으로 복속시키고 있다. 인간의 삶에서 인간의 존엄성을 지켜주기 위한 정책도 수동적 복지정책에서 적극적 노동시장 정책의 핵심인 고용 중심으로 옮겨진 상태이다.

현재 고용의 질적 차이는 소득 면에서나 복지 면에서나 폭 넓은 스펙트럼을 가지고 있다. 오늘날 일자리 정책은 모두 고용 중심으로 되어 있다. 근로연계복지(workfare)로 대표되는 적극적 노동시장 정책의 핵심은 교육훈련을 통한 고용으로의 전환이므로 앞서 언급한 일로 표현되는 'workfare(일연계복지)'보다는 'employfare(고용연계복지)'가 더 적절한 표현이라 할 수 있다. 일자리로 상징되는 고용 문제는 국민 대중에게 자신들의 삶과 가장 밀접하고 호소력 있는 어젠더이기도 하다.

문제는 과연 정부의 저임금 고용 중심의 일자리 정책이 대중들의 삶의 질과 인간다운 삶의 지속성에 기여하고 있는가이다. 저임금 일자리가 하찮은 일자리로 마냥 치부되어 폐지되어야 할 정책이라 보기는 어렵다. 삶이 팍팍하고 미래가 보이지 않아 힘들어하는 누군가에게는 자신의 지속적인 삶을 위한 차선의 선택이 될 수도 있기 때문이다. 개인이 더 많은 돈을 버는 것보다 자신이 원하는 것을 하기 위해서 비교적 낮은 임금에도 공적 지원 기근 방지 일자리를 선호할 수 있다.33) 센은 개인의 선택에 의한 대상 선별 방식의 공공정책 일자리는 이러한 개인의 광범위한 관심을 현명하게 사용할 수 있다고 보았다.34)

현재의 적극적 노동시장 정책이 고용이라는 측면보다는 개인의 자유와 기회의 폭을 확장할 수 있는 일(work)로—과거 취업률 산정에 도움이 되지 않은 일까지도 포함하는—전환하여 안정적 소득 창출 활동이 가능하다면 현재의 적극적 노동시장 정책 프로그램도 우리의 삶에 좋은 정책으로 자리매김할 수 있다는 의미이다.

> 특정한 집단에 소속되어 경제적 생산을 하거나 사적인 노동과 일을 하던 것에서 공적이고 사회적인 일로 접근할 때 국가와 사회는 이에 대한 대가로 소득을 지불하는 참여소득으로 개인의 캐퍼빌러티를 확장시킬 수 있다.

중요한 것은 개인이 선택한 일에서 자신의 정체성, 자아실현, 선택의 자유를 가로막는 불합리한 각종 제도와 노동 관련 법률, 불합리한 근로조건 및 개인의 안전을 위협하는 요인을 제거하는 것이다. 이러한 제거를 위한 각종 활동과 행위는 보장받을 권한(entitlement)이 되어야 마땅하다. 권한으로서의 일에 대한 관점 또는 직업윤리의 변화는 우리의 삶을 지배하는 노동 윤리라는 통치성을 극복하는 데서 시작해야 할 것이다. 그렇지 않으면 유급 고용 중심의 임시적인 저임금 일자리는 '일을 하든가 말든가', '일하지 않는 자여, 먹지도 말라', '일하지 않으면 너만 손해야'와 같은 공리주의적 관점을 강화시킬 수밖에 없기 때문이다.[35]

그렇다면 일자리 정책이 개인의 자유를 확대하고 자신이 원하는 일을 할 수 있는 기회, 우리가 앞서 제2부에서 논의하였던 캐퍼빌러티를 확장할 수 있는 방법은 없을까? 특정한 집단에 소속되어 경제적 생산을 하거나 사적인 노동과 일을 하던 것에서 공적이고 사회적인 일로 접근할 때 국가와 사회는 이에 대한 대가로 소득을 지불하는 참여소득을 통해 가능하게 할 수 있다. 공적 활동과 행위를 통해 지속적인 사회공헌 활동을 가능하게 해주고, 개인의 자유와 권리를 침해하는 전환요인을 극복하는 활동이 개인의 후생과 역의 관계를 발생시킬 경우에 참여한 사람의 후생을 일정 정도 보상 및 지원해줌으로써 전체 구성원의 생활 수준을 한 단계 높일 수 있는 상황을 만들어가자는 제안이다.

3. 참여소득의 의미와 철학

잉여인간과 쓸모없는 계급의 출현

　손창섭의 1958년 작품인 『잉여인간』이라는 단편소설이 있다. 정의로운 성격 때문에 부조리에 분노하고 현실과 타협하지 못하는 채익준, 그리고 소극적이고 실의에 빠져 있는 천봉우라는 두 잉여인간을 친구로 둔 치과의사 서만기가 주요 등장인물인 소설이다. 주인공 격인 서만기는 늘 긍정적이고 포용적인 인물이다. 작가 손창섭은 『잉여인간』이 휴전이 끝나고 5년 후 나온 작품인 만큼 가장 이상적 존재인 서만기를 통해 전쟁 이후 사람들이 뭘 해야 할지 모르는 상황에서 긍정적으로 삶을 개척하자는 의도를 가지고 소설을 집필하였다. 여기서 주목할 것은 '잉여인간'이라는 성격과 특징이다. 잉여인간을 처음 묘사한 러시아 문학에 대해 살펴보자.

　매클린 휴(McLean Hugh)는 러시아 문학에서 「잉여인간」은 자신을 둘러싼 세계와 부조화의 상태에 있으며 그 세계를 부정하거나 혹은 그 세계에 의해 부정당하는 인물을 의미한다고 말한다.[1] 러시아 학자 유리 만(Юрий Манн, 1929-2022)은 잉여인간을 1820년부터 1850년까지 러시아 문학의 특징으로 평가하며, 공적인 생활과 사회적 환경으로부터 소외감을 가진 인간으로 간주한다. 그리고 자신이 속한 사회에 대하여 지적으로 도덕적으로 자신이 우월하다는 태도를 보임과 동시에 깊은 회의주의, 언행 불일치, 사회적 수동성을 보인다고 지적하였다.[2]

그럼 왜 유독 19세기 중엽의 제정(帝政) 러시아에서 '잉여인간'이라는 개념이 등장한 것일까? 1812년 프랑스의 나폴레옹은 러시아를 침공하였으나 러시아에 대패하였다. 러시아는 비록 승리를 얻었지만 사회·경제적으로는 낮은 생산성과 농노제로 사회적 문제에 관한 해결 능력은 부족한 상황이었다.

영국은 1760년에서 1820년 사이에 1차 산업혁명이 이루어져 산업 생산력은 러시아와 비교하기 어려울 정도로 늘어났다. 산업혁명으로 인해 영국은 경제뿐만 아니라 사회, 철학 분야에서 격렬한 변화를 겪어 왔다. 영국은 산업혁명 이전부터 명예혁명이나 권리장전과 같은 왕과 봉건귀족 간의 권력투쟁 속에 점차 중앙집권적인 왕의 권력을 약화시키기 시작함과 동시에 다원주의적인 정치제도를 정착시켰고, 베네치아의 국가 주도 폐쇄정책과는 달리 외국과의 교류나 새로운 산업의 신규시장 진입을 차단하지 않았다.[3] 이러한 정치구조의 변화는 산업혁명으로 이어졌고 급격한 생산력 확대와 임금 노동자 증가는 노동조합 운동을 촉발시켰다.

프랑스는 영국에 비해 산업혁명이 늦었지만 패턴은 영국과 유사하게 흘러갔다. 절대 왕정에 맞선 1789년 프랑스 혁명, 1830년경 샤를 10세 타도 이후 토지귀족의 몰락을 거치면서 영국만큼 강하지는 않지만 소농민과의 부담스런 동맹을 통해 산업 부르주아는 직물공업, 제철업, 석탄업을 주도해 나갔다. 영국처럼 프랑스의 자본주의 공업화는 노동대중에 대한 혹독한 착취에 기초해 전개되었다.[4]

그러나 러시아에서는 19세기까지 영국이나 프랑스처럼 혁명이 없었다. 러시아는 과거 강대국에서 점점 쪼그라드는 국가가 되었다. 새롭게 변화하는 국제정세를 따라가지 못하는가 하면, 영국과 프랑스가 급격한 산업화로 변화하던 1825-1855년 사이 니콜라이 1세 치하에서는 여전히 농노제로 국민들이 고통받고 있었다. 경제 근대화가 초래할 사회변화를 무서워 한 무능한 정부, 고립된 국민들, 낙후된 경제는 19세기 중엽 농노 반란, 지주제 종식 등의 변화를 거쳐 결국 볼셰비키 혁명당에 정권을 내주게 된다. 제정 러시아 당시의 시대상인 경제생산성 악화, 변화하는 세계를 인식하지 못하는 정부, 사람 간 유대관계 부재, 정치체제의 낙후가 잉여인간을 양산한 셈이다.

사회로부터 낙오자로 그려지는 잉여인간은 오늘날에도 존재하고 미래에도 존재할 것이다. 우리 현실에서는 잉여인간보다 더 비하적인 용어는 '루저(loser)'이다. 말 그대로 '루저'라는 용어는 자의든 타의든 경쟁사회에서 패배한 낙오자의 개념이다. 반면에 잉여인간은 자신은 상당히 똑똑하고 우월하지만 '사회가 나를 받아 주지 않는다'거나 더러운 사회에 스스로 참여하지 않겠다는 인간을 말한다.

루저 담론에는 자격기반 능력주의(meritocracy)가 스며들어 있다. 여기서 능력주의는 곧 시험능력주의(testocracy)의 다른 말이며 시험이 지배하는 사회에서 경쟁에 밀린 사람을 말한다. 능력이 되지 않아 취업도 못하며 능력 있는 부모에게서 태어나지 못해 다양한 기회를 가지기도 어렵다. 경쟁자 수는 많은데 경쟁을 통과할 자리는 그다지 많지 않아 능력있는 청년층 간에도 불안과 루저가 될 수 있다는 공포가 존재한다. 루저는 자신이 욕망하는 것이 무엇인지 알고 그 욕망만으로 사회 전체가 돌아가는 것을 알기에 사회를 냉소한다.[5] 반면에 일부 주류 사회에서는 개인의 행동과 결과를 공리주의적으로 바라보고 있기 때문에 잉여인력과 쓸모없는 자를 즉시 배제하는 것을 정답으로 여기는 경향이 강하다.[6]

오늘날 전 세계가 소득 양극화, 그리고 정규직과 비정규직 간에 근로조건(고용조건, 소득, 복지 등)의 차이를 발생시키는 이중노동시장 문제로 극심한 불평등을 맞이하고 있는데 이러한 현상이 미래에도 개선될 가능성이 그다지 높아 보이지 않는다. 인공지능과 로봇 노동의 시대가 성큼 다가온 상황에서 인간의 노동과 교육, 정체성,

> 제정 러시아 사례에서 보았듯이 변화하는 세계에 대처할 새로운 사회정책과 정치제도의 부재는 의도하지 않는 '잉여인간', '루저', '쓸모없는 사람'과 같은 사회적 낙오자들을 양산할 수 있다

사회적 지위는 지금과는 전혀 다른 양상으로 변화 할 가능성이 매우 높기 때문이다.

유발 하라리는 인공지능이 인간의 인지능력을 능가한다면 직업시장에 어떤 일이 일어날지, 그리고 경제적으로 '쓸모없어진 사람들'로 구성된 대규모의 새 계급은 정치에 어떠한 영향을 미칠지 질문을 던졌다.[7] 미래의 낙오자에 대한 논의의 필요성을 제기한 것이다. 제정 러시아 사례에서 보았듯이 변화하는 세계에 대처할 새로운 사회정책과 정치제도의 부재는 의도하지 않는 '잉여인간', '루저', '쓸모없는 사람'과 같은 사회적 낙오자들을 양산할 수 있다는 사실을 우리는 기억해야만 한다.

유발 하라리는 인공지능으로 인해 평범한 직업보다 창의력과 융통성을 요구하는 직업이 많아질 텐데 마흔 살 먹은 계산원과 보험설계사가 가상세계 설계사로 탈바꿈할 수 있을런지 불투명하다고 주장한다.[8] 이러한 논리는 기술이 진보하는 속도가 인간의 교육과 학습 축적 시간보다 빠르기 때문에 나타나는데, 하라리가 제시한 현상은 이미 우리 주변에 존재한다. 20년간 용접공으로 일하던 조선산업의 노동자가 IT 능력을 습득하여 관련 직업을 얻을 가능성은 영(0)에 가깝기 때문이다.

인공지능과 로봇이 인간의 신체적·인지적 능력을 초월하는 상황에서 인간의 존재는 인공지능이라는 사물보다 못한 대상으로 취급될 가능성이 매우 높다. 경제성장과 자본의 확대가 사회의 최고 가치로 추앙되고, 기계나 사람이 경제성장의 생산요소로서 동일하게 취급당하는 상황에서 신체적·인지적 능력이 로봇보다 떨어지고 일자리도 가지지 못하는 '쓸모없는 계급'의 출현은 인류에게 근본적인 문제를 안겨줄 수 있다.[9]

우리가 미래에 쓸모없는 인간의 출현에 관심을 가져야 하는 것은 단순히 선거 시 1인 1표의 산술적·기계적 참여 행위 말고는 고용과 사회정치적 참여에서 예외적인 존재, 의미없는 존재가 되는 이른바 '벌거벗은 생명'인 호모 사케르 상황을 초래할 수 있다. 살해는 가능하되 희생물로 바칠 수 없는 생명, 법적·정치적·사회적 질서로부터 배제되는 예외 상태에 머무를 수 있기 때문이다.[10]

호모 사케르의 주요 대상은 난민들과 수용소와 같은 법적 지위가 없는 사람들이지만 우리가 아감벤의 호모 사케르에서 주목할 것은 정치적 주체와 참여의 배제로 예외 상태를 발생시키려는 주권자의 정치적 의도이다. 이러한 가상의 상황을 마냥 무시하기 어려운 이유는 이미 백년 전에도 이와 같은 주장이 나타났기 때문이다.

영국의 헌법학자 앨버트 벤 다이시(Albert Venn Dicey, 1835-1922)는 자신의 저서[11]에서 노령연금과 같은 극빈 수당을 받는 사람들이 하원의원 선거에 투표권자로서 참여하는 것에 부정적인 견해를 밝혔다. 오늘날 우리에게 당연한 1인 1투표 제도에 대한 이와 같은 부정적 견해가 미래에 나오지 않을 것이라 장담하기 어렵다. 실제로 다이시의 주장 이후 100년이 지난 2019년 이탈리아의 반체제 정당인 오성운동의 창립자 베페 그릴로(Beppe Grillo)는 노인의 투표권을 회수해야 한다고 주장하여 이탈리아 사회를 발칵 뒤집어 놓았다.[12] 우리나라에서도 일부 커뮤니티 사이트에서 65세 이상 노인에 대한 투표권 제한 등의 논의가 일어나기도 하고, 학계에서는 정치에서 노인의 과대 표집과 청년층의 정책 결정 과정에서 상대적 불리함을 근거로 '투표 총량제' 등이 거론되고 있기도 하다. 이러한 논의 생성이 타당한 이유가 있을지라도 인간의 기본권인 정치 참여를 제한하는 장치를 통해 그 해결책을 찾고자 하는 입장에 선뜻 동의하기 어렵다.

'살아있을 가치가 없는 생명'의 존재[13]에 대한 물음은 우리 주변에서도 아주 쉽게 찾아볼 수 있는 이야기이다. 자살률 1위, 노인빈곤율 1위의 사회에 사는 이들의 '내가 살아도 사는 게 아니야'라는 푸념은 바로 아감벤이 호모 사케르라는 단어를 통해 말하고자 한 의도를 잘 표현하고 있다. 일자리 감소와 소득 불평등 해결이 요원한 오늘날 우리 현실에서 논의되고 있는 능력주의 담론은 예외상태를 긍정적인 상태로 만들어 버렸다. 내가 노력을 하지 않아서, 남들이 더 열심히 해서 경쟁에졌다는 생각을 그저 무비판적으로 받아들이기 때문에 자신이 사회로부터 격리되는 현실을 팔자로 치부해버리게 만든다.

호모 사케르와 유사한 개념으로 '위태로운 삶(precarious life)'이라는 용어도 있다. 위태로운 삶이라 할 때 통상 노동차별을 받거나 산업안전의 사각지대에 놓인 채 불안한 삶을 영위하는 비정규직 또는 프레카리아트(precariat: 불안정한(precarious)과 프롤레타리아트(proletariat)의 합성어) 노동자를 말한다.[14] 이들은 심지어 자신들의 죽음에 대한 애도조차 받지 못하는 인간 부류로 취급된다. 일터에서 산업재해로 사망하거나 다친 노동자들에 대한 애도는 서울 한강공원에서 발생한 명문대 의대생의 죽음에 대한 대중의 관심과 비교하면 애도로 보기도 어렵다. 또 하나의 개념은 주디스 버틀러(Judith Butler)가 주장하는 페미니즘, 트랜스젠더, 동성애자, 이주자, 난민 등이다. 이들은 누군가로부터 혐오를 받고 대화에 참여하지 못하며 심지어 생존 자체를 걱정해야 한다.

> 여기서 중요한 지점은 자신을 드러낼 기회와 대화 참여의 부재로 투명인간화되는 삶이다. 투명 인간화는 한 개인의 삶을 피폐하게 만들고 극심한 자괴감, 우울증, 사회 부적응과 같은 부작용을 양산한다.

이들은 자기 스스로를 드러낼 기회도 없으며 존재감이 없다 보니 인간 이하로 취급받아 실제로 이 사회에 존재하지 않는 투명인간이 될 위험이 매우 크다.[15]

여기서 중요한 지점은 자신을 드러낼 기회와 대화 참여의 부재로 투명 인간화되는 삶이다. 여기에 동성애자, 난민, 이주자 등만 해당되는 것도 아니다 자신이 속한 직장, 지역, 사회, 국가에서 있는 듯 없는 듯한 존재로 살아가는 투명 인간화는 한 개인의 삶을 피폐하게 만들고 극심한 자괴감, 우울증, 사회 부적응과 같은 부작용을 양산한다.

복지와 일자리, 소득격차, 사회 참여 부재와 자신의 목소리를 낼 공간도 들어줄 사람도 없는 사각지대에서 밥 굶는 아이들, 청년 고독사, 고립된 삶의 연속은 위태로운 삶을 살아가는 사람을 투명인간 취급한 결과를 여실히 보여주는 사례이다.[16] 앞서 유발 하라리가 언급하였듯이 인공지능 시대가 도래함에 따라 인간의 정체성을 실현할 기회가 사적 영역의 노동에서 배제되었을 때, 넉넉하게 지원도 받지 못하면서 인간으로서의 권리가 아닌 시혜성 지원금이나 보조금으로 연명했던 과거 호주 원주민처럼 투명인간으로 취급받는 존재들은 개인, 사람, 시민, 인간의 정체성을 문화와 제도, 법률에서 제대로 인정받지 못 할 수도 있다.

이는 미래에 대규모로 발생하게 될 '쓸모없는 사람들,' 위태로운 삶을 살아가는 사람들을 대상으로 하는 공적 영역의 정치와—여기서 정치라는 의미를 국가권력의 획득이나 정당 활동 같은 개념으로만 볼 필요는 없다—사회 참여가 막혀버리면 지금보다 더 많은 투명인간을 양산할 수 있다는 의미이다. 따라서 거창하고 거시적인 담론에 얽매이고 양적인 수치에 초점을 맞추는 정책보다는 사람의 삶의 질적인 측면들에 초점을 맞추면서 소소하고 작은 부분에서부터 시작하는 사회정책이 더욱 필요하게 될 것이다.

푸코가 『성의 역사, 앎의 의지』에서 언급한 바와 같이 근대적 인간의 생명 자체가 정치에 의해 문제시되는 동물처럼 다루는 정치체제인, 즉 생명정치(biopolitique)에서 사회적 배제의 범위는 호모 사케르보다 더 넓다. 생명정치는 호모 사케르와 달리 정치적 권리를 누리더라도 온전한 인간의 삶의 영위가 어려운 '불필요한' 자들, '남아도는' 자(잉여인간)까지도 포함하고 있다.[17] 근대 국가는 의료, 보건, 복지 등 인간의 삶의 전반을 다루는 정치로 통치를 진행하는 체제이다. 사람이 일자리를 잃고, 경제적 심리적 요인 등으로 자신이 어떠한 공적 영역의 일원이 되지 못하거나 사회적 참여가 어렵다면 인간으로서의 정상적인 활동을 기대하기 어렵다. 갑작스러운 해고, 질병, 건강 악화, 소득 양극화는 개인을 벌거벗은 삶으로 이동시킨다. 국가는 삶의 질 결정, 개인의 생명에 대한 가치 형성에 대해 뒤로 물러나고 대신 이를 시민사회 등으로 떠넘겨버리는 정치 전략을 쓰기도 한다.[18] 푸코는 진정한 시민사회가 개인의 정체성과 인정투쟁의 공적 공간으로서 작용하려면 사회가 통치의 수단으로서의 역할을 하고 있다고 믿게 만드는 요인인 사적 영역,

즉 상업적 이해관계와 결별해야 한다고 주장한다. 새로운 사회시스템을 요구한 것이라 보아도 무방하다.

프랑스에서 추리 작가로 명망이 높은 피에르 르메트르(Pierre Lemaitre)의 소설 『실업자(원제: Cadres noirs)』를 바탕으로 한 넷플릭스 드라마 《신은 나에게 직장을 주어야 했다》에서는 실업과 소득불평등 해소를 위한 새로운 사회계약의 필요성을 주제로 다루고 있다. 작품의 내용은 몇 년간 실업자로 있던 주인공 알랭―이 역할은 프랑스 축구의 전설 에릭 칸토나(Eric Cantona)가 맡았다―은 대기업 인사부장으로 입사시켜주는 조건으로 그 회사 중역들을 테스트하기 위해 이들을 대상으로 인질극을 벌이는 일을 맡는다. 그러나 알랭은 인질극 중간에 이미 입사자가 정해져 있다는 것을 알게 되자 여기에 분노하여 실제로 인질극을 벌였지만 결국 체포되고 만다. 변호사인 그의 딸이 아버지를 위해 변호한 결과 결국 알랭은 집행유예로 풀려난다는 내용을 담고 있다.

여기서 흥미로운 점은 검사와 변호사가 '사회계약'이란 개념을 두고 다툰다는 사실이다. 검사가 먼저 해고된 노동자가 힘을 행사하거나 봉쇄를 할 권리는 있지만 인질극까지 허용되는 것은 아니며, 그러한 행동의 이유가 불평등이나 사회적 피해자이기 때문이라고 주장하는 것은 사회계약에 맞지 않다고 주장한다. 반면에 변호사인 딸은 아버지를 비롯한 국민은 국가가 하라는 대로 교육을 받고 자격증을 취득하고 공부하고 노동하며 자식을 낳고 빚내서 아파트를 구입하라는 명령을 잘 준수하였는데 사회계약 준수에 따른 혜택을 받을 시점에 사회가 마음을 바꿈으로써 연금은 줄고 잡일이나 하게 하고 노년은 비참해지고 불안감만 가중시켰다고 변호한다. 그러면서 과연 사회계약을 먼저 깬 당사자는 누구인가라고 판사와 배심원들에게 질문을 던진다.

> 실업자와 사회낙오자 등 '잉여'라 불리는 배제된 사람들을 포용하면서도 부와 권력을 가진 사람이 빠져나가지 않도록 하는 새로운 '사회계약'이 필요해 보이는 시점이 아닐 수 없다.

실업자와 사회낙오자 등 '잉여'라 불리는 배제된 사람들을 포용하면서도 부와 권력을 가진 사람이 빠져나가지 않도록 하는 새로운 '사회계약'이 필요해 보이는 시점이 아닐 수 없다.[19]

개인의 외로움과 정치적인 것들

2000년 초반쯤 한국 록그룹의 전설 들국화의 리드보컬인 전인권 씨가 대마초와 마약으로 경찰에 입건된 적이 있다. 기자들이 왜 지속적으로 대마초와 마약에 손을 대냐고 묻자 그는 "국가가 개인의 외로움을 달래줄 권리가 있는가?"라고 반문했다. 국가가 개인의 외로움을 달래주지 못하기 때문에 음악을 위해서 어쩔 수 없이 약물에 손을 댄 것이라는 취지의 답변으로 기억한다. 들국화에 열광한 나와 친구들은 역시 전인권이야 하면서 오늘날 표현으로 '엄지 척'하며 그의 답변을 이해하려고 하였다. 그도 그럴 것이 국가가 국민의 외로움을 달래주지 못하지만 전인권의 음악은 개인의 외로움을 달래줄 수 있다는 자신감의 표현인 셈이었다고 믿었기 때문이다.

그러나 20년이 지난 지금 그때 전인권의 문제의식은 현실로 다가오고 있다. 국민건강보험공단은 우울증을 포함한 기분장애 환자가 2016년 78만 명에서 연평균 6.9%씩 증가하여 2020년에는 102만 명에 이르렀다고 발표하였다. 지난 2년간 코로나19로 재택근무, 사업장 폐쇄, 대인관계 단절 등 사회적 행위 금지로 '코로나 블루'라는 말까지 생겨났기 때문이다.

그렇다면 우울증을 동반할 수 있는 외로움은 왜 발생할까? 존 카치오프(John T.Cacioppo)와 윌리엄 패트릭(William Patrick)은 세 가지 요인에 의해 외로움이 발생한다고 말한다. 첫째는 사회적 단절에 대한 취약성, 둘째는 고립된 느낌과 관련된 감정을 조절할 수 있을 능력, 셋째는 다른 사람의 말과 행동을 받아들이는 방식 때문이라고 정의한다.[20] 첫 번째 요인인 사회적 단절은 사회적 유대감의 필요성을 말하는 것으로 이 유대감이 개인에게 어느 정도 충족되느냐에 따라 외로움의 정도는 달라질 수 있다. 바로 이 유대감 충족이 개인을 기분 좋고 안전하다고 느끼게 만든다는 것으로 저자는 유대감 형성의 중요성을 강조하는 것이 『인간은 왜 외로움을 느끼는가(Loneliness)』를 저술한 목적이라고 말한다.[21]

> 오늘날 사회는 개인의 합리적 선택과 행위의 전 과정이 개인의 성공을 위한 프로젝트이며, 이러한 프로젝트의 성공과 실패는 오롯이 개인이 책임진다는 관점을 주류로 삼고 있다. 그럼에도 인간사회는 경쟁과 협력이라는 두 가지 축으로 발전해왔기에 실패의 책임을 개인 탓으로만 돌리며 그들을 고립시켜서는 안 된다.

유대와 공동체 형성에 대한 요구는 죽음의 위협과 현재와 미래에 대한 불안 심리를 반영한다. 지금 당장 나와는 상관없는 일일 수 있지만 언젠가 나의 존재에 영향을 미칠 수 있다고 판단될 때 자연스러운 유대관계가 성립할 수 있다. 오늘날 사회는 개인의 합리적 선택과 행위의 전 과정이 개인의 성공을 위한 프로젝트이며, 이러한 프로젝트의 성공과 실패는 오롯이 개인이 책임진다는 관점을 주류로 삼고 있다. 그럼에도 인간사회는 경쟁과 협력이라는 두 가지 축으로 발전해왔기에 실패의 책임을 개인 탓으로만 돌리며 그들을 고립시켜서는 안 된다. 울리히 벡은 이러한 고립감과 외로움을 개인화 과정에 대한 형벌이라고 말하였지만 '당신은 혼자가 아니야'라는 공동체의 따스함과 타인과의 연대 및 유대관계는 여전히 필요하고 유효하다.

두 번째 요인으로 외로움의 고립된 느낌은 자신이 스스로 감정을 관리하고 치유할 수 있느냐에 달려 있으며, 마지막 세 번째 요인은 개인이 타인의 행동과 언어, 감정을 받아들일 때 어떠한 방식으로 타인을 바라보고 타인에게 얼마만큼 기대하고 있는지에 따라 외로움의 정도가 달리 나타날 수 있음을 의미한다.

직장, 사회, 가정에서 고립감을 동반한 외로움은 자신과 타인의 관계 유지를 위해 자신이 모든 것을 바친다고 착각하게 만든다. 또한 고립감과 외로움을 스스로 조절하는 과정에서 자신이 외부에 보이고 싶은 욕망이 실현된 '거짓된 삶'을 구성하는가 하면 거짓 인격체를 만들기도 한다.[22] 고립감과 외로움은 『죽고 싶지만 떡볶이는 먹고 싶어』란 책 제목처럼 극단적으로 모순된 두 가지 감정을 공존하게 만든다.

노르웨이 철학자 라르스 스벤젠(Lars Svendsen)은 외로움은 개인의 과도한 기대가 낳은 결과물임에 따라 타인과 사회서비스에 대해 개인의 기대치를 낮출 필요가 있다고 조언한다.[23] 존 카치오프와 윌리엄 패트릭도 마찬가지 처방을 내린다. 저자들은 느슨한 관계가 실망할 가능성을 줄여줄 수 있고 당신이 누군가에게 마음의 문을 열었다 해도 반드시 인간적인 교감을 얻어야 한다고 기대해서는 안 된다고 조언한다.[24] 그러나 직장 내 우울증과 외로움을 개인의 과도한 기대와 심성만으로 설명할 수는 없어 보인다. 아이폰 공장으로 유명한 중국 폭스콘(Foxconn)에서 2010년 1월부터 5개월 동안 11명이 투신자살한 사건은 잘 알려져 있다. 우리나라에서도 2021년 5월 네이버 직원의 직장 내 스트레스로 인한 자살, 코로나 치료에 매진한 간호사의 자살, 청년고독사, 자영업자의 죽음 등은 개인의 과도한 기대와는 거리가 멀다. 그렇다면 외로움, 우울감, 고립감으로 고통받는 사람들이 증가하는 원인은 무엇일까?

권명아 교수는 삶의 근원적인 외로움과 불확실성을 제거할 수 있는 관계를 만드는 것은 주권성을 구성하는 통치의 방식이 변하지 않는 한 불가능하다고 단언한다. 즉, 외로움은 한없이 정치적이라는 것이다.[25] 여기서 '정치적인 것'이라 함은 바로 관계, 공동체, 누군가의 슬픔을 같이 아파하고 위로할 수 있는 사회적 제도와 공간, 상호 간 인정을 실현할 수 있는 공적인 활동이 부족한 것에 따른 결과임을 말한다. 외로움을 나누기 위한 새로운 관계의 발명은 민주주의의 또 다른 판본이라고 말한다. '무한히 정치적인 외로움'을 극복하기 위해서 민주주의라는 정치구조의 변화에서 그 해법을 찾고 있는 셈이다.[26]

정치적인 현상으로서의 외로움을 어떻게 구체화할 수 있을까? 정치적인 여건이 어떠한 모습이기에 누군가에게 외로움과 고립감을 주는가? 이를 확인하기 위해서는 욕망이란 주제어가 필요하다. 라캉은 '타자의 욕망을 욕망한다'라는 명제를 만들었다. 타자와의 관계에서 타자의 욕망이 무엇인지를 모르면 자신의 욕망이 무엇인지 몰라 불안하게 된다는 것이다.[27] 이 타자의 욕망을 욕망하려는 것은 어쩌면 타인과 동등한 관계, 같은 부류, '우리'가 되려는 욕망이다. 제2부에서 언급한 동감의 다른 표현이다. 사람들 사이에 뭔가 유행하는 현상은 '그들'과 같아지려는—'그들의 욕망'과 동일한 욕망을 소유하려는—마음이 존재하지 않으면 성립 불가능하다. 욕망은 성적 욕망, 소비, 소득, 취업, 지위, 권력 등 수많은 것으로 이루어진다. 그러나 만일 내가 취업에 성공하지 못하면, 또 취업을 하더라도 타자의 욕망과 동일한 걸 욕망하지 않으면 이것은 곧 결핍으로 간주되며, 여기서 타자의 욕망에도 결핍이 있다는 것을 이해하지 못하면 신경증으로 이어진다.[28] 개인은 타자를 통해 자신의 정체성을 실현하고자 하는데 이는 타자와 내가 사는 것이 그다지 차이가 없다는 사실을 확인함과 동시에 '나'라는 정체성에 대한 상호인정을 타자로부터 승인받는 것이다. 조지 허버트 미드(George Herbert Mead)의 주장처럼 타자와 공존할 때만 나의 자아도 존재 가능하다는 의미이다.[29]

> 개인은 타자를 통해 자신의 정체성을 실현하고자 하는데 이는 타자와 내가 사는 것이 그다지 차이가 없다는 사실을 확인함과 동시에 '나'라는 정체성에 대한 상호인정을 타자로부터 승인받는 것이다.

개인이 타자와 동일시를 시도하고 또 실현할 수 있는 기회, 제도와 법률, 가치와 믿음의 공유와 유대가 사회적·국가적으로 이루어져야 한다. 이러한 맥락 때문에 존 카치오프와 윌리엄 패트릭은 외로움의 극복을 위해 사회적 유대감의 필요성을 역설하면서 구체적인 방안을 제시하고 있다. 특히 이들은 로버트 퍼트넘의 사회적 자본을 개인과 집단의 필수품으로, 그리고 개인과 사회, 그리고 공중의 건강에 중요한 문제로 파악하고 있다.[30] 다만 사회적 참여는 박람회나 산업 전시회에 오가는 사람들과 악수나 하며 사귀는 수준이 아니라 개인에게 필요한 의미 있는 관계를 맺어가는 것임을 명시하고 있다.

외로움과 고립감이 정치적인 사안임은 일반인들에게 너무 먼 얘기일 수 있다. 외로움과 고립감은 지금 당장 현실의 문제이므로 정치적으로 풀기까지 기다리기 힘들다. 대표적인 것이 일본 여성 빈곤 고령자들이 자발적으로 감옥에 가기 위해 저지른 절도 사건이다. 경제적인 여력상 지역사회에서 제공하는 다양한 돌봄 서비스를 받지 못하다 보니 절도 행각을 벌여 자발적으로 교도소에 가는 것이다 (통계에 따르면 이들의 절도 범행 비율이 10대들보다 높다). 교도소에 가게 되면 밥도 제공받고, 동료 죄수들과 다양한 대화와 운동과 놀이를 할 수도 있기 때문이다. 이 때문에 교도관들이 노인들의 대소변을 받거나 물리치료를 제공하는 돌봄 서비스까지 담당하고 있다.[31]

영화 《그녀(Her)》는 인격형 A.I. '사만다'와 주인공인 작가 테오도르 트웜블러가 사랑에 빠지는 내용이다. 주인공은 아내와의 별거 등을 겪는 상황에서 외로움과 허무감, 공허한 일상에 지친 나머지 AI 사만다를 사귀게 되고 '그녀'를 통해 새로운 삶의 가능성을 발견한다는 내용이다. 미국에서는 외롭고 지친 사람에게 활력소를 넣어 주는 가벼운 스킨쉽인 포옹서비스를 하는 커들러(cuddler)라는 직업도 생겨났다.[32]

이처럼 개인의 외로움, 고립감, 허무와 같은 감정 치유를 위한 민간 서비스가 발 빠르게 발생하고 있는데 중앙정부와 지자체는 이에 대해 신속한 대응을 하지 못하고 있다. 누구나 어디인가에 소속하고 참여하고 싶은 마음, 열망, 또 누군가에게서 도움을 받고 싶은 마음은 있다. 이러한 요구를 연결하여 줌으로써 조금이나마 삶의 만족을 높이고 '당신은 혼자가 아니야'라는 감정을 가질 수 있도록 공적 및 사적 영역에서의 지원이 필요하고 이러한 요구는 갈수록 늘어날 것이다.

'아무나'의 정치 그리고 '을의 정치'

외로움을 겪고 사회에서 투명인간 취급을 당하며 인공지능 덕분에 쓸모없는 인간으로 분류된 사람들의 공통점은 사회에서 어려움을 겪고 있는 집단이라는 점이다. 과거 그리스 정치 공동체의 몫은 공동체 각 부분들의 가치에 엄격히 비례 되어야 하고 공동체에 기여하는 가치에 비례하며, 가치는 공동체 각 부분—예를 들면 교육, 사회, 직업, 치안 등—에서 발휘할 역량 일부를 보유할 권리에 비례한다고 하였다.[33] 이러한 아리스토텔레스식의 기하학적 분배는 20세기 중반 이후 오늘날 컴퓨터 용량과 처리 속도 향상으로 성과기여기반 능력주의 담론과 결합하여 모든 활동, 생각, 판단, 결정 심지어 법과 제도에서 엄밀한 측정이 가능해짐에 따라 그 정당성을 부여받았다.

그리스에서는 공동체 어딘가에 참여하지 않은 사람은 어떠한 몫도 챙길 수 없었다. 자크 랑시에르(Jacques Rancière)에 따르면 그리스 시대부터 지금에 이르기까지 정부는 '몫 없는 이들의 몫'이란 존재하지 않음을 지속적으로 말해왔다고 한다.[34] 그리스 시대부터 서양정치는 정치에 어울리는 자격과 능력을 지닌 사람들은 따로 있으며 그래야 올바른 통치가 이루어진다는 논리가 지배하였다.[35] 한 마디로 능력주의에 기반한 엘리트 중심의 지배 논리이다. 그러나 랑시에르는 정치는 '아무나'의 정치이며 정치의 참여에는 어떠한 자격 기준도 없다고 말한다.[36] 진태원은 이를 '을의 정치'로 표현하였다. 아무나 참여하는 랑시에르식의 정치는 통치과정이 아니라 몫 없는 자들의 몫을 둘러싼 계쟁(係爭), 즉 권리에 대한 당사자 간의 법적 다툼의 과정으로 정의한다.[37]

랑시에르 정치가 무정부주의적이며 공동체가 없는 민주주의라는 비판[38]도 받지만 정치 행위가 꼭 자격이 있는 자만이 할 수 있는 것은 아니라는 점을 보여주고 있다는 측면에서 상당한 의의가 있다. 대다수 사람에게 정치는 엘리트들이 하는 것이고 뭔가 거시적이면서 권위 있는 사안에만 해당한다고 생각한다. 여성운동, 환경운동, 빈민운동 등 각종 시민운동을 하던 사람들이 정치영역에 들어갔다고 해서 그들의 과거 활동의 순수성에 대해 의문을 제기하고 폄하하는 일은 정치의 범위와 정치 주체를 협소하게 규정하는 것이다.

종교와 정치가 대부분의 나라에서 분리되어 있지만 독일의 기독민주당처럼 종교가 정치집단을 형성하기도 한다. 대통령 선거나 국회의원 선거 때마다 종교 지도자들이 나선다고 해서 종교의 순수성을 의심하는 사람은 어디에도 없다. 나와 우리 생활의 모든 활동은 정치영역이자 정치와 불가분 관계로 이루어져 있기 때문이다.

> 우리의 생활 속에 필요한 것을 개선하고 제도화를 요구하는 자그마한 활동도 정치인 셈이다. 생활정치가 중요한 이유는 정치가 사람들에게 공공심의 열정을 고취하고 그들을 분발시켜 사회의 행복을 촉진하는 수단을 찾게 해주기 때문이다.

이와 유사한 관점을 가진 이가 데이비드 이스턴(David Easton)이다. 그는 정치를 가치의 권위 있는 배분(allocation)의 문제라고 규정한다. 이스턴이 제기한 가치는 사회, 권위, 배분을 포함한다.[39] 가치를 어떻게 나눌까 하는 과정이 정치인 셈이다. 그는 개인의 활동이 사회를 위한 정책 형성과 집행에 연관될 때 이를 정치적 삶에 참여하는 것으로 보고 있다.[40]

정치라는 것이 국가 권력을 차지하는 것만이 아니라 일상에서 개인과 집단이 가지는 믿음이나 가치의 배분 과정 모두가 정치가 될 수 있음을 의미한다. 이 부분이 정치의 영역을 너무 넓고 포괄적으로 설정하여 가족 내 정치, 회사 내 정치까지도 포함하는 것 아닌가 하는 의심을 낳게 하지만[41] 정치의 영역을 너무 무겁고 벽이 높은 것으로 보는 관점에서 탈피하고 있다는 점은 높이 살 만하다.

우리의 생활 속에 필요한 것을 개선하고 제도화를 요구하는 자그마한 활동도 정치인 셈이다. 이런 활동이 바로 생활정치이다. 생활정치가 중요한 이유는 애덤 스미스가 『도덕감정론』에서 언급했듯이 정치가 사람들에게 공공심의 열정을 고취하고 그들을 분발시켜 사회의 행복을 촉진하는 수단을 찾게 해주기 때문이다.[42]

전환요인 극복을 위한 생활정치

우리는 제2부에서 아마르티아 센이 언급한 전환요인 극복의 중요성에 대해 살펴보았다. 이를 간단히 정리해보자. 전환요인에는 개인적 요인, 사회적 요인, 환경적요인으로 구분된다. 개인적 요인은 정신적·육체적 요인을 말하고, 사회적 요인은 규범·제도·인종주의 등으로 개인이 자유를 실현하는 데 장애가 되거나 도움이 되는 것을 의미하며, 환경적 요인은 기후·토양·지형 등으로 섬에 사는 사람과 히말라야에 사는 사람과 적도에 사는 사람과 남·북극에 사는 사람이 원하는 것들이 각자 차이가 날 수밖에 없다는 뜻이다.

전환요인(convert factor)은 개인마다 처해 있는 자원(resource), 능력(ability) 등이 각자 다르기 때문에 동일한 자유를 준다 해도 그 결과는 천지 차이가 될 수밖에 없다. 이에 개인은 자신에게 부여되거나 제한된 요인인 자원과 능력을 자신이 원하는 것을 얻기 위해 자유롭게 도구로서 사용할 수 있도록 자신의 상태를 전환시켜야 한다. 따라서 캐퍼빌러티가 개인의 실제적 자유를 확보하고 확대하고자 하는 것이라면 전환요인을 나 자신과 우리에게 맞는 방식으로 변혁하고 바꾸는 일상의 활동이 필요할 것이다. 바로 이러한 활동이 생활정치이다.

앤서니 기든스(Anthony Giddens)는 생활정치란 인류 전체의 삶의 성취와 만족의 가능성을 높이는 급진적 투쟁이라고 말하고 있으며 '~을 향한 자유'이자 '자아실현의 정치'라 정의하고 있다.[43] 기든스의 생활정치는 삶의 결정에 관한 정치이자 자아정체성을 위해 자신의 경험을 지역적 관계와 통합시켜야 하는 것으로 규정될 수 있다.[44] 어떤 여성의 경험이 인간적 대우를 받지 못하였다고 한다면, 그리고 그 지역 내 여성이 대부분 그러하다면 지역 내 여성의 인권신장을 위한 페미니스트의 활동은 생활정치의 한 사례라 할 수 있다. 심지어 핵무기나 핵발전의 위험에 대처하는 활동이 개인의 삶에 대한 함의를 갖도록 성찰을 자극한다면 이 또한 생활정치로 본다. 바로 이러한 점이 센의 '행위 자유(agency freedom)'와 일치하는 대목이다. 어떠한 사람이 지구의 생태 보존과 세상 사람들의 삶에 커다란 영향을 끼치는 전쟁에 반대하는 운동을 위해 '행위 자유'를 실현하였다면 이는 생활정치의 일환인 셈이다. 공공적인 일과 활동에 대한 헌신(commitment)에 기반한 행위 자유는 곧 생활정치 행위이다.

하지만 이 책에서 논의하고자 하는 생활정치는 일부 생활정치 연구자들이 정의하는 시민정치 참여, 지방자치, 촛불집회 같은[45] 것을 의미하는 것은 아니다. 물론 이와 전혀 무관하지 않으나 거창한 시민운동이나 풀뿌리 민주주의라는 이상을 찾는 것도 아니다. 지역에 존재하는 정당과의 관계 설정도 느슨한 관계로 이루어지는 것을 상정한다. 여기서는 개인이 지역사회에 자신의 정체성과 타인과의 관계를 통한 인정과 사회적 기여 활동에 참여하여 자신에게 억압적인 제도와 규정을 변화시켜 자신의 자유를 향상시킬 수 있는 활동을 생활정치로 규정한다. 이런점에서 조대엽 교수가 정의하는 생활정치와 유사하다. 그는 생활정치에 '미시민주주의' 원리를 가져오는데 참여와 소통, 그리고 공감 이 세 가지를 핵심 원리로 꼽고 있다.[46] 나의 권리와 타인의 권리, 나와 우리의 자유를 억압하는 요인들을 극복하기 위해 무언가와 어딘가에 참여하는 행위가 생활정치이자 행위 자유인 것이다. 이러한 행위(action)는 한나 아렌트의 말을 빌리면 자신의 정체성을 드러내는 '현상의 공간'으로서 이는 참여의 공간[47]이자 생활 정치의 무대가 될 수 있다.

멈추고 만나 얘기하자—행복경제

행복은 인간으로서 누구나 꿈꾸는 이상이자 절대적 희망사항이다. 어느 누구도 불행을 원하지 않으며 자신의 생애 동안 늘 행복해지기를 꿈꾼다. 아주 먼 옛날부터 사람은 행복이란 무엇인지, 행복은 어떻게 하면 이룰 수 있는지 고민하고 생각해왔다. 그리스 시대의 플라톤과 아리스토텔레스, 스토아학파의 거두 에피쿠로스, 근대에 들어와서는 몽테뉴, 스피노자, 쇼펜하우어, 하이데거 등 을 비롯한 많은 사람들이 행복을 분석하고 정의하려고 노력해왔다. 대다수 서양철학의 사조가 그러하듯 서구에서 행복에 대한 논의도 아리스토텔레스에서부터 살펴보는 것이 바람직하다.

아리스토텔레스는 『니코마코스 윤리학』에서 행복에 대한 정의와 서술을 여러 장에 걸쳐 간헐적으로 논의하고 있으며 마지막 부분인 제10권에 가서야 결론을 내리고 있다.[48] 아리스토텔레스는 이성을 가지고 활동하는 것을 가장 행복한 생활이라고 정의한다.[49] 완전한 행복은 관조적 활동—참된 지혜의 힘으로 사물과 이치를 통찰하는 활동 과정—이며 순수한 관조만이

> 아리스토텔레스의 행복은 자유이며 이 자유는 이성에 의해 덕을 행하는 실천과정이라고 해석할 수 있다.

최선의 행복이라고 정의하였다. 행복은 아무것도 결여하지 않은 자족적인 상태, 바람직한 그 활동 이외에는 아무것도 바라지 않는 상태를 말한다.

여기서 주목할 것은 '바람직한 활동 이외에는 아무것도 바라지 않는' 상태이다. 어떤 일이나 활동을 하면서 다른 것에 관심을 가지거나 무엇인가를 욕망한다면 이는 행복을 위한 활동이 아니기 때문이다. 개인의 자유를 알아보는 테스트 중 「부러움 테스트(envy test)」가 있다. 지금 나에게 주어진 상황, 현실 외에 다른 무엇인가를 부러워하고 욕망한다면 이는 자유를 잃은 상태임을 알려주는 테스트이다. 그렇다면 아리스토텔레스의 행복은 곧 자유이며 이 자유는 이성에 의해 덕을 행하는 실천과정이라고 해석할 수 있을 것이다. 행복을 쾌락이나—모든 쾌락을 나쁘게만 보지는 않지만—욕구 충족으로 보지 않는 것이 이를 설명한다.

아리스토텔레스는 행복을 위해 친구와 우애를 나눠야 하고 정치학으로 넘어가야 한다고 말한다.[50] 왜냐하면 인간은 사회적인 존재이고 그 본성이 남과 함께 살아가도록 되어 있기에 행복한 사람도 다른 사람들과 같이 살아야 하기 때문이다. 아리스토텔레스는 덕이 있는 활동을 통해 즐거움을 주는 친구의 필요성도 언급하였다. 고독하게 산다는 것은 매우 힘든 일로 보았기 때문이다.

자발적이든 타의에 의한 것이든 사회적 관계에서의 소외는 행복의 걸림돌이라고 주장하였다. 이성을 가지고 덕을 실천하는 과정에서 친구든 동료든 또는 시민이든 타인과의 관계 없이는 어떠한 행복도 이루어질 수 없다고 보았다. 이것이 행복을 정치학에서 다루어야 하는 이유이다. 행복이란 목적을 달성하기 위해서는 덕을 쌓아야 하는데 이때 덕은 올바른 법률하에서 어릴 때부터 양육을 받아야 가

능하기 때문이다. 따라서 사람은 정치를 통해 입법할 수 있는 능력을 키워야 하며 정치학의 목표는 행동으로 달성할 수 있는 모든 선 중 가장 높은 행복을 위한 것이어야 한다고 아리스토텔레스는 주장했다.

설문조사 중 패널조사라는 방식이 있다. 설문에 응한 응답자를 장기적으로 추적 조사하는 기법인데 가장 대표적인 패널조사는 1968년부터 미국 내 5,000가구를 추적 조사한 PSID(Panel Study of Income Dynamic)가 대표적이다. 이 조사는 고용, 소득, 출산, 결혼, 건강, 소비, 교육 등 가정에서 일어나는 모든 사항을 추적 조사한 것이다. 그러나 이보다 더 오래된 패널조사가 있는데 그것은 「그랜트 연구(Grant Study)」로 1938년부터 하버드 졸업생 268명을 75년간 인간발달 관점에서 추적 조사한 것이다.

조사 결과는 인간의 행복에 가장 큰 영향을 미치는 것이 바로 '관계의 따뜻함(warm relationships)'임을 보여주고 있다. 이 조사 결과에 따르면 따뜻한 관계 점수가 가장 높은 사람들이—55세에서 60세 사이 최정점 봉급(peak salaries)을 기준으로—낮은 사람들에 비해 연간 평균 141,000달러 더 많이 벌고 있으며 『누가 누구(Who's Who)』 인명사전에 포함될 가능성이 세 배 높은 것으로 나타났다.[51] 따뜻한 관계는 노년의 건강과 행복 사이에 강한 상관관계가 있는 것으로 조사되었다.

경제학에서 최초로 관계에 대해 주목한 경제학자는 바로 애덤 스미스이다. 애덤 스미스는 재산, 권력, 명예 등 외부적인 조건과 편의보다 사회적 관계를 행복의 더 중요한 요인으로 보았다. 사회구성원과의 교류·교환이 창출하는 행복의 비중이 이해타산에서 오는 행복보다 상대적으로 더 중요하다고 본 것이다.[52] 스미스는 개인의 행복 추구를 위해 자신의 처지를 끊임없이 개선하려는 생활개선 욕구는 개인적 차원에서 생존과 번영을 위한 물질적 토대와 사회적 차원에서 자본축적을 도모하는 요인으로 보았다.[53] 이는 센이 언급한 전환요인의 극복과 유사한 개념이다. 자신의 역량과 실제적 자유를 위해 자신을 둘러싼 여러 가지 장애요인을 극복하는 것 말이다.

스미스는 도덕감이 탁월한 사람의 인애(仁愛)와 자혜(慈惠)는 타인의 행복과 사회적 삶을 품격있게 만드는 최상의 덕목이며 공동선을 위한 헌신, 선행, 관용, 인간애 같은 덕목의 실천은 타인의 행복을 촉진하는 속성을 지닌다고 생각한다.[54] 이러한 스미스의 행복에 대한 관점은 센의 헌신(commitment), 합리적 바보(rational fool) 개념과도 맞닿아 있다.

우리는 제2부에서 공적인 일에 대한 참여가 꼭 이기심과 효율성에 의해서만 결정되는 것이 아니라 헌신과 같은 이타적 행동에서 이루어지고 있음을 살펴보았다. 캐퍼빌러티도 주류 경제학과 달리 관계재와 같이 사람과 재화 간의 관계에 주목한다. 개인의 요구와 욕망을 단순히 물질적 재화만으로 보지 않고 행위와 존재, 하고 싶은 것, 되고 싶은 것으로 재정의하고 있기 때문이다.

그렇다면 사회적 관계를 통한 교환과 교류는 경제학에서의 행복과 어떠한 관계 속에서 운영되어야 하는가? 이러한 관계를 분석하고 이론화한 분야가 바로 행복경제학(economia eudaimonia) 또는 시민경제학(economia civile)이다. 사람과의 관계를 통한 행복 추구를 경제학의 역할로 제시한 분야이다. 사회적 교환이라 함은 물질적 가치의 교환뿐만 아니라 사람들 사이의 인격적인 관계 자체, 관계재(relational goods)가 교환되고 영향력을 발휘하는 것을 말한다. 반면에 주류 경제학은 인격적·사회적 관계보다는 물적 상품의 교환을 통한 재화와 서비스가 거래되는 것에 주목한다.[55] 시민경제학에서의 사회적 관계는 애덤 스미스가 『도덕감정론』에서 말한 동감의 본성으로 대화와 사교의 크나큰 즐거움을 통해 감정과 의견이 어느 정도 일치하고 조화를 이루는 상태를 의미한다.[56] 관계재는 내재적 가치를 가지는 것으로서 행복(eudaimonia)의 일부이며 호혜성 속에서만 향유 가능하다.[57]

내재적 가치는 사회적 관계재 교환 시 물질적인 욕구에서가 아닌 자발적이며 선의지(good will), 헌신 등을 통해 사람들과 교환·교류한다는 것을 의미한다. 이는 시장에서 관계재가 시장 가격을 가지지 않는다는 무상성(無償性, gratuitousness)과 관련 있다. 시장(市場)이 단순히 자원 할당의 매커니즘으로만 이해되기보다는 영리를 목적으로 하지 않더라도 가치를 창출할 수 있는 경제 주체들이 자율적이며 독립적으로 사업을 운영하는 공간이 되어야 함을 의미하기 때문이다.[58]

호혜성은 상호성의 원칙이며 등가성이 아닌 비례성이다.[59] 내가 한 만큼 남에게 동등하게 받거나 남이 나에게 해준 만큼 똑같이 되돌려주는 등가성, 즉 무조건적 조건부의 특징을 가진 것이 아니라―상호 간 주고받는 상대가격 같은 명확한 몫에 따라 결정되기보다는―공감, 선의, 형제애 같은 도덕적 감정에 따라 달라질 수 있음을 인정하는 형태이다. 물론 시민경제학에서는 상호주의와 등가주의 중 하나만 선택할 것을 강요하지 않는다.

한편 베네데토 구이(Benedetto Gui)는 관계재를 조우(encounter)로서 개인 간의 사건(event)으로 보았다. 관계재가 교환되고 교류하는 사건은 바로 누군가와 조우해야 가능한 것이며 이를 통해 교환 계약, 서비스 제공 또는 팀에 의한 생산적인 작업 수행이 이루어진다고 보는 관점이다.[60] 애덤 스미스도 대화와 사교의 중요성을 제시하였으며 현대 애덤 스미스 연구자인 포아(Uriel G. Foa)는 사랑, 지위, 정보, 금전, 제품, 용역 등 6가지를 교환과 교류의 특성으로 보았다.[61] 이러한 관계의 주 요인을 한 마디로 정리하면 "만나서 얘기하게 하라"가 된다. 관계재와 행복경제 모두 멈추어(staying) 만나(meeting) 얘기를 나눌(talking) 수 있는 공간 창출이 중요하다는 것이다. 누군가는 그러면 '꼭 여럿이 같이 있어야 행복한가'라는 질문을 던질 수 있다.

아리스토텔레스가 인간은 혼자 사는 것이 적합하지 않다고는 했지만 그렇다고 행복이 꼭 인간관계만의 문제로 환원될 수 있다고 본 것은 아니다.[62] 혼자서도 행복할 수도 있다는 것이다. 올바름과 바람직함이란 도덕적 규범을 제외할 때 행복은 꼭 오프라인 공간이 아닌 온라인 공간에서도 가

> 관계재와 행복경제 모두 멈추어(staying) 만나(meeting) 얘기를 나눌(talking) 수 있는 공간 창출이 중요하다.

능하다. 넷플릭스로 영화를 보고 파워스테이션으로 게임을 하며, 기타와 하모니카 악기를 연주할 때 개인은 즐겁고 행복해질 수도 있다. 사회적 참여도 온라인을 통해 국민청원에 사회적 어젠더를 던져 많은 사람의 공감을 얻는다면 가능할 수 있다. 특히 한나 아렌트가 『인간의 조건』 마지막 문단에서 "아무것도 행하지 않을 때보다 더 활동적인 적이 없다"라고 말한 배경에는 혼자 있어도 사유가 가능하다면 그 어떤 활동보다도 값진 것이 될 수 있다는 의미일 것이다. 이러한 자발적인 외로움의 형태인 고독감 속에서 사유와 활동성을 통해 얻는 행복 추구는 때로는 쾌락이나 즐거움과 혼동되어 나타나거나 공공선의 덕을 행하는 데 한계를 가질 수밖에 없다. 그러나 관계재의 교환·교류가 꼭 오프라인 공간만을 의미하는 것은 아니지만 온라인의 네트워크를 통한 관계나 참여 자체가 아예 없는 것과는 차별적이라 할 수 있다.

온라인이든 오프라인이든 관계를 통한 사회적 참여는 개인의 행복에 커다란 영향을 미칠 수 있다. 자원봉사를 통한 삶의 만족도 상승이 소득 10분위 수 상승과 동일하다는 연구 결과처럼[63] 관계, 사회적 참여, 소통은 개인의 행복과 만족, 그리고 삶의 질 향상에 중요한 영향을 끼칠 것이다. 따라서 전통적인 교육과 훈련, 봉사, 사회서비스의 목적을 취업이라는 개념에서만 볼 것이 아니라 사람 간의 교류와 유대를 통한 관계재로 볼 필요가 있다.

캐퍼빌러티 확장과 인정투쟁 수단으로서의 참여소득

우리나라를 비롯한 전 세계가 소득 양극화 문제로 극심한 사회적 불평등 문제에 봉착해 있다. 2008년 서브프라임 모기지 사태로 번진 통화 위기는 기축통화국의 양적완화를 부추겼고 이는 부동산, 주식 등과 같은 자산의 부를 축적할 수 있는 기회로 작용하였다. 우리와 같이 비기축 통화국은 양적완화가 아닌 이자율을 낮춤으로써 통화량을 증가시켰고 이는 부동산이나 주식 같은 자산의 가치를 높여왔다. 결국 토마 피케티가 말한 대로 한 나라의 부는 근로소득보다 자산소득에 의해 가파르게 증가해왔다.

　IT 산업의 글로벌화는 고용 증가로 이어지지 못하였으며 실업 및 소득 양극화 문제의 해소는 모든 국가의 당면 과제가 되었다. 반면에 소득 못지않게 중요하게 대두되는 것이 개인의 정체성 찾기, 타인으로부터의 인정이다. 정체성 찾기 행위로서 정치는 원칙적으로 모든 계급에서 가능하지만 담론의 공공성 획득이 어려운 취약계층은 그들의 외로움, 버림받음 같은 문제를 해결하기 위해 타자로부터 이해와 동의를 구할 수 있는 공적 공간이 필요하다.[64] 이러한 공간에서 타인으로부터 이해와 동의를 구하는 것은 헤겔과 호네트가 말하는 인정투쟁의 양상을 띠게 된다. 소득 불평등과 자산 불평등 구조에서 사람들의 다양성 요구를 실현하고 개선할 별도의 방안이 정치행위 외에 딱히 없기 때문이다.

　인정투쟁이란 용어를 제일 먼저 사용한 사람은 헤겔이다. 헤겔은 『법철학』에서 "노동에 자신의 모든 시간과 산물 전체를 양도한다면 나는 모든 것의 실체적인 것, 나의 활동 일반과 현실 일반과 내 인격성을 타인의 소유로 만들게 될 것이다"라고 말하였다.[65] 노동에 모든 것을 쏟아부을 경우 '나'라는 정체성을 잃어버릴 수 있음을 말하는 것이다. 이에 노동자는 자신의 정체성을 찾고자 노력하는 과정이 필요한데 헤겔은 이를 인정투쟁이라 명하였다. 인정투쟁은 일방적이지 않으며 상호주관성 이론에서 출발하여 다양한 상호인정 형태가 존재한다. 헤겔은 개별 주체들은 자아의 형성 과정에서 어느 정도 각각의 공동체 단계(학교, 회사, 단체 등)에서 발생하는 상호주관적 투쟁을 감수할 수밖에 없다고 보았다.[66] 이러한 인정투쟁은 가족의 사랑이나 직장 내 인정만으로는 헤겔이 주장하는 인륜적인 통합이 어렵기 때문에 상호인정의 최고 형태인 연대를 필요로 한다. 연대는 공동체 안에서 행복한 삶을 어떻게 규정하는가에 따라 달라질 수 있으며 자유주의와 공동체주의 간에 벌어지는 논쟁의 핵심이라 할 수 있다.[67]

　헤겔은 개인 특성에 대한 차별, 무시, 불인정은 배제된 주체를 양산하게 되고 타인의 소유물을 가져가거나 훼손시키는 행위를 하게 만드는데 이러한 행위는 물질적 욕구를 충족하려는 것이 아니라 타인으로부터 자신을 재인식시키고자 하는 행위로 본다.[68] 센의 말을 빌리면 한 개인에 대한 무시와 차별은 개인의 다양성 차원에서의 불평등 문제이다. 노동경제학 관점에서 보더라도 불인정과 차별은 개인의 축적된 역량을 발휘할 공간과 기회를 빼앗는 폭력이다. 이러한 폭력에 놓인 사람은 결국 인정을 통한 자아실현이 불가능하다. 악셀 호네트(Axel Honneth)는 사회적 무시는 인정투쟁을 위한 도덕적 동기가 되어 정치적 투쟁에 참여하게 만들고 무시당한 자신의 속성 자체를 공개적으로 보여줌으로써 상실된 자기 존중을 회복하고자 하는 인정투쟁은 정치적 공동체에서 연대를 형성하게 한다고 말한다.[69] 그러나 인정투쟁은 개인의 성공적 자아실현을 위한 폭력 없는 사회의 규범적 토대를 제시하지만 이러한 사회에 도달하기 위한 방법이 무엇인가 하는 문제에 직면하면 이론적 난제가 드러난다.[70] 반면에 기본소득은 경제적 불평등 해결을 위한 장치로서 어느 정도 역할을 해왔지만 사회적 인정 문제를 해결하지는 못하였다.[71]

낸시 프레이저(Nancy Fraser)에 와서는 이러한 문제를 통합하려는 노력을 변혁적 개선책(transformative remedies) 방식으로 시도하였다.[72] 낸시 프레이저는 인정을 자기실현의 문제로만 보는 호네트와 달리 인정을 정의의 문제로 규정한다. 누군가를 불인정한다는 것은 사회적 활동 참여의 지위를 박탈하는 것과 같기 때문에 무시와 신분 종속을 의미하지만, 인정은 사회적 신분의 평등을 내포한다.[73] 새로운 규범적 이론 틀을 마련하기보다는 기존의 이론 틀에서 해결하려는 시도도 있다. 케빈 올센(Kevin Olsen)이나 잉그리드 루벤스(Ingrid Robeyns)는 센의 캐퍼빌러티 접근법을 통해 재분배와 인정의 문제를 해결하려고 시도한다. 이들의 핵심적인 생각은 캐퍼빌러티가 프레이저가 제시한 동등한 참여[74]를 바탕으로 한 정의의 복원이라는 점이다. 실제적 자유를 방해하

> 실제적 자유를 방해하는 각종 제도, 법률, 문화의 변화와 민주적 참여와 정치를 통해 개선시켜 캐퍼빌리티 확산을 이끌어내야 한다.

는 각종 제도, 법률, 문화의 변화와 민주적 참여와 정치를 통해 개선시켜 캐퍼빌리티 확산을 이끌어내야 하기 때문이며 이는 프레이저의 동등한 참여라는 개념보다 더 포괄적인 범위를 가지고 있다고 말할 수 있다.[75]

여기에서도 규범적으로 경제적 불평등과 참여를 통해 인정 문제를 동시적·포괄적으로 해결하려는 이론적인 틀은 제시하였지만 소득이라는 화폐가치가 캐퍼빌러티 확대에 필연적으로 따라온다고 단정할 수 없다는 한계가 있다. 손에 들어오는 소득은 있을 수도 있고 없을 수도 있다. 이들은 인정과 캐퍼빌러티를 통해 젠더, 다문화, 인종, 소수자, 어려운 사람들의 자아실현 및 소득재분배 문제를 담론적으로 해결 가능하다고 주장하고 있으나 '쓸모없는 인간'의 사회적 인정과 소득 재분배에 대한 융합된 논의는 아직 시작조차 하지 않았다.

호네트의 주장처럼 인정에 의한 자아실현이 개인의 업적에 대한 정당한 평가이고 인정투쟁이 또 다른 분배 투쟁의 일환[76]이라고 하더라도 구체적인 실현 가능성까지 제시하고 있다고 보기는 어렵다. 무시와 불인정 같은 배제의 문제는 사회적 연대를 위한 도덕적 동기가 될 수는 있으나 사회적 연대를 어떻게 꾸릴 것인가 하는 구체성은 부족하다. 오늘날 예속과 배제는 지배보다는 개인의 무능과 무기력에 기인한 능력 결핍의 결과로 보고 있는 것이 현실이기 때문이다.

미국의 정치철학자 마이클 왈쩌(Michael Walzer)는 특정 집단에 대한 배제는 대물림되며 어떠한 식으로든 오명을 부여한다고 말한다.[77] 이러한 오명은 대체로 우리들 사이에서 죄의식 없이 발생한다. 진정한 정의는 앞의 낸시 프레이저가 언급한 것처럼 배제된 집단 구성원들이 사회에 참여하고 모든 분배 영역에서 독립적인 역할을 하기 위해 지속적인 공공의 노력을 요구한다고 주장한다. 이러한 관점에서 복지의존(welfare dependency)에 대한 일부 비판에 대해 마이클 왈쩌는 공적 부조의 목표는 정치적 동기가 무엇이든 경제 및 정치 공동체에 능동적으로 참여하는 사람들을 만들어내는 것이지 이들의 복지의존 상태를 영속시키는 것이 아님을 강조하고 있다.[78] 선택적 복지든 보편적 복지든 기본소득이든 간에 배제된 집단, 소외된 집단들이 모두 다 사회에 참여할 수 있도록 동기를 부여하는 일을 목적으로 하고 있기에 어떠한 복지 정책이든 의미 있다는 주장인 셈이다.

사회적 연대가 개인의 참여를 전제로 한다는 점에서 그리고 참여 활동이 사회적 행위(action) 과정이라고 볼 때 참여 자체는 센의 행위 자유의 실현인 행위가 되지만 이 실현에 개인의 삶의 질 자유는 손해볼 수도 있다. 삶의 질 자유에 대한 손실 복원이 참여소득에 의해 가능하도록 해야 할 것이다. 그것이 꼭 고용에 의해서만 일어날 필요는 없다.

호주의 정치 철학자 팀 던럽(Tim Dunlop)은 "기술 혁신에 정부가 적극적으로 관심을 가져왔고 중요한 연구에 많은 자금을 대온 것은 정부이기 때문에 우리 스스로 정부를 상대로 로비를 벌여야 한다"는 앳킨슨의 말을 인용하면서[79] 탈노동 시대에 고용은 배제와 소외, 외로움의 문제를 해결해주지 않기 때문에 시장이 아닌 공적 영역에서 우리 사회가 어떠한 역할을 해야 할지 장기적 프로젝트 차원에서 참여소득을 논의할 필요가 있으며 이의 정당성을 정부에 주장해야 한다고 말한다. 대니얼 서스킨드(Daniel Susskind)는 인공지능 발전과 기술혁명으로 더 이상 (사적 영역에서) 일의 의미를 찾을 수 없게 되었기에 우리가 가치 있다고 여기는 것, 지금 우리에게 엄청나게 값진 가치가 있지만 임금 사다리 상위권에 있지 않은 모든 활동에 대한 재검토가 필요하다고 주장한다. 이 말의 의미는 임금은 적더라도 공동체에 중요한 간호, 돌봄 같은 공적인 일에 경제적인 측면을 고려하지 않고 삶의 의미를 정부가 만드는 역할이 필요하다는 것이다.[80] 이제부터는 본격적으로 참여소득에 대해 알아보는 시간을 가져보자.

4. 참여소득과 유사한 정책들

"재능기부는 가라"—자원봉사와 시민수당

　사회적 기여라는 측면에서 볼 때 자원봉사와 참여소득은 거의 쌍둥이처럼 유사하다 말할 수 있다. 페레즈 문뇨(Pérez-Muñoz)는 미국의 시민서비스(civic service)를 참여소득의 한 형태로 제시하고 있다. 페레즈 문뇨에 따르면 참여소득은 미충족된 사회적 요구(Unmet social needs)의 해결을 목적으로 기획된 시민서비스 프로그램이다[1]라고까지 주장한다. 시민서비스가 초기 참여소득의 정의와는 달리 좀 더 제한적인 것은 분명하지만 구조화되고 장기적이라는 측면에서 통상적인 자원봉사와는 분명히 다르기에 나타난 주장이다.

　시민서비스의 활동 내용으로는 지역사회 문제 전반, 빈곤퇴치, 공공안전, 환경, 재난구조, 취약아동 서비스, 취약노인 일상생활 지원, 환경, 교육 등이 있다.[2] 현재 우리나라 지자체에서 실시하고 있는 의용소방관, 학교경찰, 지역활동가, 방과 후 서비스, 치매노인 돌봄 사업과 유사하다고 볼 수 있다. 문제는 정부 관 주도냐 민간 거버넌스 주도냐의 차이이다.

　이 글은 민간 주도의 거버넌스를 옹호하는 것도 아니며 관(정부) 주도의 사업을 문제시하는 것도 아니다. 문제는 많은 시민들이 참여하는 숙의 민주주의, 또는 공론화 과정을 통해 그 지역의 현안 문제를 해결하기 위해 조직적이고 집단적 결정을 내리는 민주적인 과정이야말로 사업의 성패와 성과를 파악할 수 있다는 것이다. 그렇다면 참여소득이 자원봉사와 어떠한 면에서 유사하고 다른지를 살펴보도록 하자.

통상 자원봉사라 말할 때 대다수 연구와 논문들을 통틀어 공통적인 것은 자발적 의사결정에 따른 자율적 활동이며 법적 이해관계가 없고 경제적 보상을 받지 않는 것으로 요약된다.[3] 일부에서는 자원봉사에 사회적 책임(social responsibility)을 추가하기도 하며[4] 또 일부에서는 지역사회의 복지 향상을 위해 사회기관에서 무보수 활동을 하고, 지역주민의 지역사회 문제를 해결 및 예방하며 공동체문화 형성과 질적인 삶 그 자체를 지원하는 것이라고 정의한다.[5] 자원봉사는 시민운동은 아니지만 일정 정도 무보수 봉사에 의존하는 점에서는 유사하다고 하겠다.

그렇다면 자원봉사에는 어떠한 특징들이 있을까? 연구자마다 다르지만 류기형 외(2021)에서는 이타성, 자발성, 무보수성, 자아실현성, 지속성, 복지성, 민주성, 공공성, 개척성, 조직성, 교육성 등 총 11개의 특성을 제시한다.[6] 반면에 신윤창·손경숙(2008)은 자발성, 이타성, 민주성, 조직화, 계속성, 복지성, 무보수성, 보편성과 공공성 등 총 9개를 자원봉사의 특성이라고 정의한다. 이들이 말하는 자발성은 뒤에 이어질 제5장의 확장된 참여소득 정의에서 제시한 자발성과는 다소 차이가 있다.

참여소득에서 자발성이라 함은 사회적 기여에 본인이 참여할 것인지 참여하지 않을 것인지를 스스로 결정하는 것을 의미한다. 여기에는 경제적 동기, 비경제적 동기, 이타성, 이기주의 등 참여 동기가 무엇인지는 중요하지 않다. 다만 일단 참여 이후에는 조직적 활동과 역할에 대해 지속적인 노력을 의무적으로 수행해야 함을 담보해야 한다. 그러나 자원봉사에서 자발성은 봉사에 참여할지 여부를 선택하는 자발성 외에 참여의 조건인 봉사활동의 시간, 대상, 기간, 내용도 개인이 자발적으로 결정할 경우 강제할 수단이 없다는 것이 한계로 다가올 수 있다.

공공성도 참여소득과 자원봉사를 유사하게 만드는 요인 중 하나다. 자원봉사는 개인의 이익이나 영리 목적보다는 지역사회와 타인을 위한 활동을 의미한다. 참여소득 또한 사회적 기여 활동에 대해 소득을 지원하는 것이므로 공공성과 공익성을 기본으로 한다는 점에서 유사하다. 이러한 점 때문에 앞에서 페레즈 문뇨가 제시한 미국의 시민서비스를 참여소득의 한 예로 꼽는 이유다.

계속성 또는 지속성도 자원봉사 활동이 충동적 활동이 되는 것을 미연에 막기 위해 필요하다. 봉사 참여가 어떠한 동기에 의해 이루어지는 것을 가려낼 수는 없으나 봉사가 일시적이고 단순히 개인의 기분에 의해 진행되는 것은 경계해야 한다.[7] 참여소득도 소득 지속성을 위해서는 사회적 기여 활동에 영속적인 참여를 보장해야 할 필요가 있다. 자원봉사와 참여소득의 가장 큰 차이점은 활동에 대한 유료화, 정부재정 지원, 사회적 가치 기여에 대한 관점 세 가지로 압축할 수 있다. 하나씩 살펴보도록 하자.

첫째는 활동에 대한 유료화이다. 자원봉사는 무보수성을 원칙으로 하지만 참여소득은 보수지급을 원칙으로 한다. 참여소득은 활동에 대한 경제적 가치를 화폐의 단위로 보상하는 것이다. 자원봉사의 무보수성은 봉사에 참여하는 개인의 내재적 가치를 극대화하고 활동의 보람을 느끼게 한다. 돈 때문에 하는 것이 아니라 진정으로 타인에 대한 사랑과 관심, 배려, 그리고 더불어 같이 사는 공동체의 이상을 실현할 수 있다. 그러나 자원봉사의 무보수성이 꼭 순수한 의도만을 가지고 있지는 않다.

대표적으로 1979년 영국 보수당이 정권을 탈환한 이후 자원봉사를 실업문제를 해결하기 위한 경제적 요인으로 활용한 것에서 알 수 있다.[8] 보수당은 사회복지서비스 공급의 책임 할당과 이를 통한 재정지출 절감을 목적으로 자원봉사를 활용하였다.[9] 영국 정부의 자체 보고서에서도 자원봉사를 사회복지서비스 공급을 위한 매우 저렴한(cost-effective) 방법으로 인식하고 있다.[10] 이는 영국 지방정부의 분권화와 연결되어 있다. 영국 보수당 정부는 국민의 복지 요구에 소요되는 재정지출을 줄이기 위해 지방분권화를 시도하였고 이로 인한 지방의 재정수입 문제 해소를 무보수 자원봉사로 대체한 것이다. 결국 자원봉사에 참여하는 시민의 순수한 의도를 영국 정부는 재정지출 감소를 위한 장치로 활용한 셈이다. 재능기부도 이러한 맥락에서 바라볼 수 있다. 물론 내재적 가치

> 재능기부만이 봉사의 전부라고 생각하게 하는 것은 개인이 의도치 않게 중앙정부나 지방정부가 의무적으로 해야 할 사회적 가치의 정책 실행을 회피하는 전략에 이용당하는 것일 수도 있음을 생각해보아야 한다.

실현을 위해 어떠한 금전적 급부도 바라지 않고 활동하는 순수한 사람이 많지만, 재능기부만이 봉사의 전부라고 생각하게 하는 것이 개인이 의도치 않게 중앙정부나 지방정부가 의무적으로 해야 할 사회적 가치의 정책 실행을 회피하는 전략에 이용당하는 것일 수도 있음을 생각해보아야 한다. 전통적으로 자원봉사 재능기부가 타인을 위한 이타적 행위와 헌신에 바탕을 두고 있는 것이 봉사의 순수성을 드높이기는 하지만 봉사에 참여하는 사람 수를 줄일 수 있으며 참여조건을 까다롭게 만들 수 있다. 따라서 다양한 사람의 자발적 봉사 활성화, 자신이 속한 사회에 기여하고자 하는 참여 열망을 충족시키기 위해 기존의 사회서비스와는 다른 일정 정도의 수당 개념의 임금을 제공하는 것을 모색할 필요가 있다.

그렇다면 이 수당은 어느 정도 가치가 있을까? 정확히 알 수는 없지만 과거 연구를 통해 대략적 파악은 가능해 보인다. 김태홍 외(2007) 연구에 따르면 2004년 기준 자원봉사자의 시간당 임금은 10,381원이다. 2004년 최저임금이 2,840원임을 감안할 때 무려 3배가 넘는 금액이다. 당시 우리나라 자원봉사자 1인당 연간 경제적 가치 산출은 944만 원으로 추정하고 있다.[11] 이를 2004년 월급으로 환산하면 78만7천 원이다. 2004년 당시 기본급과 통상적 수당, 기타수당을 포함한 임금근로자의 월평균 정액임금 161만 원의 48.9%에 해당한다. 이는 자원봉사 성격을 가진 참여소득의 경제적 보상 크기를 가늠할 수 있게 한다. 이 연구를 토대로 환산하면 2020년 월간 정액임금이 272만 원[12]이므로 48.9%를 적용하면 최저 참여소득

은 133만 원 정도로 추정된다. 시간당 임금으로 환산하면 2020년 최저임금이 8,590원이므로 참여소득 시간당 소득은 최소 2020년 시간당 생활임금 10,523원보다 높은 최대 25,770(=8,590원×3배)원에서 시작할 수 있을 것이다. 그러나 이 수치는 자원봉사자의 하루 평균 봉사 시간을 2시간으로 산정하여 추정한 결과이므로 하루 참여시간이 길어질 경우에는 이보다 적은 소득에서 결정할 수 있을 것으로 보인다.

둘째, 정부재정 지원이다. 자원봉사는 재정을 자체 후원금을 통해 확보하는 것이 바람직하나 정부로부터 보조금을 일부 받기도 한다. 반면에 참여소득은 전적으로 정부의 재정지원에 의존한다. 사회적 기여 활동이 이익과 이윤을 창조하는 것이 아니기 때문에 내재적 가치를 훼손하지 않는 수준에서 경제적 가치에 대한 보상을 해야 하므로 정부 재정지원은 절대적이다.

셋째, 사회적 가치 기여에 대한 관점이다. 사회적 가치에 대한 자원봉사와 참여소득의 입장은 다를 수밖에 없다. 대표적으로 가족 간 돌봄서비스에 대한 입장이다. 자원봉사는 가족 간 돌봄을 개인적 활동으로 보지만 참여소득에서 돌봄은 사회가 책임져야 할 활동으로 정의한다. 예를 들면 자녀 돌봄이나 고령자 돌봄은 가족이나 누군가의 경제적 활동의 포기를 전제해야 한다. 이는 경제활동 포기자의 경제적 이득을 감소시킬 수 있다.

미국의 경우 가족 내 고령자 돌봄을 위한 가족 구성원의 행위로 인한 임금 손실을 연간 5,000달러로 추정하고 있으며 가족을 간병하는 구성원의 25%가 부채를 안고 살고 있다.[13] 결국 가족 돌봄을 위해 가족 구성원 누군가는 노동시장에서 퇴장해야만 하는 기회비용을 발생시킨다는 것이다. 국가 경제 활동과 생산에 영향을 미치는 요인이 될 수 있다. 그렇지 않으면 누군가의 도움이 필요한 사안이므로 참여소득은 이러한 돌봄 행위도 사회적 기여로 보고 있는 것이다. 그러나 올림픽 자원봉사, 체육 행사, 지방 축제 등 일시적인 행사성 활동 참여를 참여소득의 대상으로 볼 수는 없다. 올림픽도 지방행사도 국가나 사회에 대한 경제적 기여라

볼 수 있지만 지속적이지 않으며 올림픽은 국가 홍보라는 측면과 자원파괴 등 사회적 부작용도 만만치 않기 때문이다.

반면에 자원봉사의 개념과 용어의 변화를 요구하는 프로그램도 있다. 예를 들면 지역사회에 기반한 봉사를 통해 학습과 교육을 동시에 강조하는 미국의 봉사학습(service learning)처럼 규범성이 강한 경우 이를 자원봉사라는 용어보다는 시민참여(civic engagement)라는 용어를 사용하는 것이 더 바람직하다[14]는 주장이다.

시민참여 개념으로 사용하는 봉사는 전통적으로 종교나 신념에 기반한 봉사와는 달리 시민 밀착형 프로그램에 대한 지원 성격을 가진 활동으로 규정할 수 있다. 이러한 활동이 개인의 캐퍼빌러티를 확산하는 데 장애가 되는 부분을 타인의 도움을 받아 극복할 수 있게 한다면 이러한 활동은 참여소득 또는 시민수당이란 명칭을 가진 프로그램으로의 전환이 가능할 것이다.

사회서비스와 참여소득

사회서비스 개념은 사회보장기본법 제3조에서 정의하고 있다. 사회보장기본법에는 "사회보장은 사회보험, 공공부조, 사회서비스를 말한다"로 규정한다. 사회보험은 "국민에게 발생하는 사회적 위험을 보험의 방식으로 대처함으로써 국민의 건강과 소득을 보장하는 제도"이며, 공공부조는 "국가와 지방자치단체의 책임 하에 생활 유지 능력이 없거나 생활이 어려운 국민의 최저생활을 보장하고 자립을 지원하는 제도"를 말한다.

사회서비스는 "국가 · 지방자치단체 및 민간부문의 도움이 필요한 모든 국민에게 복지, 보건의료, 교육, 고용, 주거, 문화, 환경 등의 분야에서 인간다운 생활을 보장하고 심리상담, 재활, 돌봄, 정보의 제공, 관련 시설의 이용, 역량 개발, 사회참여 지원 등을 통하여 국민의 삶의 질이 향상되도록 지원하는 제도"로 규정하고 있다.[15]

보건복지부에서는 사회서비스를 광의 개념으로 사회보장기본법을 따르고 있지만 협의 개념인 노인, 아동, 장애인 등을 대상으로 한 돌봄 서비스를 총칭하고 있다. 기존 사회복지 서비스와의 차이점은 공급 주체가 국가에서 지역에 기반하는 제3 섹터로 바뀌었고, 빈곤층으로 한정하던 대상을 서민 중산층까지 확대한 것, 그리고 기본 생활보장에서 일상생활 지원 등 다양한 서비스로 변화하였다는 것이다. 주요 사업으로는 임신·출산 지원, 영유아 보육, 아동청소년의 방과후 돌봄, 중고령의 사회서비스 일자리, 건강관리, 노인의 장기요양, 노인 돌봄, 치매 돌봄, 노인 일자리 등이 대표적이다.[16]

참여소득 논의에서 사회서비스가 중요한 이유는 바로 앳킨슨이 참여소득을 정의하면서 예를 든 것 중 대표적인 사례가 돌봄 서비스이기 때문이다. 돌봄 서비스는 비단 참여소득만이 아니라 기본소득과 일자리 보장제(job guarantee, JG) 정책에서도 중요한 대상 중 하나이다. 부분 기본소득으로 명명되는 아동기본소득, 가사노동에 대한 기본소득 등이 대표적이다. 그렇다면 '사회서비스와 참여소득을 구분할 수 있는 근거는 무엇인가?'라는 질문은 매우 중요하다. 이에 대답하기 위해서는 우리나라에서 사회서비스가 어떠한 역할을 해왔는지를 구체적으로 살펴볼 필요가 있다.

보건복지부는 2010년 보도자료를 통해 보건복지사업으로 일자리를 지속적으로 확충해 나가겠다고 발표하였다.[17] 이러한 정책의 의미는 돌봄서비스로 대표되는 사회서비스를 국민의 삶의 질 향상이라는 목표와 일자리 창출이라는 두 마리 토끼를 잡겠다는 의지의 표명이었다. 10대 유망서비스로 간병, 돌봄, 장기요양, 지역사회서비스와 임상시험, 해외환자 유치, 뷰티서비스 등을 선정하였다. 2017년 일자리 위원회에서 제시한 '사회적 경제 활성화 방안'에서도 사회서비스를 통한 취약계층의 고용창출과 이들에 대한 사회서비스 공급확대의 필요성을 제기하였다.[18] 일자리 창출 대상을 취약계층으로 명시적으로 확정 제시한 것이다.

보건복지 분야의 일자리 창출 전략은 비단 한국만의 일이 아닌 전 세계적인 현상이라 할 수 있다. 이는 제3의 길로 대표되는 사회투자론의 핵심 정책이기 때문이다. 「2007 보건복지가족백서」에서 보건복지부는 "우리 사회가 직면하고 있는 저출산·고령화, 저성장, 양극화 심화, 빈곤 및 실업의 고착화 등 경제사회구조의 변화와 새로운 사회적 위험(new social risks)에 대해 소득보장 위주의 전통적 복지정책으로는 효과적으로 대응하기 어려워 선제적이고 사전예방적 사회정책의 필요성이 제기되고 있다"라고 하면서 사회서비스 확충의 당위성을 설명하고 있다. 그런데 의아한 것은 사회적 위험에 대한 개념이다.

'사회적 위험'은 전통적인 베버리지 복지 형태인 국가가 개인의 안녕을 책임지는 것에서 벗어나 오롯이 개인이 책임지는 사회를 일컫는 개념이다. 대표적인 것이 경영학자인 피터 드러커(Peter Drucker)가 '더 이상 사회적 구제는 없다'로 포문을 열고 '더 이상 사회 같은 것은 없다'는 모토로 영국 대처 총리에 의해 완성된 대처리즘이다. 보건복지부가 열거한 빈곤, 실업, 양극화는 글로벌 경제화 결과에 기인한 사회적 위험이지 그 자체가 사회적 위험이라고 보기는 어렵다. 빈곤, 실업, 소득 양극화는 글로벌 경제 위기 개념이 있기 전에도 이미 발생하였기 때문에 사회적 위험이라는 개념을 굳이 사용할 이유는 없다.

사회서비스의 대부분을 차지하는 돌봄 중 남성과 여성의 노동시장 유지와 진입을 위한 아동돌봄을 제외한 고령화와 노인돌봄 등은 개인이 의도하지 않은 자연적 위험이지 사회적 위험으로 규정할 수도 없는 사안이다. 개인화된 사회투자를 강조하는 것은 결국 개인 역량 강화를 개인의 책임으로 보게 하는 것이며 이러한 사회투자의 핵심 관점은 개인의 복지에 대한 개인 책임을 과도하게 부각시키는 것이다.[19)]

정부는 사회서비스 정책을 일자리 정책의 일환으로 규정하고 이를 확대하기 위한 조치로 지역사회 서비스가 가능한 돌봄, 요양 등의 활성화를 위해 중간 지원조직을 지방의 민간에 이양시켰고 이는 민간 시장화로 이어졌다. 이러한 형식은 초창기 지원단체가 비영리(또는 NGO) 형태를 갖추고 있지만 내용상으로는 민간영리기관의 모습을 띠면서 서비스나 급여의 제공 주체가 이윤을 추가할 수 있게 만들었다.[20] 이후 시장의 역할이 강화됨에 따라 이들은 이해관계자로 굳어지게 되었다.

이러한 정책은 세 가지 차원에서 정책적 실패를 가져오는데 첫번째는 일자리 양은 늘어났지만 고용의 질은 보장하지 못하다 보니 사회서비스의 질이 떨어지는 현상을 초래하였다. 두 번째는 중간 지원조직이 민간 시장의 이해당사자가 되어 정부 정책의 반대 세력으로 정체성이 굳어졌다는 점이다. 대표적인 것이 문재인 정부에서 실현하고자 하였던 '사회서비스원' 설립을 민간 공급자(중간 지원단체)들의 극렬한 반대로 진척시키지 못한 것이다.[21]

문재인 정부에서 시행하기로 한 사회서비스원 설립은 민간 공급자들에게는 자신들의 밥그릇을 뺏는 공룡으로 보일 수 있어 날카로운 경계심을 보이며 극렬히 반대할 수밖에 없었다. 사회서비스를 제공하는 민간공급자들은 비록 많은 액수는 아니지만 개인에게는 자신의 생계에서 상당한 부분을 차지하는 직업이기 때문이다. 이들은 행정부의 직접 관리로 실행하는 정책에 대해 반대가 심할 수밖에 없다. 그럼에도 각종 사회복지와 사회서비스 지원에서 민간 중간전달자 역할에 대해서는 우리 사회가 한번 극심한 산통을 각오해서라도 개혁을 시도해야 할 분야이다. 참여소득 정책은 행정부가 아닌 민간의 자발적인 공공거버넌스 체계로 구성되며 과거 사회서비스가 이 체계 안에 들어오게 하는 것이므로 직접적 행정관리보다는 반대가 적을 것으로 판단된다.

세 번째는 고용(employment)에 초점을 맞추다 보니 다른 일자리와의 형평성 문제에 시달리고 있다는 점이다. 대표적인 예가 방과 후 돌봄 종사자들의 고용안정 요구이다. 어떤 사회서비스가 하나의 직종으로 분기하여 지속적인 노동의 형태로 구조화되어 해당 종사자들이 노동자로 인정

> 각종 사회복지와 사회서비스 지원에서 민간 중간전달자 역할에 대해서는 우리 사회가 한번 극심한 산통을 각오해서라도 개혁을 시도해야 할 분야이다.

받는 것은 당연한 결과이다. 그러나 돌봄서비스는 한시적 필요성에 의해 발생하는 서비스이다. 돌봄의 형태와 내용은 얼마든지 바뀔 수 있으며 방과 후 교육과정도 얼마든지 바뀔 수 있는데 이를 기존의 공교육과 동일한 것으로 인정하고 고용의 안정성을 요구하기 시작하면 다른 사회서비스 프로그램 생성에 지장을 줄 수 있다.

이러한 갈등 사태는 정부가 사회서비스 제공 주체를 공공이 아닌 개인 사업자 신분으로 만듦으로써 고용의 양적 확대에 초점을 맞춘 것이 가장 큰 원인이다. 사회서비스 종사자의 열악한 근로조건과 최저임금 수준에 걸쳐 있는 임금수준은 중간조직의 민영화와 양적 확대만 쫓은 결과이다. 고용 안정 요구와 고용의 질에 대한 요구를 분출할 수밖에 없게 만들었다. 결국 단순 양적 일자리 확대가 아닌 사회적 가치의 실현과 이에 대한 정당한 경제적 보상이라는 두 마리 토끼를 잡을 방안이 필요하게 되었다.

현재 사회서비스 일자리의 전달체계는 중간공급자를 통한 획일적인 서비스 지원 방식이다.[22] 국가의 서비스 공급을 민간 위탁을 통해 서비스 질의 책임을 분산시키다 보니 서비스 공급과정에서 공급자 중심의 서비스가 이루어질 수밖에 없는 한계를 안고 있다. 이들 문제점을 극복하기 위해서는 일자리 창출용 사회서비스보다 지역사회 주민들의 필요에 의한 자발적 서비스 프로그램을 개발하도록 하고 프로그램 운영을 위한 거버넌스를 구축하는 일이 급선무이다. 이러한 과제를 해결할 수 있는 것이 바로 참여소득이다.

참여소득이 수행할 프로그램의 유형은 기존 사회서비스 혹은 제3섹터 부분이 해오던 것과 유사하지만 참여소득은 고용정책도 아니고 중앙정부의 지원사업도 아니며 시장화를 통해 프로그램을 전달하는 것도 아니다. 참여소득은 지역주민의 삶의 질 향상에 필요한 것이 무엇인지를 주민들이 스스로 자발적으로 찾고 이를 숙의민주주의 형태로 공론화한 후 참여형 거버넌스로 운영하는 방식이다. 참여소득 참여자는 실업자도 고용된 노동자도 사업자도 아니다. 지역주민의 삶의 질 향상에 기여하는 분야에서 활동하고 그 분야에서 자신의 전문성을 키워나가는 시민전문가이다. 지금의 고용 중심의 평생교육, 직업훈련 과정도 지역사회 시민들의 전문성을 향상시키는 기회로 전환해야 할 것이다. 그렇지 않으면 사회가 필요로 하는 분야의 참여소득 참여자는 기존 전문가들만으로 구성되는 문제가 발생할 수 있기 때문이다. 아울러 참여소득은 시민민주주의의 실현과정이자 학습의 장이 되어야 한다.

사회채권과 지방재정 그리고 참여소득

2006년 국무총리실에 연구원 자격으로 파견을 나간 적이 있다. 파견 나간 연구원이 하는 일이 그다지 중요하거나 어려운 일은 아니었고 주로 자료를 찾거나 정리하는 일이 대부분이었다. 당시에도 지금처럼 중소기업 지원방안, 청년층 일자리, 취약계층 지원방안, 규제 혁신방안 찾기 등이 주요 업무였다.

총리실 산하의 국, 실, 과 등 각 단위 별로 특정한 정책에 대해 취합하고 입장을 정리하여 해당 분야 고위층 분들을 모시고 국무조정실장 이하 해당 관련 국 고위 관료들과 회의를 한다. 이때 기본 테이블 밖에 놓인 간이의자에 앉아 내가 속한 국에 해당되는 얘기를 몇 차례 받아 적곤 하였다. 필자가 속한 국은 아니지만 중소기업 지원이나 지역 지원, 혹은 인프라 구축과 관련한 주제 토의를 하면 항상 나오는 얘기가 민간자본 유치였다. 작은 정부를 지향하고, 중앙정부 예산을 절약하며, 민간기업의 성장을 지원하는 세 가지 목표를 달성할 수 있을 것으로 생각해서인지 민간투자 유치를 전가의 보도처럼 또는 유일한 해결책처럼 여기며 논의하던 일이 기억에 남아있다.

당시 이해가 되지 않았던 점은 정부 고위관료들이 민간자본 유치를 통한 사회인프라 구축을 매우 선진적이며 효율적인 방

> 작은 정부를 지향하고, 중앙정부 예산을 절약하며, 민간기업의 성장을 지원하는 세 가지 목표를 달성할 수 있을 것으로 생각해서인지 민간투자 유치를 전가의 보도처럼 사용

식으로 이해하는 듯한 태도였다. 이러한 사고방식은 비단 국무조정실에만 있었던 것은 아니고 김대중, 노무현, 이명박 정부로 이어져 오면서 중앙정부와 각 지자체에서 상당히 유행한 투자방식이었다. 그러나 10~20년 장기간 수익률과 이용자 수를 예측한다는 것은 거의 불가능한 이다. 그럼에도 이를 예측하여 정부가 기업과 약정 수익률을 책정한다는 게 석사과정에서 시계열예측방법론을 주전공처럼 공부했던 나로서는 도저히 이해가 되지 않았다.

우리나라 최초로 민자 유치를 통해 사회간접자본(사회기반시설) 구축을 시도한 것은 1981년 동아건설에서 착공한 원효대교이다. 당시 총 건설비 245억 중 서울시가 20억, 동아건설이 225억을 부담하였는데 높은 통행료 책정으로 인해 부정적 여론이 높았다. 많은 차들이 우회로를 선택하여 1년 동안 징수한 통행료는 10억 원에 불과해 투자비를 회수하기에 충분한 수익을 거두지 못하자 83년 1월 동아건설은 손해를 감수하고 서울시에 기부채납 형태로 무상 헌납하였다. 건설 완공 이후 3년도 채 되지 않은 시점에서 헌납을 한 것이다.[23] 당시가 군부독재 시절임을 감안하면 자진 반납이 동아건설에 더 유리한 상황이었을지도 모르지만 오늘날 이런 결정을 기대하는 일은 상상조차 불가능하다. 경기도의 일산대교만 해도 이재명 전 경기지사의 무료 통행 정책에 반대해 법적 다툼이 진행되고 있다.

또 다른 예를 들면 강원도 설악산으로 바로 진입이 가능한 미시령 도로도 민간자본을 통해 이루어졌지만 이 또한 비싼 통행료, 정확하지 않은 교통량 예측으로 2018년 현재 연간 평균 150억~180억원의 혈세가 강원도 재정에서 손실보전금으로 빠져 나가고 있다.[24] 2019년부터 손실보전금 지급을 거부하고 있는 강원도는 2021년 현재 경기도 일산대교처럼 공익처분 등의 방안을 검토 중에 있다. 그러나 현재 국민연금 관리공단이 지분 100%를 가지고 있는 상태에서 공익처분이 이루어지면 국민연금은 손실을 떠안아야만 한다. 민간 건설사가 지은 터널을 국민의 연금 자본으로 운영하는 국민연금이 100% 인수한 것도 잘못이지만 처음부터 무리한 사업을 조성한 강원도와 건설사의 책임이 더 크다 하겠다.

> 지자체가 민간자본을 유치하여 사회기반시설을 구축하려는 가장 큰 이유는 지방재정의 낮은 자립도에 있다.

2016년 서울시는 예술의전당 근방에 있는 우면산 터널의 최소 운영수입 보장을 폐지하였다.[25] 그렇다면 꾸준한 차량통행이 가능한 고속도로의 실정은 어떨까? 2021년 현재 민자 고속도로는 19개이다. 천안논산고속도로, 대구부산고속도로, 수도권 제1순환고속도로 등이 높은 통행료 여론에 밀려 통행료를 낮추다 보니 수입이 줄어들고 있다.[26]

그렇다면 왜 서울을 포함한 지자체는 민간자본을 유치하여 사회기반시설을 구축하려고 할까? 가장 큰 이유는 지방재정의 낮은 자립도에 있다. '95년 지방자치제가 실시된 이래 전국 평균 재정자립도는 1997년 63.0%에서 2021년 48.7%까지 하락하였다.[27] 2021년 광역단체시 중 도의 지방세 비중은 35.0%인 반면에 광역시는 41.2%이다. 기초단체로 내려가면 시의 지방세 비중은 42.0%인 반면에 군단위는 불과 14.3%에 지나지 않는다.[28] 따라서 미래 예측만 정확하다면 민간자본 유치는 열악한 지방재정에도 불구하고 독립적으로 안정적인 사회기반시설 운영이 가능하게 해줄지도 모른다는 유혹을 느끼게 할 수 있다. 이처럼 민간자본을 유치한 지역의 사회기반시설 구축사업은 건설 당시에는 달콤한 솜사탕 같은 제안이었지만 완공 이후에는 이미 빈곤한 지방재정 살림을 더 어렵게 만드는 애물단지가 되고 만다. 이러한 문제 때문에 최근에 민간 투자사업 건수는 줄어들었지만 2018년 기준 총투자비는 여전히 2007년 수준인 9.9조원에 이르고 있다.[29] 열악한 지방재정 자립은 사회기반시설뿐만 아니라 지역주민의 생활밀착형 정책의 수립을 주저하게 만든다. 재정이 열악하다 보니 복지지원은 고사하고 일자리 창출, 문화, 체육 등에 대한 지원을 망설이게 만든다. 더 정확히 말하자면 아예 엄두를 내지 못하게 만든다. 일자리 관련 사업은 고용노동부와 행정안전부가 주관하는 사업에 매칭펀드로 참여하는 것이 고작이다.

지방의 열악한 재정 자립과 날로 늘어나는 생활밀착형 정책 수요를 해결하기 위해 사회혁신채권(SIB: social impact bond)이란 이름으로 민간자본을 끌어들이려고 한다. 아직 우리나라에서는 그다지 비중이 높지는 않으나 영미식의 신자유주의가 확대된 영국, 미국, 호주에서는 교육, 훈련, 치안, 복지와 같은 시민권 분야까지 민간자본이 침투하고 있다. 사회혁신채권은 사회안전망 확대에 대한 요구 증가로 국가보조사업 급증과 지방정부 부담이 늘어남에 따라 민간자본을 통해 행정비용과 사회비용을 절감하기 위해 만들어진 프로젝트 파이낸싱 성격을 가진 채권이다.[30]

2008년 서브프라임 사태 이후 미국의 양적완화를 필두로 기축통화국이라 할 수 있는 일본, 유럽의 통화 팽창은 상상하기 어려울 만큼 늘어났다. 늘어난 통화는 국민보다는 대부분 금융기관으로 흘러 들어가 금융기관이 부채로 인해 도산하는 것을 막는 데 기여하였다. 불어난 통화는 금융기관 외 어딘가에 투자를 해야 하는 상황인데 부동산을 제외하고 마땅히 투자할 곳은 많아 보이지 않는다. 채권의 형식을 갖기 때문에 채권 투자에 대한 이득과 손실의 가능성이 병존한다. 손실은 민간 투자자의 손해를 의미하므로 자선사업가가 아닌 이상 손해를 볼 만한 사회적 수요에 투자하지 않는다. 결국 성과가 확실한 곳에 투자를 해야 하는데 이는 국가나 지방정부 사업에 참여하게 하는 강력한 유인이 된다. 그러나 한 가지 문제는 정부와의 계약에 있어 성과에 대한 정의를 마련해야 한다는 점이다. 국가와 지방정부 내 생활밀착형 사회적 수요 정책의 성과가 모호하기 때문이다. 예를 들면 민간투자자가 교육훈련에 투자했다고 가정했을 때 취업률을 성과로 정의하였다면 월 50만 원짜리 일자리나 월 500만 원짜리 일자리나 똑같다. 형편없는 일자리에 취업을 시켜놓았다면 과연 이를 제대로 된 성과로 볼 수 있을까? 성과측정이 모호하기 때문에 민간투자자는 객관적인 양적 성과 측정이 가능한 분야에 한정적인 투자를 할 수 밖에 없다. 그러다 보니 사회혁신채권의 투자가 주로 이루어지는 분야가 교도소 사업이다.

세계 최초의 사회혁신채권이라 할 수 있는 사례는 2010년 영국 피터버러시 교도소에 남성 수감자들을 대상으로 한 교도소 사업이다. 미국 내 최초 사회혁신채권 사례도 골드만삭스 금융그룹과 함께한 뉴욕시 라이커스 교도소 사업에 투자한 것이다.[31] 이 사업은 만일 성공하면 뉴욕시가 투자금과 성과보수를 지급하고 실패하면 블룸버그 자선재단이 투자원금의 75%에 달하는 70.5백만 달러를 지급하는 구조이다.[32] 미국 다큐멘터리《미국 수정헌법 제13조》시작 장면에서 다음과 같은 나레이션이 나온다. "전 세계 인구의 5%가 사는 이 나라에 전 세계 죄수의 25%가 살고 있다." 이러한 수치는 폭력 범죄를 세 번 지으면 가석방 없는 종신형을 받는 미국의 삼진 아웃제 제도 때문에 나타났다. 빌 클린턴 대통령이 최종적으로 관련 법안에 서명[33]을 하였고 1994년 의회에 연방범죄 예산으로 300억 달러를 건의하기에 이르렀다. 이 법안 때문에 1985년 759,100명, 1990년에 1,179,200명이던 죄수의 수는 불과 6년이 지난 2000년에는 약 백 만명이 불어난 2,015,300명, 2014년에는 2,306,200명으로 늘어났다. 이로 인해 교도소는 포화상태가 되고 규모도 커지며 경찰 인력 확대로 일자리 창출에도 기여한다. 그러나 무엇보다 성장한 것은 날로 커지는 죄수 숫자와 관련한 산업이었다. 교도소 내 전화, 통신업체는 물론이고 민간 보호관찰업체 같은 교정산업과 민간사업의 제휴는 미국 내 신성장 산업으로 자리매김하였다.

이러한 삼진 아웃제에 기반한 종신형 죄수의 증가는 대부분 저소득층인 흑인과 유색인종으로 구성되었는데 이들의 종신형으로 인해 자녀들이 방치되고, 이는 다시 사회적 위험, 사회적 비용 증가 등 악순환을 초래한다. 미국의 사회학자 로버트 퍼트넘(Robert Putnam)은 학부형에 대한 장기간의 구금이 가족공동체와 양육에 악영향을 미치고 있어 최소한 비폭력 범죄에 대해서는 형량을 줄이고 자유재량에 의한 집행유예 선고를 통해 부모들의 사회복귀 방안을 강구해야 한다고 주장한다.[34] 위와 같은 미국내 현상은 민간자본투자가 미충족된 사회적 요구 개선에 참여하여 야기시킨 결과들이다. 한편 교육훈련 분야의 민영화를 대표하는 나라는 호주이다. 특히 취업 알선 역할을 민간시장으로 민영화하였는데 취업의 최종결정자는 기업이므로 결국 취업알선기관의 민영화는 구직자들이 '적극적으로 일자리를 찾고 있다'라는 시늉만 보여주면 되는 시스템으로 전락하였다.[35]

민간자본이 공적 영역에 침투하게 된 배경은 신공공관리 정책에 있다. 민간이 공공보다 전문성과 효율성이 뛰어나다는 암묵적 동의가 자리 잡고 있기 때문이다. 일각에서는 공공분야의 위탁사업은 민간에게 하청을 주는 것이지 결코 민영화는 아니라고 주장한다. 영국 워릭대학의 콜린 크라우치(Colin Crouch)[36]는 개별 기업들이 전직 장관이나 공무원들, 우리로 말하면 전관예우 대상자들이 특혜를 주는 로비를 벌여 정치적 영향력을 행사하고 이를 통해 특권적인 이득을 교환하려는 유혹이 영속적으로 이루어진다고 말한다. 대표적인 것이 장기간 계약이 가능한 민자사업에서 이자 수익률이 나지 않으면 투자자는 손해를 보는 프로젝트 파이낸싱 금융사업이다.

이러한 민자사업 형태를 띤 사회혁신채권이 우려스러운 이유는 마치 지역사회의 사회문제 해결을 위한다는 듯이 시민사회와 정부, 그리고 지역주민 주도의 거버넌스 색채를 가진 참여형 공공서비스의 형태로 위장한다는 데에 있다. 지역주민의 미충족된 사회적 요구를 해결하기 위해 민간자본이 기부 형태로 들어오는 것은 얼마든지 환영이지만 성과에 따른 보상과 손실 보전 등의 요구가 있는 것이라면 아무리 좋은 모습을 가졌다 하더라도 지역주민에 이로울 것은 없기 때문이다.

> 민자사업 형태를 띤 사회혁신채권이 우려스러운 이유는 마치 지역사회의 사회문제 해결을 위한다는 듯이 시민사회와 정부, 그리고 지역주민 주도의 거버넌스 색채를 가진 참여형 공공서비스의 형태로 위장한다는 데에 있다.

미국의 사례를 통해 드는 생각은 명목상으로 공공성을 가장한 사회혁신채권이 실제로는 황금알을 낳는 교도소 산업을 민영화하기 위한 전략적 판단을 한 것은 아니었는지 의구심이 들 정도이다.[37]

일자리 보장제와 참여소득

일자리 보장제(job gurantee, JG)와 참여소득(participation income, PI)은 앞에서 본 유형들보다 가장 유사한 정책이라 할 수 있다. 일자리 보장제가 등장한 배경은 실업이 개인의 나태함 때문이 아니라는 점을 명확히 하고 조직화된 노동자를 강화하기 위해서이다. 그러나 우리나라의 일자리 보장제에 대한 논의는 우리 헌법 제32조 1항 "모든 국민은 근로의 권리를 가진다. 국가는 사회적·경제적 방법으로 근로자의 고용 증진과 적정임금의 보장에 노력하여야 하며, 법률이 정하는 바에 의하여 최저임금제를 시행하여야 한다."라는 규정에 기반을 두고 있다. 경제체제 관점에서 보면 2008년 이후 양적완화와 코로나19로 인한 현금성 생활 안정 자금이 막대하게 풀리면서 화폐 발권이 인플레이션을 조장하지 않는다는 현대화폐이론(modern monetary theory)이 재조명되었기 때문으로 보인다. 2008년 서브프라임 모기지 사태와 최근 팬데믹 상황에서 풀린 화폐가 금융이나 기업, 자산가들에게 유입된 양적완화 정책이었다면 일자리 보장을 위한 화폐발행은 노동자 계층을 위한 일종의 양적완화인 셈이다.

일자리 보장제의 기원은 미국 루즈벨트의 뉴딜정책 시 공공근로단을 설립하여 청년층 25만 명을 고용하고 이들에게 삼림관리나 홍수통제와 같은 업무를 맡기는 것에서 그 원형을 찾을 수 있다. 자유주의 경제학에서는 인플레를 억제하기 때문에 수요부족으로 완전고용이 불가능하고 노동자 주체를 비정치적 인간으로 만든다. 자유주의자는 거시경제안정화를 위해 실업보다 인플레가 더 심각한 위기를 초래한다고 주장해왔다. 인플레를 동반하지 않는 실업률인 이른바 NAIRU(non-accelerating inflation rate of unemployment)를 미국 기준으로 3%에서 시작하여 1980년대까지는 7.8%까지 상승하였고 유럽은 2010년 중반 이후 8.1%까지 늘렸다.[38] 이에 후기 케인지언들은 일자리 보장제는 정부만이 근로자 채용을 수익성이라는 논리에서 분리시킬 수 있는 무한탄력성을 가지고 있다고 보고 완전고용 달성이 가능하다고 주장한다.[39]

여기서는 일자리 보장제에 대한 거시경제적 설명보다는 참여소득과의 유사성과 차이점을 위주로 살펴보도록 한다. 일자리 보장제의 핵심은 노동시장의 지위나 개인 특성과 상관없이 일을 원하는 모든 사람들에게 양질의 일자리를 제공하는 것을 목적으로 한다.[40] 미국 학자인 체르네바(Tcherneva, 2018)의 논문에서는 11개의 추가적 목적(additional objectives)과 16개의 프로그램 특징(program features), 11개의 기대효과(expected benefits)를 제시하고 있다. 추가적 목적을 한마디로 정리하면 공익성 또는 공공성이다. 공공의 목적과 사회적 문제 해결, 각기 다양한 숙련 수준을 갖춘 사람들을 위한 일할 기회 제공, 고용안정 및 실업 예방 등이 추가적 목적이다. 특징은 몇 가지 범주로 분류할 수 있어 보인다. 지역성, 공익성, 충분성, 지속성, 독립성이다.

지역성에는 지역일자리, 지역사회 투자와 목표지향성 및 지역의 요구를 반영하는 프로젝트 등이, 공익성에는 모든 사람을 위한 일자리, 교육훈련과 견습의 기회, 환경 투자, 민간 일자리 이동의 디딤돌 등이 포함된다(단, 공공부문 일자리를 대체하지 않는다). 충분성에는 생활임금과 연방자금 지원이, 지속성에는 프로그램의 영속성과 개인의 능력에 맞는 일자리 지원이, 독립성에는 근로연계 프로그램이 아니라는 성격이 있고 근무일 선택권이 포함된다. 이러한 일자리 보장제의 기대효과를 정리하면 완전고용, 생활소득(living income), 질 나쁜 직업에 대한 대안적 성격, 경제 전반에 노동표준화 지원, 인플레이션 안정화(거시경제 안정화), 소득 개선, 실업자 정신건강 개선, 사회 및 환경에 긍정적 영향 등이 있다.

체르네바는 일자리 보장제의 구체적인 운영방안도 제시하고 있는데 핵심적인 것만을 간추려 보면 다음과 같다. 일자리 보장제 프로그램은 노동부(department of labor)가 관할하지만 지역성을 살려 지자체는 지역사회(community) 집단과 협력하여 지역사회 요구사항, 이용 가능한 자원의 범주화, 노동부 조언 하에 지역일자리 은행(community job bank)과 일자리 보장 프로그램을 설계하도록 한다. 이는 일종의 역매칭 방식으로 지역의 요구를 중앙정부가 최대한 반영할 수 있는 장치를 둔 것이다.

지역성을 강화하기 위해 참여민주주의를 요구하고 있으며 장기적으로 참여 거버넌스 형태로 지역 이해관계자 참여를 전제조건으로 요구하고 있다. 예를 들면 주민들이 예산책정 과정에 참여하는 것들이다. 일자리 보장제 프로그램 수행기관으로는 공공기관(public institution), 비영리 단체(NGO), 사회적 기업(social enterprise)으로 상정하고 있다. 그러면 가장 중요한 일자리 보장제의 일자리 유형을 살펴보도록 하자.

체르네바는 국가 돌봄행위(national care act)라는 큰 범주로 일자리를 정의하였다. 돌봄의 대상으로는 환경, 지역사회, 그리고 사람 이렇게 세 영역으로 나누어진다. 먼저 환경 돌봄 일자리로는 토양침식, 홍수조절, 환경조사, 공원유지 관리, 침입종 제거, 농어업 지원, 나무심기, 옥상정원 가꾸기 등이 해당된다. 지역사회 돌봄에는 범죄예방, 도시 황폐화 예방, 개간, 개척, 태양열 전지판, 지역사회 극장 설립, 놀이터 건설, 도구 대여 도서관, 구술역사가 포함된다. 마지막으로 사람 돌봄에는 방과 후 프로그램, 위험에 처한 청소년, 퇴역군인, 장애인 특별프로그램, 교사, 코치, 호스피스 직원, 학교 영양사 등이 돌봄 대상자 및 제공자로 포함된다. 일자리 보장제에서 일자리 유형만 놓고 볼 때 뒤에서 제시할 참여소득 유형과 크게 다르지 않다. 조직 운영체계도 지역성을 최우선으로 놓고 있으며 참여민주주의나 지역 거버넌스 구축은 참여소득 활성화를 위해 이 책에서 제안하는 것과 상당히 유사하다. 소득 수준이나 공공성, 기대효과 중 일부 측면들도 참여소득과 유사하다. 그러면 어느 부분에서 참여소득과 차이가 있는 걸까?

우선 일자리 보장제와 참여소득과의 가장 큰 차이점은 대상자에 있다. 일자리 보장제는 실업자만을 대상으로 하지만 참여소득은 참여자의 고용 상태와는 무관하다.

> 일자리 보장제와 참여소득과의 가장 큰 차이점은 대상자에 있다. 일자리 보장제는 실업자만을 대상으로 하지만 참여소득은 참여자의 고용 상태와는 무관하다.

한마디로 참여소득은 재직자들도 참여할 수 있다. 물론 참여소득에 재직자보다 실업자들이 또는 비경제 활동인구의 참여가 많겠지만 그렇다고 해서 재직자를 배제하지는 않는다. 두 번째 차이점은 일에 대한 개념이다. 일자리 보장제는 고용을 근간으로 하지만 참여소득은 일을 통한 활동에 초점이 맞추어져 있다. 일자리 보장제에서는 일이 국가가 보장하는 고용을 의미하지만 참여소득에서는 고용과 노동, 일의 개념을 구분한다. 세 번째는 사람 돌봄에 대한 관점이다. 일자리 보장제는 집단형 고용이 가능한 돌봄을 의미하지만 개인 가족을 위한 돌봄 개념은 없다. 그러나 참여소득은 개인의 어린 자녀나 고령자를 위한 개인 맞춤형 돌봄도 포함한다. 네 번째는 교육훈련에 대한 관점이다. 일자리 보장제는 개인의 능력과 수준에 맞는 일자리를 배치하기 위한 교육훈련 필요성을 제시하지만, 참여소득은 교육훈련 참여도 참여소득 지원 대상이다. 마지막으로 사회적 기여에 대한 명확성이다. 일자리 보장제는 사회적 공익성과 문제 해결을 특징으로 가지고 있으나 사회적 기여를 의무적으로 표방하지는 않는다. 그러나 참여소득은 사회적 기여의 정의와 범위에 대한 논쟁은 존재하지만 기본적으로 사회적 기여 의무를 표방하고 있다.

일자리 보장제와 참여소득의 유사점과 차이점을 살펴보았는데 과연 일자리 보장제가 참여소득에 비해 정책 현실성 측면에서 타당한지도 따져 보아야 할 것이다. 일자리의 지속성, 일자리 수요의 무한적 수용성, 사회안정화 기능 실현 여부 등이 검토 대상이다.

첫 번째는 일자리의 지속성 문제이다. 현실적으로 실업자 백 만명이 최소 1~2년간 지속적으로 참여할 수 있는 일자리를 찾는 것은 불가능하다. 일자리 보장제에서 제시해 온 일자리는 주로 공공부문의 단기성 일자리가 대부분이다. 이러한 문제를 알기 때문에 미국 대통령 후보로 출마했던 버니 샌더스(Bernie Sanders)는 빈곤층 주거 인프라 개선사업이나 친환경 에너지 개선 사업 같은 장기간의 노동집약적 분야에서 일자리 보장제를 구상한 것으로 보인다.

환경 관련 돌봄 일자리도 계절적 요인에 의해 불과 몇 개월 내에 완료가 가능한 일자리가 대부분이며 지역사회 돌봄에는 일상적인 치안활동, 구술 역사 기록과 같은 일을 제외하고는 단기성 일자리가 전부이다. 사람 돌봄이 그나마 지속성 담보가 가능하다. 예를 들면 방과 후 교사, 호스피스 직원, 코치, 고령자 돌봄 등에서 가능하다. 이러한 일자리는 사회서비스 일자리와 동일하다. 일자리 보장제는 거대한 제조업 공장이나 공공기업을 설립하여 안정적인 일자리를 제공하기보다는 사회간접자본 투자나 사회서비스 일자리 제공으로 그칠 가능성이 높다. 만일 공장이나 기업의 형태로 일자리 보장제가 성립 가능하다면 오늘날 광주형 일자리도 일자리 보장제 정책의 하나인 셈이 된다.

결국 일자리 보장제에서 지속적으로 참여 가능한 일자리가 많지 않다는 점이 문제다. 이러한 문제 제기를 인지해서인지 일자리 보장제 주창자들은 참여소득과의 연계를 통해 바람직한 사회적 요구를 성취하기 위한 제도적 매개물을 제공할 정책을 기획하고 있다.[41] 그러나 이들 국가적 돌봄 대부분은 기간이 한정적(일시적 조사 업무, 태양열 전지판 설치 등)이거나 일회성 사업(건설, 토목 등)이 대부분이어서 시민들의 사회적 요구를 지속적으로 실현하기는 불가능에 가깝다. 따라서 사회적 요구의 범위를 넓힐 필요가 있는데 그것이 바로 보편적 기본서비스(universal basic services, UBS)이다.

충분한 영양 공급, 저렴한 가정용 에너지, 식수 위생, 교육, 정보, 통신, 건강 요양 서비스, 긴급서비스, 고용소득 유지 등은 사람의 삶에서 꾸준히 필요한 것들이므로 이러한 부분들에 대한 수요는 지속적일 수밖에 없다. 왜냐하면 보편적 기본서비스 태동이 그동안 글로벌 경제하에 나타난 경제적·사회적 실패에 대한 대안으로 제시되었으며, 일반 시민들에게 참여·기회·안전에 대한 일정 수준의 접근을 보장함으로써 더 좋은 삶을 살아갈 수 있도록 공공서비스로서 제안되었기 때문이다. 여기서 '기본'은—최소가 아닌 충분함을 의미하는데—각 개인이 지불 능력과 상관없이 자신에게 필요한 서비스를 받고 사회에 참여할 수 있도록 한

다.[42]

그런데 보편적 기본서비스가 강력한 이론이 되기 위해서는 두 가지 사고가 필요하다. 하나는 제2부에서 살펴보았던 기본 캐퍼빌러티 평등(BCE)이고 다른 하나는 요구이론(Need Theory)이다. 후자는 사람들이 사회에 참여하고 그들이 그들 스스로가 처한 상황을 성찰하기 위해 어떤 해로움을 피할 수 있어야만 한다[43]는 기본 철학을 가지고 있다. 이 의미는 기본적 요구는 모든 형태의 사회생활에 효과적으로 참여하기 위한 보편적인 전제조건으로서 물, 영양, 피난처, 교육 및 의료와 같은 물질적 요소와 비물질적 요인인 어린 시절의 안정성, 중요한 일차적 관계, 신체적·경제적 안정 등을 포함하고 있다. 이러한 측면에서 보편적 기본서비스는 센의 캐퍼빌러티보다는 누스바움의 10대 캐퍼빌러티 개념의 일부를 차용한 논점이라 할 수 있다.

보편적 기본서비스 논자들도 개인의 요구 만족을 미시경제학의 선호 총합(preference-aggregating) 문제로 풀기보다는 문제 해결과정을 통해 풀어야 한다고 주장하며 공유지의 비극 문제를 집단적 의사결정 과정으로 해결한 엘리너 오스트롬(Elinor Ostrom)의 사례를 제시하고 있다.[44] 공유된 목표를 달성하기 위해 집단행동과 책임성, 헌신, 동감, 그리고 연대 강화가 필요하다는 것이다. 일자리 보장제가 지속적인 고용가능성을 높이려면 이 책의 주장처럼 캐퍼빌러티에 근거한 참여소득을 통해야 함을 의미한다 하겠다.

일자리 보장제의 현실 타당성에 대한 두 번째 문제는 일자리 수요의 무한적 수용성과 소득의 충분성이다. 최종 고용자로서 정부가 실업자를 무한하게 수용할 만한 노동수요도 존재하지 않을 뿐만 아니라 대부분의 일이 지속적이지 못하여 소득의 충분성을 보장하기도 힘들다는 것이다. 참여하는 직종별 및 일자리특성별로 생산성이나 노동강도가 달라 동일한 임금을 주는 것도 적절하지 않다. 직종별로 보수의 차등도 부여해야 한다. 그러나 만일 일자리 보장제가 사회적 참여 및 봉사의 성격을 가지고 있다는 이유로 헌신 같은 내재적 가치의 동기부여가 필요하다면

결국 참여소득이 되는 셈이다.[45]

　세 번째로는, 일자리 보장제가 사회안정화를 실현할 가능성 여부이다. 일자리 보장제에 참여한 사람이 그 기간 동안 숙련 수준을 유지하여 경기가 좋아지면 민간부문으로 이동할 것이라고 일부에서는 주장하지만 민간 일자리에서 실직한 구직자가 훈련을 받고 재취업해도 기존 직장보다 낮은 임금을 주는 직장을 얻게 되는 게 대부분이다. 최저임금보다 높게 책정된 생활임금을 지급하는 일자리 보장제하의 일자리에서 민간 일자리로의 이동은 거의 이루어지지 않을 것이며 설사 있다 하더라도 소수의 일부 청년층에서만 가능할 것이다. 이는 중소기업의 채용 성격이 학력이나 경력과 무관한 일자리가 70%를 상회하는 노동시장의 구인 환경을 보더라도 양질의 일자리 이동은 현실성이 없는 주장이다. 일자리 보장제를 통한 완전고용에 의해 노동자의 협상력을 강화할 수 있다는 것은 앞에서 본 노동수요의 무한 수용성이 있고, 지속적인 일과 충분한 소득이 보장될 때는 가능할지 모르지만 현실적으로 이러한 상황이 벌어질 가능성은 희박하다.

　네 번째는, 일자리 보장제에 참여한 사람은 4대 보험을 징수할 텐데 만일 일자리 보장제를 그만둔 사람이 민간 일자리로 가지 못하였을 경우 선택지는 현재로서는 고용보험밖에 없다는 것이다. 또다시 기본소득 및 사회보장 프로그램 관련 수혜 논의가 이루어져야 하는 것이다.

　다섯 번째, 사회서비스 중간조직의 개혁 없이는 일자리 보장제가 제대로 실현되기 어렵다. 이 사안은 참여소득도 풀어야 할 숙제이다. 그러나 참여소득은 현재 비영리 민간조직의 개입 없이도 실행가능한 부분이 있지만 일자리 보장제는 중간조직을 끼고 실행하기 때문에 기존 민간사업자와의 충돌이 불가피하다는 문제가 있다. 지역별 사회서비스원을 국가의 일로 귀속시키는 정책도 사회서비스 중간조직의 극심한 반대로 거의 무산되었기 때문이다.

대한민국은 이미 참여소득 강국

전통적인 앳킨슨의 정의를 통해 참여소득 유형에 대한 유럽 몇 몇 국가의 사례를 살펴보자. 헤이키 히일라모(Heikki Hiilamo)와 카트린 꼼프(Kathrin Komp)는[46] 네덜란드, 독일, 덴마크, 핀란드 네 나라의 사례를 통해 사회적 참여(social participation)와 참여소득의 사례를 연구하였다. 네덜란드의 경우 가장 폭 넓게 유료 임금 일자리, 어린이와 부모 돌봄, 성인(지속) 교육(further education)을 사회적 참여로 인정하고 있으며, 자발적 봉사도 참여소득으로 인정하고 있다. 독일은 중간 정도 수준으로 유료 일자리는 참여소득으로, 돌봄은 사회적 참여로 분류가 가능하기는 하지만 완전하지 않은 형태로서 인정하고 있으며 자발적 봉사가 효율적이라면 사회적 참여로 인정이 가능하다는 입장이다. 덴마크는 자발적 봉사와 돌봄은 인정하고 있지 않으며 핀란드는 돌봄은 인정하고 있지 않지만 자발적 봉사나 성인 지속교육훈련은 가능할 수 있다는 입장이다.

<표 3-1> 유럽 4개국 및 한국의 참여소득 형태

	한국	덴마크	핀란드	독일	네덜란드
유료 일자리 (paid work)	예	예	예	예	예
돌봄 (caregiving)	예	아니오	지금은 아님	가능할 수 있음	예
자발적 (volunteering)	예	아니오	가능할 수 있음	사실상 예	예
성인교육 (further education)	예	예	가능할 수 있음	예	예

출처: Heikki Hiilamo & Kathrin Komp(2018), p.259. 한국은 필자가 추가.

그럼 우리나라의 참여소득에는 어떠한 것들이 있는지 살펴보자. 이 책에서는 예시로 든 프로그램을 반드시 참여소득이라고 규정하지는 않는다. 다만 독자의 이해를 돕기 위해 유럽의 사례와 마찬가지로 앳킨슨의 참여소득 정의를 바탕으로 현재 우리나라에서 운영되는 적극적 노동시장 정책 프로그램과 사회복지 정책 중 참여소득으로 분류가 가능한 것을 예로 들어보고자 함이다.

첫째, 1부에서 본 우리나라의 적극적 노동시장 정책 중 직접 일자리와 직업훈련은 참여소득으로 분류될 수 있다고 본다. 먼저 우리나라는 초중등 교육이 의무교육이므로 당연히 참여소득에서 빠진다. 또한 대학교육도 고등교육으로서 개인의 선택과 입학 자격에 의해 주어지는 것이므로 참여소득에서 제외한다. 하지만 실업자 훈련 시 무료 훈련비와 훈련수당을 주는 직업훈련은 참여소득으로 보아도 무방하다. 최근의 국민취업 지원제도는 더욱 그러하다. 한편 평생교육이나 성인교육도 시민의 권리로 인정하고 시민의 자유 확대에 필수적 요소로 간주한다면 참여소득으로 볼 수 있을 것이다. 고용과 노동의 숙련과정과는 무관하면서 복지 차원에서 하나의 권리로서 평생교육이 활용된다면 이는 참여소득이 맞다.

둘째, 돌봄의 경우를 보면 2020년 기준 우리나라는 0세에서 5세 미취학 어린이를 대상으로 적게는 24만원 많게는 47만원의 어린이집 보육비를 지원하고 있어 어린이 돌봄 참여소득이라 불러도 무방하다. 기본소득 주창자들은 이와 관련 여성과 남성들의 돌봄을 위한 목적으로 '(부분)기본소득'의 필요성을 제기하고 있고,[47] 케이시 웍스(Kathi Weeks)는 가사임금의 계승으로서 그리고 탈노동정치의 전술로서 임금지원도 아니고 참여소득도 아니고 자본양도도 아닌 사회임금(social wage)의 개념으로 기본소득을 주장한다.[48] 그러나 이러한 기본소득은 그 주장의 내용이 무엇이든 엄밀히 말해 가사노동이든 돌봄노동이든 사회적 기여와 공공성이라는 공공의 일에 참여한다는 점에서 참여소득으로 보아도 무방하다.[49]

지금은 없어졌지만 얼마 전까지만 해도 집안의 고령자 돌봄을 위해 요양보호사 자격을 취득하면 국가에서 보조금을 지원한 적이 있었다. 물론 이 경우는 참여소득에 대한 비판 사례로 훌륭한 표본이다. 핵심적 비판은 수혜자가 제대로 기여하는지에 대해 감시하는 비용이 많이 든다는 것인데, 과거 고령자 가족 돌봄 지원 제도에서 참여자들이 제대로 간호를 하지 않는 도덕적 해이가 발생함에 따라 해당 제도가 폐지되었기 때문이다. 역설적으로 참여소득이 활성화되기 위해서는 행정 모니터링보다는 지역사회에서 자치적이고 협치적인 활동을 통해 도덕적 해이를 방지하는 것이 더 필요하고 중요함을 보여주는 것이라 하겠다. 가족 돌봄이 독박 돌봄 형태로 이루어진다면 이들에 대한 지원 과정에서 도덕적 해이가 발생하더라도 참여소득은 매우 시급한 정책이 될 수 있다. 독박 돌봄은 돌보는 사람의 소득활동을 중단시키고 사회적 행동반경을 제약하기 때문이다.

셋째, 승인된 형태의 자발적인 일로서 여기에는 다양한 프로그램이 있다. 그 중 대표적인 것이 사회적 기업, 마을 기업, 협동조합이라 할 수 있다. 이들 세 가지 사업은 민간 영역에서 투자 수익 문제로 참여하지 않는 미충족된 사회적 요구 사항(Unmet Social Needs)을 해결하기 위한 지역 주민의 자발적인 조합[50]으로서 참여소득 정의에 부합된다. 일부 시민단체 지원, 자발적인 공공시민서비스 활동이 포함될 여지도 있다.

넷째, 참여소득의 유료 일자리(paid work)에는 한국의 직접일자리 사업이 해당된다 할 수 있다. 여기에는 소위 공공근로로 폄하되던 공공 일자리 지원사업도 포함되고 각 지역에서 시행하고 있는 의용소방대, 산림치유지도사와 숲해설가, 지역문화해설가, 문화예술교육 전문인력 지원사업, 청년활동가 육성 지원사업 등이 포함되는데 이를 참여소득으로 정의하여도 무방하다. 생활 사회간접자본 확충을 통한 문화예술 지원사업, 체육, 의료, 교육사업에 소요되는 인력의 채용과 활용도 참여소득이라 볼 수 있을 것이다.

<표 3-2> 우리나라의 참여소득 유형(예시)

참여소득 유형	현재 시행 중인 정책들
유료 일자리	직접일자리, 의용소방대, 산림숲 해설가, 청년활동가 지원, 일부 협동조합, 사회적 기업 등,
교육훈련	국민취업 지원제도, 국가기간전략산업직종 훈련
돌봄	아동수당, 어린이집 지원, 고령자, 장애인 돌봄
승인된 자발적 일자리	사회적기업, 자발적 공공 시민 유료 봉사 등

지금까지 우리나라 적극적 노동시장 정책 중 참여소득으로 전환이 가능한 것을 <표 3-2>에 제시하였다. 유럽 4개국과 형식적으로만 비교해 볼 때 참여의 내용과 깊이, 수준까지 들어가면 여러 가지 차이는 있겠지만 우리나라는 네덜란드 수준의 참여소득을 이미 시행하고 있는 나라인 셈이다. 분명히 우리나라는 세계 최고의 참여소득 국가로 발전할 가능성이 높고 어쩌면 우리는 모르지만 이미 참여소득 최강국일 수도 있다. 대표적인 것이 노인 돌봄 서비스이다. 미국, 유럽, 일본에서조차 따라오기 힘들 정도의 정교하고 풍성한 서비스를 제공하고 있기 때문이다.

> 중요한 것은 공공근로와 무엇이 다르고 같은가를 따지기보다는 어떻게 이들 사업을 의미 있는 공익 일자리 또는 참여소득으로 재탄생시킬 수 있는가에 주목해야 한다.

여기서 중요한 것은 공공근로와 무엇이 다르고 같은가를 따지기보다는 어떻게 이들 사업을 의미 있는 공익 일자리 또는 참여소득으로 재탄생시킬 수 있는가에 주목해야 한다. 중앙 및 지방 정부관료의 행정력에 의해 진행할 것인지 아니면 지역주민의 숙의민주주의와 참여를 통해 주민 자신들에게 가장 최적화된 사회적·공공적 형태로 미충족된 사회적 요구를 수용할 것인지에 따라 참여소득의 성패는 판가름 날 것이다.

5. 참여소득의 새로운 정의 및 운영원리

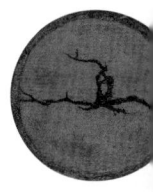

확장된 참여소득의 정의

　　참여소득이라는 개념이 나온 지 30년이 되어 간다. 참여소득 논쟁은 기본소득에 비해 그동안 사회적으로나 학술적으로나 국제적으로 커다란 관심을 불러일으키지 못한 것도 사실이다. 주장하는 논리와 현실성이 허술하고 빈틈이 많은 것도 사실이다. 이는 역설적으로 기본소득 개념이 지난 500년간 무수한 이론가와 철학자, 경제학자, 자본가들에 의해 수정 및 보완되었듯이 참여소득 또한 앞으로 시간을 두고 수정 및 보완될 수 있다는 희망을 가질 수 있게 한다. 여기서는 참여소득의 논리기반과 실현가능성을 높일 수 있는 기회 차원에서 기존의 참여소득 정의를 확장하고 새로운 정의를 통해 참여소득의 운영원리를 제안하고자 한다.

　　먼저 참여소득의 불변적 정의(invariant definition)는 1) (비조건성) 수혜자들의 자산조사를 하지 않고, 2) (현금성) 개인별로 현금으로 지급하며, 3) (보편성) 개인의 특성이나 특정 그룹으로 한정하지 않는다는 것이다. 이외에 가변적 정의(variable definition)는 4) (공공성) 민간기업이나 사적 영역이

> 500년간 기본소득 논쟁은 참여소득 또한 앞으로 시간을 두고 수정 및 보완될 수 있다는 희망을 가질 수 있게 한다.

아닌 공공의 일로 사회적·공적 부문에 기여를 함으로서 개인의 실질적 자유 캐퍼빌러티를 확장해야 하고, 5) (참여성) 참여민주주의를 근간으로 하는 시민의 자발적 참여 형태이고, 6) (지역성) 중앙정부가 아닌 지방정부의 거버넌스 체계 활동으로 지역마다 사회마다 합의된 공공의 일 참여에 대한 보상이며, 7) (충분성) 공공부문과 사회적 기여와 참여에 대한 소득은 사회적 기여와 참여라는 내재적 동기를 존중하여 책정하는 것으로 정의한다.

<표 3-3> 새롭게 확장된 참여소득의 정의

분류	조건	내용
불변적 정의	1) 비조건성	자산조사를 하지 않음
	2) 현금성	현금으로 지급
	3) 보편성	성별, 연령, 고용상태 등 특정 그룹에 한정하지 않음
가변적 정의	4) 공공성	사회적 공공부문에 기여하는 것으로 민간 부문이 담당하기 어려운 공익성 실현
	5) 자발성	시민의 자발적 참여가 원칙
	6) 지역성(분권화)	중앙정부 주도가 아닌 지자체 시민의 다양성 존중
	7) 충분성	참여의 내재적 동기와 외재적 동기의 절충된 소득

새롭게 확장된 참여소득 정의에서 1), 2), 3)은 앳킨슨이 주장한 기존의 참여소득 정의를 따른다는 의미에서 불변적 정의라 명명하였다. 4), 5), 6), 7)은 기존 연구자들의 논의를 바탕으로 필자가 조작적으로 정의한 것으로 언제든지 수정되고 보완될 수 있다는 점에서 가변적 정의라 명명하였다. 이들 정의를 세부적으로 살펴보자.

1) 비조건성과 2) 현금성, 3) 보편성은 전통적인 참여소득의 정의이므로 추가적인 설명은 필요 없어 보인다. 다만 3) 보편성의 경우는 특정 그룹의 참여를 반대하지는 않지만 그렇다고 현재 다니고 있는 일자리

> 공공성은 불변적 정의의 보편성을 구체화한 것으로 참여소득이 사적 영역이 아닌 공적 영역임을 명확히 하고자 함이다.

또는 민간부문의 소득까지 참여소득으로 인정하는 것은 아니다.

4) 공공성은 불변적 정의의 보편성을 구체화한 것으로 참여소득이 사적 영역이 아닌 공적 영역임을 명확히 하고자 함이다. 앳킨슨은 사회적 기여(social contribution)라는 명칭을 사용하였는데, 고용-연계복지(workfare) 프로그램에서 요구하는 유료 일자리에 반드시 참여해야 한다는 것은 아니었다.[1] 따라서 공공성은 참여소득이 개인의 실질적 자유를 확대하는 동시에 공적이고 사회적으로 다양하게 기여하는 역할을 하는 것으로 정의하였다. 공공성은 센이 말하는 인간의 캐퍼빌러티와 실제적 자유를 배양시키기 위한 공공정책이 서로 다르면서도 연관되는 경제성, 사회적 기회, 정치적 자유, 투명성 보장, 안전보장을 진작시키는 방향으로 작동한다는 점을 포함하였다.[2] 이때 개인은 캐퍼빌러티 획득을 가로막는 차별과 불평등과 부정의에서 벗어나기 위해 개인적·사회적·환경적 요인으로 구성된 전환요인을 극복해야 할 필요가 있는데 특히 공적 영역에서 전환요인을 극복하기 위해 참여하는 행위와 활동을 참여소득으로 정의한 것이다.

5) 자발성은 과잉 노동공급으로 인해 일자리를 얻지 못한 상태에서 기본소득이 충분히 주어진다고 가정하더라도 여전히 인간에게는 자발적으로 자신의 존재감과 자신을 둘러싼 각종 사회적 이슈에 대한 참여의 욕구, 정치 및 사회단체에 참여할 권리와 요구는 없어지지 않을 것이다. 따라서 다양한 의미에서 정치는 매우 중요하며 어떠한 형태로든 자신의 발언권(voice)을 가지면서 자발적으로 사회적 공공성에 기여하는 것을 의미한다. 캐퍼빌러티가 존재론적 개인주의보다는 참여 또는 숙의 민주주의(deliberative democracy)와 집단적 행동 등을 옹호하는 것을 반영한 것이다.[3] 센이 제3세계의 기근 문제를 경제적 현상이 아닌 정치적 현상으로 접근한 이유도 타자의 존재에 대해 도덕적 관심을 갖고 타자와의 상호관계에서 우리들의 삶의 가치관 중 하나인 사회적 헌신이라는 태도를 반영하고자 함이었다.[4] 빈곤은 타인에 대한 배려와 동감을 지닌다면 결코 일어나지 않을 일이라고 본 것이다. 자발성 정의에는 개인들의 캐퍼빌러티가 공공정책을 통해

강화될 수 있지만, 이때 공공정책의 방향은 대중이 그 결정에 자발적으로 참여하는 역량을 효과적으로 활용하는 것에 의해서도 영향을 받는다는 점을 내재화시킨 것이다.[5]

6) 지역성(분권화) 정의는 참여소득이 지역사회에서 주민의 참여에 의한 사회적 추론(reasoning)이라는 과정을 통해 지역주민의 삶의 질 유지와 주민의 캐퍼빌러티 확장에 기여하는 것으로 규정함을 의미한다. 만일 참여소득이 중앙정부 관료들에 의해 규정되고 집행되는 것이라면 앞서 참여소득을 비판하는 그룹들에서 내세우는 행정비용의 과대화와 정책의 혼선을 가져올 것이다. 그러나 참여라는 것을 지역사회마다 다르게 정의할 수 있고 실현 방식도 다를 수 있다면 이러한 행정적 단점은 일정 정도 극복이 가능할 수 있을 것이다.

마지막으로 7) 충분성 조건은 단순히 참여의 유인으로서 외적 조건인 소득만을 대상으로 하는 것이 아니라 공공적이고 사회적이며 개인의 캐퍼빌러티 확장에 기여하는 것에 참여할 내적 동기까지도 고려하는 조건이다. 단순히 돈만 보고 참여하는 것이 아니라 개인의 보람, 헌신 등을 존중하는 것까지 포함한 개념이다.

한편 추가적으로 고민해야 할 문제는 소득의 지속성이다. 이 지속성은 참여소득을 정의하는 보조적 개념이다. 여기서 지속성은 참여자가 원하면 언제까지나 참여소득을 받을 수 있다는 의미가 아니라 참여소득을 지급하는 프로그램이 지속적이어야 한다는 의미이므로 혼돈을 피하기 위해 보조 정의로 설정하였다.

지역 다양성과 거버넌스

앞에서 살펴본 확장된 참여소득 정의에서 주민의 자발성을 설명하였다. 그 이유를 좀 더 추가적으로 살펴보도록 하자. 참여소득은 기본소득과 적극적 노동시장 정책 중간쯤에 있다고 보는 시각이 보편적이다. 참여의 정의를 좁게 해석하면 적극적 노동시장 정책과 유사하고 광의로 폭 넓게 해석하면 기본소득에 해당될 수 있다고 보는 것이다. 그러나 이러한 해석은 반만 맞는 말이다. 적극적 노동시장 정책의 일자리가 참여소득 일자리가 될 수 있지만 참여소득 일자리가 적극적 노동시장 정책 일자리에는 해당되지 않을 수도 있기 때문이다. 앞서 언급한 것처럼 참여소득을 일자리 정책의 유사 정책으로 볼 이유도 없다. 전통적인 일자리로 규정하기 어려운 봉사, 참여활동, 교육과 훈련 등은 적극적 노동시장 정책 일자리로 정의되지 않기 때문이다. 참여소득 정의를 누가 하느냐에 따라 적극적 노동시장 정책이나 참여소득으로 나누어질 수도 있다. 만일 행정기관이 참여소득 정의를 규정하게 되면 참여소득 프로그램이 정의한 대로 진행되는지 일일이 관리 및 감시하는 비용이 소요된다. 참여소득을 개인과 지역의 다양성을 고려하지 않은 채 일원적으로 규정할 경우 지역마다 개인마다 집단마다 소속되어 있는 지역사회의 필요성과는 거리가 멀어질 수밖에 없다. 이 경우 중앙정부의 일원화된 적극적 노동시장 정책과 동일하게 될 수 있다.

한편 참여소득 참여자를 노동자로 규정하느냐 여부에 따라 앞서 언급한 국가의 일자리 보장제와 유사해질 수도 있고 아닐 수도 있다. 우리는 회사에서, 친구들과의 관계에서, 가족과 가정에서, 지역사회의 각종 모임 등에서 개인의 정체성은 달라질 수밖에 없다. 어떤 지역에서 중요한 일이 다른 지역에서는 중요하지 않은 일이 될 수도 있다. 어떤 지역에서는 도로가 좁은 관계로 교통사고 위험 때문에 교통안전에 대한 요구가 높을 수 있는 반면에 어떠한 지역에서는 도로를 좁혀서라도 주택확보가 더 급선무일 수 있다. 그런데 만일 이러한 지역별·개인별 다양성을 무시하고 중앙정부의 보편적이며 획일적인 정책으로 밀어붙이는 것은 다양성을 억압하는 장치이자 일종의 폭력적 행위일 수 있다.

참여소득 운영 원리에서 다원주의는 매우 중요하다. 낸시 프레이저의 말처럼 참여가 정의(justice)로 이어지기 위해서는 보편적이고 일반적인 참여 정의는 개인들에게

> 지역 주민이 자발적으로 참여하는 가운데 어느 정도 한계는 있겠지만 숙의 민주주의를 통해 참여소득을 정의하고 결정하도록 하는 게 중요하다

그다지 필요 없는 내용물로 다가올 수밖에 없다. 일원화된 정의(definition)는 관리 비용, 즉 행정 비용과 감시 비용의 상승을 불러올 수 있다. 그렇다면 이러한 문제를 해결할 방안은 무엇이 되어야 하는가? 이에 대해 지역 주민이 자발적으로 참여하는 가운데 어느 정도 한계는 있겠지만 숙의 민주주의를 통해 참여소득을 정의하고 결정하도록 하는 게 중요하다고 답할 수 있겠다.[6] 이는 참여소득이 적극적 노동시장 정책과의 차이를 가르는 중요한 분기점이 된다.

적극적 노동시장 정책은 중앙정부의 획일적인 내용물이 사회서비스 형태로 분배되는 경향이 지배적인데 이는 사업의 타당성, 적합성, 심사, 평가와 분석 등이 함께 이루어지기 때문이다. 참여소득이 중앙정부에 의해 기획되고 집행된다면 적극적 노동시장 정책과 차별성을 가지기 어렵다는 것을 의미한다. 참여소득이 주민의 자발적 필요에 의해 규정되기 위해서는 시민들 스스로 참여소득이란 것이 주민 또는 시민들 자신에게 어떠한 영향을 끼치고 또 장점은 무엇인지에 대한 상당한 공론화 과정과 토론, 홍보가 선행되어야 한다.

참여의 개념을 정의하고 시민에게 필요한 프로그램을 토론하고 예산을 책정하고 배분하는 일련의 과정이 시민과 함께 동반되지 않으면 장기적으로 참여소득은 행정기구의 생색내기 정책으로 끝날 공산이 크다. 이 과정이 생략된 채 바로 참여소득을 진행할 경우 기존의 적극적 노동시장 정책과 유사해질 것이며 시민을 위한 정책이 아니라 자치단체장과 관료들을 위한 정책으로 변질되고 말 것이다. 기존의 적극적 노동시장 정책이 그래왔던 것처럼 말이다.

그 다음은 시민사회 관점에서 지역과 주민과 행정기구 간의 거버넌스 구성이다. 참여소득 정책을 실현하기 위해서는 현재 각 지역에—읍·면·동 마을 단위까지 포함하여—존재하고 있는 시민단체와 행정기관, 지역 종교단체, 기업, 이해당사자그룹 등으로 구성된 거버넌스 협의체를 구축하여 논의를 진행하게 할 필요가 있다. 그리고 그 주도권을 시민이 가지도록 참여소득 영역별 시민네트워크를 구성하며 당장은 미흡할지언정 장기적으로 그 역량을 갖추어나갈 수 있는 기회를 부여하는 정책이 필요할 것이다. 시민도 단체도 지자체도 실행하면서 배우는(learning by doing) 방식으로 자신들의 역량을 키워나가야 한다. 적극적 노동시장 정책처럼 관 주도로 참여소득 정책을 실시할 경우 지자체는 기존과 다르지 않은 지원정책으로 인식하고 수동적인 태도를 취하게 될것이며,시민과 단체는 지원금을 어떻게 하면 많이 받을지만을 강구하게 될 수도 있다. 이러한 방식은 시민사회 활성화에 별 도움이 되지 않을 것이다.

지금까지 지역 거버넌스는 중앙정부가 주도하는 거버넌스에 지역이 마지못해 끌려가는 형국이었다. 지역이 거버넌스를 구축할 총체적 역량이 부족하다는 이유로 중앙정부가 주도권을 넘겨주지 않았기 때문이다. 그러나 이러한 지역의 역량 문제는 원인이 아닌 결과의 문제로 보아야 한다. 지역의 재정자립을 위한 조세도 변화가 이루어지지 않는 상황이고 인력도 수도권 중심으로 모이고 있어 지방이 역량을 갖출 객관적 환경이 마련되어 있지 않았기 때문이다. 지방의 역량 문제를 제기하는 것은 중앙정부 중심의 시각에서 필요한 역량이지 실제로 지역 주민의 소소한 바람이나 생활밀착형 프로그램 발굴 등에 필요한 역량의 충분성은 지자체 홈페이지에만 들어가 보아도 확인할 수 있다.

지방분권 촉매제로서의 참여소득

지방분권화는 1995년 지방자치단체장 선거가 생성된 이후 거의 30여 년간 줄기차게 논의가 이어져 오고 있는 의제이다. 초창기 지방분권화 및 지방자치의 큰 틀은 지역의 정치·경제 발전에 초점을 맞추어 왔다. 우리나라에 본격적인 지방분권화 담론을 연 것은 노무현 대통령이다. 그는 대통령 후보 시절부터 지방 균형발전을 핵심 공약으로 설정하여 수도권 과밀화 해소와 자본, 인력, 행정, 문화예술의 집중을 분산하는 것을 골자로 하였다. 우리나라의 지방분권화를 얘기하기에 앞서 영국과 일본의 지방분권화 사례를 알아볼 필요가 있다.

영국의 지방분권화는 1980년 초 대처 수상이 신자유주의에 입각하여 재정 낭비의 주범인 지방정부의 문제를 해결하고자 런던 광역시를 해체하는 등 지방정부 권한을 제한하는 조치에서 찾을 수 있다. 이는 중앙정부에서 지출하는 복지비용을 줄이기 위해 지방정부를 이용한 것에 지나지 않았다.[7] 1997년에 들어선 노동당 정부는 다시 지방정부의 역할을 강조하였다. 예를 들면 중앙정부의 정치·행정 과정에 지방정부를 참여시키고 지방정부의 권한과 이에 상응하는 재원보장 등을 강조한 것이다.[8]

일본도 고이즈미 총리 시절 지방분권화를 시도하였는데 영국과 마찬가지로 중앙정부의 재정적자가 첫 번째 이유라 할 수 있다. 두 번째 이유는 대외 환경의 변화로 중앙정부는 신자유주의 확산을 위한 글로벌 업무에 집중하고 작은 정부를 위해서라도 지방분권을 통해 슬림화할 수 밖에 없는 상황이었다는 점이다. 세 번째 이유는 저출산·고령화로 인한 복지국가 패러다임의 변화이다. 저출산 대책과 고령화 사회의 다양한 요구들은 기존의 중앙 집권체제 방식으로는 이행할 수 없는 것들이었다. 소품종 대량생산에 의존하던 중앙집권 복지정책 방식은 시대의 흐름과 시민의 요구 변화를 따라잡지 못하였기 때문이다.[9] 영국과 일본의 사례에서 알 수 있는 것은 지방분권화가 재정문제와 변화하는 사회의 다양성을 중앙정부가 소화하기 어렵다는 사실로 압축할 수 있다.

지방분권화의 장점 중 하나는 지역사회의 결정에 따라 공공재에 대한 소비자 선택의 폭을 확대하는 수단으로 작용할 수 있을 뿐더러 비용을 줄이고 인적자원을 보다 효율적으로 활용할 수 있다는 점이다.[10] 삶의 질 향상, 일과 삶의 균형, 행복과 같은 개인의 미시적 취향과 선택의 만족을 중앙정부의 정책으로 감당하는 것은 불가능하며 지방의 소규모 집단—이를 커뮤니티라 부르든, 마을 공동체로 명명하든—에서 충족되어야 함을 의미한다. 지역 내에서 고용이 아닌 일, 복지의 요구, 그리고

> 지역 내에서 고용이 아닌 일, 복지의 요구, 그리고 참여를 통한 구성원의 소속감·연대감·유대감·친밀감의 형성을 위해서라도 지역 단위의 다양한 프로그램 개발은 반드시 필요하다.

참여를 통한 구성원의 소속감·연대감·유대감·친밀감의 형성을 위해서라도 지역 단위의 다양한 프로그램 개발은 반드시 필요하다.

지난 30여 년간 우리나라의 지방분권화는 네 가지 키워드로 설명할 수 있다. 지방 인프라(도로, 주택, 공항건설)와 기업 유치, 문화관광객 유치를 위한 각종 상징물 제작, 그리고 마지막으로 가장 중요한 재정자립이다. 첫 번째 키워드인 지방 인프라 중 주택은 기존 원도시보다 주로 신도시에 건설하는데 이는 지역 내 토목·건축 이해 당사자들 간 합작품이 대부분이다.[11] 신도시 건설이 기존의 주택 문제를 해결할 수 있는 장점은 있으나 신도시에 시장, 문화, 행정, 각종 편의시설 등 인프라 구축 비용이 새롭게 발생하기 때문에 주민들에게 돌아가야 할 복지 혜택 등이 줄어드는 단점이 있다.

두 번째 키워드인 기업 유치는 지방의 일자리 문제와 직결된 것으로 기업 유치는 지방 자치단체장 치적 중의 최고라 할 수 있다. 하지만 기업 유치는 노동집약적인 제조업을 의미하는 것으로 두 가지 측면에서 지역일자리에 긍정적인 영향을 끼친다고 보기 어렵게 한다. 하나는 지역 간 인접 지역의 베드타운 역할을 할 공산이 크다. 공장이 있는 지역은 토지가격 때문에 지역에서도 외곽지역에 주로 자리 잡게 되는데 대부분의 직원들은 자녀 교육과 부동산 문제로 대도시 주변이나 심지어 타지역에서 살기를 원해 공장 유치가 꼭 지역 일자리로 연계된다고 말하는 것을 주저하게 한다. 두 번째는 제조업이 과거처럼 노동집약적이지 않다는 사실 때문이다. 최근 '리쇼어링'에서 보듯이 해외에서 국내로 복귀하는 기업들의 경우 로봇이나 ICT 기술로 인해 예전만큼 풍부한 일자리를 제공하지 못할 전망이다. 따라서 지방에서 신규 유치가 가능한 일자리는 저임금과 저숙련에 기반한 노동력 중심의 영세 사업장일 수밖에 없다. 대규모 사업장은 노동력보다 값싼 토지 비용과 물류 비용의 최소화가 가능할 경우 스마트공장 형태로 유입될 수 있을 것이다.

세 번째 키워드인 문화 관광 상품개발은 과거부터 내려온 자연 풍광이 아닌 경우 대부분 축제 형태의 프로그램 발굴, 조형물 제작 등으로 이루어진다. 성공한 프로그램들도 있지만 주로 일회성·계절성·단기성 관광 유치에 해당되어 장기적으로 지역경제에 커다란 영향을 미친다고 보기는 어렵다. 이러한 상황 때문에 지방에서는 기존 거주민의 유출을 막고 지역 내 경제 활동과 지역 내 내수시장 활성화를 통해 지역경제를 살리려는 움직임이 있다. 가장 대표적인 것이 '지역화폐'와 '지역인재 할당'이다. 지역화폐의 효과성에 대해서는 다양한 견해가 있지만 지역화폐의 가장 큰 목적은 지역 내 주민 간의 '관계재' 형성과 지역 내 내수 활성화라 말할 수 있다. 앞서 언급한 "멈추고 만나서 얘기하라" 관점에서 지역화폐가 일정 정도 긍정적인 영향을 끼칠 수 있을 것으로 기대되는 이유이기도 하다. 현재까지 지역화폐를 효율성과 비용편익, 시장 관점에서만 보아 왔는데 이러한 관점을 그대로 유지하게 되면 지역화폐는 그 지역을 벗어난 시장과의 경쟁, 발행비용, 현금깡 감시비용 등을 고려할 때 효과 없는 정책이 될 수 있다. 이러한 중앙정부 관점의 효율성 접근은 지역화폐의 효과성을 곡해할 수 있다. 그러나 지역화폐가 해당 지역 내 시장으로 발길을 옮기게 함으로써 지역주민을 만나게 하고 살아가는 것을 보고 얘기하게 할 수 있고 외로움과 고립감이라는 고통을 조금이나마 줄이는 데 기여하는 관계재의 한 형태로 여겨진다면 지역화폐의 효과성은 달라질 수 있다. 이러한 편익은 주류 경제학에서는 외부재로 간주하기 때문에 결코 분석에 담아낼 수 없다.

마지막 네 번째 카워드인 재정자립은 지방분권화의 성공열쇠이자 걸림돌이 되기도 한다. 현재 대다수 지자체의 지방세 수입 중 가장 큰 비중을 차지하는 것은 부동산 취·등록세이다.[12] 이는 지역에 아파트를 많이 건설하게 만드는 유인이 되기도 한다. 그러나 이러한 부동산 취·등록세는 한시적 세금이라는 데 문제점이 있다. 이러한 점 때문에 지방분권화에 대한 반론이 존재한다. 가장 대표적인 반론의 핵심은 재정자립도에 맞게 지방이 분권화되거나 지방자치가 된다면 지방 간 부익부 빈익빈 현상이 더욱 심화된다는 논리이다.[13] 재정적 지방분권화는 특정 지역의 부자들로부터 거둔 세금을 가난한 다른 지역 사람들에게 재분배하는 것을 어렵게 만들기 때문이다. 재정자립도가 낮은 지방, 특히 시·군·구는 해당 주민의 이해와 요구를 맞추지 못하기 때문에 타지역으로 인력 유출이 일어나고 다시 재정자립도를 약화시킨다는 것이다. 그래서 중앙정부의 교부세가 지방 간 재정자립의 격차를 줄일 수 있다고 보고 있다. 지방분권화를 위해서는 보다 넓은 공간 단위에서 뭉치고 거점을 만들어 에너지를 모아서 이 거점들을 중심으로 주변 도시들과 연계 협력하는 방안을 모색해야 한다고 주장한다.[14] 최근에는 이러한 주장에 힘을 실어 주듯 과거 마산·창원·진주를 합친 것처럼 부산·울산·경남을 합치는 논의가 급물살을 타고 있지만 재정 조세의 분권화 없이는 실효성에 회의적이다. 그러나 여전히 지방분권화에서 다루지 못하고 있는 분야가 바로 일자리와 복지 문제이다.

일자리는 고용노동부와 행정안전부 정책에 따라 지방이 움직이고 있으며 복지 업무는 노무현 정부 당시 지방에 일부 이양했지만 관련 재정까지 이양된 것이 아님에 따라 지역의 일자리·복지 요구를 수용하여 해결하는 것이 요원하다. 이에 강준만 교수는 2005년 노무현 정부 당시 지방분권화 정책은 중앙 권력이 저지른 '지방분권 사기극'이라고 주장한다. 2005년 당시 순수복지사업 67개를 지방에 이양하고 그 대신 지방에는 담배소비세가 중심이 된 '분권교부세'를 만들었으나 실제 수입은 8.7% 증가한 반면에 복지비 지출은 고령화 촉진으로 연평균 18%가 늘어나 복지 디폴트를 선언해야 하는 상황까지 벌어졌기 때문이다.[15]

지방에 생활밀착형 정책 재량권을!

우리나라 지자체의 가장 큰 어려움 중 하나는 지역 스스로 주민의 생활과 밀접한 미시정책(일자리, 교육, 문화예술, 복지, 보건, 환경 등)을 결정할 마땅한 권한도 예

> 지역 정책에 적합한 기본소득이나 생활임금 등을 활성화하기 위해서라도 지방재정 확충과 조세권의 지방 이양은 매우 필요하다.

산도 없다는 것이다. 그나마 아주 적은 예산으로 지역주민의 소소한 일상의 요구와 필요를 최소한도로 충족시키고 있는 형국이다. 지역 정책에 적합한 기본소득이나 생활임금 등을 활성화하기 위해서라도 지방재정 확충과 조세권의 지방 이양은 매우 필요하다. 그러나 이보다 더 큰 문제는 정책 결정권이다. 예를 들면 지역의 복지정책과 중앙정부의 복지정책 간 충돌 시 지방자치단체가 이길 방법이 없다. 현재 사회보장심의위원회에서 '국가 및 지방자치단체의 역할 및 비용분담에 관한 사항 등'을 심의하기로 되어 있는데 중앙정부의 철학과 반대되는 경우 해당 지역은 고스란히 자기 예산으로 정책을 펼쳐야 한다. 대표적인 것이 과거 성남시의 무상 교복 정책 관련 갈등이다. 성남시가 2016년 중학생부터 시작한 무상 교복은 3년간 박근혜 정부와 갈등을 벌여 오다 문재인 정부가 들어선 2018년 고등학생까지 확대하여 지원하는 것으로 사회보장심의위원회에서 결정하였다.[16]

일자리 정책은 어떠한 상황인지 살펴보자. 현재 우리나라는 고용노동부와 행정안전부를 비롯한 중앙정부 중심 일자리 정책이 지역의 특성과 다양한 사람들의 참여를 막고 있다 해도 과언은 아니다. 그나마 행정안전부의 일자리 정책은 지역의 특성을 반영하려는 노력을 꾀하고 있으나 고용노동부의 일자리 정책에서 지역의 특수성이나 다양성을 찾기는 매우 어렵다. 지방의회는 지자체가 중앙정부 사업 획득에 비례하여 지방 재원을 지원받는 이른바 매칭 펀드 개념을 사용하다 보니 일자리, 교육훈련 등에서 지역의 특성을 반영하지 못하고 있다. 고용보험 자격취득 여부로 평가되는 일자리 정책 성과측정에서는 고용에 종사하지 못하는 다양한 참여경제, 지역주민 간 자발적 교류 협력사업 등을 천시하기 일쑤이다. 중앙집중식 일자리 정책은 광역시와 읍·면·동이 처한 상황이 다름에도 불구하고 차별성과 특수성을 꾀하기도 어렵게 한다. 설사 중앙정부 지원의 일자리 사업을 한다 하더라도 정작 그 지역의 고용과 경제 활성화에는 영향을 끼치지 못하는 사례도 나타나고 있다.

지역경제 정책은 대형 제조업 유치와 기존 기업 유지를 통한 지역경제 활성화를 꾀하는 데에 초점을 맞추는데 그치고 있다. 지역 내 경제 활성화를 위해 건실한 기업의 존재는 매우 필요하다. 문제는 산업구조의 변화와 소비 형태의 변화로 인해 쇠퇴해가는 기업을 좀비처럼 지원하는 정책은 지양해야 한다는 것이다. 이러한 문제점을 극복하려면 위에서 아래로 전달되는 하향 방식의 적극적 노동시장 정책이 아닌 지역 참여와 자치권이라는 공공의 역량을 장기적으로 강화하는 차원에서 역매칭, 즉 아래에서 위로 가는 상향 방식의 적극적 노동시장 정책으로의 전환이 필요하다.

그렇다면 사람들이 모이고 참여하는 형태인 주민생활 밀착형 일자리 프로그램 활성화를 위한 대안은 무엇이 되어야 할까? 지역마다 천편일률적인 일자리 사업에서 탈피하고, 비록 취업으로 인정되지는 않으나 지역주민의 삶의 질 향상에 기여하는 많은 일들은 존재한다. 이를 위해서는 현재 중앙정부 의존성에서 지방이 탈피하여 자체적 역량강화를 동반하면서 중앙정부에 역매칭 형태의 프로그램 제안과 재정지원을 요구해야 한다. 이때 참여소득이 지방의 분권화를 중앙정부에게 요구할 수 있는 장치이자 근거가 될 수 있다. 주민의 자유와 삶의 질 향상, 공동체 지역주민의 자존감 향상 등에 참여소득이 가장 적합하며 제대로 기여할 수 있다.

현재 지역경제 활성화를 위한 지역 내 지원사업의 대부분은 창업 개념의 카페, 빵집, 숙박 등으로 나름 지역의 특색을 담은 소규모 사업들이 대부분이다. 지역에서는 문화·예술·교육과 같은 사업을 통해 지역주민의 다양한 문화적 요구를 충족시켜주고 있다. 그러나 무엇보다 중요한 것은 지역 내에서 지속가능한 공공의 일(sustainable public work)을 개발하여야 한다. 고용이 아니라 일로의 정책전환이 필요하며 이때 일은 지역 내 유·무형의 공유지인 교육, 돌봄, 복지, 먹거리, 건강, 보건 등을 지역의 자발적 거버넌스와 연계하여 발굴하고 창조하는 일련의 일자리이다.

> 생활밀착형 공공의 일은 중앙정부가 아닌 지방정부만이 발굴할 수 있다는 점에서 참여소득의 정책화는 지방분권화를 촉진하는 촉매제 역할을 할 수 있을 것이다.

공공의 일은 "지속적으로 시민적 가치를 창조하는 사람들 간의 결합으로 스스로 조직된 노력[17]"으로서 사회적 자본을 축적하고 공동체를 강화하며 시민에게 필요한 기술을 제공하는 것으로 정의하기도 한다.[18] 예술, 문화, 체육 등의 활동은 현재의 고용 관점에서 일자리로 규정되지 않지만 주민 모두의 삶의 질 향상에 기여할 수 있다는 점에서 공적인 일이며 사회에 기여하는 일로서 손색이 없다. 이러한 생활밀착형 공공의 일은 중앙정부가 아닌 지방정부만이 발굴할 수 있다는 점에서 참여소득의 정책화는 지방분권화를 촉진하는 촉매제 역할을 할 수 있을 것이다.

21세기에 들어와서 우리는 참여라는 용어를 많이 접하고 있다. 참여민주주의, 시민(주민)참여, 참여예산 등 참여의 필요성과 중요성을 듣거나 보게 된다. 참여는 아주 멀게는 고대 아테네에서 조금 멀게는 루소와 밀, 헤겔, 가깝게는 한나 아렌트에 이르기까지 그 필요성과 중요성을 역설하고 있는 개념이다.

시민참여를 통한 지역 내 시민의 자발적인 정치 및 사회 기여를 지금까지는 교육과 정치 분야(또는 시민운동)가 담당해왔다 해도 과언은 아니다. 민주주의 실현과 유지를 위한 시민참여, 지역에서 개인 간 다양성을 인정하는 가치와 자세, 지역 목적 달성을 향한 의사결정 과정 등에서 시민화, 그리고 시민성 함양을 시민교육과 시민운동 차원의 정치 과정을 통해 이룩해 온 것이다. 그러나 이러한 노력은 콘텐츠의 부족, 시민참여의 정체성 미확립, 시민이라는 개념의 추상성, 참여 동기의 형성 문제, 정치적 올바름에 대한 상호 갈등 등으로 뚜렷한 결과를 내놓지 못한 것도 사실이다.

고대 아테네 시대에 정치로서의 시민참여는 먹고사는 문제가 일정 정도 해결된 집단의 행위였지 장시간 노동을 하는 노예에게는 해당되지 않았다. 이러한 사실은 오늘날에도 마찬가지다. 소득 양극화로 인한 소득 빈곤, 장시간 노동, 관계 빈곤이라는 삼중고를 겪으며 살고 있는 시민 계층들까지 자발적 참여를 기대하는 것은 무리다. 사회적 약자일수록 그들만을 위한 담론 자원이 필요한데 소득불평등은 이들의 요구를 대변하고 소통할 공간 내 참여를 막고 있다. 자신들만을 위한 정치행위가 가능한 공적 영역을 만들지 못하게 하는 것이다.

이제는 시민성과 시민화의 과정을 교육과 정치 분야에만 맡길 것이 아니라 개인의 사회적·경제적 불만족을 채워주는 참여소득이 담당하게 하는 정책으로의 전환이 필요하다. 과거 정치적 관점의 참여민주주의를 넘어서 관계를 통한 경제행위가 가능한 참여경제로의 전환이 필요한 것이다.

자신의 경제적 행위가 결코 사적 영역만이 아니라 공적 영역에서도 이루어짐에 따라 다수의 사람들과 상생하는 일이 나에게도 유리하다는 사실을 배우는 시민성과 시민화의 과정으로 정착하게 하는 것이다. 사적 영역 내 노동과 일이 공적 영역의 행위로 변환되는 과정이 시민화의 과정인 셈이다. 시민화 과정의 공간은 바로 지방, 그 중에서도 소규모 지역사회(공동체)가 되어야 하며 이를 위한 전제조건이 바로 지방분권화 그리고 정책 결정권 및 일부 조세권의 지방이양이다.

참여소득 운영을 위한 행정 원칙: 지원과 평가

앳킨슨식 참여소득 정의와 운영에 있어 행정기관의 행정 운영 기본 원칙은 매우 필요하다. 참여소득은 중앙정부와 지자체의 예산에 전적으로 의지해야 하기 때문이다. 이를 위해 예술 지원정책에서 유명한 격언처럼이 회자되는 "지원은 하되 간섭은 하지 않는다"를 차용할 필요가 있다. 간섭을 하게 되면 앞에서 언급한 참여소득 비판 중 하나인 관리·감시 비용이 많이 들어갈 수밖에 없다. 그렇다고 무작정 지원만 하고 관여를 하지 않을 수는 없다. 이러한 딜레마를 극복하기 위해 사전에 참여소득 사업의 추진 목적이 합의되었다면 사업 수행을 위한 수단과 방법에 대해서도 합의가

> 어떠한 참여소득이 지역 내 사회적 기여이고 공적·사회적 활동인지, 어떠한 참여가 지역주민의 삶의 질 향상과 인권을 보장하고 자유를 확대하는지에 대해 충분하고 납득할 만한 수준의 대화와 논의가 전제되어야 한다.

필요하다. 어떠한 참여소득이 지역 내 사회적 기여이고 공적·사회적 활동인지, 어떠한 참여가 지역주민의 삶의 질 향상과 인권을 보장하고 자유를 확대 하는지에 대해 충분하고 납득할 만한 수준의 대화와 논의가 전제되어야 하는 이유이다.

지역 내 시민들이 그들이 얻고자 하는 펑셔닝의 가치들에 대한 우선 순위를 자발적으로 결정할 수 있을 때 해당 정책과 프로그램은 지속가능할 수 있기 때문이다. 시민들의 자발적 참여와 동의하에 선행적 전제조건인 목적과 수단 그리고 방법에 대한 합의가 완료되었다면 다음과 같은 행정 운영원칙이 필요하다.

첫 번째는 한 발 뒤로 물러난 '물러섬의 행정(less direct)'이 필요하다. 관리는 하지만 적극적 개입의 관리는 아니다. 그러나 이러한 행정원칙조차도 자칫 참여와 시민사회에 대한 철학이 다른 기관장이 새롭게 등장할 경우 방만한 행정 관리, 행정의 부작위, 관료의 불성실, '시민단체 ATM기 전략'과 같은 비판에 내몰릴 가능성이 매우 높다. 이러한 비판을 미연에 방지하기 위해 참여소득은 진행에 앞서 초기부터 운영방식에 대한 홍보와 공론화 과정, 행정 원칙수립, 평가방안 마련이 매우 필요하다.

두 번째 원칙은 심사와 양적인 성과 중심의 평가를 하지 않는다는 것이다. 앳킨슨은 참여소득을 최초로 주장할 때 기본소득과 마찬가지로 자산소득 조사를 통해 누군가를 선별하는 것을 고려하지 않았기 때문에 별도의 심사를 하지 않는 것으로 정의하였다. 그런데 여기서 한 가지 생각해볼 것은 만약 참여자 수가 많아 예산 제약의 문제가 발생한다면 어떻게 해결할 것인가 하는 문제이다. 이는 참여소득 프로그램을 사전에 정의한 후 참여자를 모집하였다면 예산상 범위를 벗어나지 않을 시 전원 선발하고, 예산 범위를 벗어났다면 추첨제로 선발하는 것을 원칙으로 하면 해결할 수 있다.

김정수 교수의 연구에 따르면 프로그램의 불확실성을 줄이기 위해 각종 증빙서류를 요구하고 이를 판정하기 위해 결정 비용이 상당히 소요되지만 누가 선정되는가에 따라 효과의 큰 차이가 없는 경우, 최종 정답 결정 확률이 무작위 추첨보다 낮을 경우, 정답 자체가 존재하지 않는 미완의 경우, 그리고 선택 결과의 옳고 그름에 대한 객관적 판정이 어려운 경우는 제비뽑기와 같은 추첨제가 더 효율적일 수 있다.[19]

실제 참여소득은 관련 프로그램의 실체를 '옳고 그름'에 의해 객관적으로 판정하기 어려우며, 주민들의 요구에 의해 선정되었다 하더라도 참여소득의 사회적 기여가 성공할지 실패할지, 또는 보다 많은 주민들의 호응을 얻을지 못 얻을지 파악하기 어려운 미완의 불확실성을 가지고 있다는 점에서 참여 대상자의 선발은 추첨제가 바람직하다. 다만 최소한 과도기적으로 프로그램이 사회적 기여에 맞는지 여부만 행정기관이 참여한 거버넌스기구가 파악할 필요는 있어 보인다. 이러한 관점에서 평가도 마찬가지이다. 평가를 한다는 것은 진행되고 있는 사업이나 프로그램이 당초 목적대로 잘 되고 있는지를 파악하는 행정 절차의 과정인데 만일 참여소득 프로그램에 대해 선험적 가치판단이 주입될 경우 자칫 '사후적 자산조사' 형태가 될 수밖에 없다. 평가를 통해 차후 참여소득 참여자들을 거른다거나 선별하는 근거로 사용될 수 있다는 것이다. 따라서 평가는 양적인 성과기반보다는 시민들에 의한 장기적이고도 주관적인 질적 평가가 더 바람직해 보인다.

세 번째 원칙은 참여소득이 적극적 노동시장 정책처럼 경제적 성과를 중요시하는 고용과 일자리 정책이 아닌 지역 내 시민의 행복과 삶의질 향상을 위한 사회정책으로 접근해야 한다는 것이다. 사회정책에는 정치, 문화, 소득재분배, 사회적 관계, 인정투쟁, 다원주의 등이 전부 포함되는 개념으로 일자리 및 소득재분배와 같은 어떤 특정한 목적을 위한 분야는 아니다. 참여소득을 간혹 일자리 정책으로 해석하여 기존 봉사서비스까지도 참여소득 명칭을 부여하려 한다면 이는 잘못된 생각이다. 참여소득을 고용과 일자리 정책으로 전환하는 순간 각종 근로조건의 문제에서 자유롭지 못하게 된다.

네 번째 원칙은 참여소득을 정의하는 범위가 넓으면 넓을수록 기존의 사회서비스나 적극적 노동시장 정책과 다르지 않게 되며 자칫 저임금과 비전문성으로 점철된 사회서비스처럼 될 수 있다. 참여소득은 사회적 기여에 대한 반박이 불가능

> 시민 전문화를 위한 교육훈련 과정과 연계하여 참여소득 프로그램이 운영되어야 한다.

한 분야—예를 들면 장애인 이동권 확보를 위한 활동, 보육원 또는 한부모 자녀 돌봄, 은둔형 외톨이 지원사업 등—에서 시작하는 것이 참여의 정의에 대한 갈등을 줄일 수 있는 방안이 될 수 있다. 그래서 다시 한번 강조하지만 캐퍼빌러티 향상을 위한 전환요인 극복이 바로 참여소득 범위에 적합하다는 점을 기억해야 한다. 이것이야말로 인간의 자유 확장에 가장 보편적으로 필요한 캐퍼빌러티이기 때문이다.

마지막 원칙은 시민 전문화를 위한 교육훈련 과정과 연계하여 참여소득 프로그램이 운영되어야 한다는 것이다. 참여소득에서 공공의 일의 참여에도 전문성이 필요하다. 누군가를 지원하고 돌보고 타인을 위해 기여하는 것이 쉬운 일은 아니기 때문이다. 노력은 개인의 인성과 헌신으로 가능하지만 전문성은 개인의 힘만으로는 어렵다. 이것이 참여소득 정책이 교육훈련 과정과 연계되어야 하는 이유이다. 그렇지 않으면 일정 정도 전문성을 요구하는 돌봄, 심리상담, 요양, 교육훈련 분야는 이미 양성된 전문가들만 참여하는 영역이 될 수 있는데 이 경우 참여소득의 취지에 어긋나게 운영될 수 있다.

참여소득, 도덕적 올바름을 경계

참여조건을 논의하기에 앞서 먼저 참여소득의 유형을 살펴보아야 한다. 참여소득의 유형은 세 가지로 나눌 수 있는데 하나는 개인별 사회적 기여, 둘째는 집단형 사회적 기여, 셋째는 소수참여형 기여로 구분해보자.

첫 번째 유형인 개인별 사회적 기여에는 자녀 돌봄, 고령자 돌봄 등이 속한다. 이 유형은 기본소득에서 말하는 아동 수당(기본소득), 주부들의 가사노동 관련 기

본소득 같은 부분기본소득 개념이다. 두 번째 유형인 집단형 사회적 기여는 기존 공공근로, 교육훈련, 유료 일자리, 지역 의용소방대처럼 복수의 참여자들이 지역 사회의 공공선 또는 지역주민의 생활안전 환경 등에 기여하는 것을 의미한다.[20]

세 번째 유형인 소수의 사회적 기여는 예술문화, 체육, 복지 분야에서 소수의 참여자가 시민의 삶의 질 향상과 후생 수준을 높여주는 활동에 참여하는 것을 의미한다.

이상의 세 가지 유형 중에서 첫 번째의 경우는 현재도 일부 수행 중에 있어 사회적 공론화 과정만 거치면 확대 시행이 가능할 것으로 예상된다. 두 번째와 세 번째 유형은 초창기에는 규모가 작은 형태로 진행될 수 있을 것으로 보인다. 참여의 규정도 앞서 언급한 캐퍼빌러티의 실제적 자유 확대를 가능케 하는 전환 요인 극복에 참여하는 것으로 시작하는 것이 국민의 공감대를 형성하는데 유리할 것이다.

<표 3-4> 참여소득 유형과 사회적 기여 방법

참여소득 유형	사회적 기여 방법	대상	구체적 활동 사례	기존 활동 유형
개인적 기여	개인적 활동을 통해 국가와 사회에 기여, 참여자가 곧 수혜자	참여자의 자녀, 고령자, 청년 개인 자신	개인 가구 내 자녀 및 고령자 돌봄, 가사노동자	개인서비스, 부분기본소득, 국가 수당
집단적 기여	집단적 활동을 통해 지역사회에 기여	참여자가 소속한 지역 주민	의용소방대, 교육훈련, 공공근로, 유료일자리 등	사회서비스, 자원봉사
소수의 기여	다수 수혜자에게 기여	참여자가 소속한 지역주민	소외계층의 예술·문화·체육의 지도 또는 교육, 타인 돌봄 등	자원봉사

한편 일부 기본소득 주창자들 중에는 예술인 기본소득을 주장하기도 한다. 이러한 기본소득은 부분기본소득의 한 종류인데 성별·연령 같이 개인의 선택과

무관하게 임의적으로 나누어지는 그룹에서는 기본소득이 가능하지만 개인이 선택하는 직업·지위로 나누는 것은 불가능한 일이 될 것이다.

만일 예술인 기본소득을 부여한다면 예술인을 어떻게 정의할 것인가? 해당 전공자? 경력자? 아마추어 예술인들은 배제할 것인가? 주요 대회 입상자? 예술과 예술인의 범위와 범주를 어디까지 둘 것인가? 예술인 협회 등록자만 인정할지? 정통 클래식 예술인? 대중문화인? 비보이? 이와 같이 예술인의 정의와 범주의 폭이 넓다. 오히려 예술인 기본소득 대상자의 선정 결과에 따라서는 갈등과 잡음이 일어날 가능성이 매우 높아 보인다. 기본소득이 그토록 거부하던 자산조사의 변형된 유형이 될 수 있기 때문이다. 이 점에서 예술인들에게는 기여에 따라 대가를 지급하는 참여소득이 더 적합하다 하겠다.

그 다음 참여소득의 핵심은 참여조건이라 할 수 있는 참여하는 시간과 보상의 적정 범위를 설정하는 것이다. 이번장의 첫 부분 「확장된 참여소득의 정의」에서 제안한 것처럼 참여소득은 사회적 기여에 대한 참여자들의 내재적 가치와 외적 보상을 어떻게 합리적인 비중으로 가져갈 것인가에 대한 고민이 필요하다. 이어서 소득(보상) 수준과 최소 참여 시간을 결정해야 한다. 이 책에서는 소득 수준과 최소 참여 시간을 규정하지는 않는다.

참여소득에 대한 본서의 입장은 첫째, 참여소득의 정의와 조건은 참여소득이 필요한 지역 내 주민 스스로가 결정하는 것이 바람직하다는 것이다. 그 결정이 과연 합리적이었는지를 공론장에서 민주적으로 토의하는 것이 더 중요하다. 설사 이러한 과정이 지나치게 이상적으로 보이는 상황일지라도 결코 놓쳐서는 안되는 과정이다. 참여소득이 나라마다 지역마다 사람마다 다르기 때문에 참여 대상을 미리 정의하거나 소득 수준과 조건을 지자체에서 사전에 미리 결정하는 것은 바람직하지 않으며 대신 지역 내 공개 토론과 추론을 통해 참여의 역할과 가치를 공유하고 이해하는 일이 중요하다.

다만 한 가지 앞서 운영원칙 중 하나로 제시한 참여소득이 적극적 노동시장 정책도 아니고, 참여소득 대상자로 실업자만을 대상으로 하지도 않기 때문에 참여소득에 대해 세금을 부과하는 것은 당연하지만 사회보험 납입은 기본사항은 아니다. 사회보험은 급여세의 성격으로 고용주와 근로자가 일정 정도 비율을 납입하는 것인데 참여소득에 고용보험이나 건강보험의 의무를 부여하게 되면 이는 행정기관 또는 중간조직의 근로자로 소속되어야 함을 의미하기 때문이다. 만일 행정기관의 직접 고용 문제를 방지하기 위해 참여소득 지급을 별도의 법인 수탁처로 지정하여 지원하게 되면 다양한 사람과 조직을 지원해주지 못하고 특정 단체에만 지원한다는 비판에 직면할 수 있다. 처음부터 별도의 법인 설립은 앞의 사회서비스 민간공급자 부작용 사례에서 보았듯이 또 하나의 사회서비스 단체를 추가하는 것이자 추가적 이익단체를 형성시킬 우려가 있으므로 재정 지원은 참여소득이 본궤도에 오르기 전까지 프로그램 운영비 정도를 제외하고는 지자체나 의회가 직접 관리하는 것이 바람직해 보인다.

참여소득에 대한 본서의 두 번째 입장은 참여소득을 정의하는 데 있어서 자신 또는 소속 조직·집단만의 도덕적 올바름과 당위성을 주장하는 것을 경계해야만 한다는 점이다. 프로그램 중심으로 참여소득을 정의하는 것은 부적절한 접근방법이 될 수 있다는 의미이다. 자신이 생각하기에 이것이 올바르고 당연히 필요하고 중요하다고 생각하여 참여소득을 제안하고 규정할 수 있겠지만 그 규정이 누군가에게는 불편하고 타인의 정체성과 존재를 부정하는 위협이 될 수 있음을 생각해야 한다. 이는 참여소득을 규정하고 정의하는 데 있어 사회적 기여라는 활동이 당파성, 정파성을 가지게 되면 사회적 갈등의 요인이 될 수 있다는 의미이다. 예를 들면 깨끗한 환경을 미래세대에게 물려주는 것이 국가 및 세계에 바람직하기에 원자력을 줄여야 한다고 보는 그룹도 있지만, 반대로

> 참여소득을 정의하는 데 있어서 자신 또는 소속 조직·집단만의 도덕적 올바름과 당위성을 주장하는 것을 경계해야만 한다. 프로그램 중심으로 참여소득을 정의하는 것은 부적절한 접근 방법이 될 수 있다.

원자력 관련 기업 죽이기로 보는 시각도 존재하기 때문에 국가 예산 지원으로 진행해야 할 생태환경(eco-Social Labor) 일자리 등은 사회적 합의가 이루어지기 전까지는 참여소득으로 규정하기 어려울 수 있다.

본서의 세 번째 입장은 사회적 기여라는 것을 도덕적·규범적 당위성으로 접근하는 것도 경계해야 한다는 것이다. 흄의 명제처럼 문제가 되는 사실이 다수 존재(be)한다고 꼭 해야만 하는(ought to)것으로 전환되는 것은 아니기 때문이다. 전환에 필요한 과정과 절차를 생략하고 진행할 시 때로는 정치적 올바름(political correctness) 논쟁을 촉발하여 시민들 간의 갈등을 촉발할 수 있다. 다원주의를 도덕적 올바름이나 정치적 올바름의 문제로 접근하지 말아야 한다는 것을 의미한다.

다원주의가 오늘날 필요한 이유이긴 하지만 자유와 같이 최우선적 가치가 아니라는 반론도 존재하고 있으며 다원주의적일수록 항상 좋은 것이라고 신빙성 있게 주장할 사람은 많지 않기 때문이다.[21] 다원주의적일수록 포퓰리즘이 득세할 가능성이 높고 포퓰리스트는 자신을 비판한 시민사회를 탄압하며 정치적 후견주의를 통해 자신을 지지해준 대가로 유형·무형의 반대급부를 지급하는 것이 현실이기 때문이다.[22]

단 하나의 정책으로 모든 것을 해결할 수 없다.

일선현장에서는 참여소득이 공익적·공공적 활동에 수당을 지급하는 정도로 단순하게 인식할 수 있다. 그러나 참여소득이 가야 할 길은 너무 험하고 멀며, 넘어야 할 산은 부지기수이다. 참여소득의 정의부터 사회적 기여에 대한 합의, 시민사회 지원에 대한 다양한 찬반 의견, 다원주의와 자유주의 간 대립, 참여소득 참여자의 성격 규정, 지자체 단체장 후견주의와 참여주의 간 대립, 성과 중심 사고와 관계 중심 사고 간 대립 등 참여소득을 추진하는 과정에서 발생할 수 있는 다양한 종류의 반목과 갈등을 조정해나가야 한다. 기존 복지체제와의 공존과 통합은 풀어나가야 할 숙제이다. 이러한 문제를 '한 방'에 해결할 방법은 없어 보인다. 하나하나씩 천천히 논의하면서 풀어나가야 할 것이다. 이를 위해 참여소득의 단계적 실행 방안을 제시해본다. 단계적 방안이 한 단계가 마무리 되어야 그 다음 단계를 시작할 수 있다는 의미보다는 시급성의 순위를 의미한다.

> 일선현장에서는 참여소득이 공익적·공공적 활동에 수당을 지급하는 정도로 단순하게 인식할 수 있다. 그러나 참여소득이 가야 할 길은 너무 험하고 멀며, 넘어야 할 산은 부지기수이다.

먼저 1단계로는 앳킨슨이 처음 제시한 참여소득의 정의 중 돌봄과 교육훈련에 초점을 맞추어 실시하는 방안이다. 부분기본소득이라고도 불리는 아동 돌봄 수당처럼, 고령자와 장애인 돌봄에 대해 참여소득을 실시하는 것이다. 지금의 혼잡스럽고 난삽한 훈련프로그램과 훈련시장을 조정한 후 교육훈련 참여자에게 자신의 캐퍼빌러티를 향상시킬 수 있는 교육과 훈련 기회를 지원하는 참여소득은 당장 가능하다. 고용중심의 교육훈련을 권리이자 복지의 개념으로 전환시키기만 하면 언제든지 캐퍼빌러티 실행이 가능한 인프라를 우리는 이미 가지고 있기 때문이다. 현재 직접 일자리로 대표되는 유료 일자리도 참여소득 프로그램으로 전환 가능하다. 이처럼 기존의 일자리 사업을 포함한 적극적 노동시장 정책 사업을 대상으로 참여소득으로 전환하는 것이다. 1단계는 기존 복지정책 프로그램과 기존의 적극적 노동시장 정책 중 참여소득이라는 이름을 부여할 수 있는 정책을 발굴하여 새롭게 탈바꿈시키는 것이다.

2단계는 1단계가 완성하지 못한 참여민주주의와 숙의민주주의를 실현하는 차원에서 참여소득을 시민민주주의화하는 과정이다. 여기에는 현재 서울을 비롯한 몇몇 지방에서 실시하고 있는 참여예산에 참여소득 사업 발굴과 운영에 대한 원칙과 방향을 설정하는 방안이 있다. 지역에 일부 권한 이양—특히 일자리 정책과 복지 정책의 자율성 부여, 재정자립 강화를 포함—하는 작업도 2단계에 포함할 수 있다.

지역별 각계 이해관계자를 대표하는 사람들이 참여하는 시민 네트워크 거버넌스 구축을 통해 관리 및 평가 등을 진행하는 것이다. 자치단체장은 중앙정부에 생활밀착형 프로그램 운영과 예산권을 지자체에 이양할 것을 요구하여야 한다. 기존에 진행 중인 중앙정부의 일자리 사업은 이미 국민의 생활과 관련한 일자리와 편의를 도모하는데 일조하지 못하고 있다. 지자체는 본인들이 주민의 동의를 얻어 진행한 프로그램에서 얻게 될 수도 있는 과도한 성과에 지나친 의미를 부여할 필요도 없다. 지나친 양적 성과는 오히려 프로그램의 정체성과 본질을 훼손시킬 수 있기 때문이다.

<표 3-5> 단계별 참여소득의 방향과 내용

참여소득 실현 단계	구체적 내용
1단계	• 아동,장애인, 노인 돌봄 가족 참여자에 대한 참여소득, 또는 부분기본소득 실시 • 기존 적극적 노동시장 정책 일자리 프로그램 및 기존 보조금, 교육훈련, 사회보장 프로그램을 참여소득으로 발굴 및 전환 작업
2단계	• 시민 참여 활성화, 일부 지방분권 이양 • 숙의민주주의, 시민 거버넌스 구축
3단계	• 기본소득과의 절충 및 기존 사회 프로그램과의 공존 등

마지막 3단계는 기본소득 및 적극적 노동시장 정책과의 절충안을 마련하는 것이다. 판 파레이스가 언급한 것처럼 기존 사회정책 프로그램과의 상생과 공존이다.

"개인별 단위로 삼는 부분기본소득을 조심스럽게 도입하면서 기존의 공공부조 시스템을 거기에 추가하는 조건부 기본소득을 유지하는 것이 정답일 것 같다는 추측을 내놓을 뿐이다. 정치적인 논리들로 볼 때 비록 쇼윈도 장식과 같은 것일 뿐일지라도 참여소득처럼 모종의 참여조건을 포함하는 형태로 시작하는 것이 정답이 아닐까 예측해본다." (판 파레이스 외, 『21세기 기본소득』, 474-475)

이 예시문은 앞의 2장 <왜 참여소득인가?> 「기본소득의 한계」 부분에서 다룬 관료주의의 극복과 기존 사회복지정책 및 관련 인프라의 상생 등을 감안할 때 기존 정책과 프로그램을 정치적으로 무시하거나

> 참여소득은 새로운 프로그램을 만들기보다는 현재의 정책들과 상생하면서 그 실현가능성을 높이는 방안으로 나아가야 한다

배제하는 순수한 기본소득은 어려운 것으로 인식하고 있음을 알 수 있다. 결국 기본소득도 기존의 사회보장정책, 적극적 노동시장 정책 프로그램 및 인프라, 그리고 기존 종사 인력과의 협력을 모색하는 방안으로 가지 않으면 지금의 논의보다 한발 더 나아간 위치를 차지하기는 어렵다는 것을 토로한 것이다. 이러한 점에서 참여소득은 상당한 장점을 가진다고 볼 수 있다. 현재 사회서비스와 참여소득의 협력 또는 통합을 논의할 수 있으며, 공공부조나 각종 시민 봉사활동 등과도 협력하는 방안을 찾는 노력이 필요하다. 참여소득은 새로운 프로그램을 만들기보다는 현재의 정책들과 상생하면서 그 실현가능성을 높이는 방안으로 나아가야 한다는 게 올바른 방향으로 보인다.

지자체 현장에서 겪을 어려움들

지금까지 참여소득의 정의와 운영원리에 대해 알아보았다. 이러한 원리는 일반론적으로 가장 이상적이고 가야 할 방향을 제시한 것이지 막상 현장으로 들어가보면 실행 상 상당한 애로사항들이 발생할 수 있을 것이다. 그래서 마지막으로 참여소득의 운영원리를 지자체 현업에서 실제적인 프로그램으로 수행할 때 발생할 어려움이 어떠한 것들이 있을지를 정리하고자 한다. 다만 명확히 할 것은 참여소득의 유형과 운영방식에 대해 필자는 규정하지 않는다는 점이다. 어디까지나 지역에서 주민의 필요성에 의해 자발적인 참여와 집단 간 규칙을 통해 민주적으로 결정하고 운영하는 것을 기본으로 상정하고 있기 때문이다.

참여소득을 지역에서 실행할 때 가장 먼저 발생할 첫 번째 어려움은 참여

대상자의 선정이다. 관대한 선별이냐 꼼꼼한 선별이냐 하는 선택의 어려움이다. 여기에는 두 가지가 있다. 하나는 현재 소득 활동을 하는 사람에게도 참여소득 프로그램에 참여시킬 것을 허용할 것인가 말 것인가 하는 것이다. 다른 하나는 중앙정부와 지자체가 벌이고 있는 각종 프로그램 참여자의 중복 참여를 허용할 것인가의 여부이다. 이러한 고민이 발생하는 이유는 참여소득을 일자리 정책 프레임으로 바라보는 것과 다양한 재원의 이중 지급, 형평성 문제에 행정 담당자가 시달릴 수 있기 때문이다. 그럼에도 불구하고 참여소득에서 참여는 누구에게나 열려 있는 것이고 참여소득은 일자리 정책의 새로운 대안이 아니며 지역주민의 삶의 가치를 높여주는 것이므로 자격을 따짐으로써 참여소득에 참여할 기회를 막아서는 안 된다. 다만 기존의 적극적 노동시장 정책 중 참여소득으로 재규정하여 확대할 경우 사업 초창기에 한하여 참여소득으로 규정하지 않은 다른 프로그램에 참여하는 것을 허용하는 방안 등은 고민할 필요는 있어 보인다.

둘째, 정책 및 프로그램의 우선순위 배정(social arrangement)의 문제이다. 이 문제는 주민이 요구하는 프로그램과 행정당국이 진행하고 싶어 하는 프로그램과의 괴리에서 발생된다. 주민이 요구하는 것이 당장 실현하기 어렵다거나 아니면 행정당국의 운영상—예산 집행, 조직 운영, 지역 내 중간조직의 이해관계 등—필히 진행하였으면 하는 여러 이유로 발생할 수 있다. 이러한 괴리는 프로그램을 통해서 성취하고자 하는 평셔닝의 가치들 간에 충돌을 불러일으킬 수 있다. 사회적 가치의 중요도에 대해 주민과 행정 관리자 간에 입장 차이가 발생할 수 있다는 것이다. 그러나 우리가 분명히 알아야 할 것은 주민의 요구가 반영되지 않으면, 어떠한 프로그램도 성공하지 못한다는 점이다. 거듭 강조하지만 하향식 사업 선정은 정책과 프로그램의 정착을 방해할 뿐만 아니라 정책을 가장 지지해줄 시민과의 결별과 갈등을 촉진하는 행위가 될 수 있다. 물론 행정상 어려움과 난처함이 존재할 수 있지만 주민의 삶의 질 향상과 가치를 높여주고자 하는 것이 참여소득인 만큼 주민 다수의 요구를 절대적으로 반영하는 방식으로 가야 할 것이다.

셋째, 평가 문제이다. 참여소득(일부에서는 시민수당)처럼 처음 도입된 정책과 프로그램은 다수가 이해하고 인정하기까지 다양한 지적과 이견이 발생할 수 있어 실무자를 상당히 괴롭힐 수 있다. 이로 인해 행정 책임자와 실무자는 정책의 평가, 성과, 민원에 매우 민감해질 수밖에 없다. 평가는 단순히 행정업무에서만 일어나는 것도 아니다. 지방 의회나 내부감사, 언론, 사회단체 등 다양한 곳에서 발생하고 이루어진다. 평가 자체는 매우 의미 있는 활동이자 행위이지만 문제는 모든 평가 결과를 객관적 수치로 정량화하려는 경향이 있다는 것이다. 그러나 참여소득이 추구하고자 하는 목적은 정량화 수치로 환산이 어려운 분야이다. 주민의 삶의 가치를 만족감과 같은 주관적 지표 외에 다른 어떤 것으로 평가할 수는 없기 때문이다. 양적 성과 위주의 평가는 때로 자치단체장의 치적용으로 성과 압박을 불러올 수 있다. 성과 압박이 꼭 양적 성과만을 의미하지는 않지만 정책과 프로그램 취지에 맞지 않는 주관적인 내용의 보고와 양적 실적 위주의 성과지표가 우선시될 때 프로그램이 추구하는 가치는 훼손될 수 있다. 참여소득 평가는 참여소득 선정 시점부터 시민들 사이에 많은 공감대를 불러일으키면서 진행할 때 그나마 자연스럽게 해소될 수 있을 것이다.

한편 평가 문제와 민원, 감사에 행정담당자가 대응하기 위해 전문가 중심의 위원회를 이용하는데 정책에 대한 자문 정도는 가능하겠지만 행정담당자의 행정 위험을 줄이기 위한 거수기 기능을 요구하는 일은 자제해야 한다. 평가와 민원을 줄이고 각종 압력에 대응하기 위한 가장 훌륭한 전략은 전문가로 구성된 위원회가 아니라 시민들 속으로 들어가는 것이고 그 속에서 자발적으로 구성된 시민 조직의 운영을 허용하는 것이다.

넷째, 행정 업무의 추진 과정에서 벌어지는 칸막이 문제이다. 참여소득을 실행할

> 평가와 민원을 줄이고 대응하기 위한 가장 훌륭한 전략은 전문가로 구성된 위원회가 아니라 시민들 속으로 들어가는 것이고 그 속에서 자발적으로 구성된 시민 조직의 운영을 허용하는 것이다.

경우 어느 부서가 담당하느냐는 실무에서 매우 중요한 문제이다. 아무리 지자체에서 중요한 정책으로 규정하였다 하더라도 과나 부서, 실의 칸막이를 넘어서면 나의 일이나 우리 부서의 일이 아닌 다른 사람 다른 부서의 일이 되기 때문이다. 그러다 보면 참여소득 관련 규정과 지침에는 참여소득을 주관하는 부서의 특성이 고스란히 녹아들게 된다. 예를 들면 참여소득을 일자리 관련 부서에서 하면 참여소득은 일자리 정책이 되고, 복지 관련 부서에서 하면 참여소득은 사회서비스적 성격의 복지 정책이 될 수 있다. 각 지자체별로 어디 부서에서 주관하느냐에 따라 참여소득의 정의가 다양해지는 일이 일어날 수도 있다. 따라서 이를 총괄할 수 있는 조직내 부서가 담당하는 것이 바람직 해 보인다.

다섯째, 전달체계의 문제이다. 참여소득 프로그램 서비스가 필요한 사람이 어떻게 서비스를 이용하게 할지 지원하는 전달방법은 중요하다. 참여소득은 공공성의 원칙하에 공적인 일을 주민의 자발적 참여와 민주적 절차에 의해 결정하고 이용하는 것이므로 민간기관을 사업주체로 이용하거나 이들에 의지하는 방식은 적절치 않다. 참여소득 프로그램의 전달을 위해 기존의 사회서비스 기관을 이용하는 것은 공공성의 원칙을 위배하는 것이므로 이용하기에는 부적절하다. 정책의 공공성이 일정 정도 궤도에 오르기까지 지자체에서 직접 홈페이지를 운영하여 호출서비스를 매칭시켜주는 방식을 취하는 게 최선으로 보인다. 또한 참여 신청도 조직이나 단체 차원의 참여가 아닌 개인별 참여 이며 인건비로 기관을 경유하지 않고 직접 지급 방식이어야 한다.

여섯째, 재원 회계의 문제이다. 참여소득을 처음 발굴하게 되면 대부분은 별도의 지자체 예산을 이용하게 될 것이다. 이는 기존 유사 프로그램과 의도하지 않은 정책 경쟁이 이루어지는 배경이 되기도 한다. 재원의 문제는 장기적으로 기존 중앙정부 사업 중 참여소득으로 전환이 가능한 사업들을 발굴하여 참여소득으로 규정하고 이를 총괄하여 참여소득 프로그램으로 운영함으로써 순차적으로 해결해야 할 것이다. 부분기본소득으로 규정할 수 있는 돌봄이나 가족관련 수당은 중앙정부 예산에서 편성하여 운영하되 호혜성에 입각한 사회적 기여 프로그램은 중앙정부와 지자체 예산을 곁들여 예산을 편성하는 것이 장기적으로 추구해야 할 방향으로 판단된다.

> 참여소득 프로그램을 결정하고 전달할 때 지역별 이해관계자 간에 사적 이익을 위한 야합이나 결속에 의해 사업이 추진되는 일을 경계해야 한다.

일곱째, 안전 문제와 전문성이다. 대민서비스 성격의 참여소득의 경우는 일종의 호출서비스의 성격을 띨 수도 있다. 이러한 프로그램의 특징은 가정을 방문해야 해서 담당자의 안전 문제 때문에 2인 1조를 원칙으로 하고 있다. 안전 문제와 함께 앞서 언급한 시민전문성 강화를 위한 지속적인 교육과 훈련을 병행하도록 해야 한다. 참여자들에 대한 교육훈련을 동반하지 않는 사회서비스는 참여소득 실패의 요인이 될 수 있다.

여덟째, 짬짬이 또는 끼리끼리 문제이다. 참여소득 프로그램을 결정하고 전달할 때 지역별 이해관계자 간에 사적 이익을 위한 야합이나 결속에 의해 사업이 추진되는 일을 경계해야 한다. 주민 다수의 바람이나 요구가 없는 사업임에도 불구하고 지역 내 특정 이해당사자들의 숙원사업 요구를 참여소득으로 규정하여 진행하거나 사업 주체를 직접적인 이해당사자에게 할당해 줌으로써 참여소득이 추구하는 방향, 즉 주민들의 민주적인 참여와 스스로 가치를 높여가는 일을 방해하는 일이 없도록 해야 한다.

마지막으로, 시·군·구와 광역시·도간의 역할분담이다. 참여소득은 다른 사회정책과 달리 생활밀착형 정책인 만큼 시·군·구에서 자발적으로 시도되는 것이 적합하다. 광역시나 도는 시·군·구가 예산상 인력상 여건이 어려운 분야에서 참여소득 정책을 시도해야 한다. 만일 이를 무시하고 광역시나 도가 세세한 생활밀착형 참여소득을 실시하게 되면 시·군·구의 자발적 정책 발굴 의지를 꺾을 수 있기 때문이다.

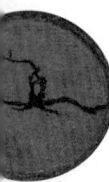

에필로그 —
멈추어 만나 얘기하자

우리나라 중앙정부 조직은 나름대로 고유의 업무와 영역을 가지고 있다. 그러나 모든 중앙부처와 지자체에 공통적으로 존재하는 업무가 딱 하나 있는데 그것은 바로 인력양성 정책이다. 교육부와 고용노동부에만 인력정책이 있는 것은 아니다. 국방부, 산림청에도 인력정책은 있다. 청년, 노인, 여성, 실업자, 중장년층 일자리 정책을 관통하는 공통점은 훈련정책이다. 2015년도 고용노동부가 발간한 청년고용 정책 책자에서 제시된 프로그램 수는 중앙정부 139개, 지방자치 159개로 총 298개이다. 놀라운 사실은 이들 대부분이 인력양성 프로그램이라는 사실이다.

한편 지방의 도나 시·군·구의 일자리도 차별성 없이 중앙정부와 동일한 프로그램으로 대부분 운영되고 있다. 이들의 성과를 측정하는 공통적인 지표는 고용보험 자격 취득 여부이다. 이것이 정책 집행 담당자들의 성과이고 효과이다. 이렇게 대상별로도 지역별로도 차별성이 없는 적극적 노동시장 정책인 일자리, 훈련, 사회안전망은 우리의 다양한 삶의 질을 높이는 데 일조하기 어렵다. 반찬 가짓수는 많지만 딱히 손이 가지 않는 백반처럼 적극적 노동시장 프로그램은 다양하게 보이지만 실상을 보면 차별성이 없는 프로그램이 대부분이다. 각종 인력양성, 실업자 지원 훈련 프로그램의 명칭을 다양하게 사용하지만 막상 구체적으로 살펴보면 동일한 기관, 동일한 교강사, 동일한 교육과정을 운영하고 있다.

정치인과 정부 관료들은 경제성장에 경도된 나머지 적극적 노동시장을 기반으로 하는 일자리, 훈련, 고용보험으로 구성된 사회안전망을 갖추면 노동시장이 유연화되어 해고가 자유로워지더라도 국민의 삶은 전혀 지장이 없을 것이라고 주장한다. 이러한 상황인식은 현실을 모르는 무지를 드러내는 주장이다. 만약 현실을 알고 말하는 것이라면 대단히 무책임한 것이다. 복지 강화와 그 중요성을 말하는 학자들조차도 항상 결론은 변화하는 산업수요에 부응한 미래 인력양성과 이를 위한 교육훈련, 그리고 고용보험을 통한 사회안전망 구축이라고 말한다. 그렇게 주장하는 이들은 '사회안전망'이라는 다섯 글자에 숨지 말고 구체적으로 사회안전망 수준과 지속성을 어떻게 확보할지에 대해 답을 내놓아야만 한다.

이제는 이런 상투적이고 관용적인 표현이 되어버린 복지와 사회안전망에서 한 걸음 더 나아가는 질문과 대답이 필요하다. 그들이 주장하는 사회안전망이 개인의 삶의 질 향상과 지역주민의 자유로운 삶의 영위에 어떠한 영향과 이득을 줄 수 있는지에 대해서 말이다. 이 질문에 답을 할 수 없다면 현재의 사회안전망의 개념은 바뀌어야만 한다. 고용보험 자격취득으로 개인의 사회안전망을 해결하였다고 보는 것이 아니라 개인이 하고 싶은 것에 얼마나 도움이 되고 있는지, 개인으로 고립되어 있는 것이 아닌 주변의 사람과 교류와 교환, 그리고 관계를 통해 자신의 삶에 얼마나 도움이 되고 그 사회에 기여하고 있는지, 사회의 제도와 정책, 관습이 얼마나 나의 자유를 확대하고 선택의 폭을 넓히는 데 유리한지에 대한 것으로 변화해야 한다.

이러한 것을 적극적 노동시장 정책이 해결하기 어렵다면 새로운 시대를 위해서라도 이제는 퇴장을 준비해야 할 것이다. 그렇지 않고 여전히 유지하려면 적극적 노동시장 정책이 금과옥조로 여겨온 성과와 측정과 지표, 관점, 목적을 변화시키는 것이 유일한 방안이다. 즉, 적극적 노동시장 정책의 목적 함수를 변경하는 것이다. 고용이 아닌 사람의 자유를 확대하는 일(work)로의 전환이 필요하다. 이미 적극적 노동시장 정책은 관료들과 그들이 몸담고 있는 조직의 성실성을 파악하는 지표로 전락하였으며 일부 정치인의 생색내기용 그 이상도 그 이하도 아닌 것으로 자리매김되었다. 오히려 국민이 적극적 노동시장을 전환적 사고로 활용하고 있는 것으로 보인다. 훈련을 통해 배운 것을 취업에 적용하기보다는 자신의 삶의 만족도를 확장하는 장치로 이용하고 있다. 저임금 일자리나 창업도 취업과 성공보다는 일 경험을 가지는 기회로 인식하고 있다. 실업자 훈련의 고령층 수료율이 높은 이유는 훈련시간 동안이나마 사람을 만날 수 있는 공간이자 기회로 인식하고 있기 때문이다. 훈련수당은 가족 행사에 얼마라도 기여하게 해주는 가문 날의 단비와 같은 소득으로 인식한다.

적극적 노동시장 정책의 목적 함수가 개인과 집단의 자유를 확대하는 캐퍼빌러티로 변화하고 있는 것이다. 교육과 훈련, 일자리, 사회안전망을 통해 개인은 자신의 삶의 만족과 자유를 확대하며, 선택의 기회 확장과 주변 사람과의 교류로 이용하고 있는 것이다. 국가의 경제성장이 여전히 나의 삶을 개선시켜 줄 것이라는 믿음이 아직 남아 있지만 이러한 믿음은 그리 오래가지는 않을 것이다. 이제 우리는 현재의 적극적 노동시장 정책의 종언을 선언하고 적극적 노동시장 정책을 새로운 개념으로 바꾸기 위한 노력을 해야 한다. 이를 위한 새로운 관점은 캐퍼빌러티에 맞출 필요가 있다. 다만 전통적인 캐퍼빌러티인 빈곤, 교육기회 확대가 아니라 반복하여 언급한 것처럼 개인의 자유 확대와 안전을 가져올 수 있는 캐퍼빌러티의 확산이다.

이러한 요구는 이미 일어나고 있다. 대표적으로 중대재해법과 차별금지법이다. 내가 하루 종일 몸담고 있는 일터에서 나의 생명과 안전을 지킬 수 있는 관련 제도의 정착을 요구하는 것은 당연하다. 집단 따돌림이나 직장 내 외로움, 우울증처럼 산업 성장 시기에는 유별나다고 평가받았던 '심리적 자유'도 이제는 매우 중요해졌다. 일하는 직장에서 죽음과 상해, 재해로 인해 자신의 역량을 한 순간에 지워버림에 대한 저항이 필요해진 것이다. 차별은 개인의 인적자본투자 비용을 무력화시키는 범죄이므로 차별 시정, 차별금지는 캐퍼빌러티 이론의 백미이다. 중대재해법과 차별금지법은 오늘날 자신의 정체성을 지키기 위한 최소한의 공간과 안전에 대한 요구이며 자신의 정체성에 대한 인정요구의 발현이다.

한편 관계의 중요성을 빼놓을 수 없다. 꼭 오프라인으로 이어지지 않더라도 나 혼자만 남았다는 두려움을 없앨 수 있는 사회적 관계 형성이 중요하다. 멈추어 만나 얘기할 수 있는 공간을 창출하는 것이 참여소득이 해야 할 일이다. 이러한 공간은 그리 클 필요는 없다. 동네에서 시작해도 무방하다. 거주지역의 많은 사람들이 참여하고 논의하고 규칙을 만들고, 지자체와 중앙정부는 예산과 행정적 지원을 통해 거버넌스 구축을 마련한다. 그러기 위해서는 먼저 과도하게 집중된 중앙정부의 정책 결정권을 지자체에 일부 이양할 필요가 있다. 현재 지자체는 주민의 삶의 질적인 향상을 위해 상당히 애를 쓰고 있다. 이러한 활동은 고용보험 자격취득과 무관한 활동, 예전 같으면 선의에 의한 봉사 정도로 치부할 활동을 일정 정도 전문성과 사명감을 가지고 행동하는 것이다. 바로 이러한 것이 참여소득이며 또는 시민수당이 될 수 있다. 중앙정부는 이러한 지자체 활동에 적극 동참하고 지원해야만 한다. 단지 조직과 관료를 위한 것이 아니라 바로 국민을 위한 길이기 때문이다.

2017년 나는 인디아나 주립대 방문학자 자격으로 1년간 머물렀다. 나보다 1년 먼저 인디애나 교육학과에 아내가 방문하고 있기도 하지만 당시 인디아나 주립대 경제학과 교수를 역임하고 있던 박준용 교수님과 장유순 교수님 덕택에 가능하였다. 머무르던 곳은 인디아나의 주도(州都)인 인디아나폴리스가 아니라 남쪽으로 한 시간 가량 차로 이동해야 하는 블루밍턴(Bloomington)이란 지역이었다. 이 지역은 당시 인구가 10만이 채 되지 않는 지역으로 인디아나 대학을 중심으로 시 전체가 운영된다고 보아도 무방한 지역이었다. 미국 내 가장 보수적인 주이고 심지어 KKK

단의 본부가 있던 인디아나주였지만 미국 대통령 선거가 끝난 시점에 그 동네는 곳곳에 적지 않은 수의 버니 샌더스 지지 스티커가 여전히 붙어 있던 동네였다. 블루밍턴은 미국 서부영화나 50-60년대의 미국 시골 도시를 연상하면 금방 상상이 가는 그런 동네였다. 세 달 정도 지났을 무렵 슬슬 그 동네를 알아가기 시작하였는데 뭔가 이벤트가 많은 동네라는 점이 눈에 들어오기 시작하였다. 각자가 하던 일을 보여주고 참여하는 이벤트가 심심치 않게 열렸다. 인디아나 대학이 음대가 나름대로 유명하여 클래식, 째즈, 성악, 뮤지컬, 무용 등을 자체적으로 공연기획을 하고 있어 거의 매주 공연을 하였다. 그러다 보니 동네 사람들이 우리 돈 만원 정도로 뮤지컬, 오페라를 볼 수 있는 기회가 늘 있었고, 클래식 공연도 거의 무료 관람이 가능하였다. 음대 교수와 대학원생들은 저렴한 비용으로 학생들에게 레슨을 하였고 그 레슨의 수준은 상당히 높았다. 비단 음악만이 아니라 과학, 수학, 언어 관련 학과에서도 주변 학생들이나 시민들을 위한 교육, 연수 등을 진행하였다.

여름에는 체육학과 학생들이나 관련 전공자들이 주민을 위하여 수영, 축구 등 레슨을 실시하였고 겨울이 되면 가건물 형태의 실내 아이스링크장에서 피겨스케이팅 등의 레슨을 저렴한 비용으로 실시하였으며 이들을 가르치는 사람에게는 일정 정도 수당을 주었다. 동네별로 존재하는 커뮤니티 칼리지에서는 유치원생부터 노인에 이르기까지 각종 취미, 예술(미술, 사진, 악기, 심지어 기타 만들기까지) 프로그램을 운영하였다. 이를 가르치는 사람은 정식 교사는 아니었다. 일부 정식 교사가 있기는 하였지만 마술 같은 취미 프로그램의 경우는 주변에 사는 마술 관련 가게 사장이 와서 아이들을 가르쳤다. 뭔가 시민들의 조직적인 참여가 존재하는 것처럼 보였다. 한 마디로 동네 사람들이 십시일반 자신들의 참여로 지역사회 주민의 삶의 질에 기여하고 있었던 것이다. 이것이 바로 말로 듣고 책에서 보았던 참여를 바탕으로 한 미국식 결사체 민주주의의 요체였다. 로버트 푸트넘은 그의 저서 『나 홀로 볼링』에서 미국의 전통적 오프라인 중심의 참여와 결사체 민주주의가 사라지고 있다고 진단하였지만 이방인인 나의 눈에는 19세기 중엽 프랑스 학자 토크빌의 눈에 비친 미국처럼 신선해 보였다.

그 동네에서 오랫동안 살아온 승택이 아빠는 나에게 웃으면서 이렇게 말하였다. 자기가 알기로 블루밍턴이 미국내에서도 자녀를 둔 중년층 이상 부부가 살기 좋은 동네 3위 안에 든다고 알려주었다. "아, 그랬구나! 어쩐지…." 그 후에 한국에 돌아온 나는 우연한 기회에 논문을 한 편 읽게 되었는데 그때 발견한 용어가 있었다. 바로 '블루밍턴 원칙(The Bloomington principles)'이다. 이는 그리스로부터 내려오는 시민 중심 정치로 지역 단위의 거버넌스와 연계하여 자발적으로 조직되고 그 속에서 운영 원칙과 작동 규칙을 가짐으로써 공동체의 이익을 도모하는 원칙을 말한다. 다양한 사람들 간의 수평적 상호관계를 기본으로 하고 참여민주주의를 통한 자기주도적 행동을 중요하게 여기는 원칙이자 다양성에 기반한 상호 인정과 수평적 평등을 중요시하는 시민정치활동인 것이다.

해리 보이테(Harry C. Boyte)에 따르면 블루밍턴 원칙은 노벨경제학상을 받은 인디아나 정치학과 교수 오스트롬이 반박한 공유지의 비극 해결을 위해 구축된 이론에 기반한 것이다. 이 원칙은 누구에게나 열려 있어 자유롭게 사용함에 따라 황폐화되는 공유지 비극 문제를 해결하기 위한 원칙과 기준을 시민의 자발적인 합의를 통해 도출하도록 만드는 시민참여 방식이다. 무엇보다 이 원칙이 중요한 것은 자원봉사, 노동, 평균적 시민(the average citizen) 개념을 우익 엘리트들이 감성적으로 사용하면서 정부의 역할을 해체하고 정치에서 시민을 부수적인 소비자 역할로 전락시키는 것에 대한 대응 원칙이라는 점이다.

참여소득은 바로 시민들의 자발성에 기반한 생활 정치라고 보는 나의 견해와 일맥상통하는 관점이다. 생활정치, 참여소득, 블루밍턴 원칙 모두 자기주도적 활동을 통해 공적 영역에서 우리의 삶에 기여하는 모든 활동에 전문적 소양을 갖고서 일상의 활동에 연대하고 실행하는 과정을 의미한다. 이를 위해 생활임금의 입법화 등을 요구하는 것이다. 바로 시민수당, 즉 참여소득의 필요성을 말한다.

오늘날 전통적인 고용은 더 이상 필요없다. 다만 지속가능한 공공의 일이 필요할 뿐이다.

이 글은 앞서 말하였듯이 적극적 노동시장 정책의 대안인 참여소득을 실제적 자유 실현을 목적으로 하는 캐퍼빌러티 확장과 연계하여 참여소득 관련 이론을 제시한 것이다. 현재 참여소득에 대한 논의가 국내뿐만 아니라 전 세계적으로도 활발하지 않다. 그러나 지역에서는 참여소득이 추구하는 방향으로 조금씩 서서히 변화되고 있으며 과거와 다른 공동체에 대한 요구와 필요성이 대두되고 있는 실정이다. 이 책은 이러한 변화에 대비하고자 참여소득의 추가적 이론 정립과 연구 활성화에 이정표가 되기를 희망하면서 집필하였다. 이 점에서 이 책에서 주장하는 논조와 내용은 국내외적으로도 의미가 있을 것이라 자평하고 싶다. 향후 참여소득 논의도 이 책에서 다룬 범위를 크게 벗어나지 않을 것이다. 이 책에서 발견된 오류나 부정확성은 미처 파악하지 못한 필자의 부족함 때문이다. 그럼에도 참여소득에 대한 많은 사람들의 관심과 토론, 연구 활성화에 조금이나마 기여하길 바랄 뿐이다.

감사의 글

이글을 완성하기까지 많은 분의 도움을 받았다. 먼저 나의 스승이신 김유배 교수님은 김대중 정부 당시 사회복지 수석으로 제1부에서 내가 그토록 비판하던 생산적 복지 정책을 수립하고 처음 실행한 분이시다. 내가 이 글을 쓰면서 생산적 복지 정책 수립 당시 뒷얘기와 아쉬운 점을 질문하면 늘 '아!' 하시면서 탄식하였다. 오늘날의 사회투자와 적극적 노동시장 정책을 생각한 것이 아니었는데 당초 취지를 살리지 못한 것이 아쉽다고 늘상 말씀하셨다. 그러면서 내가 구상하고 있는 글의 내용에 전폭적인 지지와 성원을 보내주신 것에 늘 고마울 따름이다.

우리 연구원의 선배 박사님이신 김안국 박사님과 김미란 박사는 이글을 끝까지 읽고 꼼꼼히 비평하여 주셨다. 새삼 느끼는 것이지만 누군가의 글을 자신의 글처럼 읽고 비평한다는 것이 쉬운 일이 아니다. 상당한 인고와 시간이 투여되어야 하는 일임을 누구보다 잘 알기 때문에 그 고마움의 깊이도 크다는 것을 전달하고 싶다. 다산경제연구원의 전병권 박사는 필자에게 부족한 철학적 논의의 깊이를 많이 채워주었다. 이 책의 기본적 영감을 가질 기회를 준 인디애나 주립대학의 박준용, 장유순 두 분, 그리고 같은 학교 교육학과 조연주 교수님에게 미처 말하지 못한 고마움을 전달하고 싶다. 그 분들의 도움이 아니었다면 참여소득의 영감과 운영방식에 대한 고민은 시작도 하지 못했을 것이다. 한국기술교육대학의 이우영 교수님, 한국고용정보원의 남기성 박사님, (전)한국글로벌숙련기술진흥원 이명훈 원장님, 한국노동연구원의 이규용 박사님, 경기연구원의 김정훈 박사님, 중소기업연구원의 표한형 박사님의 지속적인 고언과 자문이 없었다면 이 글의 완성은 상당한 기간 동안 미루어졌을 것이다. 이분들의 한마디 한마디는 필자가 글을 자신감있게 쓸 수 있는 원동력이었음을 고백한다. 필자가 몸담고 있던 연구원에서 퇴직하고 현재 사이버 대학교 교수로 계신 이남철 박사님은 나에게 항상 연구자의 글쓰기가 무엇인지 몸소 실천으로 보여주고 격려하여 주셨다. 그리고 말은 하지 않았지만 지난 30년간 미소 지으며 '어디 한번 해봐'라며 필자에게 다양한 기회를 주신 선배 연구자 분들께도 고마움을 전하고 싶다. 그 당시에는 미처 몰랐지만 시간이 지나 그러한 미소가 엄청난 기회를 부여한 것임을 알게 되었다.

끝으로 도서출판 온마음 신인수 대표님에게 고마움을 전달하고 싶다. 집필기간동안 필자에게 보내준 신 대표님의 배려는 필자가 집필하는 커다란 힘 그 자체였다. 참여소득에 대한 필자의 논문 "참여소득, 캐퍼빌리티 그리고 적극적 노동시장 정책"을 좀 확장하면 어떨까 하고 생각하던 무렵 신 대표님은 참여소득에 관한 필자의 한겨레 신문 칼럼을 보시고 먼저 책 출판을 제안해주셨다. 만일 이러한 제안이 없었다면 이 책은 언제 출간될지 모르는 한낱 머릿속의 책으로만 존재하였을 것이다. 1부의 일부 내용은 10년 전 필자가 집필하다 멈추었던 "(가제) 스펙전쟁"을 현 시점에서 수정 발전시킨 것이고 2부 캐퍼빌러티는 외국학회에 투고하려고 준비하던 글을 이 책에 먼저 담았다. 3부의 내용 일부는 필자의 논문과 경기 문화재단 보고서「예술인 참여소득」의 내용을 확장한 것이다.

끝으로 나의 어머님 김형숙, 아내 변숙영에게 평소에 자주 표현 하지 못한 고마운 마음을 이 책을 통해 전달하고 싶다. 그리고 두 딸 서원, 승하가 미래에 자신들의 자유와 안전한 삶을 지속할 수 있는 사회에 대한 갈망은 이 글의 숨은 목적이며 동기라 하겠다. 개인의 자유와 안전의 해결은 개인의 몫이 아닌 공동체의 몫이고 이를 캐퍼빌러티와 참여소득이 가능케 해줄 수 있기 때문이다.

주석

제1부 적극적 노동시장

1. 적극적 노동시장 정책의 태동정책의 종언

1) 김신영·지은림·양길석·송미영·김준영(2010), 「5·31이후 교육평가 정책의 변화와 발전방향」, 한국교육과정평가원, p.14.

2) 어떻게 보면 교육개혁에 가장 중요한 이슈인 GNP 5% 확보는 그 당시 상황에서 거의 불가능한 부분이었다 해도 과언은 아니다. 대통령의 공약이기 때문에 당시 교육부와 재경원은 논쟁을 벌였는데 그 내용을 보면 교육부는 납임금이 학부모 부담이기 때문에 중앙정부 예산만 교육예산으로 계산하여 3.68%를 제시한 반면에 재정당국은 지자체 지원예산과 학생 납임금을 포함하여 4.32%를 주장하였다. 결국은 교육재정에 납임금을 제외하는 대신에 과학기술대, 산업기술대 등 정부 산하 특수대학의 예산을 포함하는 방식으로 타협이 이루어져 1995년 기준 GNP 대비 4.11%를 산출하였다. 박기용 (1995), "김영삼 정권 교육개혁의 문제점", 경제와 사회 겨울호(통권 제 28호), pp.180-181.

3) 매일경제, 6.27 지방선거, 지방시대에 바란다, 특별좌담, 1995년 6월 29일, 네이버 아카이브.

4) 박세일·이주호·우천식 편(2004), 「자율과 책무의 대학개혁: 제2단계의 개혁」, 한국개발연구원, 한국직업능력개발원. p.5.

5) 박기용(1995), 앞의 논문, p.176.

6) 박세일·이주호·우천식 편(2004), 앞의 책, p.57.

7) 뉴시스, 이주호 前 장관 "교육부 해체하고 대학 절반 줄여야", 2017년 4월 24일, 2021.12.02. 검색.

8) 장수명, "5·31대학정책분석-규제완화를 중심으로", 동향과 전망, 77호. p.12.

9) 예를 들면 1995년 대학설치기준령과 인가주의는 설립 최소 기준으로 5,000명 이상, 설치학과 25개 이상을 요구하였고, 교사, 교원, 수익용 기본재산, 실험실습비 등에 대한 조건도 엄격하게 요구하였다. 반면에 1996년에 재정된 설립 운영 규정을 보면 총정원과 학과 수에 대한 규정을 만들지 않았고 교지, 교사, 교원, 수익용 기본재산 확보에 최저 기준만 제시하였다. 다만 교사의 기본면적을 요구하였고, 교원 1인당 학생 수를 인문사회계열 25명, 자연과학/공학/예체능은 20명, 의학은 8명으로 제시하였다. 이러한 준칙주의는 2005년 대학의 진입장벽을 규제하기까지 이어져왔다(교육부, '대학설립운영규정' 참조).

10) 장수명, 앞의 논문, p.30.

11) 국정브리핑 특별기획팀(2007), 대한민국교육 40년-공교육정상화, 대학발전, 평생학습사회를 향한 전진, p.154.

12) 한겨레신문, [유레카] 김종인의 기억 속 '삼성 총수 흑역사', 2020년 10월 28일, 2021.11.18. 검색.

13) MBC 이코노미 매거진, 2011년 11월호, p.112.

14) 2015년 전후부터 지자체는 인구 수 감소와 대학 진학률 감소로 인해 대학 설립과 유치보다는 지역내 실업자 훈련, 일반계 고등학교 졸업자 중 대학 미진학자, 지역 내 기업 인력수급 차원에서 폴리텍 대학 유치에 안간힘을 쓰고 있는 실정이다.
15) 한홍구, "박정희가 때린 사학, 딸이 달래나", 한겨레21, 2006년 2월14일, 제597호.
16) 한홍구, 앞의 책.

2. 적극적 노동시장 정책과 인적자본투자

1) Theodore Schultz, 선영규 역, 『인적자본론』, 靑翰文化社, p.22, p.40. 슐츠의 인적자본투자에 관한 사고는 그의 전공 분야가 농업경제학이라는 점과 무관하지 않아 보인다. 그는 30~40년대 미국의 농업 생산성 연구를 통해 경제 개발에 인간 자원 문제를 적용하였으며 교육투자 확대를 주장하게 된다. 또한 그는 관심을 인구증가, 질병으로 옮기는데 푸코의 생명정치 분야와 일맥상통하는 분야이다. 따라서 인적자본이론이 생명정치의 한 분야인 것은 맞다. 아동 발달심리학으로 유명한 장 피아제(Jean Piaget)도 동물학자로 곤충의 변태 과정을 연구하던 내용을 아동의 심리 변화에 응용한 것으로 알려져 있다.

2) 인적자본이론의 선구자는 루돌프 골트샤이트(Rudolf Goldscheid)이다. 그가 주로 활동했던 20세기 초에는 사회진화와 인종 위생학이 맹위를 떨치던 시절로, 골드샤이트가 볼 때 이 두 이론은 경제적 운용이 불가능하여 생활조건 개선이나 교육 증진, 질병 원인 억제를 통해 인간의 역량을 확장하는 방안을 제안하였다. 바로 슐츠나 게리 베커가 골드샤이트의 입장을 공유하여 인적자본투자 이론이 나타난 배경이라 하겠다. Thomas Lemke(2007), *Biopolitik Zur Einührung*, 심성보 옮김(2018), 『생명정치란 무엇인가』, pp.172~175.

3) Thomas Lemke(2007), *Biopolitik Zur Einührung*, 심성보 옮김(2018), 『생명정치란 무엇인가』, 그린비, pp.177-178.

4) Thomas Lemke(2007), 앞의 책, p.39.

5) Thomas Lemke(2007), 앞의 책, p.63.

6) Michel Paul Foucaul, *Historie de la sexualité-1, La volonté de savoir*, 이규현 역(1996), 『성의 역사: 앎의 의지, 제1권』, 나남출판사, p.149.

7) Michel Paul Foucaul, 이규현 역(1996), 앞의 책, p.152.

8) 진태원(2006), "생명정치의 탄생, 미셸푸코와 생명권력의 문제", 문학과 사회, 19(3), p.220.

9) Michel Paul Foucault, *Les Mots et Les Choses*, 이광래 옮김(1996), 『말과 사물』, 민음사, pp.303-304.

10) 양창렬(2006), "생명권력인가 생명정치적 주권권력인가-푸코와 아감벤", 문학과사회, 19(3). p.250.

11) 강선형(2014), "푸코의 생명관리 정치와 아감벤의 생명정치", 철학논총, 78. p.145.

12) Gary Becker, 『가족경제학(A Treatise in the Family)』, 생활경제연구모임 역(1994), 한터, p.197.

13) 한국경제, 전쟁사로 보는 기업 경영학, '패튼처럼 경영하라', 2018년 12월 6일 조선일보, 글로벌 디벨로퍼 꿈꾸는 대림산업, 임직원에게 "군대조직문화 배워라", 2019년 4월 11일.

14) G. Esping-Anderson(1990), *The Three Worlds of Welfare Capitalism*, 박시종 옮김(2007), 『복지자본주의의 세 가지 세계』, 성균관대학교 출판부. p.119.

15) André Gorz(1980), *Adiux au Prolétariat*, 이현웅(2011), 『프롤레타리아여 안녕』, 생각의 나무, pp.37-38.

16) 경향신문, "어휴, 여기가 회사야? 군대야?"…정답은 '월급 더 받는 군대', 2017년 1월 26일, 2021.11.23. 검색.

17) 인적자원개발 기본계획 추진실적 평가단(2005), 「제1차 인적자원개발 기본계획 추진과정 평가」, pp.79-80.

18) 서동진(2016), 『자유의 의지 자기계발의 의지』, 돌베개, p.55.

19) 서동진(2016), 앞의 책, pp.39-40.

20) Alain Supiot(2015), *La Gouvernance Par Les Nombres*, 박제성(2019), 『숫자에 의한 협치』, 한울아카데미, p.32.

21) 서동진(2009), "신자유주의 분석가로서의 푸코:미셸 푸코의 통치성과 반정치적 정치의 회로", *문화과학*, 57, p.331.

22) 전상진(2008), "자기계발의 사회학: 대체 우리는 자기계발 이외에 어떤 대안을 권유할 수 있는가?" *문화와 사회*, 제5권, p.133.

23) 미셸푸코 지음, 『생명관리정치의 탄생-콜레주드프랑스 강의 1978-1979년』, 오트르망(심세광, 전혜리, 조성은) 옮김(2012), 난장, pp.308-313.

24) Anthony Giddens(1991), *Modernity and Self-Identity*, 권기돈 옮김(2010), 『현대성과 자아정체성-후기 현대의 자아와 사회』, 새물결, p.238.

25) Alain Supiot(2015), 앞의 책, p.213.

26) 이러한 성과관리 시스템은 디지털 테일러 주의를 만들어 전문가들의 사고와 행동반경을 성과지표와 일정에 맞추어 버림으로써 창의적 사고와 행동을 걷어 내버렸다.

27) 정확한 비유와 해석이 아닐 수 있지만 계발은 불교에서 말하는 돈오돈수(頓悟頓修)이고 개발은 돈오점수(頓悟漸修)와 같아 보인다. 돈오돈수는 성철스님이 말한 것으로 나를 둘러싼 딜레마적 환경의 문제를 화두를 통해 단박에 뚫어 버리는 것이라면, 돈오점수는 보조국사가 주창한 이론으로 한번의 깨달음(돈오)은 아직 어린 부처이므로 성인 부처가 되기 위해서는 지속적으로 노력해야 함을 의미하기 때문이다. 노권용(1994), "한국불교의 돈(頓)·점(漸) 논쟁이 갖는 의미", *창작과 비평*, pp.381-382.

28) 우리나라 평생교육과 평생직업 담론에서 공식적인 용어는 자기계발이 아닌 역량, 능력개발, 자기개발을 사용한다. 자기계발은 개인적으로 알아서 하는 활동이고 능력개발 역량개발은 국가와 기업이 공식적으로 진행하는 것으로 규정하며 자기개발, 능력개발안에 자기계발 교육과정 내용을 포함한다. 지금은 없어졌지만 우편훈련 프로그램이라 하여 우편으로 책자를 보내어 노동자의 자발적 교육훈련을 유도한 프로그램이 있었는데 여기에는 주로 자기계발 관련 경영서적 등이 포함되어 있었다.

29) 정수남(2010), "공포, 개인화 그리고 축소된 주체-2000년대 이후 한국 사회의 일상성", *정신문화연구*, 33(4), p.346.
30) Ulrich Beck(1986), *Risikogesellschaft*, 홍성태 옮김(1997), 『위험사회— 새로운 근대(성)을 향하여』, 새물결, p.162.
31) Micki McGee(2005), *SELF-HELP*, 김상화(2011), 『자기계발의 덫』, 모요사, p.204.
32) Micki McGee(2005), 앞의 책, pp.8-14.
33) Samuel Smiles(1859), *SELF-HELP*, 김유신 번역(2018), 『자조론』, 21세기 북스,pp.31~37, 이 책은 사마천의 『사기』처럼 각 주제별로 유명인사들이 어떻게 노력을 하고 성공하였는지 그 일화를 소개한다.
34) Eric John Ernest Hobsbawm, *The Age of Revolution 1789-1848*, 정도영·차명수(1998), 『혁명의 시대』, 한길사, pp.388-389.
35) 김경일 외(2016), 『한국현대 생활문화사:1970년대 새마을 운동과 미니스커트』, 창비, pp.100-103.
36) 원래 이름은 Carnagey 였는데 철강왕 Carnegie와 발음이 같아 이름을 Carnegie로 바꾸어 버렸다.
37) Barbara Ehrenreich(2009), *Bright-Sided*, 전미영 옮김(2011), 『긍정의 배신』, p.189.
38) Barbara Ehrenreich, 앞의 책. p.198.
39) Barbara Ehrenreich, 앞의 책, pp.164-167.
40) 김창엽(2018), "국내의 평생교육 개념연구에 대한 분석", *평생학습사회*, 제14권, 제1호. p.3.
41) 평생직업과 평생교육을 따로 쓰는 나라는 우리나라가 유일하다. 평생직업이란 용어는 교육부의 평생교육법에 고용노동부가 대응하기 위해 만든 법률인 '국민평생직업능력개발법'에 의해 발생한 신조어이다. 유네스코 성인교육이나 OECD의 평생교육(Life-Learning)안에 직업 훈련이 포함되어 있다.
42) 손준종(2000), "평생학습 논리의 의미와 한계검토", *교육학연구*, vol. 38, no. 1, p.301.
43) Unesco(1997), "The Hamburg Declaration The Agenda For The Future", Fifth *International Conference On Adult Education* 14-18, July, 1998.
44) 한국교육개발원, 『2020 한국 성인의 평생학습실태』, p.59.
45) 이와 같은 수치는 다음처럼 산출되었다. 먼저 평생학습 참여자 수 중 주로 대학 참여를 희망할 것으로 예상되는 25세 이상 34세 참여자 수 530천 명이다. 여기에는 대학이 아닌 학점은행제 참여자 165,328명(국가평생교육진흥원, '학점은행제 홈페이지' 참조) 중 일부가 포함되어 있다. 이 수치는 2020년 형식교육 참여자 중 31%를 차지한다. 이를 530천 명 전체 참여자 수에서 제외하여야 하는데 연령별 학점은행제 참여자 비율 통계가 없기 때문에 학점은행 연령대별 학위취득자 통계에서 25세에서 30대 비율인 38.4%(국가평생교육진흥원, 『2020평생교육백서』, p.165. 참조를 적용한 63,486명을 제외하면 264,514명이라는 성인 평생학습규모를 가진 시장이 형성됨을 알 수 있다. 여기서 2021년도 기준 특수, 전문, 일반대학원 입학자 수 13만 명을 제외하면 학부 기준으로 15-20만명 정도로 추정된다. 이 수치를 20세 이하와 40세 이상까지 확대하면 성인 학위자 수는 더 늘어날 것으로 보이지만 극히 미미하기 때문에 전체 수에 큰 영향을 끼치지 않을 것이다.

46) 임영희, 권인탁(2018), "대학평생교육정책의 실태분석과 전략", *열린교육연구* vol. 26, no. 1, pp. 110-112.

3. 적극적 노동시장 정책으로서의 일자리 정책

1) G. Esping-Anderson(1990), *The Three Worlds of Welfare Capitalism*, 박시종 옮김(2007), 『복지 자본주의의 세 가지 세계』, 성균관대학교 출판부, pp. 300~304.
2) Anthony Giddens(1998), *The Third Way: The Renewal of Social Democracy*, 한상진·박찬욱 옮김(2014), 『제3의 길』, 책과 함께, p. 142.
3) 윤홍식(2019), 『한국복지국가의 기원과 궤적 3』, 사회평론아카데미, p. 353.
4) 김연명(2007), "우리나라에서 사회투자 논의의 쟁점", *경제와 사회*, 9, p. 312.
5) 김항기, 권혁용(2017), "부동산과 복지국가: 자산, 부채, 그리고 복지태도", *한국정치학회보*, 51집, 1호. p. 280.
6) Lisa Adkins, Melinda Cooper, Martijn Konings(2021), "Class in the 21st century: Asset inflation and the new logic of inequality", *Economy and Space*, Vol. 53(3), pp. 553-554.
7) 윤홍식(2019), 『한국복지국가의 기원과 궤적 2』, 사회평론아카데미, p. 385.
8) Anthony Giddens(1998), 앞의 책, pp. 142~143.
9) 김성중·성제환(2005), 앞의 책, p. 508. p. 624.
10) 대통령비서실 삶의 질 향상 기획단(2002), 『생산적 복지: 복지 패러다임의 대전환』.
11) Anthony Giddens(1998), 앞의 책, pp. 98~100.
12) 국제기구와 국제조약의 중요성이 커져갈수록 국내정치의 기능과 역할은 반대로 점점 줄어들고 있는 것이 현실이다. 이러한 정치 역할의 축소는 경제 관료들과 경제엘리트 집단의 영향력 확대를 불러온다. 이러한 관점에서 1997년 IMF 금융위기는 준비되지 않은 채 이념만 앞선 관료주의가 경제를 관리하여 실패할 경우 국민 전체를 위험에 빠뜨릴 수 있음을 보여준 사건이라 할 수 있다. 그러나 이 당시 경제 관료와 경제 엘리트들은 우리나라가 신자유주의의 선진화된 경제구조를 갖기 위해서는 희생이 불가피한 조치라고 생각한다. 김영삼 정부 당시 실패하였던 금융, 재벌, 노동 개혁을 관철시킬 수 있는 효과적인 수단으로 IMF금융 위기를 이용하였기 때문이다. 지주형(2014), 『한국 신자유주의의 기원과 형성』, 책세상, p. 219.
13) 박종관(2005), "생산적 복지정책의 효과 분석", *한국사회와 행정연구*, 제16권, 제1호, p. 495.
14) 정경배(1999), "생산적 복지와 적극적 복지", *보건사회연구*, Vol. 19, no. 1, p. 5.
15) 생산적 복지를 공급 위주의 복지 정책으로 이해하고 있지만 사실은 그렇지 않다. 지식기반사회 도래에 대응하기 위해 공급 지향적인 인적자본의 강화와 능력개발에 초점을 맞춘 것은 사실이지만 수요 측면의 재정예산 확대를 주장하고 있으며 지금과 마찬가지로 그 당시에도 재정경제원의 재정안정화를 위한 부채채무와 예산 적자의 공포로부터 벗어날 것을 주장하고 있다. 즉, '알부자' 보다 손해를 보더라도 먼 미래 먹거리에 투자하는 기업가 정신을 강조하였다(황태연, "궁핍에

맞서는 생산적 복지", 한국일보, 1999년 11월 16일). 김대중 정부 당시 생산적 복지 담론이론을 제공하였던 황태연은 생산적 복지의 공급 측면을 우대하는 낡은 신자유주의 이데올로기를 비판하며 생산적 복지를 수요 측면의 중산층 서민 가계 조세지원 정책을 '선심'정책으로 홀대하는 것에 우려를 나타내었다. 공급측면의 이데올로기를 타파하지 않는 한 생산적 복지정책의 공간은 협소할 것이라 고언하였다(법보신문, '중산층 정책의 허실', 2004년 8월 10일).

16) James Ferguson(2015), *Give a Man a Fish*, 조문영(2017), 『분배정치의 시대』, 여문책, p.94.
17) 윤홍식(2019), 『한국복지국가의 기원과 궤적 3』, 사회평론아카데미, p.65.
18) 권정현(2012), "미국의 경기침체와 소득 불균형 그리고 임금주도 경제성장", 국제노동브리프, 2012년 11월호, p.44.
19) 한국경제신문, "단순히 돈 없어서 애 안 낳는 것 아닌데"… 정부 12년간 '헛발질 대책', 2018년 2월 28일.
20) 한국일보, '범여권' 조정훈 "한국판 뉴딜? '쓰레기 일자리'" 비판, 2020년 7월 24일.
21) IBK 경제브리프(2017), 「독일 창업의 5대 특징」, 510호, 9월 12일.
22) 한국이스라엘산업연구개발재단(2015), "글로벌기술협력기반육성사업 심층분석보고서: 이스라엘 '창조경제'의 원동력", 이스라엘 방위군, 참조.
23) 육동인(2014), 『누구나 인재다: 유대인과 이스라엘 그들의 창조경제를 엿보다』, 북스코프, p.39.
24) 윤홍식(2019), 『한국복지국가의 기원과 궤적 3』, p.386.
25) 2017년 현재 특성화고 491개중 사립학교는 219개로 44.6%이며 교육예산으로 책정되고 있다.
26) 박승훈(2017), "적극적 노동시장 정책의 이해와 실제", 『이슈쟁점』, 고용이슈, 11월, p.92.
27) 이명박 정부 들어와 직업교육 정책의 기조는 노동시장 내 임금 개선, 고용환경, 고용조건 향상을 동반한 기술·기능직 우대라는 관점 없이 오로지 높은 대학 진학률을 낮추기 위해 명품 특성화고를 만들어 고용조건과 상관없는 취업 확대만을 주목적으로 하였다고 볼 수 있다. 그리고 실제로 고졸 취업은 늘어났다.
28) 조선일보, " 일자리는 기업이 만들어", 2010년 2월 9일.
29) 고용 문제를 노동부로 이관한 가장 큰 이유는 노동부가 가지고 있는 고용보험 때문이라 볼 수 있다. 국회의 동의를 얻어야 사용할 수 있는 일반회계와 달리 고용보험은 정부의 행정명령에 의해 사용할 수 있는 기금이기 때문에 영세기업의 고용보조금, 개인지원금을 확대할 수 있다. 하나의 사례를 보면 육아휴직 수당은 초창기 재원 설계는 일반회계에서 부담하는 조건이고 일부만 고용주와 근로자가 적립한 고용보험 기금을 이용하게 하였으나 2017년만 보더라도 육아휴직 급여 예산은 7,826억 원, 출산휴가 급여까지 합치면 1조846억 원 중 정부예산 지원액은 900억원으로 10%가 채 안 되며 나머지는 고용보험 기금이 부담하고 있다. 이러한 고용보험의 부담으로 인해 고용보험기금은 2020년 적자로 돌아선 뒤 2025년에는 2조6000억 원까지 적자가 확대될 전망이다(조선일보, "육아휴직급여 인상 3000억 더 드는데… 정부지원 700억뿐", 2017년 8월22일). 따라서 고용보험 사용은 법률에 의거하여 강제할 필요가 있다.
30) 프레시안 , "이명박 청년실업대책은?" "눈높이를 낮춰라", 2007년 9월12일.

31) G. Esping-Anderson(1990), 앞의 책, pp. 369-370.

32) G. Esping-Anderson(1990), 앞의 책, p. 430.

33) 경향신문, 오세훈 "젊은이들 자긍심 부족, 헬조선 표현" SNS·온라인서 비판 받아, 2015년 11월 13일.

34) 문재인 정부 초대 경제보좌관인 김현철은 2019년 1월 28일 대한상공회의소에서 열린 최고경영자 조찬 간담회에서 "청년은 취업 안 된다고 헬조선이라 하지 말고 아세안국가를 보면 해피조선이라고 말해야 하며 50-60대는 할 일 없다고 산이나 가고 SNS 하지 말고 아세안 인도로 가야 한다고 말했다(경향신문 1월 28일). 이러한 언급이 사회적 논란이 되자 그는 경제비서관에서 사퇴하였다.

35) 장욱희, 이윤재, 박주영, 김주현(2018), 「청년의 일자리 인식조사 및 맞춤형 정책방안 연구」, *일자리기획단*. p. 91.

36) 채용 후 바로 현장 투입을 목적으로 만들어진 프로그램—졸업반을 앞둔 2년제, 4년제 학생들의 현장 체험과 기업 프로젝트 등을 함께 수행하는—은 노동시장 이행을 원활하게 하는 것을 목적으로 한다. 그러나 기업이 이미 채용한 학생들을 대상으로 하는 재직자 훈련으로 둔갑하여 기업의 당초에 책정된 재직자 훈련비를 지원하는 형태가 되기도 한다. 즉, 정책의 사중손실이 발생한 것이다. 도제, 일학습 병행, 계약학과, 현장체험형 프로그램 등을 한 부처만 하는 것이 아니라 교육부, 노동부, 중소벤처기업부, 과학기술부, 산업자원부, 등 모든 부처가 유사한 기업연계형 프로그램을 진행하다 보니 정책의 수혜자가 기업과 학생이 아니라 정책을 만든 부처가 되는 신비한 일이 벌어진다. 즉 기업이 자신의 부처 사업에 협력, 협약을 해주는 것이 부처와 담당 공무원의 실적이 되는 것이다.

37) 이상준, 김미란(2010), "인턴제 근로자의 노동시장 이행에 관한 연구-비정규직 근로형태로서의 인턴제를 중심으로", *직업능력개발연구*, 제13권, (1), p. 2.

38) Thomas Bailey, Katherine Hughes, Tavis Barr(2000), "Achieving Scale and Quality in Schoolto-Work Internships: Findings from Two Employers Surveys", *Educational Evaluation and Policy Analysis*, Vol. 22 No. 1, pp. 41-64.

39) Richard V. Reeves(2018), *Dream Hoarders*, 김승진 옮김(2019), 『20 vs 80의 사회』, p. 27.

40) Richard V. Reeves(2018), 같은 책, pp. 172-173.

41) Ellen Ruppel Shell(2018), *The Job*, 김후(2019), 『일자리의 미래』, 예문 아카이브, p. 241.

42) 중앙일보, 안경덕 "기업이 공채 늘려야" vs 손경식 "규제를 완화해야", 2021년 6월 28일, 2021. 12. 12. 검색.

4. 적극적 노동시장 정책으로서의 훈련

1) 이병준(1999), "독일 통일 이후의 구동독지역에서의 노동시장의 변형과 직업교육훈련의 과제에 관한 연구", *비교교육연구*, 9-2, p. 189.

2) 20세기 마지막 해인 1999년 8월 31일에는 1982년 12월 31일에 제정되어 존속해온 사회교육법이 폐지되고 평생교육법으로 명칭이 변경 제정되었다. 평생교육법은 학교 교육을 제외한 모든 형태의 조직적인 교육활동(학력보완교육, 직업능력 향상교육, 인문교양교육, 문화예술교육, 시민 참여교육 등을 포함하는 모든 형태의 조직적인 교육활동)을 의미한다.

3) 양재진(2007), "사회투자가 우리의 대안이다. 사회투자국가 비판론에 대한 반비판", *경제와 사회*, 9, p.332.

4) 이상준(2014), 「고용복지 전달체계 연계방안: 상호통합과 지자체와의 협력 방안을 중심으로」, 한국직업능력개발원. pp.31-33..

5) 이상준외(2018), 「실업자 직업능력개발훈련의 성과평가 및 발전방안 연구」, 한국직업능력개발원, p.134.

6) 일학습 병행은 신규 기업 포함 일 인당 비용이 적게는 1,560만 원에 많게는 2,042만 원이 소요되고 있다(강세욱, 「2016 일학습병행제 성과 평가」, 국회예산처, p.56.).

7) 민노총, 「2015년 전국공단 노동실태조사 자료집」, p.62 부분 발췌.

8) 매일 경제, '중앙대 신입생 모두 회계수업', 박용성 이사장 "대졸자, 재무제표 정도는 읽어야", 2009년 2월 18일 입력.

9) Aandy Stern(2016), *Raising the Floor*, 박영준 옮김(2019), 『노동의 미래와 기본소득』, 갈마바람, p.165.

10) 직능 1수준 중졸 이하 업무, 자격증, 현장 경력 필요 없음, 직능 2_1 수준 고졸 수준, 1년 미만 현장 경력, 직능 2_2, 전문대졸을 의미한다.

11) 남기성(2021), 「직무중심의 AI 매칭 시스템 개선 방안 연구」, 미발표 자료.

12) Paul Krugman, "Jobs and Skills and Zombies", *The New York Times*, 2014년 5월 30일.

13) 고졸 vs 명문대생, 계급장 떼고 맞짱뜨는 프로그래머의 세계, 2021년 5월 11일, 2021.11.26. 검색.

14) 세계일보, "실무 바로 투입 가능"… 대기업은 경력직을 좋아해, 2021년 3월 15일, 2021.11.26. 검색.

15) 이투데이, 문환구, [특허, 톡!] 인공지능은 발명자가 될 수 있을까?, 2021년 8월 10일 2021.08.10. 검색.

16) 윤홍식(2019), 『한국복지국가의 기원과 궤적 3』, 사회평론 아카데미, p.264.

17) 경향비즈, "로봇 사용률 1위 한국…자동화로 일자리 25% 사라질 10년이 변혁기", 2018년 10월 20일.

18) 배진한(2018), "기업내부 노동시장 변화와 인적자원개발 투자 유인", 노동*경제논집*, 제41권, 제1호, p.108.

19) Michel Beaud, *Histoire Du Capitalisme*, 김윤자(2015), 『미셸보의 자본주의의 역사 1500-2010』, 뿌리와 이파리, p.313.

20) 매일 경제, 한국 중소기업 고용비율 OECD 최고…생산성은 최하위권, 2018년 10월 18일.

21) 한겨레, "기술비밀 뺏고, 15년 계약 끊고 현대중에 '최고 과징금' 철퇴", 2020년 7월 26일.

22) 경향신문, 법원, "손해 입히려 한 목적만으로도 위법", 하도급 업체 기술 빼돌린 대기업에 첫 철퇴, 2020년 7월 29일.

23) 이종화(2016), "인적자본과 경제발전", *경제논집*, 제55권, 제2호, p.274.

24) 김상호(2019), "프랑스의 직업능력개발제도에 관한 연구", 노동법 논총, 45, p.205.
25) 김상호(2019), 앞의 논문, p.213.
26) 옥우석(2021), 「프랑스의 평생직업교육 지원사례」, 인천대학교 산학협력단.
27) 관계부처 합동 보도자료, 「조선업 구조조정 대응 고용지원 및 지역경제 대책」, *제45차 고용정책 심의회*, 2016년 6월 30일.

5. 적극적 노동시장 정책의 종언과 대안

1) 이러한 비판이 오늘날 설득력 있는 이유는 미국의 상황만 보더라도 쉽게 이해할 수 있다. 트럼프와 바이든 정부의 공통점은 역외로 이전하였던 노동집약적 산업을 자국으로 다시 불러오는 리쇼어링과 외국 기업의 미국 현지 공장 건설 유치 정책이다. 이는 이윤 효율성을 극대화하는 지식기반산업만으로 일자리를 확충하기 어렵고 국민의 소득보장이 불가능함을 선언한 것이다.
2) Paul Craig Roberts(2013), *The Failure of Laissez Fair Capitalism and Economic Dissolution of The West Toward a New Economic for a Full World*, 남호정 옮김(2016), 『제1세계 중산층의 몰락』, 초록비, p.142, 148.
3) Paul Craig Roberts(2013), 앞의 책, p.131.
4) Paul Craig Roberts(2013), 앞의 책, p.166.
5) 이투데이 [이상준의 일, 삶, 배움], "알고리즘 공정사회", 2021년 6월 4일.
6) Stiegler, Bernard (2015b), *La Société Automatique 1: L'avenir du Travail*, 김지현, 박성우, 조형준(2019), 『자동화사회 1-알고리즘 인문학과 노동의 미래』, 새물결출판사, pp.298-299.
7) 우명동(2011), "지역고용창출 지원기능과 정부간 재정관계에 대한 연구", *한국지방재정논집*, 제16권 제1호, p.7.
8) 우명동(2011), 앞의 논문, p.27.
9) 한국노동연구원(2020), 「지방자치단체 자체 일자리 사업 현황 파악 및 분류 방식 개선」, p.2.
10) 한국노동연구원(2020), 앞의 책, p.88.
11) 뉴시스, 대기업 근로자통장에 월 515만원 찍히는데..중기 절반도 못 벌어, 2021년 2월 24일.
12) MBS 뉴스투데이, [신선한 경제] "73세까지 일하고 싶은데…평균 49세 퇴직", 2021년 7월29일.
13) 임홍택(2019), 『90년생이 온다』, 웨일 북, p.145.
14) Thomas Piketty(2013), *Capital in the Twenty-First Century*, 장경덕 옮김(2015), 『21세기 자본』, 글항아리, p.505.
15) 머니투데이, 최재천 "한국서 애 낳는 사람은 바보…IQ 두 자리 안 되니 낳는 것", 2021년 11월 25일.
16) Richard Dawkins(2006), *The Selfish Gene*, 홍영남·이상임 옮김(2012), 『이기적 유전자』, 을유문화사, pp.211-213.
17) GØsta Esping Andersen(2009), *Incomplete Revolution:Adapting To Women's New Roles*, 주은선·김영미(2014), 『끝나지 않은 혁명』, 나눔의집, p.147.

18) Lesley Powell and Simon McGrath(2019), "Capability or Employability : Orientating VET Toward 'Real Work' ", *Handbook of Vocational Education and Training*, pp. 372-373.

19) Gordon Lafer(2002), *The Job Training Charade*, Cornell University Press. p. 2.

20) 이상준(2012), 「직업능력개발 계좌제의 정책 효과와 실업자 훈련의 잠금 효과」, 『경제학 연구』, 제60집 제1호, p. 54.

21) Richard Wilkinson, Kate Pickett(2018), *The Inner Level*, 이은경 옮김(2019), 『불평등 트라우마』, 생각이음, pp. 121, 176-177.

22) 2015년 필자가 「청년 취업아카데미」 훈련 프로그램에서 4년제 대학 인문사회계열 청년 구직자를 대상으로 진행하는 IT훈련 과정을 만들기 위해 여러 전문가의 의견을 수렴하던 무렵 서울 유명 대학의 IT 관련 학과의 한 교수로부터 직업훈련정책이 IT 일자리와 코딩이라는 직업을 하찮은 일로 규정하고 있다고 험상궂은 욕설에 가까운 얘기를 들은 적이 있다. 해당 교수의 핵심 불만은 정부가 단기 취업 성과에 급급한 나머지 코딩 분야가 아무나 6개월만 직업훈련을 받으면 월 150만 원 미만의 저임금 일자리는 언제든지 구할 수 있는 직종으로 굳어지고 있다는 것이 문제라는 것이었다. 정부가 코딩 산업의 원하청 구조 같은 문제는 해결하지 않으면서 코딩직업이 곧 저임금 일자리로 낙인찍히는 것에 대한 울분이었다.

23) Chantal Mouffe(2018), *For a Left Populism*, 이승원 옮김(2019), 『좌파포퓰리즘을 위하여』, 문학세계사, p. 56.

24) 한국경제, "고용시장 코로나 디지털 태풍…충격 줄이려면 직업훈련 확 바꿔야", 2021년 9월 27일.

25) 경향신문, '저성과자 해고제' 회사가 찍으면 찍힌다, 2016년 1월 2일, 2021. 11. 30. 검색.

26) MBC 뉴스데스크, "물가도 금리도 오르는데 건보료까지··'월급 7%' 멘다", 2022년 8월 30일.

27) 박제성(2016), 디지털 노동관계와 노동법의 현재 또는 미래, 『한국노동법학회 하계학술대회 발표논문』, p. 47.

28) Alain Supiot(2015), 앞의 책, p. 353.

29) Alain Supiot(2015), 앞의 책, p. 389.

30) Alain Supiot(2010), *L'esprit de Philadelphie: la justice sociale face au marché total*, Seuil, 박제성(2019)옮김, 『필라델피아 정신: 시장 전체주의 비판과 사회정의 복원을 위하여』, 매일 노동뉴스, pp. 158-159.

31) 한국교육개발원이 매년 조사하는 '평생교육 통계' 2021년도 자료에 따르면 원격교육 기관을 제외한 평생교육기관 3,451개 기관 중 교육청 설치 및 지정기관은 357개, 9.8%에 지나지 않는다. 이 수치는 우리 동네 주변의 이마트, 홈플러스와 같은 대형유통마켓 338개 10.3%보다 낮다. 언론기관 부설 기관 수는 1,134개로 전체 32.9%를 차지하고 있어 우리나라 평생교육 시장에 언론사 참여가 상당히 높은 것을 알 수 있다. '평생교육 통계' 자료에 공공, 민간 구분은 없지만, 초중등학교와 평생학습관, 시도 평생교육진흥원을 합친 비율은 14.7% 정도로 추정된다. 한편 고용노동부 직업훈련의 공공 부담 비율을 우리나라 유일의 공공훈련 기관인 폴리텍 대학 부담률로 살펴보면 2021년 기준 재직자, 실업자 대상 훈련에서 각각 2.8%와 4.7%에 불과하다.

32) 김창엽(2018), "국내의 평생교육 개념 연구에 대한 분석", 평생학습사회,제14권, p.10.

33) 장수명(2012), "복지국가와 평생교육 관계 모색", 평생교육학 연구, vol. 18, No. 4, p.291.

34) 2016년 TvN 방송은 대한민국, 브라질, 프랑스, 태국, 러시아, 베네수엘라,중국7명의 청춘 남녀를 대상으로 상호 소통이 가능한 글로벌 언어를 만들어가는 관찰 예능인 「바벨 250」을 제작하였다. 이 프로그램은 네덜란드어와 프랑스어밖에 모르는 스승과 학생들이 누구도 가르쳐 주지 않지만 서로 소통이 가능해지는 완벽한 자코토 방식이었다. 실제로 경제학의 진화게임 이론에서는 공통언어가 없어도 상호 메시지 전달을 통한 의사소통에 아무런 문제가 없음을 증명하고 있다. (Andreas Blume, Douglas V. DeJong, Yong-Gwan Kim and Geoffrey B. Sprinkle(1998), Experimental Evidence on the Evolution of Meaning of Messages in Sender-Receiver Games, *The American Economic Review*, Vol. 88, No. 5, pp.1323-1340, 참조.)

35) 김경희(2012), "평생학습의 의미에 대한 비판적 고찰:평생학습 비판적 담론 분석을 중심으로", 교육이론과 실천, 제22권, p.118.

36) 손준종(2000), "평생학습 논리의 의미와 한계 검토", 교육학연구, Vol. 38, No. 1, p.295.

37) 손승남(2015), "지역사회 평생교육기관으로서 대학의 역할과 개혁과제", 한국교양교육학회 학술대회 자료집, 6월, p.300.

38) 손승남, 앞의 논문, p.304.

39) 임영의·권인탁(2018), "대학평생교육정책의 실태분석과 전략", 열린교육연구, Vol. 26, No. 1, p.107.

40) 대학 및 대학원 고등교육의 평생교육 참여율이 1.4%밖에 되지 않음에도 평생교육 담론 대부분을 대학에 초점을 맞추는 이유는 담론 생산자들이 주로 대학교수이고 지역 내 산업과 교육 분야 기득권자들이 주도하기 때문이다.

41) 마쩨히 테루히시(2009), "일본의 주민-행정 협력을 통한 평생학습 마을 만들기", 「2008년 평생학습 도시컨설팅 지원사업」, 평생교육진흥원, p.19.

42) 조선일보, "박원순 서울시 100억 평평... 뜨개질, 파티까지 돈 대줬다", 2021년 5월 26일.

43) 이경아(2008), "평생학습 참여의 사회적 자본 형성 효과에 관한 실증연구", 평생교육학연구, Vol. 14. No. 2, p.136.

제2부 사람의 가치를 높여주는 또 하나의 능력 · 캐퍼빌러티

1. 메리토크라시, 컴피턴스 그리고 캐퍼빌러티

1) Michael Young(1994), *The Rise of The Meritocracy*, 유강은 옮김(2020), 『능력주의』, 이매진, p.120.

2) Michael Young(1994), 앞의 책, pp.120-121.

3) Michael Young(1994), 앞의 책, pp.150-152.

4) Michael Young(1994), 앞의 책, p.272.

5) Al Gini(2000), *My job, My Self*, 공보경 옮김(2007), 『일이란 무엇인가』, 들녘코기토, p.250.

6) 대의 민주주의는 특정 집단을 대표해야만 하는 관계로 엘리트 계급의 정치 참여 가능성을 높이는 측면이 있다. 그러나 엘리트 계급의 정치가 다수 국민의 요구와 괴리되고 제대로 반영하지 못하자 이에 대한 반발로 직접민주주의 요구, 포퓰리즘—물론 포퓰리즘이 반엘리트를 표방하는 것은 아니지만—유형의 지도자 발생, 국민청원이나 각종 SNS를 통한 엘리트 길들이기 차원의 높은 도덕성 요구, 내로남불 같은 문제 제기 등이 발생한다. 이러한 행동은 일정 정도 정실주의, 연고주의, 연공 서열을 축으로 작동하는 메리토크라시에 반대하는 투쟁적 성격을 가지고 있다 하겠다.

7) Michael Waltzer(1998), *Spheres of Justice*, 정원섭 외 (1999), 『정의와 다원적 평등』, 철학과 현실사, p.48.

8) 아직도 시험성적으로 자신들의 능력을 표출하려는 분야는 법조계이다. 법조인의 능력과 인정을 사법연수원 성적으로 판단하고 있다.(경향신문, [이범준의 저스티스] 노무현의 실패, 문재인의 위기, 2019년 9월 4일자).

9) Richard Wilkinson, Kate Pickett(2018), *The Inner Level*, 이은경 옮김(2019), 『불평등 트라우마』, 생각이음, p.79, p.148, p.218.

10) 이매뉴얼 월러스인(Immanuel Wallerstein)의 지적처럼 능력주의(Meritocracy)가 인적자본 이론에서 중요한 이유는 인적자본이론의 배경 자체가 자본주의 문명에서 보편적이고 공식적인 덕목으로 천명되었기 때문이다. 월러스틴은 능력주의가 보편적임에도 불구하고 능력주의에 의한 출세는 여전히 소수의 엘리트들의 몫이라고 지적한다. 또한 그는 거짓된 보편주의로서 능력주의를 실행하는 기관이 과연 얼마나 능력을 근거로 실제 결정을 내리는지 따져보아야 한다고 말한다. 능력주의는 여전히 소수의 엘리트들만 그 보상을 받을 수 있다는 것으로 이미 기울어진 운동장에서—그것이 내적 요인, 외적 요인에 기인한 것이든—결론은 처음부터 결정된 것으로 보는 것이다. (이매뉴얼 월러스틴(1983), 나종일, 백영경 옮김(1998), 『역사적 자본주의/자본주의 문명』, 창비, p.141.)

11) 강준만(2016), "왜 부모를 잘 둔 것도 능력이 되었나?: '능력주의 커뮤니케이션'의 심리적 기제", *사회과학연구*, 55(2), 12월, 강원대학교 사회과학연구원, p.323, p. 344.

12) 강준만(2016), 앞의 논문, p.324, 이경숙(2017), 『시험국민의 탄생』, 푸른역사, p.108.

13) OECD (2018), 「The Future of Education and Skills: Education 2030」, OECD, 참조.

14) 강영혜·박성호·임후남·정동철·황정원(2014), 「2014 KEDI 학생역량지수」, 한국교육개발원 참조.

15) 이 부분에 대해서는 서울대학교 교육학과 BK21(2010), 『역량기반 교육혁신 연구사업단, 역량기반교육:새로운 교육학을 위한 서설』, 교육과학사, pp.15-23. 참조.

16) 서울대학교 교육학과 BK21 역량기반 교육혁신 연구사업단, 앞의 책, p.27.

17) OECD(2005), 「THE DEFINITION AND SELECTION OF KEY COMPETENCIES」, pp.10-15.

18) 윤종혁·김은영·최수진·김경자·황규호(2016), 「OECD '교육2030 : 미래 교육과 역량'을 위한 현황 분석과 향후 과제」, 한국교육개발원, p.42.

19) 한국직업능력개발원(2013), 「한국인의 역량, 학습과 일-국제성인역량조사(PIAAC) 보고서」, p. 26.
20) Paul Babiak and Robert D. Hare(2006), *Snake In Suits*, 이경식 옮김(2017), 『당신 옆에 사이코패스가 있다』, 알에이치 코리아, pp. 254-255.
21) Paul Babiak and Robert D. Hare(2006), 앞의 책, p. 155.
22) Belinda Jane Board And Katarina Fritzon(2005), "Disordered Personalities At Work", *Psychology, Crime & Law, March*, Vol. 11(1), p. 25.
23) John Rawls, *A Theory of Justice*, 황경식(2018), 『정의론』, 이학사, p. 151.
24) John Rawls, 황경식(2018), 앞의 책, p. 151.
25) John Rawls, 황경식(2018), 앞의 책, p. 152.
26) 프레시안, '능력주의의 치명적 함정, 2017년 8월 16일
27) James J. Heckman, Chase O. Corbin(2016), "CAPABILITIES AND SKILLS", *Working Paper. 22339*, http://www.nber.org/papers/w22339 및 James J. Heckman(2007), "The economics, technology, and neuroscience of human capability formation", *PNAS*, vol. 104, no. 33, www.pnas.org/cgi/doi/10.1073/pnas.0701362104, 참조.
28) 사회후생학적 관점에서 캐퍼빌러티는 개인의 후생(well-being)과 사회적 가치의 중요도를 결정하는 사회적 제도 배열(social arrangement), 평가(evaluation), 사정(assessment)을 위한 규범적 프레임이기도 하다.

2. 캐퍼빌러티의 철학적 배경

1) 국회예산정책처(2021), "OECD 주요국의 공공사회복지지출 현황", *NABO Focus*, 제30호, 2월 24일.
2) 공리주의도 벤담식 공리주의와 존 스튜어트 밀 공리주의 간의 차이가 있다. 벤담은 단일종류의 심리상태인 쾌락(pleasure), 고통의 축소 정도를 합산하는 방식인 반면에 밀의 공리주의는 행복이라고 불리는 다양한 심리적 묶음의 상태가 좋은 것이라고 본다.
3) Daniel M. Hausman,& Michael S Mcpherson(1996), *Economic Analysis, Moral Philosophy and Public Policy*, 주동률 옮김(2010), 『경제분석, 도덕철학, 공공정책』, 나남출판사. p. 196.
4) 우리가 흔히 아는 그 누구의 복지도 감소하지 않으면서 일부 개인의 복지가 상승하는 경우는 약한(weak) 파레토 개선이며, 모두의 복지가 증가하는 경우는 강한(strong) 파레토 개선이다.
5) Daniel M. Hausman,& Michael S Mcpherson(1996), 앞의 책, p. 263.
6) 한편 이러한 관점의 이면에는 인간의 행동이 신의 위치에서 합리적임을 가정해야만 한다. 현금 지원금을 가족 누군가가 뺏는 일도 없고 도둑맞는 일도 없어야 하며 더군다나 당사자가 바보같이 도박이나 술, 심지어 마약 같은 것을 구매하지 않을 것이라는 완벽한 인간에 대한 가정이 필요하다.
7) Amartya Sen, (1979), "Equality of What", *The Tanner Lecture on Human Values*, p. 218.
8) Daniel M. Hausman,& Michael S Mcpherson(1996), 앞의 책, pp. 418-419.
9) Shionoya Yuichi(2002), *Keizai to Rinri*, 박연일 옮김(2008), 필맥 p. 317.

10) Amartya Sen(2003), 앞의 논문, p. 45.

11) 齋藤 純一 (2005), 自由, 이혜진·김수영·송미정 옮김(2011), 『자유란 무엇인가』, 한울아카데미, pp. 81-82.

12) Amartya Sen(2003), "Development as Capability Expansion", In: Fukuda-Parr S, et al Readings in Human Development, New Delhi and New York: Oxford University Press, p. 45.

13) 齋藤 純一 (2000), 公共性, 윤대석·류수연·윤미란 옮김(2009), 『민주적 공공성』, 이음출판사, pp. 86-87.

14) Amartya Sen(2003), 앞의 논문, p. 49.

15) Amartya Sen(1984), "The Living Standard", Oxford Economic Paper, New Series, Vol. 36, Supplement:Economic Theory and Hicksian Themes, pp. 76-78.

16) Amartya Sen(1984), 앞의 논문, p. 79.

17) Amartya Sen(1984), 앞의 논문, p. 87.

18) Shionoya Yuichi(2002), Keizai to Rinri, 박영일 옮김(2008), 앞의 책, p. 135.

19) Amartya Sen(1979), 앞의 논문, p. 208.

20) Amartya Sen(1979), 앞의 논문, p. 209.

21) John Rawls, A Theory of Justice, 황경식(2018), 『정의론』, 이학사, p. 105.

22) John Rawls, 앞의 책, pp. 106-107.

23) Amartya Sen(1979), 앞의 논문, p. 214.

24) Shionoya Yuichi(2002), 앞의 책, p. 138.

25) Amartya Sen(1999), Development as freedom, 김원기 역(2018), 『자유로서의 발전』, 갈라파고스, p. 151.

26) Amartya Sen(1979), 앞의 논문, p. 217.

27) 웰빙(well-being)을 분야별로 안녕, 복지, 행복 등의 의미로 사용하며 통상적으로는 후생(厚生)이라고 번역한다. 이러한 번역들은 생활의 넉넉함 내지 풍요로움의 의미를 가지는 삶의 질 개념을 포함하고 있다. 삶의 질에 대한 영어 표현으로 'quality of life'가 있지만 여기에서는 후생보다 좋은 삶을 목적으로 한다는 점에서 삶의 질이라 번역하였다. 센이 말하는 웰빙의 개념에는 행위, 헌신, 자유, 기회 등 폭넓은 개념이 포함되어 있어 웰빙이라고 번역하면 그 의미를 축소시키는 것이 될 수 있다.

28) Amartya Sen(1992), Inequality Reexamined, Harvard University Press p. 61.

29) Amartya Sen(1985), "Well-Being, Agency and Freedom:The Dewey Lecture 1984", The Journal of Philosophy, Vol. 82, No. 4, p. 186.

30) Amartya Sen(1985), 앞의 논문, p. 187.

31) Amartya Sen(1985), 앞의 논문, p. 190.

32) Amartya Sen(1985), 앞의 논문, p. 194. 그리고 Sen(1992), 앞의 논문, p. 23.

3. 캐퍼빌러티, 펑셔닝, 행위 자유 그리고 헌신

1) Amartya Sen(1985), 앞의 논문, p.202.

2) Amartya Sen(1999), *Development as freedom*. 김원기 역(2018). 『자유로서의 발전』. 갈라파고스, p.137.

3) Marc Fleurbaey(2006), "Capabilities, Functionings and Refined Functionings", *Journal of Human Development*, Vol. 7, No. 3. Nov, p.308.

4) Marc Fleurbaey(2006), 앞의 논문, p.301.

5) 삶의 질 자유, 삶의 질, 행위 자유, 행위성취 이 네 가지는 모두 윤리적 정보이며 이를 포괄적으로 비교 평가할 수 있는 척도가 바로 캐퍼빌러티와 펑셔닝이다. 류지한(2019), "A.K 센의 역량접근에서 복지와 행위주체성 구별의 문제", *윤리교육연구*, 제54집, p.205.

6) Ingrid Robeyns(2005), "The capability Approach: A theoretical Survey", *Journal of Human Development*, Vol.6, No.1 March, p.94.

7) Amartya Sen(1992), *Inequality Reexamined*, Harvard University Press pp.50-52.

8) Ingrid Robeyns(2005), 앞의 논문, p.101.

9) Amartya Sen(1985), 앞의 논문, p.202.

10) Martha C. Nussbaum(2011), *Creating Capabilities*, pp.31~32.

11) Martha C. Nussbaum(2011), 앞의 책, pp.33~34.

12) Ingrid Robeyns(2005), 앞의 논문, p.106.

13) 이와 관련한 논문으로는 허성범(2013), "역량과 인권:센과 누스바움", *시민인문학*, 제25호, 장유경(2018). "지구적 정의에 대한 누스바움의 역량 접근법에서 '인간 존엄성'개념의 함의", 서울대학교 정치외교학부, 석사학위 논문. 김연미(2004), "인권의 보편성과 다원성—Nussbaum의 기능적 능력 관념을 중심으로", *공익과 인권*, 제1권 제2호 참조.

14) Amartya Sen(2004), "Elements of a Theory of Human Rights", *Philosophy & Public Affairs*, 32, no. 4, p.328.

15) Amartya Sen(2004), 앞의 논문, pp.330-332.

16) 허성범(2013), 앞의 논문, p.151.

17) James J. Heckman & Chase O. Corbin(2016), "CAPABILITIES AND SKILLS", *Working Paper 22339*, pp.10-13.

18) James J. Heckman & Chase O. Corbin(2016), 앞의 논문, pp.26-27.

19) Ingrid Robeyns(2006), "Three models of education: Rights, capabilities and human capital", *Theory and Research in Education*, Vol. 4(1), p.70.

20) Ingrid Robeyns(2006), 앞의 논문, pp.77-78.

21) Leon Tikly & Angeline M. Barret(2011), Social justice, capabilities and the quality of education in low income countries, *International Journal of Educational Development*, DEC, 31, p.11.

22) Ingrid Robeyns(2006), 앞의 논문, p.78.

23) UNDP(2020), 「Human Development Report」 참조.
24) 통계청, KOSIS, 「영아사망률 통계」, 자료 갱신일 2020년 10월 6일.
25) Leon Tikly & Angeline M Barrett(2011), 앞의 논문, p.6.
26) Daniel M. Hausman,& Michael S Mcpherson(1996), *Economic Analysis, Moral Philosophy and Public Policy*, 주동률 옮김(2010), 『경제분석, 도덕철학, 공공정책』, 나남 출판사. pp.252-253.
27) Amartya Sen(1990), "Justice: means versus freedoms". *Philosophy & Public Affairs*. Vol. 19. No. 2. spring, p.118.
28) 김진방(2015), "에지워스 교환이론은 왜 잊혔나?", *경제학 연구*, 제63집 제3호, p.150.
29) Amartya Sen(1977), Rational Fools: A Critique of the Behavioral Foundations of Economic Theory, *Philosophy & Public Affairs*, Vol. 6, No. 4 (Summer, 1977), p.323.
30) Adam Smith, *The Theory of Moral Sentiments*, 김광수(2016), 『도덕감정론』, 한길사, p.99.
31) 동감(sympathy)과 공감(empathy)의 차이를 웹스터 영어사전에 따라 분류하면 전자는 감정을 나누는(sharing) 것이고 후자는 감정을 이해(understanding)하는 것이다. https://www.merriam-webster.com/words-at-play/sympathy-empathy-difference 참조
32) Amartya Sen(1977), 앞의 논문, p.326.
33) Amartya Sen(1977), 앞의 논문, p.330.
34) Elinor Ostrom(1990), *Governing The Commons*, 윤홍근, 안도경(2010), 『공유의 비극을 넘어』, 랜덤하우스, p.175.
35) Guy Standing(2017), *Corruption of Capitalism*, 김병순 옮김(2019), 『불로소득 자본주의』, 여문당, pp.228-229.
36) Amartya Sen(2009), *The Idea Of Justice*, 이규원 옮김(2019), 『정의의 아이디어』, 지식의 날개, p.219.
37) Amartya Sen(1977), 앞의 논문, p.336.
38) 김재권(2006), "행위에 대한 이해: 규범성과 행위자의 관점", *철학사상* 23, pp.13-16.
39) 김종원(2016), "토머스 리드의 행위자 인과이론 - 행위자는 행동의 직접적인 원인이 될 수 있는가?", *철학사상*, 61, p.2.
40) Axel Honneth(2011), *Kampf Um Anerkennung*, 문성훈, 이현재 옮김(2017), 『인정투쟁』, 사월의 책, p.302.
41) 연합뉴스, "BTS 키운 방시혁, "내 원동력은 분노"…모교 서울대 졸업식 축사, 2019년 2월 26일. 2021.06.01. 검색.
42) Amartya Sen(1985), 앞의 논문, p.203.
43) 센의 행위 자유, 헌신, 이타주의 관점은 존 스튜어트 밀의 공리주의 관점과 일부 유사하다. 밀은 고통을 줄이기 위해 그 과정이 너무 느리거나 희생이 따르더라도 그것을 위해 노력을 아끼지 않으며 이기적 만족이라는 유혹 앞에서도 끝내 싸움을 포기하지 않아야 한다고 말한다. 그리고 행복이 따르지 않거나 상관없더라도 영웅이나 순교자가 자신의 행복보다 더 소중하다고 여기는

그 무언가를 자발적으로 해야 한다고 보았다. 따라서 자신의 몫인 행복이나 행복 가능성을 포기하는 것은 대단한 일임을 인정하고 있다(존 스튜어트 밀, 『공리주의』, 서병훈 옮김(2019), 책세상, p.43.). 그러나 캐퍼빌러티라는 전체적인 차원에서 비교해보면 밀보다는 참여, 공동체, 행복, 관계를 강조한 아리스토텔레스의 철학에 더 가까운 것으로 보인다.

44) 존 스튜어트 밀, 앞의 책, p.44.

45) 이사야 벌린은 자유에 관한 다섯 가지 논문 중 하나인 '서론'에서 자유는 있을 수 있는 선택이나 활동을 가로막는 장애물이 없는 상태를 가리킨다고 말한다. 길거리를 자유롭게 걸어가고자 하는 욕망을 방해하는 범죄, 거리의 무질서를 없애거나 없어진 상태를 자유로 보고 있다는 점에서 전환요인을 극복하는 과정을 자유를 획득하는 것으로 보는 센과 유사한 관점을 보여주고 있다. (Isaiah Berlin & Henry Hardy, *Liberty*, 박동천 옮김(2014), 『이사야 벌린의 자유론』, 아카넷, p.117.).

46) Peter Singer, *Practical Ethics*, 황경식·김성동 옮김(2018), 『실천윤리학』, 연암서가, pp.500-501.

4. 캐퍼빌러티의 한계와 진화

1) Madoka Saito(2003), "Amartya Sen's Capability Approach to Education: A Critical Exploration", *Journal of Philosophy of Education*, Vol. 37, No. 1, p.23.

2) 인간개발지수(HDI)의 문제점으로는 이 지수가 학교등록 같은 투입 측정과 문해력 같은 산출 측정을 섞어 산출한다는 것이다. 산출 측정은 수행을 의미하는 것으로 인간개발의 전제조건인 학교등록보다 더 나은 지수임에도 불구하고 동일한 지수로 봄에 따라 기대수명과 교육 참여의 불평등이 소득 불평 등보다 더 적게 나타난다는 문제가 있다. (Robert J. Holton(2014), *Global Inequalities*, 나익주 옮김(2019), 『지구적 불평등』, 한울 출판산, p.187.)

3) Imbens Robeyns, R.J van der Veen(2007), "Sustainable Quality of Life: Conceptual Analysis for a Policy-Relevant Empirical Specification", *Netherland Environmental Assessment Agency, MNP Report*, 550031006, p.58.

4) Imbens Robeyns, R.J van der Veen(2007), 앞의 책, p.73.

5) Imbens Robeyns, R.J van der Veen(2007), 앞의 책, p.61.

6) 자세한 것은 앞의 책, pp.68-69. 참조.

7) Amartya Sen(1999), *Development as freedom*. 김원기 역(2018). 『자유로서의 발전』, 갈라파고스, pp.43-44.

8) Robert D. Putnam, *Making Democracy Work:Civic Traitions In Modern Italy*, 안청시 외 옮김(2000), 『사회적 자본과 민주주의:이탈리아의 지방자치와 시민적 전통』, 박영사, pp.243-246.

9) Tom Schuller(2001), "The Complementary Roles of Human and Social Capital", *Growth and Wellbeing International Symposium Report*, OECD Conference. p.1.

10) Tom Schuller(2001), 앞의 논문, p.4.

11) Tom Schuller(2001), 앞의 논문, p.6.

12) Tom Schuller(2001), 앞의 논문, p.14.
13) Ingrid Robeyns(2005), 앞의 논문, p.95.
14) Martha C. Nussbaum(2011), 앞의 책, p.16.
15) Leon Tikly & Angeline M Barrett(2011), 앞의 논문, p.6.
16) Ronald Dworkin(2000), *Sovereign virtue*, 염수균(2005), 『자유주의적 평등』, 한길사, p.470.
17) Ronald Dworkin(2000), 앞의 책 p.468.
18) Ronald Dworkin(2000), 앞의 책 p.410.
19) Ronald Dworkin(2000), 앞의 책 p.413. 드워킨은 명시적으로 언급을 하지는 않았으나 강한 매개변수는 결과보다 어떤 행위의 본질적 올바름을 중요하게 여기는 반면에 약한 매개변수는 약간의 흠과 위반사항을 수용하고 과업을 수행하는 것이다.
20) Van Parijs, Philippe & Yannick, Vanderborght(2017), *Basic Income : A Radical Proposal for a Free Society and a Sane Economy*, 홍기빈 옮김(2018.), 『21세기 기본소득: 자유로운 사회, 합리적인 경제를 향한 거대한 전환』, 흐름출판, pp. 275-277.

제3부 일·복지·민주주의 실현을 위한 참여소득

1. 참여소득 배경과 정의

1) 임소현(2020), 「한국교육개발원 교육여론조사(kedi poll 2020)」 p.191.
2) Daniel Susskind(2020), *A WORLD WITHOUT WORK*, 김정아 옮김(2020), 『노동의 시대는 끝났다』, 와이즈베리, p.327.
3) Paul Roberts(2014), 앞의 책, pp. 340-341.
4) Zygmunt Bauman(2000), *Liquid Modernity*, 이일수 옮김(2005), 『액체근대』, 강 출판사, p.82.
5) 바우만이 말하는 이 의미는 상당히 범위가 넓어 보인다. 제1차 세계대전부터 소련 붕괴까지 기간을 일컫는 '짧은 20세기(the short twentieth)'동안 국가가 지원한 각종 복지, 노동, 일, 공동체 참여 등이 소비사회와 동구권 몰락에 따른 신자유화가 진전되면서 개인화의 문제로 변환된 것을 다시 공공의 영역으로 가져오자는 의미도 있고, 권리나 자유나 개인의 것이 아닌 공동체 영역에서 다 같이 다루어 봄으로써 시민성을 복원하자는 의미도 있다. 이를 통해 진정한 해방은 공적 영역 회복과 함께 공적 권력이 요청되는 것이라 보고 있다.
6) 하이에크는 복지 문제를 해결하기 위한 방안으로 시장 밖에서 해결할 것을 주문하였다. 이를 위해 상업적 영역과 정부의 공공부문 사이에 있는 제3의 독립부문이 비효율과 권력 집중을 막는데 도움이 되는 방안이라고 주장한다(Friedrich Hayek, *Law Legislation And Liberty*, 양승두·정승훈·민경국·서병훈(2017), 『법, 입법 그리고 자유 2』, 올제 출판사, pp.242-243.). 예를 들면 기부를 통한 각종 NGO 단체들의 봉사같은 것인데 이는 복지를 실행하는 주체를 다양하게 만드는 복지다원주의와도 연결되어 있다.
7) Jeremy Rifkin(1994), *The End of Work*, 이용호 옮김(1996), 『노동의 종말』, 민음사, pp. 326~333.

8) Ulrich Beck(1986), *Risikogesellschaft*, 홍성태 옮김(1997), 『위험사회—새로운 근대(성)을 향하여』, 새물결, p.309.

9) Ulrich Beck(1999), *Schöne Neue Arbeitswelt*, 『아름답고 새로운 노동세계』, 홍윤기 옮김(1999), 생각의 나무. p.31, p.251.

10) Ulrich Beck(1986), 앞의 책, p.94.

11) 정확히는 1992년 한 강연에서 처음 제안되었다고 볼 수 있다. 이후 1993년 BIRG citizen's income bulletin(no. 10. July, pp. 7-11.)에 발표하였고 공식적인 논문 형태의 제언은 1994년에 이루어졌다.

12) Anthony B Atkinson(1996), "The case for a Participation Income", *The political Quarterly*, Vol. 67. Issue. 1 Jan., p.69.

13) 앳킨슨이 주장하는 참여소득은 어떻게 보면 기본소득 주장을 이어가기 위해 등장한 것으로 보아도 무방하다. 당시 영국의 기본소득 주창자들은 기본소득 확장을 위한 운동 차원에서 기본소득(basic income)의 명칭을 시민소득(citizen's income)으로 변경하고자 하였다. 그러나 이 시민소득이 모든 사회이전 소득을 대체하여 기존의 사회보험이나 소득연계 급여들이 없어지는 것으로 이해하는 사람들이 증가하였다. 이에 앳킨슨은 기본소득 획득 실패를 방지하기 위한 차원에서 참여소득을 주장한다(Anthony B. Atkinson(2015), *Inequality, What can be done*, 장경덕 옮김(2015), 『불평등을 넘어』, 글항아리, p.307. 참조). 그래서 앳킨슨은 일종의 참여소득을 적극적 시민소득(active citizen's income)이라 부른 것이다(Anthony B. Atkinson(1996), 앞의 논문, p.69.)

14) Anthony B. Atkinson(2015), 앞의 책, p.309.

15) Cristian PÉrez-MuÑoz(2016), "A defence of participation income". *Journal of Public Policy*. 36: 2., p.170.

16) Guy Standing, (2017), *Basic Income*, 안효상 옮김(2018), 『기본소득: 일과 삶의 새로운 패러다임』, 창비, p.468.

17) Jurgen De Wispelaere and Lindsay James Stirton (2007) "The public administration case against, participation income", *Social Services Review*, 81(3), p.540.

18) Jurgen De Wispelaere and Lindsay James Stirton (2018), "The Case Against Participation Income—Political, Not Merely Administrative", *The Political Quarterly*, Vol. 89, No. 2, April-June, p.264.

19) Carole Pateman(2006), 「시민권의 민주화: 기본소득의 장점」, 너른복지연구모임 옮김(2010), 『분배의 재구성-기본소득과 사회적 지분 급여』, 나눔의 집. p.175.

20) 통상 이를 부분기본소득이라고 명명하기도 하는데 이 경우에는 기본소득과 참여소득이 동일한 개념이 된다. 일부 학자 중 부분기본소득을 소득의 크기 개념(빈곤선 보다 적은 금액을 주는 경우를 의미)으로 보기도 한다(다니엘 라벤토스(Daniel Raventos), 『기본소득이란 무엇인가?』, 이한주·이재명 옮김(2016), 책담, p.193. 참조)

21) Almaz Zelleke(2018), "Work Leisure and Care: A Gender Perspective on the Participation Income", *The Political Quarterly*, Vol.89, No.2, p.278.

22) Guy Standing (2017), 앞의 책, pp.208-209.

2. 왜 참여소득인가?

1) Van Parijs, Philippe & Yannick, Vanderborght(2017), *Basic Income : A Radical Proposal for a Free Society and a Sane Economy*, 홍기빈 옮김(2018), 『21세기 기본소득: 자유로운 사회, 합리적인 경제를 향한 거대한 전환』, 흐름출판. pp. 35~36.
2) Van Parijs, Philippe & Yannick, Vanderborght(2017), 앞의 책, p. 471.
3) Shionoya Yuichi(2002), *Keizai to Rinri*, 박영일 옮김(2008), 『경제와 윤리』, 필맥, p. 372.
4) Shionoya Yuichi(2002), 앞의 책, pp. 372-373.
5) 기본소득을 비롯한 현금성 지원 정책에 대한 찬반 여론을 보면 이러한 이유 때문에 나이가 적은 그룹일수록 반대하거나 정책의 실효성이 적다고 응답하는 비율이 높다. 반면에 연령이 높을수록 반대 비율은 낮아진다. 젊을수록 자신의 미래를 스스로 꾸려가는 것이 도덕적으로 올바르다고 생각하기 때문이다. 2022년 1월 한국리서치와KBS가 조사한 '대선 관련 청년세대 인식 기획 조사(2차)' 결과인 청년층의 현금성 지원정책에 대한 찬반 여론을 보면 20-29세는 '실현성이 없다'고 응답한 비율이 절반이 넘는 54.8%이고, 35-39세 집단에서는 36.6%였다. 기본소득 찬반 여론에서도 연령이 낮을수록 반대하는 비율이 높게 나타나는 현상을 볼 수 있다.
6) Van Parijs, Philippe & Yannick, Vanderborght(2017), 앞의 책, p. 408.
7) 김우식(1992), "한국정부 조직의 팽창요인에 관한 연구", *1992년도 동계 학술대회*, 한국행정학회, p. 5.
8) Van Parijs, Philippe(1998), *Real freedom fo all: what(if anything) can justify capitalism?*, 조현진 옮김(2016), 『모두에게 실질적 자유를』, 후마니타스. p. 94.
9) Harry. C Boyte. (2011), "Public Work and the Politics of the Commons", *THE GOOD SOCIETY*, vol. 20, no. 1., p. 94.
10) 김현호, 김도형(2017), 「지방분권형 지역균형발전 정책의 설계 한국지방행정 연구원, p. 15.
11) 김병국(2003), 「지방분권의 실효성 확보를 위한 도 기능 재조정 방향 한국지방행정연구원, p. 9.
12) 바레 프랑소아, 광민사 편집부 옮김(1979), 『노동의 역사』, p. 96.
13) Paul Roberts(2014), 앞의 책, p. 317.
14) Branko Milanovic(2016), *Global Inequality:A New Approach for the Age of Globalization*, 서정아 옮김(2017), 『왜 우리는 불평등해졌는가』, 21세기 북스, pp. 152-153.
15) 자세한 것은 변양균(2017), 『경제철학의 전환』, 바다출판사, pp. 89~124. 참조.
16) Erik Brynjolfsson and Andrew McAfee(2014), *the second machine age: work, progress, and propensity in a time of brilliant technology*, 이한음 옮김(2014), 『제2의 기계시대』, 청림출판, pp. 211-213.
17) Tim Dunlop (2016), *Why the future is WORKLESS*, 엄성수 옮김(2016), 『노동없는 미래』, 비즈니스맵, p. 104.
18) Michel Beaud(2010), *History Du Capitalisme*, 김윤자 옮김(2015), 『미셸보의 자본주의의 역사 1500~2010』, 뿌리와이파리, pp. 242-243.

19) 미국의 록펠러는 석유와 석유제품 운송과 유통을 독점하려 하였으며 스텐더드 오일사는 정유 시장 88%를 점유하고, 카네기는 철강 산업을 독점하였다. 이러한 기업의 활동은 미국 산업의 공평한 경쟁 문화를 독점으로 변질시킴과 동시에 빈부 격차를 심화시켰다. 이들 기업과 같은 파렴치한 강도기업의 사업지배에 반기를 든 것이 농민운동으로 시작된 우리가 잘 아는 포퓰리스트 운동이다. Daron Acemoglu and James A. Robinson(2012), *Why National Fail*, 최완규 옮김(2012), 『국가는 왜 실패하는가』, 시공사, pp. 456-457. 참조.

20) Paul Mason(2015), *Post Capitalism*, 안진이 옮김(2017), 『포스트 자본주의 새로운 시작』, 더퀘스트, p. 120.

21) 이것이 1864-1876년의 1차 인터내셔날 노동운동과 1889-1916년의 2차 인터내셔날 노동운동이 시작 시 보여주었던 엄숙함과 장엄함에 비해 그다지 성공을 거두지 못한 이유 중 하나이다.

22) Branko Milanovic(2016), 앞의 책, p. 137, p. 177.

23) Michel Beaud(2010), 앞의 책, pp. 290-292

24) Michel Beaud(2010), 앞의 책, p. 418.

25) 박명규(2017), 「디지털 환경에서의 일노동 개념:지속, 변화, 긴장. '21세기 디지털 기술변동과 고용관계-이론과 현실』, 한국노동연구원, p. 26.

26) Tim Dunlop(2016), 앞의 책, p. 242.

27) Hannah Arendt(1958), *The human condition*, 이진우·태정호(2002), 『인간의 조건』, 한길사, pp. 55-57.

28) Hannah Arendt(1958), 앞의 책, p. 101

29) Bernard Stiegler(2015a), *L'emploi est mort, vive le travail!*. 권오룡 옮김(2018), 『고용은 끝났다, 일이여 오라』, 문학과지성사, p. 39.

30) Bernard Stiegler(2015a), 앞의 책, p. 15.

31) Bernard Stiegler(2015b), *La Société Automatique 1: L'avenir du Travail*, 김지현, 박성우, 조형준(2019), 『자동화사회 1-알고리즘 인문학과 노동의 미래』, 새물결출판사, p. 119.

32) Bernard Stiegler(2015b), 앞의 책, p. 441.

33) Amartya Sen, (1999), *Development as freedom*, 김원기 역(2018), 『자유로서의 발전』, 갈라파고스, p. 207.

34) Amartya Sen(1999), 앞의 책, p. 208.

35) Tim Dunlop(2016), 앞의 책, p. 233.

3. 참여소득의 의미와 철학

1) 계동준(2020), "'잉여인간'의 전형을 찾아서", 슬라브 연구, 제36권, 1호. p. 282.

2) 앞의 논문, p. 282.

3) Daron Acemoglu and James A. Robinson(2012), *Why National Fail*, 최완규 옮김(2012), 『국가는 왜 실패하는가』, 시공사, p. 290.

4) Michel Beaud(2010), 앞의 책, p.190.
5) 한윤형(2009), "루저는 '세상속의 자신'을 어떻게 인식하는가?", *황해문화*, 가을호, p.357.
6) 齋藤純一, (2000), *公共性*, 윤대석, 류수연, 윤미란 옮김(2009), 『민주적 공공성』, 이음출판사, p.40.
7) Yubal Noah Harari(2015), *Homo Deus: Brief History of Tomorrow*, 김영주 옮김(2017), 『호모데우스』, 김영사, p.372.
8) Yubal Noah Harari(2015), 같은 책, p.447.
9) 민윤영(2017), "인간동물 로봇 그리고 바이오 필리아(biophilia)의 법-에리히 프롬(Erich Fromm)의 사상을 중심으로", 법철학 연구, 제20권 제1호, p.317.
10) Giorgio Agamben(1995), *Homo Sacer:Ilpotere sovarnoe la nuda vita*, 박진우 옮김(2008), 『호모사케르: 주권권력과 벌거벗은 생명』, 새물결, pp.45-47.
11) 앨버트 벤 다이시의 저서는 『19세기 영국에서의 법과 여론의 관계에 대한 강의(Lectures on the relation between law and public opinion in England during the nineteenth century, 2nd Ed, 1914)』이다.
12) 한국경제, "노인 투표권 박탈하자"…伊 집권 오성운동 창립자 제안 '논란', 2019년 10월 19일자.
13) Giorgio Agamben(1995), 앞의 책, p.265.
14) 김성일(2019), "차별의 경계위에 선 노동, 위태로운 삶", *문화과학*, 98. p.18.
15) Judish Butler(2004), *Precarious life*, 윤조원 옮김(2018), 『위태로운 삶』, p.202
16) 쿠키뉴스, "난 투명인간", …신 위기세대 '청년', 가난의 여로 복지의 외면, 2020년 1월 25일, 2021.11.03. 검색.
17) Thomas Lemke(2007), *Biopolitik Zur Einührung*, 심성보 옮김(2018) 『생명정치란 무엇인가』, 그린비, pp.104.
18) Thomas Lemke(2007), 앞의 책, p.105.
19) Jan Werner Muller(2016), *What is Populism*, 노시내 옮김(2017), 『누가 포퓰리스트인가: 그가 말하는 '국민' 안에 내가 들어갈까?』, 마티, p.128.
20) John T.Cacioppo and William Patrick(2008), *Loneliness: Human Nature and The Need for Social Connection*, 이원기 옮김(2013), 『인간은 왜 외로움을 느끼는가?: 사회신경과학으로 본 인간 본성과 사회의 탄생』, p.25.
21) John T.Cacioppo and William Patrick(2008), 앞의 책, p.26.
22) John T.Cacioppo and William Patrick(2008), 앞의 책, p.109.
23) Lars Svendsen(2017), *A Philosophy of Loneliness*, 이세진 옮김(2019), 『외로움의 철학』, p.202.
24) John T.Cacioppo and William Patrick(2008), 앞의 책 p.318.
25) 권명아(2017), 『무한히 정치적인 외로움』, 갈무리, p.206.
26) 권명아(2017), 앞의 책, p.208.
27) 홍준기(2001), "불안과 그 대상에 관한 연구, 프로이트, 라깡, 정신분석학과 키에르케고르의 비교를 중심으로", *현상학과 현대철학*, 17, 6, p.247.

28) 홍준기(2001), 앞의 논문, p.254.
29) 나은영(2017), 『조지 허버트 미드』, 커뮤니케이션스북스, p.31.
30) John T. Cacioppo and William Patrick(2008), 앞의 책, p.359.
31) 중앙일보, "10대보다 더 훔친다. …도둑 어르신 급증, 요양원 된 일 교도소", 2020년 8월 11일, 2022.01.10. 검색.
32) 연합뉴스, "미국에서 성관계 없이 포옹만 해 주는 직업 인기", 2015년 1월 10일, 2022.01.10. 검색.
33) Jacques Rancière(1995), *La Mésentente*, 진태원 옮김(2016), 『불화—정치와 철학』, 도서출판 길, p.30.
34) Jacques Rancière(1995), 앞의 책, p.42.
35) 진태원(2018), 『을의 민주주의』, 그린비, p.183.
36) 진태원(2013), "랑시에르와 발리바르: 어떤 민주주의", *실천문학*, 5, p.55.
37) 서용순(2017), "네그리 하트와 랑시에르의 계급론적 주체 이론에 대한 연구,:다중(Multitude)과 데모스(Demos)를 중심으로", *철학연구*, 제142호, 5월호 p.134.
38) 진태원(2013), 앞의 논문, p.65.
39) 최영진(2013), "데이비드 이스턴의 정치 개념 비판", *21세기 정치학회보*, 제23집, 3호, p.3.
40) 최영진(2013), 앞의 논문, p.6.
41) 최영진(2013), 앞의 논문, p.13.
42) Adam Smith, *The Theory of Moral Sentiments*, 김광수(2016), 『도덕감정론』, 한길사, p.422.
43) Anthony Giddens(1990), *The Consequences of Modernity*, 이윤희·이현희 옮김(1991), 『포스트모더니티』, 민영사, p.162.
44) Anthony Giddens(1991), *Modernity and Self-Identity*, 권기돈 옮김(2010), 『현대성과 자아정체성: 후기 현대의 자아와 사회』, 새물결, pp.339-340.
45) 하승우(2011), "생활정치와 로컬 거버넌스의 민주적 재구성", *경제와 사회*, 6, p.15.
46) 조대엽(2014), "생활정치 패러다임과 공공성의 재구성", *현상과 인식*, 38(4), p.148.
47) Hannah Arendt(1958), *The human condition*, 이진우·태정호(2002), 『인간의 조건』, 한길사, p.275, pp.310-311.
48) 아리토텔레스, 최명관 옮김(2008), 『니코마스윤리학』, 참조
49) 아리토텔레스, 최명관 옮김(2008), 앞의 책, p.388.
50) 아리토텔레스, 최명관 옮김(2008), 앞의 책. p.354, p.393.
51) Scott Stossel, What makes us happy, revisited, A new look at the famous Harvard study of what makes people thrive, *The Atlantic*, MAY 2013 ISSUE.
52)
53) 김광수(2018), "애덤스미스의 행복이론: 행복경제학과 시민경제론의 기원", *경제학연구*, 제66집, 제1호, p.49.
54) 김광수(2018), 앞의 논문, p.50.
55) 김광수(2018), 앞의 논문, p.56.
김광수(2018), 앞의 논문, p.59.

56) 김광수(2018), 앞의 논문, p.60.

57) 이상호(2020), "행복과 사회적 경제: 시민경제학의 문제의식을 중심으로", *경제학 연구*, 제68집, 제1호, p.195.

58) Stefano Zamagni & Luigino Bruni(2004), *Economia Civile*, 제현주 옮김(2015), 『21세기 시민경제학의 탄생』, 북돋움, p.235.

59) 호혜성 또는 상호주의는 기본소득과 참여소득을 나누는 주요 개념이다. 기본소득에 대한 비판에서 가장 많은 빈도를 차지하는 것은 기본소득이 상호주의 원칙에 어긋난다는 비판이다. 반면에 참여소득은 상호주의를 전면에 표방하면서 사회적 기여 활동으로서 규정한다. 사회적 기여가 꼭 균등한 등가주의 상호주의만을 표방하는 것뿐만 아니라 비례성, 헌신 같은 도덕적 감정에 기인한 상호주의도 포함한다는 점에서 시민경제학과 상당한 유사성을 발견할 수 있다.

60) Benedetto Gui and Luca Stancs(2010), "Happiness and relational goods: well-being and interpersonal relations in the economic sphere", *International Review of Economics*, vol 57, p.109.

61) 김광수(2018), 앞의 논문, p.60.

62) 피에르 루이지 포르타 역음(2007), "시민 경제론 논쟁", 홍기빈 번역, *시민과 세계*, 12, p.201.

63) Luigino Bruni(2010), "The happiness of sociality. Economics and eudaimonia: A necessary encounter", *Rationality and Society*, 22(4), p.397.

64) 齋藤純一, (2000), 앞의 책, p.39.

65) G.W.F.Hegel, 임석진 옮김(2020), 『법철학』, 한길사, p.169.

66) Axel Honneth (2011), *Kampf Um Anerkennung*, 문성훈, 이현재 옮김(2017), 『인정투쟁』, 사월의 책, pp.140-141.

67) Axel Honneth(2011), 앞의 책, pp.181-182.

68) Axel Honneth(2011), 앞의 책, p.27.

69) Axel Honneth(2011), 앞의 책, pp.302-303.

70) 문성훈(2010), "폭력개념의 인정 이론적 재구성", *사회와 철학*, 제20호, 10, p.93.

71) Ingrid Robeyns (2003), "Is Nancy Fraser's Critique of Theories of Distributive Justice Justified?", *Constellations*, Vol. 10, No 4, p.542.

72) Nancy Fraser(1995), "From Redistribution to Recognition? Dilemmas of Justice in a 'Post-Socialist' Age", *New Left Review*, 1:212, p.86.

73) Axel Honneth & Nancy Fraser(2003), *Umverteilung oder Anerkennung? Eine Politisch-Philosophische Kontroverse*, 김원식, 문성훈 옮김(2014), 『분배냐 인정이냐?』, 사월의 책, pp.57-59.

74) 낸시 프레이저의 참여 동등성은 정치적, 문화적 대립을 불사해야 하는 개념인데도 이 부분에 대한 자세한 언급은 없다. 반면에 호네트는 정체성 투쟁이라는 것이 타자를 배제하는 공격적인 수단을 통해 관철시키려는 사실도 고려해야 한다고 주장한다. (Honneth, Axel & Fraser, Nancy (2003), 앞의 책, p.187.). 바로 이점 때문에 샹탈무페, 라클라우 식의 좌파 포퓰리즘이 오늘날 민주주의 사회에서 잊혀진 불운의 정치철학자 칼 슈미트를 소환하는 이유이기도 하다. 정치가

대화와 타협으로 이루어지기보다 서로 야합한다는 것이 슈미트 주장의 핵심이며 정치의 본질은 '우리와 그들' 간 적대적 투쟁으로 본다.

75) Ingrid Robeyns(2003), 앞의 논문, pp. 548-550.
76) Axel Honneth &Nancy Fraser(2003), 앞의 책, p. 263.
77) Michael Walzer(2008), *Thinking Politically*, 최흥주 옮김(2009), 『정치철학 에세이』, 모티부북, pp. 181-183.
78) Michael Walzer(2008), 앞의 책, p. 185.
79) Tim Dunlop(2016), 앞의 책, p. 241.
80) Daniel Susskind(2020), *A World without Work*, 김정아 옮김(2020), 『노동의 시대는 끝났다』, 와이즈베리, pp. 329-331.

4. 참여소득과 유사한 정책들

1) Cristian PÉrez-MuÑoz(2016), "A defence of participation income", *Journal of Public Policy*, 36: 2., p. 175.
2) 지은정(2014), "시민서비스는 자원봉사의 대척점에 있는가? 미국의 AmeriCorps 와 Senior Corps 를 중심으로", *사회복지연구*, vol. 45(2), 여름, p. 40.
3) 이민창(2009), "자원봉사 이론의 최근 동향: 정책연구의 관점에서", *한국지방정부학회 학술대회자료집*, 한국지방정부학회, p. 76.
4) 신윤창·손경숙(2008), "자원봉사활동의 이론적 연구: 한국과 외국의 자원봉사활동을 중심으로", *한국행정과 정책연구*, 제6권, 제1호, p. 124.
5) 박태영·채현탁·정진석·조미정(2021), 『자원봉사론』, 3판, 공동체, p. 43.
6) 류기형·남미애·박경일·홍봉선·강대선·배의식(2021), 『자원봉사론』, 양서원, pp. 27-30.
7) 류기형 외, 앞의 책 p. 29.
8) 류기형외(2021), 앞의 책 참조, p. 57.
9) 신윤창·손경숙(2008), 앞의 논문, p. 142.
10) 앞의 논문, p. 142.
11) 김태홍·권태희·김난주(2007), "한국 자원봉사 활동의 결정요인과 경제적 가치 평가", *한국인구학*, 제30권, 제3호, p. 100.
12) 고용노동부, 「고용형태별근로실태조사」, kosis 참조.
13) Michelle cottle, Who will take care of America's Caregivers? , *New York Times*, Aug. 12. 2021.
14) 정진경(2012), "자원봉사 개념의 재해석과 통합적 적용의 탐색", *한국사회복지행정학*, 14권(통권 제36호), p. 47.
15) 국가법령센터 홈페이지, 2021년 10월 8일.
16) 보건복지부 홈페이지, https://www.mohw.go.kr, 사회서비스, 2021년 10월8일.

17) 보건복지부, 보건복지업, 일자리 창출의 블루오션!, 2010년 8월18일(수) 조간 보도자료.

18) 일자리 위원회, 「사회적 경제 활성화 방안」, 2017. 10월.

19) 우명숙(2009), "사회투자 국가의 '개인화된' 사회투자의 한계", *비판사회정책*, 28 p. 193.

20) 김교성·백승호·서정희·이승윤(2018), 『기본소득이 온다-분배에 대한 새로운 상상』, 사회평론아카데미, p. 274.

21) 경향신문, "사회서비스원을 양치기 소년으로 만들 셈인가?", 2021년 7월 26일.

22) 노대명·김신양·장원봉·김문길(2010), 「한국 제3섹터 육성방안에 대한 연구」 한국보건사회연구원, p. 101.

23) 대한경제, 민간 자본으로 건설한 최초의 다리- 원효대교, 2011년 4월 11일, 2021. 11. 09. 검색.

24) 연합통신, 미시령터널 통행료 폐지 가능할까…통행량 급감으로 논란 재점화, 2018년 08월2일, 2021. 11. 09. 검색.

25) 한겨레신문, '민자사업자의 황금알' 우면산 터널 MRG 폐지, 2016년 1월 14일, 2021. 11. 09. 검색.

26) 중앙일보, 통행료 반값' 민자의 함정…'50년 분할납부' 자식세대 괴롭다, 2021년 8월 7일 2021. 11. 09. 검색.

27) e-나라지표, '지방자치단체 재정자립도' https://www.index.go.kr/potal/main/EachDtlPageDetail.do?idx_cd=2458 참조.

28) 국회예산정책처(2021), 「2021 대한민국 지방재정」, '자치단체별 권역별 지방세 세입예산 현황', p. 32.

29) 박용석(2020), "민간투자사업 추진현황과 정책 방향", 국토, 3월.

30) 이병기, 고경훈(2017), 「사회성과연계채권 도입방안」, 한국지방행정연구원, p. 15.

31) 문진수(2012), 「사회혁신채권의 서울시 사회경제정책 활용가능성에 대한 검토」, 서울 연구원, pp. 31-44.

32) 신준호, 전대욱, 최재혁, 제갈석, 김응경(2017), 「사회혁신 추진을 위한 기금마련 및 운영방안 연구」, 행정안전부, p. 25 참조.

33) 당시 빌 클리턴의 서명은 훗날 그의 아내 힐러리가 대통령 선거에 나왔을 때 오바마에게 지고 흑인들의 투표 불참으로 트럼프에 또 지게 된 이유 중 하나가 된다.

34) Robert D. Putnam(2015), *Our Kids: The American Dream In Ctisis*, 정태식(2019), 『우리 아이들』, 페이퍼로드, pp. 356-357.

35) Tim Dunlop(2016), 앞의 책, p. 70.

36) Colin Crouch(2005), *Post Democracy*, 이한 옮김(2008), 『포스트 민주주의』, 미지북스, pp. 156-162. 참조. 저자 크라우치는 이와 같은 정경유착이 민주주의 이전 시대로의 회귀이며 엘리트 통제권 안으로 들어 간 포스트 민주주의 시대로 전환하게 된 배경이라 설명한다. 평등주의의 운동이 무능해지고 있다는 것이다(같은책 p. 11 참조).

37) 마이클 무어의 영화 《다음 침공은 어디(Where to Invade Next)》에는 미국의 감옥을 21세기 흑인

노예를 재탄생시킨 공간으로 규정한다. 시급 23센트의 임금으로 빅토리아 시크릿 기업과 항공권 예약 전화, 아이들 장난감 생산에서 무노동을 가능케 한 천재적 발상이라고 말한다.

38) 조복현(2021), "완전고용과 최종고용자: 정부의 고용보장 제도", *사회경제평론*, 제66호, pp. 109-110.

39) Tony Ramsay(2002-2003), "The Jobs Guarantee: A Post Keynesian Analysis", *Journal of Post Keynesian Economics*, Winter, Vol. 25, No. 2, pp. 274-276.

40) 이하에서 다룰 일자리 보장제의 특징과 특성은 Pavlina R. Tcherneva (2018), "The Job Guarantee: Design, Jobs, and Implementation", *Levy Economics Institute, Working Paper No. 902*,를 참고로 하였으며 다른 참고문헌 이용 시는 별도로 언급하였다.

41) Pavlina R. Tcherneva (2007), "What are the Relative Macroeconomic Merits and Environmental Impacts of Direct Job Creation and Basic Income Guarantees?", *Working Paper, The Levy Economics Institute of Bard College*, No. 517. p. 24.

42) Ian Gough(2019), "Universal Basic Services: A theoretical and moral framework", *The Political Quarterly*, Vol. 90, No. 3, p. 534.

43) Ian Gough(2019), 앞의 논문, p. 535.

44) Ian Gough(2019), 앞의 논문, p. 536.

45) 박가분, "[포스트코로나 시대의 대안], ③일자리 보장제는 기본소득보다 더 설득력 있는 대안이다", *NEWSTOP*, 2020년 8월 7일자.

46) Hiilamo, Heikki & Komp, Kathrin(2018), "The Case for a Participation Income: Acknowledging and Valuing the Diversity of Social Participation", *The Political Quarterly*, Vol. 89. No. 2, April-June.

47) 김미정(2016), "육아와 보육의 공공성, 그리고 기본소득", 『기본소득의 쟁점과 대안 사회』, 박종철출판사. p. 330.

48) Weeks, Kathi(2011), *The problem with work*, 제현주 옮김(2017), 『우리는 왜 이렇게 오래 열심히 일하는가?』, 동녘 출판사, p. 217.

49) 기본소득을 주장하는 그룹들은 여성, 어린이 등 그 사회가 긴급하다고 판단되거나 사회적·공공적 기여가 큰 대상에게 먼저 기본소득을 지급하자는 의미에서 부분기본소득을 주장한다. 그러나 이는 기본소득의 비조건성을 위배하는 것으로 공공성, 사회기여, 국가 책무성 등은 참여소득의 정의에 더 정확하다. 다만 노령자를 대상으로 하는 기본소득 정도는 부분기본소득이라 부를 수는 있어 보인다.

50) 이들 세 가지 사업이 민간 시장과 충돌하는 영역에 참여하는 경우가 많다. 예를 들면 민간에서 운영하는 마을 버스를 인수한다거나, 청소 대행, 꽃꽂이, 북카페, 토속 국간장, 마른 반찬 등 민간에서 운영하는 시장과 중복되고 있다. 반면에 은둔형 외톨이 자활을 도우는 사회적 기업, 장애인을 위한 사회적 기업, 지역 내 예술 활동가 지원하는 사회적 기업들은 그리 많지 않아 앞으로 이러한 분야로의 확대가 관건이라 하겠다.

5. 참여소득의 새로운 정의 및 운영원리

1) Cristian PÉrez-MuÑoz(2018), "Participation Income and the Provision of Socially Valuable Activities", *The Political Quarterly*, Vol. 89, No. 2, April-June, p. 269.

2) Amartya Sen(1999), *Development as freedom*, 김원기 역(2018), 『자유로서의 발전』, 갈라파고스, p. 49.

3) Sabina Alkire(2008), "The capability approach to the quality of life", *OPHI(Oxford Poverty & Human Development Initiative), Research In Profress Series.* p. 8.

4) Amartya Sen, *SENCONOMICS*, 원용진 옮김(2008), 『센코노믹스—인간의 행복에 말을 거는 경제학』, 갈라파고스, p. 17.

5) Amartya Sen(1999), 앞의 책, p. 61.

6) 숙의민주주의(deliberative democracy)를 통해 지역사회 문제를 해결할 수 있을 거라는 믿음은 말처럼 그리 쉬운 일은 아니다. 다양한 요구와 이해가 걸린 상황을 토론과 대화로 원만히 해결하고 결정할 수 있을 것으로 보는 것 자체가 이상적이고 심지어 공상적이기까지도 하다. 왈쩌의 주장처럼 숙의가 아닌 타협, 협상, 시위 등 다양한 방법에 의한 의사결정도 인정해야 한다(Michael Walzer, 앞의 책, p. 280). 그럼에도 불구하고 숙의민주주의는 다양한 방안을 시도하기 전에 사전적으로 시도할 의미 있는 행위라 할 수 있으며 어렵더라도 싸우는 것보다는 윤리적으로 올바른 행위가 되기 때문에 시도할 필요가 있다.

7) 70-80년대 유럽에서 지방정부는 시민의 실생활과 직접 관계 있는 사회복지, 공공서비스, 환경, 의료, 교육, 주택을 관장하였는데 지방분권화로 복지비를 삭감하고 서비스를 줄이기 위해 지방정부를 활용하였다. 최장집(2001), "지역정치와 분권화의 문제", *지역사회 연구*, 9(1), 한국지역사회학회. p. 5.

8) 김순은(2020), 『우리나라의 지방자치와 지방분권-자치분권으로 가는 길』, 조명문화사, p. 57-58.

9) 김순은(2020), 앞의 책 p. 58.

10) Brian C Smith, Decentralization, 김익식(2004), 『지방분권론』, 도서출판 행정DB, p. 21. 참조.

11) 마강래(2018a), 『지방도시 살생부』, 개마고원, p. 162.

12) 2021년 현재 지방세 중 거래세에 해당하는 취득세, 등록면허세가 차지하는 비율은 28.3%이며 재산세가 차지하는 비중은 15.8%, 자동차 등록면허세를 포함한 소비세가 차지하는 비중은 26.4% 이다. 여기서 알 수 있듯이 지방세 중 부동산 재산 관련 조세가 차지하는 비중이 약 44%에 해당된다는 것이다(국회예산정책처, 「2021 대한민국 지방재정」, 참고). 이는 부동산 경기에 따라 지방의 조세 수입에 큰 영향을 끼칠 수 있음을 의미한다. 지역 내 거주와 상관없이 부동산 분양만 잘 되도 안정적인 재산세를 거둘 수 있기 때문에 지방자치단체에서 조세 수입을 극대화하기 위해서라도 아파트 건설 욕구는 끊기 어렵다. 자치 단체장 입장에서 아파트 분양을 통한 취등록세 수입은 지속적인 거래가 이루어지지 않는 이상 단기적 수입이고 이 수입을 통해 무언가 자신의 치적을 상징할 건축과 토목, 조형물 제작의 욕망은 필연적이기까지 해보인다.

13) 마강래(2018b), 『지방분권이 지방을 망친다』, 개마고원, pp. 67-69.

14) 마강래(2018b), 앞의 책, p.205.

15) 강준만(2019), 『바벨탑공화국』, 인물과사상사, pp.253-254.

16) 연합뉴스, "이재명 떠난 성남시, 8전9기 끝에 '고교 무상교복' 시행", 2018년 4월 9일.

17) Harry C. Boyte(2011), "Public Work and the Politics of the Commons", *THE GOOD SOCIETY*, vol. 20, no. 1, p.94.

18) Harry C. Boyte(2011), 앞의 논문, p.94. 기술의 공유를 위해서는 시민전문가(citizen professionalism) 양성이 필요하다. 양성된 인력의 전문성은 정규 교육의 학술적 훈련이나 고도의 과학적 교육과정의 일부분이 아닌 실용적 차원에서 배운 능력으로 정의된다. 예를 들면 일종의 요양보호사 같은 가족 건강관리 능력은 향상훈련이다. 이때 시민전문가 양성을 위한 교육훈련 과정 자체도 공공의 일이라 할 수 있다. 그리고 사회적 후생(social well-being)을 향상시키기 위한 원동력은 우리의 일상에서의 어려움을 극복하고자 하는 공동체(communities), 가족, 그리고 개인들의 에너지, 지혜, 지식이기도 하다(Boyte, 2011, p.96).

19) 김정수(2007), "불확실성, 결정오차 그리고 제비 뽑기의 역설", *한국정책학회보*, 제16권 1호, pp.55-57.

20) 교육과 훈련, 유료일자리를 어디까지 참여소득으로 볼지는 좀 더 많은 논의가 필요하다. 교육과 훈련에 참여할 경우 발생하는 교육훈련 비용을 정부가 지원하는 것까지 참여소득으로 볼지, 아니면 국민취업 지원제도처럼 교육훈련 기간 동안 지급하는 수당을 참여소득으로 볼지 명확하지 않다. 그리고 의용소방대원이 만일 산불을 끄는 도중 부상을 당하거나 생명에 위협을 받는 일이 발생할 경우 산업안전의 법적 문제가 발생할 수 있어 이에 대한 참여소득 참여자의 성격 규정에 대한 판단이 필요하다.

21) Jan Werner Muller(2016), *What is Populism*, 노시내 옮김(2017), 『누가 포퓰리스트인가: 그가 말하는 '국민' 안에 내가 들어갈까?』, 마티, p.109.

22) Jan Werner Muller(2016), 앞의 책, pp.66-69.

찾아보기

< 인 명 >

(ㄱ)
강준만 325
구이, 베네데토 282
권명아 272
그릴로, 베페 25, 266
기든스, 앤서니 53, 64, 65, 67, 277

(ㄴ)
누스바움, 마사 21, 166, 192-195, 224, 309

(ㄷ)
다이시, 앨버트 벤 25, 266
더블라지오, 빌 82
던럽, 팀 287
도킨스, 리처드 44, 120
드 위스펠레어, 위르겐 236-238
드워킨, 로널드 159, 225-227, 253

(ㄹ)
라깡, 자크 272
랑시에르, 자크 275
래퍼, 고든 122
레빈, 피터 244
로버츠, 폴 크레이그 114, 233
롤스, 존 18, 136, 150, 158-160, 166-167, 175-180, 194, 202, 226-227
루벤스, 임벤스 26, 219, 222
루벤스, 잉그리드 285
리브스, 리처드 82
리프킨, 제러미 233

(ㅁ)
맑스, 칼 42, 52, 163-164, 172, 198
맥아피, 앤드류 254
맨큐, 그레고리 254
무페, 샹탈 124
미드, 조지 허버트 273
밀, 존 스튜어트 163, 214

(ㅂ)
바비악, 폴 148
바우만, 지그문트 233
박세일 32, 34-36
버틀러, 주디스 267
벌린, 이사야 214-215
벡, 울리히 54, 67, 234, 271
변양균 252-253
보드, 벨린다 149
보이테, 해리 349
브린욜프슨, 에릭 254

(ㅅ)
사무엘슨, 폴 156
샌들, 마이클 136
서스킨드, 대니얼 233, 287
센, 아마르티아 18, 21, 59, 152-153, 156, 159-161, 162-163, 165-168, 168-172, 174-179, 181-185, 189-192, 192-196, 199, 201-202, 206-207, 210-211, 212, 217-218, 220-221, 224-227, 234, 260, 276, 277, 280, 281, 285, 287,

309, 317
손창섭 262
쇼펜하우어, 아르투르 278
쉬피오, 알랭 53, 127
슐러, 탐 221-223
슐츠, 테오도르 42, 43
스미스, 애덤 42, 52, 162, 163, 164, 170, 186, 198, 206, 211-212, 280-282
스탠딩, 가이 236, 238-239
스티글러, 베르나르 115, 259
스티르턴, 린제이 제임스 236-237

(ㅇ)
아감벤, 조르조 22, 266
아렌트, 한나 163, 225, 257, 258-259, 278, 283, 328
아리스토텔레스 163, 164, 275, 278-280, 282
안데르센, 요스타 에스핑 121
애로우, 케네스 161
앳킨슨, 앤서니 24, 235-236, 238-239, 287, 294, 311, 316-317, 329-330, 337
에런라이크, 바바라 59
에지워스, 프랜시스 이시드로 205-206, 208
영, 마이클 136, 138, 145, 231
오스트롬, 엘리너 210, 244, 309, 349
오토, 데이비드 254
올센, 케빈 26, 285
왈쩌, 마이클 286
이스턴, 데이비드 276

(ㅈ)
잡스, 스티브 102
젤레케, 알마즈 238

(ㅊ)
최재천 120

(ㅋ)
카치오프, 존 270, 272, 273
칸트, 임마누엘 59, 162, 215-216
케인즈, 존 메이나드 198, 230

(ㅍ)
파레이스, 판 236, 240-241, 338
파킨슨, 시릴 노스코트 242
패트릭, 윌리엄 270, 272
페레즈 문뇨 236, 288, 290
페이트먼, 캐롤 238
포아, 유리엘 282
푸코, 미셸 42, 43, 44-45, 52, 268
푸트넘, 로버트 221-222, 348
프레이저, 낸시 201, 224-225, 285-286, 319-320
프리드먼, 밀턴 158
프리츠, 카타리나 149
플라톤 278
피구, 아서 169, 172

(ㅎ)
하딘, 개릿 210
하라리, 유발 257, 265, 268
하버마스, 위르겐 234
하이에크, 프리드리히 53, 158
헤겔, 프리드리히 241, 284, 328
헤스, 샤롯 244
헤어, 로버트 148
헤크만, 제임스 152, 196-198
호네트, 악셀 26, 212, 256, 284-286
홉스, 토머스 143, 253
홉스봄, 에릭 57

< 사 항 >

(ㄱ)

가사(노동) 57, 233, 238, 294, 312, 332
　―노동자 23, 333
각자도생 130
감정 56, 141, 193, 212, 270-272, 274, 281-282
개인
　― 간 비교 불가능한 서수 184
　―의 권리 55, 213
　―의 불리함 175
　―의 유리함 176, 185
　―의 책임(으로 떠넘기기) 43, 71, 118, 122, 177-178
개인화 과정　54-55, 60, 221, 233, 271
거버넌스 (또한 협치 참조)
　― 주도 288, 303
　　공공 ― 296
　　시민 ― 338
　　지역(지방) ― 27, 32, 69-70, 239, 306, 315, 318-321, 349
　　참여소득과 ― 296
　　참여형 ― 297, 305-306
결핍
　　만성적 ― 59
　　실질적 ― 164-165
　　정서적 ― 165
고립(감) 25, 143, 185, 226-227, 247, 267, 270-274, 324, 345
고용
　― 문제의 개인화 60, 64
　―시장 9
　―위기 13, 90, 112-113
　　디스토피아 ―환경 125
공동체
　― 기여 20, 23, 154, 216
　― 연대 26
　― 활동 200, 208
　―주의 32, 284

　　지역 ― 69, 78, 177
공론장에 나서기(나타나기) 18, 186
공리주의 156-157, 164-165
　　결과주의적 ― 182-183, 202, 264
　　이기주의적 ― 205-206, 211
　　평등 및 한계효용 관련 ― 174, 178
　―의 한계 179
공유지의 비극　209-210
　　관리되지 않은 ― 210
　― 해결 309, 349
기본 캐퍼빌러티 평등(BCE) 178-179, 194, 219, 309
기본소득 18, 21-23, 317, 325
　―과 참여소득 312, 318
　―의 시대정신 23, 232
　―의 한계 23, 24, 157, 177, 227, 232, 240-247, 285, 334, 339
기회균등 139, 150

(ㄴ)

노동
　― 담지성 127
　―소외 97
　―수요 112, 122, 123, 248-249, 257, 309-310
　―시간 42, 52, 76, 106
　―유연성 99-100, 230, 252
　―인권 205
　―주체의 자기통치 50, 52
　―주체의 자유 대 생존 54
　―주체의 정체성 50
　―조건의 개선/민주화 124
　―환경 105, 106, 125
　　탈― 시대 258, 287, 312
능력 (또한 역량 참조)
　― 중심 시대 14
　―중심사회 104, 118, 137, 145
　　잠재― 152
능력개발 14, 53-56, 60, 64, 71, 88, 108, 126

능력주의 16, 19-20, 30, 60, 108, 124, 137-145
　— 공포마케팅 56
　— 기반 공정사회 120
　성과(기여)기반 — 136, 148-151, 196-197, 275
　시험— 137, 264
　자격기반 — 136, 148-151, 264
『능력주의』 136-145

(ㄷ)
다원주의(성) 116
　—에 기반한 요구 16, 55, 227
　—와 자유주의의 대립 336
　일자리에 대한 —적 요구 116, 117
　지방분권화와 — 232, 244-247
　참여소득과 — 319, 331
　캐퍼빌러티와 — 223
도덕적 해이 (모럴 해저드 참조)
돌봄 18, 21, 64, 204, 219, 224, 233, 245, 287, 293-295, 306-308, 311-312, 313, 342
　고령자(노인) — 23, 194, 235, 292, 314, 332, 333, 337
　자녀(아동) — 23, 77, 235, 238, 292, 332, 337
　장애인 — 313, 337
　치매 — 288
동감 13, 18, 21, 27, 138, 194, 205-209, 211-212, 273, 281, 309, 317
동기 17-18, 168, 184
　경제적 — 209, 289
　도덕적 — 212, 285-286
　비경제적 — 209, 214, 289
　이기적 — 207-208
　이타적 — 151, 207-208, 212
　참여소득에서의 — 289, 290
되고 싶은 것 (또한 캐퍼빌러티 참조) 52, 128, 132, 152-153, 154, 160, 162, 166, 188, 191, 226-227, 281

(ㄹ)
로봇 25, 96, 250, 257-258, 264-265, 323
　— 자동화율 105-106
루저 담론 264

(ㅁ)
멈추고 만나 얘기하기 25, 278-283, 324, 344
메리토크라시 (또한 자격기반 능력주의 참조) 19-20, 124, 136-145, 150
모럴 해저드(도덕적 해이) 117, 241, 312
모럴 딜레마 241
물러섬의 행정 330
물신주의 (페티시즘 참조)
민주주의 27, 194, 215, 226, 234, 272, 328
　— 교육 61, 200
　— 증진/확대 154
　숙의— 288, 314, 317, 320
　시민— 298, 337
　지방자치적 — 234
　참여— 129, 305-306, 315, 328-329, 337, 349

(ㅂ)
바보
　사회적 — 211
　합리적 — 211, 281
배제(의 방지) 22, 27, 76, 115, 142, 148, 201, 225, 241, 264, 266, 268, 269, 284, 286-287
복지 12, 54-55, 60, 66-70, 155-161, 207-210
　—병 67-68
　—의존 286
　—정책 55, 63, 67-71, 87, 121, 231-232, 253, 260, 295, 326, 337-338
　—주의 182
　—지출 155
　경제적 — 169-170, 172
　보편적 — 286

복지 *(앞에서 이어짐)*
    사회적 — 169
    생산적 — 10, 14, 54, 71
    생산적 —와 사회투자론 66-70
    선택적 — 157, 286
    베버리지식 —사회 67, 235, 295
    현금성 — 19, 71, 117
분배 18, 155, 164, 171, 175-177, 201, 225-226, 253, 286, 320
    — 투쟁 286
    —의 정의(正義) 19
불평등 (또한 '평등' 참조) 137, 245, 61, 198, 203
    —과 공리주의 153
    —과 공정성 149-150
    —과 복지주의 153
    —과 주류 경제학 154
    결과의 — 87
    경제적 — 82, 285, 286
    교육 — 18
    기본소득과 — 232
    노동조건의 — 116, 122, 150
    능력주의와 — 143, 149-150
    사회적 — 61, 82, 283
    선진국의 — 72, 79, 82-83, 218, 226
    소득 — 12, 27, 87, 122, 158, 226, 232, 251, 252, 256, 266, 269, 283, 284
    소득 양극화 72, 230, 231, 264, 268, 283, 284-295
    슘페터의 혁신과 — 252
    인간개발지수(HDI)와 — 217
    인적자본 활용의 — 47
    인적자본이론과 — 197-198
    자산 — 65, 284
    저출산과 —의 대안 117-121
    전환요인과 — 202
    참여소득과 — 238
    캐퍼빌러티와 — 173-180, 191, 224-225, 317
    컴피턴스와 — 143

    한국 사회의 — 77, 230
    GNP와 — 162
블루밍턴 원칙 349
빈곤 12, 57, 166, 170, 179, 317
    관계 — 70, 166, 205, 328
    물질적 — 166
    상대적 — 70, 205
    소득 — 328
    소통 — 70
    시간 — 70, 166, 205
    자유 — 166
    절대적 — 170, 199, 218
    캐퍼빌러티의 관점 179, 205, 217

(ㅅ)
사람의 가치 12-14, 16, 162
사회안전망 68, 87, 125, 257, 301, 344-346
사회정의 201
사회투자 55, 63, 72, 295
    — 정책 87
    —국가 67
    —론 12, 121, 155, 223, 233
    —론과 개인 책임 63-66
    —전략 64
    생산적 복지와 —론 66-70
삶
    —의 질 (또한 웰빙 참조) 13, 20, 24, 65, 69-79, 72, 77, 87, 129, 154, 162, 164-166, 168, 178-179, 190, 245
    —의 질 자유 181, 186-187, 190, 194-195, 213, 287
    —의 질과 평등 180-187
    —의 질에 대한 평가 191-192
    가치 있는 —과 생활수준 168-173
    위태로운 — 267-268
    지속가능한 —의 질과 사회적 자본 219-223
    활동적 — 163, 258
상품
    —묶음 159, 166, 170, 173, 177-178

—물신주의 163-164, 166
　　　—의 본질 171
상호인정 227, 273, 284
　　　— 투쟁 25-26, 143
생명정치 44-45, 268
생활정치 25, 276
　　　전환요인 극복을 위한 — 276-278
선 23, 163
선의지 241, 281
선호 43, 153-154, 160, 190, 196-197, 309
　　　— 순위(순서) 156, 175
　　　—의 만족 156, 161, 169
스펙 전쟁 30-35
시민 159, 187, 246, 268, 316, 320-321, 322, 328
　　　— 거버넌스 338
　　　— 네트워크 320
　　　— 전문화(성) 332
　　　—권 69, 235
　　　—노동 234
　　　—사회 69, 234, 241, 268, 303, 320-321, 330, 336
　　　—서비스(미국) 288, 290
　　　—소득 235
　　　—수당 234, 288-293, 340, 347, 349
　　　—참여 61, 293, 308, 316, 328, 349
　　　민주— 130
　　　'정상적 —' 256
　　　캐퍼빌러티와 — 224
신자유주의 31, 33, 34, 60, 63, 70, 76
　　　— 국가 65
　　　— 복지시스템(근로연계형 복지) 235
　　　— 원년 15, 70
　　　—에서의 자기계발 56
　　　—와 금융위기 70, 114
　　　—와 생산적 복지 71
　　　—의 노동시장 유연화 60, 125
　　　—의 핵심인 사적 영영을 공적 영역으로 전환하기 233
　　　— 적인 적극적 노동시장 정책 70
　　　능력주의와 — 30, 60
　　　고이즈미 정부(일본)의 — 322
　　　대처 정부(영국)의 — 63, 124, 321
　　　레이건 정부(미국)의 — 59, 63
쓸모없는 계급 262-269
쓸모없는 인간(사람) 22, 25, 257, 265, 268, 274, 286

(ㅇ)

안전 16, 18-21, 192, 193, 217, 219, 220, 224, 245, 343, 352-353
　　　—보장 317
　　　개인(시민)의 — 261, 270, 308
　　　공공— 288
　　　교통— 319
　　　국민 — 214, 227, 245
　　　사회안전망 68, 87, 125, 257, 301, 344-346
　　　사회적 — 187, 227
　　　산업— 114, 125, 267, 347
　　　생활— 333
양극화 70, 72, 76, 221, 230, 231, 264, 283-284, 295, 328
역량 (또한 능력 참조) 92, 109, 122, 127-128, 137, 138, 145-148, 151-152, 154, 192, 198-199, 202, 275, 280, 295, 317, 320
　　　— 개발 48, 54, 56, 84, 140, 293
　　　— 박탈 160, 179
　　　— 평가 220
　　　메타 — 147
　　　잠재— (또한 캐퍼빌러티 참조) 16, 17, 128, 151-152, 172
요구 13, 16, 55, 128, 159, 160, 165, 175, 180, 190, 195, 243, 290, 317, 322, 324, 325, 328, 340
　　　—이론 309

찾아보기　**389**

요구 (앞에서 이어짐)
    공간과 안전에 대한 — 347
    기본적 — 165-166, 178, 179, 187, 204, 309
    다원적 — 116, 155, 245, 322, 327
    복지 — 322
    사회적 — 243, 244, 308
    미충족된 사회적 — 236, 288, 302, 303, 313, 314
    정체성 —요구 347
욕구 169
    — 수준 낮추기 59, 165
    —충족(실현) 156, 164, 171, 279
    생물학적 — 과정 258
    생활개선 — 280
    참여 — 317
욕망 153, 165, 169, 171, 184, 186, 215, 264, 272, 281
    — 충족 170, 184, 195
    타자의 —을 —하는 207, 272-273
우생학 139
우애 279
우울(증) 65, 142, 267, 270, 272, 346
웰빙 (또한 삶의 질 참조) 147, 180-182
유대 245, 264, 270-271, 273, 283, 322
    —감 충족 270
    사회적 — 221, 233, 270-271, 273
위버멘쉬 (초인 참조)
이타성 18, 20, 46-47, 151, 155, 182, 188-189, 194, 200, 204, 207-208, 210, 212-213, 215-216, 222, 253, 281, 289, 291
이타주의 46, 121, 154, 205, 214, 223
    호혜적(성) — 227, 232
    효율적 — 157
인간개발지수(HDI) 200-201
    캐퍼빌러티와 — 217-219
인공지능(AI) 15, 116
    —의 전문직 영향 116, 249-250

—과 일/일자리/고용 24-25, 96, 104, 249-251, 254, 257, 287
—과 과잉 노동공급 시대 247-258
—과 인간 264-268, 274
발명자로서의 — 104
알파고 250
영화 <그녀> 274
인적자본 42-47, 150, 152, 223
    — 성장이론 43
    — 투자수익 35, 116
    — 투자행위 44, 47
    — 활용 18, 192
    —과 캐퍼빌러티 196-198, 220-223
    —이론 13, 48, 52, 118-119, 144, 196-198, 224
    —축적 12, 14, 19, 21, 31-32, 38, 43, 55, 59-61, 64, 65, 68, 81, 85-87, 94-95, 180
    —투자 12, 13-15, 26, 42-44, 46-47, 52, 106, 108, 115, 117-118, 139, 141, 144, 150, 196, 223, 225, 227, 347
    기업— 개발 49, 54
    여성과 — 139, 198, 246
인정투쟁 25-26, 58, 143, 226, 256, 268, 331
    캐퍼빌러티 확장과 —
    수단으로서의 참여소득 283-287
    컴피턴스와 — 143
일 25, 128, 211, 235, 258, 259, 261, 346
    —연계복지 260
    —의 내용 19, 24, 289, 297
    —의 환경 19
    공공의 — 205, 244, 312, 315, 328, 332, 350
    공적인 — 208, 210, 234, 277, 281, 287, 328, 342
일자리 12, 14, 25, 244-245, 267
    — 감소 시대 250, 266

—공유 77
—관점의 전환 19, 122
—보장제 26, 294, 303-310, 319
—보장제와 참여소득 303-310, 311
—순환 77
—사업예산과 실제 73-78
—정책 (또한 '직업훈련 정책의 다섯 가지 미신' 참조) 11, 15, 24, 67, 72, 78-80, 80, 83-84, 87, 90, 114, 116-117, 121, 125, 231, 242, 257, 261, 295, 319, 326, 331, 337, 338, 342, 344
—창출 14, 66, 72, 74, 75, 76, 79, 89, 114, 122, 125, 234, 249, 294, 297, 300, 302
—와 고용 24
—(와) 양극화 231, 252
공공(공익)일자리 93, 117-121, 246, 257, 313, 314
노인 — 73, 294
맥잡(맥도널드 잡) 79
복지로서의 — 71
사회서비스 — 116, 294-295, 297
생태환경 — 336
유료 일자리 — 311, 313, 317, 333, 337
일시적인 — 65
저임금 — 12, 19, 72, 114, 119, 251, 254, 257, 260, 261, 346
전문직 — 116, 126, 250, 251, 254
지방(지역) — 111-112, 116-117, 305, 323-325, 325-329, 331, 344
지속가능한 — 121
지속가능한 공공— 117-121
직업훈련 정책의 다섯 가지 미신 90-113
직접 — 14, 73, 244, 311-313, 337
질 좋은(양질의) — 35, 72, 79, 115, 118, 145
참여소득과 —(정책) 23, 239, 318-319, 331, 340, 342
훈련—관료를 위한, 관료에 의한, 관료만의 정책 121-129
IT 산업(및 인공지능)과 — 249-251, 254, 257

(ㅈ)
자격(자질)주의 137
자괴감 267
자기(능력)개발 51
  자기계발과 — 전성시대 53-59
자기(능력)계발 51, 53, 56, 59, 150
  —과 신자유주의의 통치성 51
  —과 지식기반사회 15, 48, 50
  자기계발과 능력개발 전성시대 53-59
  자기계발서 58-59
  자발적 자기계발 51, 126
자립준비청년 185
  — 대학진학률 198
  — 실업률 198
  — 정책 198
  —의 고립감 185
  —의 삶의 질 185
  —의 피해의식 186
자아
  —들 간의 관계 247, 273, 284
  —실현 52, 261, 285-286, 289
  —실현의 정치 277
  —의 형성 284
  —정체성 52-53, 120, 277
  개인의 — 247
자원 159, 248, 253
  —배분(분배) 153, 159, 176, 226, 253
  —의 (불)평등 173, 227, 238
  개인의 — 202-203, 225,

자원 (앞에서 이어짐)
　　253, 277
　　공유—제도(필리핀) 210
　　농촌의 — 57
　　물적— 48
　　사회적 약자의 담론 — 328
　　인적— ('인적자원' 참조)
　　장애인과 — 179
　　지역 —의 범주화 305
자원봉사 132, 283, 333, 349
　　—와 시민수당(참여소득) 288-293
　　오도된 — 이용에 대한 대응 원칙 349
자유 151, 168, 173, 214, 241, 336
　　— 또는 권리 161
　　— 빈곤 166
　　—, 선택, 기회의 확장과 기본재화 162-
　　—롭고 평등한 사람 159
　　—에 대한 불평등의 영향 171, 179
　　—와 권한 178, 179
　　—의 확장을 위한 전환요인 극복 202-205, 261, 277-278
　　가치있는 — 165
　　개인의 —의 확대(확장) 16, 17-19, 21, 27, 128, 153, 154, 158-160, 165, 170, 189, 191, 194, 203, 223, 232, 234, 239, 261, 346
　　개인의 선택과 책임 55
　　경제적 — 172
　　경제적 진보에 효율적인 — 220
　　긍정적 — 214
　　기본적 — 176
　　기업의 — 158
　　기회와 과정에서의 — 196
　　나와 타인의 — 195
　　노동유연성의 — 252
　　노동의 — 252
　　노동주체의 — 54

내재적 관점 168
도구적 관점 168
물질적 — 171, 172
부— 165
빈곤으로부터의 — 170
사회적 — 220
삶의 — 190
삶의 질(웰빙) — 178, 181-182, 186-187, 194, 213, 287
생활수준, —의 형태 169, 170-171
선택의(할) — 202, 214, 247, 261
성취할 — 166
센의 —의 역설 161
소극적 — 161, 214
실현(실행)할 — 213
시간 — 238
시민사회의 근간 241
시민의 — 312
실제적 — 17-18, 188-189, 202, 225, 226, 277, 280, 286, 317, 333, 350
실질적 — 18, 24, 152, 154, 202, 226, 232, 238, 240-241, 243, 317
실질적 —와 도덕적 딜레마(기본소득의 한계 1) 240-241
심리적 자유 347
이동의 — 193
인간 —의 확대(확장) 221, 226, 332
자기계발의 — 51
자율성과 개인의 — 183
정치적(정치 참여의) — 220, 234, 317
캐퍼빌러티와 — 152, 159, 170, 173, 179, 186, 188, 190-192, 195, 197, 201, 223, 225, 316, 333
펑셔닝과 — 159, 187, 195, 202, 219

평등한 — 225
표현의 — 193
해고의 — 252, 345
행위 — 21, 154, 163, 181-182, 187, 190, 194, 201, 211-216, 224, 277-278, 287
힘과 통제 214

자유주의 161, 284, 336
— 경제학(논리) 144, 304
다원주의와의 대립 336

자존감
개인의 — 18, 19
불안정한 — 123
참여소득과 — 향상 234, 327
청년층의 — 72

잠재역량 (또한 캐퍼빌러티 참조) 16, 17, 128, 146, 151, 151-152, 172

적극적 노동시장 정책(ALMP) 9, 244, 260
—과 사람의 가치 13
—과 인적자본투자(본서 제1부 제2장 참조)
—과 참여소득 24, 312, 314, 316-319, 331-332, 334, 337-338, 340, 345-346, 350
—으로서의 일자리 정책(또한 본서 제1부 제3장 참조) 15
—으로서의 훈련(본서 제1부 제4장 참조)
—의 문제 23
—의 사회정책 과잉 대표 12
—의 전환 13, 19, 24, 261, 313, 327, 337-338, 340, 345-346, 350
—의 종언과 대안(제1부 제5장 참조)
—의 태동((또한 본서 제1부 제1장 참조) 10, 14, 15
—의 한계 16, 247
—의 효과성/영향력 11, 12
직업훈련 정책의 다섯 가지 미신 90-113

정의 61
— 교육의 필요성 61
—와 부정의 137

—와 효용성 158
—의 복원 286
기본재화와 — 159, 176
드워킨의 관점 226
롤스의 —의 두 가지 원칙 176-178
부—에서 벗어나기 위한 전환요인 극복 317
분배— 226
새로운 분배의 — 18, 18-19
사회의 — 138, 158
사회— 201, 224
소득재분배 225
시험과 — 139
인정과 — 285
주류 경제학의 문제 154
진정한 — 286
참여와 — 237, 319
참여소득과 — 21
캐퍼빌러티, 사회정의 관점으로서 201, 224
펑셔닝, —의 영역인 225

『정의론』 136
정체성 (또한 '자아정체성' 참조)
— 결정 241
— 실현 273
— 인정 16, 19, 232, 268, 273, 278, 347
— 지키기 53, 227, 261, 347
— 찾기 132, 258, 284
— 혼란 257
—으로서의 직업과 지위 256
개인의 — 간 충돌 245
개인의 —에 대한 공격 16
노동주체의 — 50, 139
성— 16
인간의 — 268
인공지능/로봇 시대의 — 264, 268-269
캐퍼빌러티와 — 128
할아버지/할머니의 정체성 74

정치 255, 258, 284, 286, 317

찾아보기 **393**

정치 (앞에서 이어짐)
　― 민주화 이후 124
　― 참여 152, 154, 220, 265-266, 286, 317, 328
　―구조의 변화 263
　―적 공동체 285, 317
　―적 불안정 179
　―적 선택 193
　―적 영향력 149, 303
　―적 올바름 33, 205, 328, 336
　―적 자유 234, 317
　―적 투쟁 285
　―적 환경 193
　―적 후견주의 336
　―철학 225, 226
　―체제의 낙후 264
　―학 279
　개인의 외로움과 ―적인 것들 270-274
　노동자 주체의 비―화 304
　분배와 ― 226
　사회정책과 ― 331
　생명― 43-45, 268
　생활― 25, 214, 276-278
　시민― 349
　아무나의 ― 274-276
　을의 ― 274-276
　자아실현의 ― 277
　캐퍼빌러티의 ―적 실천성 194
　탈노동― 312
　펑셔닝과 ― 226
제3부문(섹터) 233
제3의 길 64
　― 사회투자론 12
　―과 노동/근로 정책 67
　―과 불평등 72
　―과 사회투자론 232, 294
　―과 생산적 복지 67, 68
　―과 신자유주의 124
　―과 인적자본축적 54
　―과 적극적 노동시장 정책 14
　―과 지방분권화 69

　―과 캐퍼빌러티 223
존중받을 이유 159
지방분권 27
　― 사기극 325
　― 촉매제로서의 참여소득 321-325, 328-329, 338
　―화와 다원주의 232, 244-247
　―화와 제3의 길 69
　영국 사례 321-322
　일본 사례 322
　한국 70
지방자치 시대 30-32,
　―와 재정자립도 32, 252, 300
　대학 설립 준칙주의와 ― 36-39, 39-41
지방재정 자립 32, 37, 300
　사회채권과 ― 그리고 참여소득 298-303
지방자치단체 32
　―에 대한 권한 이양 117
　―와 사회서비스 293
　―와 중앙정부 326
　―와 지방분권 321
　―의 재정자립 37, 300
지방자치권 31-32, 117
지역(지방)
　― 거버넌스 32, 69-70, 239, 306, 315, 318-321, 349
　― 다양성 13, 247, 316, 318-321, 322-323, 327-328, 349
　―균형발전 70, 245, 321
　―의 독창성 245
　―인재 할당 324
　―인적자산 246
　―화폐 324
직업훈련 정책의 다섯 가지 미신 90-113

(ㅊ)
차등 원칙 150, 159, 175, 177-178, 226-227
차별 178, 218
　―과 배제된 주체 284

—과 불평등 285
—과 인정투쟁 256
—과 전환요인 극복 21, 202, 276-277
—금지법 346-347
노동시장 내 — 47, 220, 267
사회적 — 45
여성 — 52, 139-140, 198, 200
성— 192
이윤의 —적 배분 45
인적자본과 — 18, 47, 52, 55, 139-140
인종— 22, 52, 122, 191-192, 245, 256, 276, 286, 302
자립준비청년 — 185
캐퍼빌러티와 —금지 192, 205, 217, 317, 346-347
학력— 35, 199

참여 328-329
—소득 ('참여소득' 참조)
—예산 328, 337
—와 일자리 (정책) 23, 239, 318-319, 331, 340, 342
—의 가치 334
—의 역할 334
교육 — 52, 55, 61-62, 194, 198, 199, 218
노동 — 196
시민— 328-329
정치 — 25, 146, 152, 154, 220, 266, 277
현실— 207
—형 거버넌스 297, 305-306

참여소득 23-24, 26-27, 239, 311
— 운영 원칙/원리 26-27, 318-321, 334-336
— 운영을 위한 행정 원칙: 지원과 평가 329-332
— 정의(定意), 확장된 27, 315-318, 318-319, 334
—과 공동체 26-27
—과 공적인 일 261

—과 교육훈련 307
—과 공공부문 참여 19
—과 대한민국 311-314
—과 도덕적 올바름 332-336
—과 무임승차 238
—과 실제적 자유 18
—과 동감 및 헌신 18
—과 사회적 기회 317
—과 사회적 기여 288, 307
—과 사회적 추론 318
—과 사회적인 일 261
—과 생활정치 349
—과 시민수당 234, 288-293
—과 실제적 자유 317, 350
—과 실질적 자유 317
—과 유사한 정책들 (제3부 제4장 참조)
—과 일자리 239, 318-319
—과 자원봉사 288-293
—과 정치적 자유 317
—과 제3부문(섹터) 233
—과 조건부 기본소득 233
—과 중앙정부 318, 329
—과 참여의 내적 동기 318
—과 투명성 확보 317
—의 가변적 정의(定意) 315-316
—의 배경 230-234
—의 불변적 정의(定意) 315-316
—의 사례(앳킨슨) 235
—의 삼중고 236
—의 성공 24
—의 실행 방안 336-343
—의 유럽 사례 310-311
—의 의미와 철학(또한 제3부 제3장 참조) 25
—의 전통적 정의 235-236
—의 포용성 문제 237
—의 한계와 비판 236-239
—의 행정적 관리비용의 취약성 문제 237
—의 호혜 평등성 문제 237
기본소득과 — 21-21, 24, 240-

찾아보기 395

참여소득 (앞에서 이어짐)
　247
　기본소득의 한계 240-247
　미충족된 사회적 요구와 ― 288
　사회서비스와 ― 26, 293-298
　사회적 참여와 ― (유럽) 311
　분배의 정의(正義)와 ― 21, 26, 225
　영속적인 참여 보장 290
　일자리 보장제와 ― 304-310
　적극적 노동시장 정책과 ― 26
　지방분권과 ― 321-325, 325-329
　지방재정과 ― 298-303
　캐퍼빌리티와 ― 17-18, 21, 26, 226, 234, 318
　펑셔닝과 ― 226
　한나 아렌트의 인간의 조건과 ― 259-260
　행위 자유와 ― 21
　행정의 철옹성 238
초인(위버멘쉬) 56
최소 극대화 규칙 175
최소수혜자 우선 원칙 175-176, 177, 226-227

(ㅋ)
캐퍼빌리티(또한 제2부 참조) 17-18, 151-152, 154
　― 10대 기준/목록(누스바움) 21, 193
　― 가치 154, 163, 172, 188-192
　― 지수 219-223
　―와 개인주의 317
　―와 고용 198
　―와 공공정책 317
　―와 공동체 26
　―와 공정성 196
　―와 관계재 281-283
　―와 권한 179
　―와 교육훈련 128
　―와 보편적 기본서비스 309

　―와 분배의 정의(正義) 18
　―와 사회적 변화 162
　―와 사회적 자본 219-223
　―와 사회정의 201, 224
　―와 사회정책 160
　―와 사회참여 159
　―와 삶의 질(생활수준/웰빙) 20, 168-173, 180-187, 191
　―와 생활정치 277
　―와 숙의민주주의 317
　―와 실제적 자유 18, 277, 317, 333
　―와 실질적 자유 315
　―와 안전 346
　―와 여권신장 198
　―와 윤리 226
　―와 인간개발지수(HDI) 217-219
　―와 인권 195
　―와 인정 26
　―와 일자리 정책 261
　―와 자발성 317
　―와 자유 26, 152, 159, 161, 167-168, 170, 173, 179, 186, 188, 190-192, 195, 197, 201, 223, 225, 277, 315, 332, 333, 346
　―와 정체성 128
　―와 재분배 26
　―와 전환요인의 극복 202-205, 234, 277, 332, 333
　―와 집단적 행동 317
　―와 차별금지/차별시정 347
　―와 통치 128
　―와 펑셔닝 152, 168, 186-187, 188-192, 202-205, 219
　―와 평등 173-180, 180-187
　―와 평생학습(교육) 128, 132
　―와 협치 128
　―와 COVID-19 사망률(한국 대 미국) 201
　―의 박탈(역량 박탈) 179
　―의 실행 337

—의 진화 필요성 (또한 제2부 제4장 참조) 18
—의 철학적 배경 (또한 제2부 제2장 참조) 163-168
—의 측정 190, 191
—의 한계 (또한 제2부 제4장 참조) 223-227
기본 — 21, 178
기본 — 평등(BCE) 178-179, 309
권리와 — 199-201
누스바움(Nusbaum)과 — 20-21, 192-195, 224, 309
복지와 — 155-161
사람의 가치와 — 16
센(Sen)과 — 18, 20-21, 152-153, 156, 159-160, 163, 166-168, 168-169, 178, 190, 192-195, 309
센과 누스바움의 관점 차이 192-195
시민수당과 — 26
인적자본과 — 196-198, 220-223
자립준비청년과 — 185-186
참여소득과 — 19, 21, 26, 283-287, 293, 309, 332
참여소득을 통한 — 확장과 인정투쟁 283-287
헤크만(Heckman)과 — 196-197
후기 —(post-capability) 21
컴피턴스 19-20, 137, 140-142
— 능력주의 141-143
—와 기여, 성과, 보상 143-144
—와 엘리트 143
—와 인정투쟁 143
메리토크라시와 — 19-20, 137, 140-144
인적자본투자 이론과 — 144

(ㅌ)
테일러주의(테일러리즘) 124, 249
통약 191

통제
—와 통치성 49
노동주체의 자율 — 50
로봇의 —하에서 일하기 227
사망 — 46
생명 — 45
생명정치와 — 44-45
생체에 대한 — 45
시민(대중)과 — 214-215, 224
자기 — 57
자아정체성의 자율 통제 52
자유와 — 214
참여소득과 — 236
테일러리즘과 — 249
행위 — 45
환경 — 193
통치성 49
—과 자유 52-53
국가의 — 50, 52
만족감과 — 51
성취감과 — 51
인적자본과 — 51, 52
자기계발과 — 51
지식기반사회의 — 50, 52
직업윤리와 — 261
평생직업능력과 — 52
평생학습과 — 52, 129
통화 위기 283, 301
투명인간 267-268, 274
—화 267

(ㅍ)
펑셔닝 17, 132, 152
— 행동 196
—과 가치 154, 160-161, 168, 186, 188-192, 330, 340
—과 미시경제학 153
—과 사회정책 160, 202
—과 사회참여 159
—과 정치 226
—과 평생학습(교육) 132
개인의 자유와 — 167

펑셔닝 *(앞에서 이어짐)*
　다양한 — 164
　분배와 — 225, 226
　삶의 질과 — 163-164, 181-182, 234
　인권과 — 195
　자립준비청년과 — 185-186
　자유와 — 159, 187, 195, 202, 219, 234
　정의와 — 225, 226
　캐퍼빌러티와 — 152-153, 154, 164, 167-168, 173, 181, 186-187, 188-192, 202-205, 219, 225
페티시즘(물신주의) 180
평등 (또한 '불평등' 참조) 21, 137
　—과 시민정치활동 349
　—과 실질적 자유 152
　—한 능력주의 145
　개인의 — 223
　교육훈련 참여의 — 52, 89
　기본 캐퍼빌러티 —(BCE) 178-179, 194, 219, 309
　기본재화와 — 202, 227
　기회의 — 128, 140, 150, 152, 154, 191, 204
　복지와 — 155
　분배와 — 155, 171
　삶의 질과 — 180-187
　성— 203, 238, 245
　수단과 — 159
　알아가기(knowing)의 — 130
　이익 —의 원칙 157
　인간개발지수(HDI)와 — 217
　인적자본 활용의 — 18, 47
　인적자본이론과 — 198
　자원의 — 226-227
　전환요인과 — 204
　캐퍼빌러티와 — 21, 154, 156, 173-180, 180-187, 191, 204, 224-225
　호혜 —성 237
　효용 — 155, 172, 173, 176,

평생교육 14, 39, 127
　—과 시민의 자유 312
　—법 31
　고용과 — 128
　능력주의와 — 56
　배우기에서 알아가기로 전환 — 129-133
　생산적 복지와 — 71
　인적자본축적과 — 31, 59-62
　일(work)과 — 128
　적극적 노동시장 정책과 — 89
　지방자치단체의 — 24, 38
　참여소득과 — 312
　캐퍼빌러티와 — 194
폭력
　— 없는 사회 285
　—으로부터의 안전 193
　개인의 정체성과 — 245
　불인정의 — 285
　상징적 — 47, 122
　자조(自助)와 — 57
　정신건강과 — 142
　직장 — 97
　차별이라는 — 285
프레카리아트 (또한 비정규직 참조) 267
프로테스탄트 윤리 54

(ㅎ)
하고 싶은 것 152, 154, 162, 166, 179, 227, 231, 258, 281, 345
학습 (또한 '평생학습' 참조)
　배우기[배움] 129-133, 199
　알아가기[앎] 129-133, 259
행위
　— 자유 21, 154, 163, 181-182, 187, 190, 194, 201, 211-216, 224, 277-278, 287
　의무적 — 157, 183, 289
행복
　—경제 278-283
　그랜트 연구와 — 280
　물질적 — 231-232

사회의 ─ 276
　　　심리적 ─ 159, 232
　　　아리스토텔레스의 ─론 278-279
　　　애덤 스미스의 ─론 281
　　　캐퍼빌러티와 ─ 128, 192
　　　효용과 ─ 184
헌신 18, 47, 184, 207-211
　　　─과 생활정치 277
　　　─과 자유 21, 212, 215, 277
　　　공동체를 위한 ─ 13, 27, 208, 277, 281, 317
　　　참여소득과 ─ 18
　　　캐퍼빌러티와 ─ 20, 154, 194, 200
헤겔의 딜레마 241
협동
　　　능력주의와 ─ 147
　　　성인역량조사(PIAAC)와 ─ 147
　　　자기계발과 ─ 57
협력
　　　─에 대한 교육(유네스코) 61
　　　경쟁과 ─ 271
　　　역량 개념 틀과 ─ 147
협치 (또한 거버넌스 참조)
　　　도덕적 해이와 협치 313
　　　새마을 운동과 ─ 58
　　　지방분권화와 ─ 70
　　　통치와 ─ 50-51
호혜성 17
　　　─ 이타주의 232
　　　─과 비례성 282
　　　─과 사회적 기여 23, 343
　　　─과 상호성 282
　　　관계재와 ─ 281
　　　기본소득과 ─ 17-18, 23, 24, 232, 235
　　　기본재화와 ─ 177
　　　참여소득과 ─ 17-18, 23
효용 154, 169-170, 190
　　　─ 개념의 한계 18, 153, 157-158, 164-165, 169, 182, 184-185
　　　─ 대 캐퍼빌러티 153-154, 173,
180, 217
　　　─ 평등 157, 174, 178, 184-185
　　　─과 복지주의 183
　　　─과 생명정치 44
　　　공리주의적 ─주의 164
　　　삶의 질과 ─ 164-165, 184
　　　생활수준과 ─ 169, 171
　　　자유와 ─ 170, 172
　　　장애인과 ─ 179
　　　한계─ 157-158, 174-175, 179

BCE ('기본 캐퍼빌러티 평등' 참조)
HDI ('인간개발지수' 참조)
IMF 구제금융 84
　　　─과 생산적 복지 정책 14, 71
　　　─과 신자유주의 정책 71, 124
　　　─과 실업자 훈련 제도 86
　　　─과 인턴제 83
　　　─과 적극적 노동시장 정책 13-14
　　　─과 지식기반사회 49
　　　─과 직업훈련 121-122
　　　OECD 가입과 ─ 8-9
OECD
　　　─ 가입과 IMF 구제금융 8-9
　　　─ 국가의 불평등 현황 72
　　　─에서 한국의 공공복지지출 155
　　　─에서 한국의 적극적 노동시장 정책 예산 비중 77
　　　─의 컴피턴스/역량 정의 및 범주 145-147

일·복지·민주주의를 위한
참여소득

초판발행 2022년 12월 7일

지은이 이상준(LEE, SANG JUN)
기획편집 신인수
발행인 신인수
발행처 도서출판 온마음
출판신고 제2021-000066호 (2021년 2월 22일)
주소 서울특별시 서초구 강남대로30길 40(양재동) 301호
누리집 wholemindpublishing.modoo.at
이메일 wholemind.cp@gmail.com

ISBN 979-11-978304-9-5

ⓒ 이상준 2022
* 이 책의 판권은 지은이와 도서출판 온마음에 있습니다.
이 책 내용의 전부 또는 일부를 재사용하려면 반드시 양측의 서면 동의를 받아야 합니다.

온마음
The Whole Mind Publishing

이 도서는 한국출판문화산업진흥원의 「2022년 중소출판사 출판콘텐츠 창작 지원 사업」의 일환으로 국민체육진흥기금을 지원받아 제작되었습니다.